디지털플랫폼정부의 미래

The Future of Digital Platform Government

도서출판 윤성사 217
디지털플랫폼정부의 미래
The Future of Digital Platform Government

제1판 제1쇄	2024년 1월 3일
지 은 이	한국행정학회 정부의미래연구회 · 서울대 지능정보사회 정책연구센터 공편 김동욱 · 정충식 · 남태우 · 성욱준 · 오강탁 · 은종환 · 이민상 이아라 · 정지혜 · 조영민 · 최준영 · 최한별 · 황성수 · 황한찬
펴 낸 이	정재훈
꾸 민 이	(주)디자인뜰
펴 낸 곳	도서출판 윤성사
주 소	우04317 서울특별시 용산구 효창원로 64길 10 백오빌딩 지하 1층
전 화	대표번호_02)313-3814 / 영업부_02)313-3813 / 팩스_02)313-3812
전 자 우 편	yspublish@daum.net
등 록	2017. 1. 23

ISBN 979-11-93058-20-6 (93350)

값 22,000원

© 한국행정학회 정부의미래연구회 · 서울대 지능정보사회 정책연구센터, 2024

지은이와의 협의에 따라 인지를 생략합니다.

이 책의 전부 또는 일부 내용을 재사용하려면 반드시 사전에 저작권자와 도서출판 윤성사의 동의를 받아야 합니다.

잘못 만들어진 책은 구입하신 서점에서 교환 가능합니다.

> 이 책은 2021년 대한민국 교육부와 한국연구재단의 지원을 받아 수행된 연구임
> (NRF-2021S1A5C2A03087287).

The Future of Digital Platform Government

디지털플랫폼 정부의 미래

한국행정학회　　서울대 지능정보사회
정부의미래연구회 · 정책연구센터　공편

김동욱 · 정충식 · 남태우 · 성욱준 · 오강탁 · 은종환 · 이민상
이아라 · 정지혜 · 조영민 · 최준영 · 최한별 · 황성수 · 황한찬

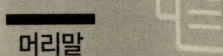

머리말

    1993년에 미국 클린턴 정부에서 시작된 전자정부는 정보기술을 활용한 행정혁신의 일환으로 전 세계적으로 확산되었다. 2000년대에 들어서서 UN은 193개 회원국들을 대상으로 하여 전자정부 평가를 시행하여 오고 있다. 우리나라는 지난 2010년, 2012년 및 2014년에 걸쳐서 3번 연속해서 UN 전자정부 평가에서 세계 1위를 차지하였다.

    이와 함께 OECD는 지난 2010년부터 디지털 정부를 제시하였다. 이러한 디지털 정부는 디지털 대전환(Digital Transformation)의 시대를 맞이하여 전자정부의 좀 더 진화된 모습으로 알려져 있다. 이제 세계 여러 나라의 정부는 급속한 정보기술의 발전에 대응하여, 지능정보기술을 활용하여 시민참여의 전자정부에서 시민주도의 디지털 정부로 변화하고 있다.

    우리나라도 2022년에 출범한 윤석열 정부가 국정과제의 일환으로 디지털플랫폼정부를 추진하고 있다. 2022년 5월초에 제20대 대통령직인수위원회는 110대 국정과제를 발표하면서, 11번째로 "모든 데이터가 연결되는 세계 최고의 디지털 플랫폼정부 구현"을 발표하였다.

    이후 2022년 9월 2일에 대통령직속위원회인 디지털플랫폼정부위원회가 공식 출범했다. 이 자리에서 제시된 디지털플랫폼정부는 "모든 데이터가 연결되는 '디지털 플랫폼' 위에서 국민, 기업, 정부가 함께 사회문제를 해결하고 새로운 가치를 창출하는 정부"로 정의되었다. 더 나아가 정부가 독점적인 공급자로서 일방적으로 서비스를 제공하는 현재의 방식에서 벗어나, 민간과 협업하고 혁신의 동반자가 되는 국정운영의 새로운 모델이자, 윤석열 정부의 핵심 정책 추진과제로 제시되었다.

    한국행정학회 정부의미래연구회는 지난 4년 동안 우리 정부의 미래 전망에 대한 연구를 지속하여 왔다. 그동안 연구의 결과물로, 2020년에 『정부의 미래 2030』을 발간하였고, 2021년에는 『스마트시티의 미래 2030』을 출판하였다. 또한 2022년에는 『스마트워크의 미래 2030』을 발간하였다.

    2023년에는 서울대학교 지능정보사회 정책연구센터와 공동으로 디지털플랫폼정부의 미래에 대한 연구를 진행하여 왔다. 구체적으로는 현재 우리 정부가 추진하고 있는 디지털플랫폼정부의 미래 전망과 관련한 연구를 진행하기로 하고, 다양한 관련 분야 전문가들로 연구진을 구성하였다. 연구진은 2023년 초반부터 매월 영상회의를 통하여 발표와 토론을 진행하였다. 이 책의 내용은 이러한 연구의 결과물이다. 이 책에서 다루는 디지털플랫폼정부의 다양한 정책 이슈에 대한 내용을 간략하게 소개하면 다음과 같다.

    우선 제1장 "왜 디지털플랫폼정부인가?: 추진배경과 과제"에서는 디지털 정부가 등장하게 된 다양한 이론적 배경을 설명하고 있다. 구체적으로는 과거 정부에서 수행하였던 정부3.0과 디지털 정부혁신을, 현재 추진 중인 디지털플랫폼정부와 비교해서 설명하였다. 이어서 현재 추진 중인 디지털플랫폼정부의 비전과 목표 및 중점 추진과제들을 기술하였다. 마지막으로는 디지털플랫폼정부의 추진체계 및 기대효과를 제시하였다.

제2장 "디지털플랫폼정부의 개념화: 규범적 가치와 실증적 가치"에서는 디지털플랫폼정부를 규범적 가치와 실증적 가치의 측면에서 개념화하였다. 디지털플랫폼정부 실현계획을 발표하면서 청사진의 세부적인 내용과 구체적인 이행계획이 알려졌지만, 여전히 학술적·제도적·실무적 차원 모두에서 디지털플랫폼정부의 개념화는 기존의 정부혁신 이니셔티브와 차별화할 수 있는 구체적인 메시지보다는 정책적 수사에 가깝게 느껴질 수 있다. 저자는 디지털플랫폼정부의 개념화에 대해 의견을 제시할 수 있는 분야별 전문가를 대상으로 개별 심층 인터뷰를 실시하였고, 디지털플랫폼정부의 개념화와 규범적 방향성에 대한 의견을 수렴하였다. 이를 토대로 하여 디지털플랫폼정부라는 개념에 내재된 규범적 가치와 실증적 가치를 다음과 같이 논의하였다.

디지털플랫폼정부의 개념은 무엇을 해야 하는가의 측면을 강조하며 규범적 가치에 내세운다. 다양한 분야의 전문가들이 가진 공통적인 견해는 개념적 규범성에 정부의 역할이 결정적이고 디지털 플랫폼에서 국민과 기업의 역할은 객체로 인식된다는 것이다. 패러다임의 전환과 규범적인 방향성을 제시하는데 있어서 국민과 기업의 역할을 강조하지만 정부가 디지털 플랫폼화하여 기존의 관계에 큰 변화를 이끌어낼 것이라고 보기는 어렵다. 따라서 디지털플랫폼정부가 실제로 증명할 수 있는 성과를 어떻게 보여줄 것인가의 측면에 초점을 맞추어 디지털플랫폼정부의 실증성에 주목할 필요가 있다. 향후 디지털플랫폼정부의 실질적 성과를 평가할만한 새로운 기준이 구축될 필요가 있으나, 전자정부 서비스를 평가하는 신속성, 유용성, 접근성과 편의성, 경제성, 신뢰성, 보안성의 기준을 우선적으로 적용하여 각 디지털플랫폼정부 추진과제의 시급성과 중요도를 파악하는 것이 요구된다.

디지털플랫폼정부는 통합, 융합, 연계가 어떠한 효과를 발휘하는지 실증할 필요가 있으며, 기존의 전자정부에서 디지털 정부로의 패러다임 전환 이후 디지털플랫폼정부로의 또 다른 혁신이 국민, 기업, 정부에게 어떠한 효과를 가져오는지에 대한 체계적인 분석과 함께 규범적 레토릭과 실증적 가치 간의 연결이 중요하다. 기존과 차별화되지 않는, 기존의 일들을 그저 새로운 이름으로 포장하는데서 그친다면 디지털플랫폼정부의 당위적 규범성은 실증성으로 이어지지 못하게 될 것이다.

제3장 "전자정부에서 디지털플랫폼정부로의 전환: 과거 정부의 경험에서 얻는 교훈들"에서는 지난 30년 동안 우리나라 역대 정부들의 전자정부 및 디지털 정부혁신의 추진 사례를 살펴보았

다. 특히 과거 정부에서 성공으로 포장되어 온 전자정부 및 디지털 정부혁신의 실패 사례를 집중적으로 조명하였다. 그리고 이를 통하여, 현재 진행 중인 윤석열 정부의 디지털플랫폼정부 정책 성공을 위한 요인들을 도출하였다. 디지털플랫폼정부의 성공을 위해서는 우선 시스템의 구축이 중요하고, 이를 지원할 수 있는 강력한 추진 체계의 구성이 필요하며, 가장 중요한 것으로는 대통령의 리더십 전이가 필수적이다.

제4장 "국외 사례로 살펴본 디지털 정부 추진 현황과 시사점"에서는 디지털 정부를 추진하는 주요 국가들의 사례를 살펴보고 간략히 비교한 후에 시사점을 도출하였다. 특히, 영국의 경우 플랫폼 정부 모델을 선도적으로 채택하여 디지털 혁신을 주도하고 정부 서비스 개선에 성공한 대표적인 국가로 여러 가지 시사점을 제공하였다. 다부처 통합 등 플랫폼 구축의 집적효과와 예산 절감 혁신이라는 가시적인 성과를 찾아볼 수 있었다. 또한, 정부 내 이해관계자의 갈등을 조정하고, 중앙디지털데이터청(Central Digital & Data Office)의 설립을 통하여 추진력을 강화함으로써 디지털플랫폼정부의 지속적인 발전을 꾀하고 있다.

이어서 국외 사례의 비교(benchmarking)를 통하여 디지털플랫폼정부의 성공과 혁신을 위한 시사점을 도출하고 제언을 제시하였다. 첫 번째로 예산, 조직, 실행과제들이 구성되고 발전되어야 한다. 두 번째로 플랫폼 정부 구축의 집적효과를 시스템 연계(미들웨어 개발 및 API확대)로 데이터 파이프 라인을 구축할 필요가 있다. 세 번째로 민간기업의 플랫폼과 연계, 활용하여 국민의 사용자 경험(UX)과 효과성을 높이는 노력을 기울일 필요가 있다.

제5장 "디지털플랫폼정부와 관료제 혁신"에서는 윤석열 정부의 디지털플랫폼정부가 현재의 정부관료제를 어떻게 변화시킬 것인가에 대하여 살펴보았다. 플랫폼 정부는 디지털 기술이라는 혁신적인 도구를 활용하여 디지털 플랫폼이라는 인프라 안에서 지금 관료제가 처한 여러 어려움들을 극복하기 위하여 노력한다. 그동안 아날로그를 중심으로 이루어지던 행정 관행을 디지털 중심으로 전환하기 위하여 법제도의 개선에 적극적으로 나선다. 관료제의 부처할거주의로 요약되는 사일로 효과를 데이터 간 연결과 경계를 제거하여 극복하려 하고, 플랫폼의 쌍방향소통 기술을 활용하여 정부의 일방향적 행정관행을 타계하려 한다. 그리고 정부활동이 경제적 성과로 연결하기 위하여 직접적인 투자와 성과창출 그리고 기업과의 연계를 시도한다.

이러한 노력들이 관료제를 어떻게 변화시킬 것인가에 관하여 이 장에서는 관료제의 특성을 위계적으로 살펴보았다. 그 결과 플랫폼 정부는 기존의 관료제적 질서를 새로운 질서로 교체하는 패러다임의 전환이 아닌, 관료제가 옹호하는 공공가치, 합리주의와 법치주의를 옹호하는 새로운 수단임을 제시하고 있다. 나아가 말미에는 성공적인 디지털플랫폼정부의 관료제 혁신을 위하여 대통령의 지속적인 관심과 정치권의 협조를 통한 법제도의 성공적인 개혁이 필요하며, 관료제 내부에서의 관료들의 순응을 유도하기 위한 관료문화적 고려가 필요함을 제시하였다. 무엇보다 플랫폼 정부가 국민의 권익을 옹호하고 복지를 신장하기 위한 민주적 장치로 기능하기 위해 민주적 통제가 필요함을 강조하며 논의를 마치고 있다.

제6장 "디지털플랫폼정부의 핵심 구성요소 및 평가지표 제안"에서는 정부가 제안한 '디지털플랫폼정부'의 개념에 대하여 논의하며, 기존 전자정부 모델에서의 전환을 강조한다. 디지털플랫폼정부는 플랫폼 중심적 접근을 통한 민간과의 협력을 목표로 하며, 데이터 및 인공지능을 활용한 혁신적인 공공서비스를 제공한다. 해당 정부모델은 국민에게 정보 검색뿐만 아니라 맞춤형·선제적 서비스를 제공하는 데에서 기존 전자정부와 차이가 있다. 또한, 디지털플랫폼정부는 기존 플랫폼 정부 논의와 유사성을 공유하면서도, '정부 운영체계 재설계' 및 '민관 참여 확대'에 상대적으로 중요성을 부여한다는 점에서 차별화된다.

이 연구는 전자정부 성과지표로는 디지털플랫폼정부를 평가하기에 어려움이 있음을 지적하며, 특히 다양한 이해관계자 참여 및 차별화된 디지털 서비스 제공과 관련된 논의 부재 등의 한계를 기술하였다. 더 나아가 디지털플랫폼정부의 추진과제에 대한 분석과 향후 추진체계 및 필요 요소 등을 고려하여 성과평가의 핵심요소와 지표들의 안을 제시하였다.

이 연구에서는 기존 평가에서 간과된 다양한 이해관계자(추진/주관부처, 기타 관계부처, 지방정부, 민간기업, 국민)를 포함하고, 해당 그룹별 7대 핵심 요소를 평가하는 것을 제안하였다. 주요 평가 요소들은 '정부 전략 수립,' '운영 및 성과관리 체계 수립,' '정부 운영체계 재설계,' '디지털 플랫폼 인프라 구축/운영,' '디지털 서비스 제공,' '민관 참여 확대,' 등을 활용하고, 정성적 변수와 한국적 맥락을 고려한 변수들을 포함함으로써, 기존 글로벌 성과평가 체계의 한계를 보완하고자 하였다.

제7장 "서비스 중심 디지털 플랫폼의 설계 방안"에서는 공공부문에서의 서비스 중심 디지털 플랫폼의 구체적인 설계방안을 제시하였다. 오늘날 공공 부문에서 디지털 플랫폼 설계에 대해 이론과 실무 차원 모두에 관심이 증가하고 있다. 그러나 기존 연구들에서 공공 부문에서 디지털 플랫폼 설계는 그동안 기술적 요소에만 초점을 맞추거나 플랫폼 설계자의 시각에서 하향식으로 접근하는 점에서 서비스 개발자와 이용자의 시각이 충분히 반영되지 못하였다.

이 연구는 서비스 개발자와 이용자의 시각에서 출발하여 서비스 수요에 따라 서비스를 먼저 고안하고 그에 따른 서비스 개발 과정에서 필요한 플랫폼 기술 요소와 쟁점을 식별하는 상향식 접근을 모색하였다. 이를 위하여 일반 시민이 이사라는 생애주기 사건에서 요청되는 일련의 이

머리말

사-주거 서비스 수요를 파악하고 이러한 서비스 묶음에 대한 통합서비스 개발을 시도했다. 그 이후에 그러한 통합서비스를 개발하고 제공하기 위해 요청되는 디지털 플랫폼 기능요소로서 채널기술, 개인데이터 수집 및 분석, 데이터 연계시스템 등의 기술요소를 식별했다. 이러한 과정을 통하여 플랫폼 설계자와 데이터 공급자 등 공급 측면과 서비스 개발자와 이용자 등의 수요 측면을 고려할 통합적인 플랫폼 설계를 모색하였으며, 서비스 중심의 디지털 플랫폼 설계의 이론적·정책적 함의를 제시하였다.

제8장 "디지털플랫폼정부로 전환을 위한 거버넌스의 과제"에서는 우선 전자정부에서 디지털플랫폼정부로의 전환에 따르는 문제점 분석에서 시작하고 있다. 이어서 디지털플랫폼정부와 관련된 개념들에 대하여 논의하였다. 이와 함께 기존의 플랫폼 정부에 대한 논의들도 함께 분석하여 정리하였다. 이와 함께 디지털플랫폼정부로의 전환을 위한 과제들을, 다양한 학자들의 의견을 종합하여 제시하고 있다. 특히 플랫폼 정부로의 전환 시 장애요인들을 정리하였다.

이어서 디지털플랫폼정부위원회에 대하여 목적과 조직 및 주요 임무와 활동에 대하여 기술하였다. 특히 위원회 설립 이후에 지난 1년 동안의 주요 활동 사항 49건을 분석하였다. 그리고 이를 통하여 향후 위원회가 플랫폼 정부 추진 거버넌스로서 수행할 필요가 있는 7개의 과제를 제시하였다.

제9장 "디지털플랫폼정부의 미래"에서는 현재까지 진행된 디지털플랫폼정부 구현 정책에 대한 중간성과를 바탕으로 정책의 성공을 위한 요인과 향후 도전 과제를 전망하였다. 이를 위하여 한국행정학회 정부의미래연구회 회원 10명으로 구성된 학계 전문가의 견해를 수집하여 함의를 살펴보았다. 디지털플랫폼정부 정책의 성공과 실패, 정책의 지속가능성에 대한 전망뿐만 아니라, 향후 성공을 위한 요인과 추진 방식에 대한 제언, 구현 가능 연도 예측 등에 관한 의견을 구하면서, 현재까지 디지털플랫폼정부 추진 현황을 돌아보고, 발전 방향을 모색하여 보았다.

전문가들은 대체로 디지털정부플랫폼 정책의 방향에 대해 정부 부처와 공공기관 간의 데이터 장벽을 허물고 혁신과 공공 가치 향상을 위한 노력으로 긍정적 평가를 하고 있다. 하지만, 기술, 데이터, 이해관계자와의 협업 및 역할의 재구성에 중점을 두어야 한다는 점에서 이전 전자정부 구현, 정부3.0의 추진과 차별되어야 하며, 관할권 조정, 법제도적 정비, 공공서비스의 알고리즘 투명성, 데이터 프라이버시 및 보안의 중요성과 같은 과제도 지적하고 있다. 이 장은 디지털플랫폼정부 구현 정책이 앞으로 직면하게 될 다양한 과제들을 요약하고 있으며, 이를 바탕으로 효과적인 디지털 거버넌스를 추구하기 위한 제언들을 도출하였다.

제10장 "디지털플랫폼정부의 성공을 위한 정책 제안"에서는 디지털플랫폼정부 정책을 디지

털 기술 기반의 정부혁신 관점에서 소개하고, 정책의 성공적인 구현을 위한 요건과 고려사항들을 제안하였다. 구체적으로 이 장에서는 다음의 세 가지 질문에 답하고자 하였다. 첫째, 왜 매번 새로운 정부가 등장할 때마다 새로운 디지털 정책이 등장하며, 새로운 정책의 등장에 따른 개념의 모호성과 정책의 혼선을 어떻게 이해할 것인가? 둘째, 이번 정부의 디지털 기술 기반 정부혁신으로서 '디지털플랫폼정부'의 주요한 내용은 무엇이며, 어떤 실천적 함의를 가지고 있는가? 셋째, 디지털플랫폼정부의 성공적 구현을 위한 고려사항은 무엇이며, 어떻게 대응하여야 할 것인가?

각 정부마다 디지털 정책이 다른 용어로 소개됨에도 불구하고 디지털 기술을 통한 정부혁신의 시도라는 점에서 연속성을 가질 수 있다. 디지털 정부혁신의 성공적 구현을 위해 최고정책결정자의 관심과 지지, 디지털 혁신의 지속성과 제도화, 추진체계의 역량과 작동하는 거버넌스, 디지털 혁신 실현을 위한 개별 조직의 역량의 증진이 필수적이다. 또한 이번 디지털플랫폼정부 정책의 성공을 위한 고려사항으로 디지털플랫폼정부 개념의 모호성과 실천적 개념의 필요성, 디지털플랫폼정부 정책의 다층위적 관리 필요성, 디지털 기반 정부혁신을 위한 조직 내부의 변화, 공공과 민간 협력 거버넌스의 의의와 한계에 대한 이해, 공공 부문의 역할과 디지털 역기능의 해소 등을 제안하였다.

현재 윤석열 정부에서 국정과제의 일환으로 추진 중인 디지털플랫폼정부 구현 정책들은 이제 막 시작한 사업들로 구성되어 있기 때문에, 평가를 하기에는 이른 시점이다. 따라서 이 책에서는 평가가 아니라, 미래 비전과 방향성을 제시하는 정책 제안에 초점을 두었다.

이 책에서 제시한 디지털플랫폼정부의 구현과 관련한 여러 정책들이 오랫동안 좋은 자료로 남아서, 연구자와 정부당국자들에게 유용하게 활용될 수 있을 것으로 확신한다. 이러한 디지털플랫폼정부의 추진과 관련한 다양한 정책 이슈는 지능정보 기술의 급속한 발전에 대응하여 끊임없이 빠르게 변화하고 있다. 따라서 앞으로도 연구자들이 각자의 분야에서 좀 더 깊이 있는 연구를 수행하여, 앞으로 우리나라가 디지털 정부혁신의 분야에서 세계적인 선도국가로 자리매김할 수 있기를 기대하여 본다.

2023년 12월
디지털플랫폼정부의 미래 집필진 일동

머리말_ 4

제1편 디지털플랫폼정부의 등장 · 15

제1장 왜 디지털플랫폼 정부인가?: 추진배경과 과제 -오강탁- · · · · · · · 17
제1절 추진배경 · 17
제2절 새 정부의 디지털플랫폼정부 비전과 전략 · · · · · · · · · · · · · · · · · · 22
    1. 디지털플랫폼정부의 모습 / 22
    2. 비전과 목표 그리고 기본 원칙 / 23
    3. 중점 추진과제 / 24
    4. 디지털플랫폼정부 추진체계 / 29
제3절 기대효과 · 30

제2장 디지털플랫폼정부의 개념화: 규범적 가치와 실증적 가치 -남태우- · · · · 32
제1절 디지털플랫폼정부의 개념적 규범성: 무엇을 해야 하는가? · · · · · · · 33
제2절 디지털플랫폼정부의 실증성: 무엇을 보여줄 수 있는가? · · · · · · · · · 37
    1. 신속성 / 38
    2. 유용성 / 39
    3. 접근성과 편의성 / 40
    4. 경제성 / 41
    5. 신뢰성 / 42
    6. 보안성 / 42
제3절 디지털플랫폼정부 실행계획의 규범성과 실증성 · · · · · · · · · · · · · · 43
    1. 디지털플랫폼정부 실행계획의 규범성 / 44
    2. 디지털플랫폼정부: 규범적 가치에서 실증적 가치로의 전환 / 49
제4절 결어 · 54

제3장 전자정부에서 디지털플랫폼정부로의 전환: 과거 정부의 경험에서 얻는 교훈들 -정충식- · 57
제1절 디지털 정부혁신이란 무엇인가? · 58
    1. 전자정부의 등장: 정보기술을 활용한 정부혁신 / 58
    2. 전자정부에서 디지털플랫폼정부로의 전환 / 59
제2절 역대 정부의 디지털 정부혁신 · 60

1. 김영삼 정부의 정보화 / 61
　　　2. 김대중 정부의 전자정부 / 63
　　　3. 노무현 정부의 정부혁신 / 68
　　　4. 이명박 정부의 국가정보화 / 72
　　　5. 박근혜 정부의 정부3.0 / 77
　　　6. 문재인 정부의 4차산업혁명 / 80
　제3절 윤석열 정부의 디지털플랫폼정부 · 86
　　　1. 전개과정 / 87
　　　2. 추진체계 / 87
　제4절 과거 정부의 정책에서 얻은 교훈들 · 89
　　　1. 비전과 전략: 비전보다 시스템 구축이, 더 나아가 법과 제도의 혁신이 중요 / 89
　　　2. 정부3.0 추진 과정의 문제점 / 91
　　　3. 문재인 정부의 디지털 정부혁신 실패 요인 / 92
　제5절 정책적 시사점 · 95
　　　1. 플랫폼 허브의 구축: 선택과 집중 / 95
　　　2. 추진체계의 정비 / 96
　　　3. 대통령의 리더십 확보 / 99

제2편 디지털플랫폼정부의 현황 · 103

제4장 국외 사례로 살펴본 디지털 정부 추진 현황과 시사점 －이아라 · 황성수－ 105
　제1절 우리나라의 디지털플랫폼정부 현황과 과제 · · · · · · · · · · · · · · · · · 105
　　　1. 디지털플랫폼정부의 현황과 진행 중인 성과 / 106
　　　2. 디지털플랫폼정부의 주요 진행 과제 / 107
　　　3. 한국 디지털플랫폼정부의 과제와 도전 / 108
　제2절 국외 사례 비교 분석 · 109
　　　1. 덴마크: 민 · 관 공동의 협력 / 110
　　　2. 영국: 플랫폼 통합과 예산절감 / 113
　　　3. 미국: 서비스 혁신 / 115
　　　4. 싱가포르: 스마트 네이션 추진 / 117
　　　5. 캐나다: 국민 중심 서비스 제공 / 120
　제3절 디지털플랫폼정부의 미래 전망과 추진 방향 · · · · · · · · · · · · · · · · 122
　　　1. 국외 사례 디지털플랫폼정부 특징과 성공 요인 비교 / 122
　　　2. 국외 사례 비교 분석을 통해 우리나라가 고려해 볼 시사점 / 124

제5장 디지털플랫폼정부와 관료제 혁신 –은종환– · 127
제1절 서론 · 127
제2절 디지털플랫폼정부의 정부혁신 · 129
    1. 플랫폼 정부에 관하여 / 129
    2. 윤석열 정부의 플랫폼 정부 / 134
제3절 플랫폼 정부에서의 관료제 개혁의 방향 · 141
    1. 디지털 전환과 플랫폼 정부 / 141
    2. 관료제의 이해 / 147
    3. 플랫폼 정부에서의 관료제 개혁 / 153
제4절 디지털플랫폼정부는 관료제를 어떻게 변화시킬 것인가? · 155
    1. 관료제와 디지털플랫폼정부의 비교 / 155
    2. 시사점 / 158
제5절 결론 · 160

제6장 디지털플랫폼정부의 핵심 구성요소 및 평가지표 제안 –정지혜– · 164
제1절 서론 · 164
제2절 플랫폼 정부와 디지털플랫폼정부 · 165
    1. 플랫폼 정부에 대한 이론적 논의 / 166
    2. 대한민국 정부의 디지털플랫폼정부 개념 / 168
제3절 디지털 정부 성과평가 이론 및 글로벌 평가지표 · 177
제4절 디지털플랫폼정부 핵심 추진과제 기반 평가지표체계 제안 · 180
    1. OECD DGI 평가지표 기반 추진과제 평가 방안 / 181
    2. 디지털플랫폼정부 성과측정을 위한 추진과제 한계 보완 추가 구성요소 / 183
    3. 디지털플랫폼정부 성과평가 가안 제시 / 186
제5절 결론 · 190

제3편 디지털플랫폼정부 구현 전략 · 197

제7장 서비스 중심 디지털 플랫폼의 설계 방안 –최준영·황한찬– · 199
제1절 서론 · 199
제2절 공공 부문에서 디지털 플랫폼의 활용 및 설계 방안 · 201
    1. 공공 부문에서 디지털 플랫폼의 활용 / 201
    2. 공공 부문에서 디지털 플랫폼의 설계 방안 / 203
제3절 수요자 중심의 이사-주거 통합서비스 개발 · 206

  1. 수요자 중심의 서비스 개발 방법론 / 206
  2. 이사-주거 통합서비스 개발 / 207
  3. 서비스 기능구성 및 요소기술 도출 / 211
제4절 서비스 중심 디지털 플랫폼의 설계 방안 · · · · · · · · · · · · · · 213
  1. 서비스 중심 디지털 플랫폼 개념 설계 / 213
  2. 서비스 중심 디지털 플랫폼에서 서비스 구성의 가이드라인 / 215
  3. 한계점 및 해결 방안 / 218
제5절 토론: 서비스 중심의 디지털 플랫폼 설계의 가능성 · · · · · · · · 220
제6절 결론 · 222

제8장 디지털플랫폼정부로 전환을 위한 거버넌스의 과제 —이민상— · · · · · · 226
제1절 전자정부에서 디지털플랫폼정부로 전환 · · · · · · · · · · · · · 226
제2절 디지털플랫폼정부와 관련된 개념들 · · · · · · · · · · · · · · · 228
  1. 한국 정부에서 제시하는 디지털플랫폼정부 / 228
  2. 플랫폼 정부에 관한 기존 연구 / 230
  3. 디지털플랫폼정부, 플랫폼으로서 정부, 정부를 위한 플랫폼 / 233
제3절 디지털플랫폼정부로의 전환을 위한 과제 · · · · · · · · · · · · · 235
제4절 디지털플랫폼정부위원회 · 239
  1. 디지털플랫폼정부위원회의 목적과 조직 / 239
  2. 디지털플랫폼위원회의 주요 임무 / 241
  3. 디지털플랫폼정부위원회 주요 임무와 활동 비교 / 243
제5절 소결: 디지털플랫폼정부위원회의 과제 · · · · · · · · · · · · · · 245

제4편   디지털플랫폼정부의 미래 · · · · · · · · · · · · · · · · · 251

제9장 디지털플랫폼정부의 미래 —최한별·조영민— · · · · · · · · · · · 253
제1절 연구의 배경 · 253
제2절 디지털플랫폼정부의 성공과 실패 · · · · · · · · · · · · · · · · 254
  1. 디지털플랫폼정부 성공의 정의 / 254
  2. 디지털플랫폼정부 정책의 윤석열 정부 임기 중 성공 가능성 / 256
제3절 디지털 플랫폼 정책의 지속가능성 여부 · · · · · · · · · · · · · 257
  1. 정권 변화에 따른 정책의 연속성 / 257
  2. 디지털플랫폼정부 정책의 연속성에 관한 동기 혹은 장벽 / 259
  3. 디지털플랫폼정부 정책의 차기 정부에서의 지속성 전망 / 260

목차

제4절 디지털플랫폼정부의 성공을 위한 요인 · 262
1. 디지털플랫폼정부 정책의 성공 요인 / 262
2. 디지털플랫폼정부의 성공을 위한 조치 / 263
3. 디지털플랫폼정부의 성공을 방해하는 장애물 / 264

제5절 디지털플랫폼정부의 추진 방식 · 265
1. 디지털플랫폼정부 구현에서 이해관계자의 중요성 / 265
2. 민간 주도로의 전환 가능성에 대한 전망 / 266
3. 디지털플랫폼정부의 전환 과정에서의 잠재적 도전 혹은 장벽 / 268
4. 이해관계자들을 효과적으로 참여시키기 위한 전략 / 269

제6절 디지털플랫폼정부의 구현 연도 · 271
1. 정책이 완전히 실현될 수 있는 현실적인 시기 / 271
2. 정책이 본격적으로 시행되기 전에 달성하여야 할 기술적 이정표 / 272
3. 다른 분야보다 디지털플랫폼정부의 접근 방식을 더 빨리 채택할 것으로 예상되는 특정 분야 / 273

제7절 그밖의 이슈 · 274
1. 디지털 통합 / 274
2. 데이터 프라이버시 / 276
3. 알고리즘의 투명성 / 277
4. 참고할 수 있는 외국이나 다른 기업의 사례 / 278

제8절 결론 및 과제 · 279

제10장 디지털플랫폼정부의 성공을 위한 정책 제안 – 김동욱 · 성욱준– · · · 281
제1절 디지털플랫폼정부의 맥락성 · 281
1. 디지털 기술의 발전과 디지털 혁신 / 281
2. 우리나라에서 정부별 디지털 정책 공약 / 282

제2절 윤석열 정부의 디지털플랫폼정부 정책 · 283
1. 디지털플랫폼정부의 등장 배경 / 283
2. 디지털플랫폼정부 정책의 주요 내용 / 284

제3절 디지털플랫폼정부의 성공 요인들과 고려사항 · 289
1. 디지털 기반 정부혁신의 일반적 성공 요인 / 289
2. 디지털플랫폼정부 정책의 성공을 위한 고려 요인 / 292

찾아보기_ 306

제1편

디지털플랫폼정부의 등장

■ 디지털플랫폼정부의 미래
■ The Future of Digital Platform Government

제1장

왜 디지털플랫폼정부인가?
: 추진배경과 과제

오강탁

제1절 추진배경

    새 정부가 새로운 국정운영 패러다임으로 디지털플랫폼정부를 제시하였다. 디지털 플랫폼 정부는 모든 데이터가 연결되는 디지털 플랫폼 위에서 국민과 기업, 정부가 함께 사회문제를 해결하고 새로운 가치 창출을 표방한다. 정부가 독점 공급자로서 일방적으로 디지털 서비스를 제공하는 현재 방식에서 벗어나 민간과 협업하는 국정운영 모델을 의미한다. 디지털플랫폼정부가 지향하는 가치와 거버넌스 관점에서 보면, 새 정부의 디지털플랫폼정부는 Tim O'Reilly(2011)의 '플랫폼으로서의 정부'(Government as a Platform)[1], Parker, van Alstyne & Choudary(2016)의 정부2.0(Government

---

[1] 디지털 플랫폼을 활용하여 정부의 기획능력과 데이터의 개방성을 높이고 시민의 참여와 협력을 통하여 국가사회 문제를 해결하는 정부.

2.0)[2], 그리고 Richard Pope(2019)의 '플랫폼으로서의 정부'(Government as a Platform)[3]에 개념적 토대를 두고 있다. 디지털플랫폼정부를 웹2.0에 기반을 둔 박근혜 정부의 '정부3.0', 정부의 디지털 전환에 초점을 둔 문재인 정부의 '디지털 정부혁신'과 비교하면 다음 〈표 1-1〉과 같다.

〈표 1-1〉 디지털플랫폼정부와 유사개념 비교

구분	정부3.0	디지털 정부혁신	디지털플랫폼정부
정부의 역할	서비스 제공자(GaaS)	서비스 제공자(GaaS)	플랫폼(GaaP)
민간의 역할	제한된 혁신 조력자	혁신 조력자	혁신 주도자
핵심가치	양방향 소통 (개방, 공유, 소통)	양방향 소통 (참여와 네트워킹)	개인 최적화 (연결, 협치, 가치창출)
서비스	제한적 개인화 서비스	개인 맞춤형 서비스(룰 기반)	개인 최적화 서비스(데이터+AI)
데이터	개방 데이터 확충 (포지티브/생성 이후)	고품질 데이터(정형) 개방 (포지티브/생성 이후)	전면 개방(정형/비정형)과 활용 (네거티브/생성단계)
수단(채널)	Web2.0 (PC, 모바일/포털)	Web2.0 (PC, 모바일/포털)	Web3.0 (모든 디바이스/메타버스)

출처: 오강탁(2022), 새 정부 디지털플랫폼정부, 어떻게 구현할 것인가.

(그렇다면) 왜 지금 디지털플랫폼정부인가? 제20대 대통령직인수위원회(위원장 안철수) 디지털플랫폼정부 TF(팀장 고진)가 2022년 5월 2일 발표한 디지털플랫폼정부 비전과 중점과제에 따르면, 디지털플랫폼정부 추진 배경에는 디지털 전환 가속화와 이에 따른 거버넌스에 대한 인식, 기존 디지털 정부의 한계, 그리고 디지털 서비스에 대한 높아진 국민의 눈높이 등이 있다. 먼저, 코로나19의 장기화로 경제·사회 전반의 디지털 전환(Digital Transformation)이 가속화되면서 디지털은 정부를 비롯한 모든 경제주

---

[2] 일방향의 파이프라인과 달리 생산자와 소비자의 상호작용으로 다양한 방식의 부가가치를 창출하는 정부로 구글, 메타(페이스북), 아마존 등 플랫폼 기업의 특성을 가진 정부.

[3] 공유 API와 컴포넌트의 네트워크, 개방형 표준, 표준 데이터 셋 등을 중심으로 정부의 업무를 재구성함으로써 공무원과 기업 등이 좀 더 안전하고 효율적으로 그리고 책임감을 가지고 근본적으로 더 나은 서비스를 제공하는 정부.

체들에게 생존을 위한 필수 전략이 되었다. 데이터, 네트워크, 인공지능 등 디지털 기술은 특정 분야에 국한되지 않고 경제와 사회 전반을 완전히 재편하고 있다. 즉, 정부가 디지털 기술을 단순히 활용하는 것에 그치지 않고 정부의 조직, 운영방식, 업무 프로세스 등 전반에 걸쳐 근본적인 혁신을 이루는 것이 국가 경쟁력을 결정하는 시대가 되었다. 또한 불확실성이 절대적인 '뷰카(변동성[Volatility], 불확실성[Uncertainty], 복잡성[Complexity], 애매함[Ambiguity]: VUCA) 시대'가 열리면서 정부와 민간과의 협업은 선택이 아니라 필수가 되었다. 공적 마스크 대란, 전국민 상생지원금 지급, 백신 예약 시스템 개선 등 코로나19 위기 극복과정에서 경험한 사례를 통하여 정부의 개별 부처나 산발적인 대응이 아니라 민간과 협업이 훨씬 더 효과적이고 효율적으로 문제를 해결할 수 있다는 것을 경험적으로 확인한 바 있다.

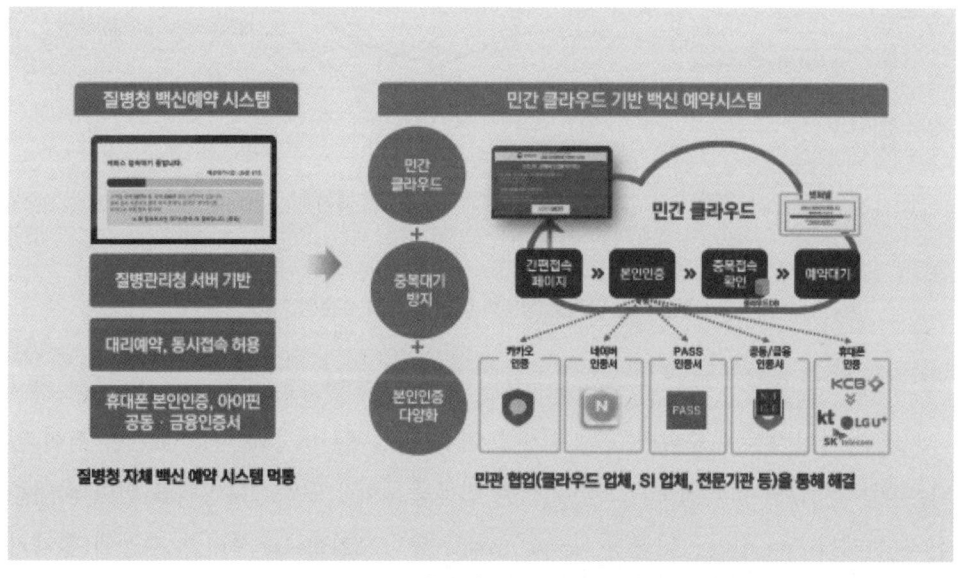

출처: 제20대 대통령직 인수위원회 디지털플랫폼정부 TF발표자료(2022.5.2.).

[그림 1-1] 민관 협업을 통한 백신 예약 시스템 개선 사례

다음으로, 1980년대 중후반 행정전산화사업(국가기간전산망, 행정업무 전산화), 2000년대 전자정부 사업, 2010년 이후 공공데이터 개방, 모바일 기반 서비스 확대 등으로 이어져 온 우리나라 전자정부 시스템과 서비스는 UN, OECD, WB 등 국제기구들로

부터 높은 평가를 받고 있다. 그러나 세계은행(2020)의 정부 효율성(22위), IMD(2020) 국가 경쟁력(22위), 그리고 국제투명성 기구(2020)의 부패인식 지수(33위) 평가 결과는 디지털 정부의 평가결과와는 상당한 차이가 있다. 이는 우리나라 전자정부가 디지털 환경에 적합한 프로세스 재설계 없이 단순한 디지털화에 그쳐 전자정부가 정부의 효율성이나 국가경쟁력 향상을 뒷받침하고 있지 못하고 있다는 것을 시사하고 있다.

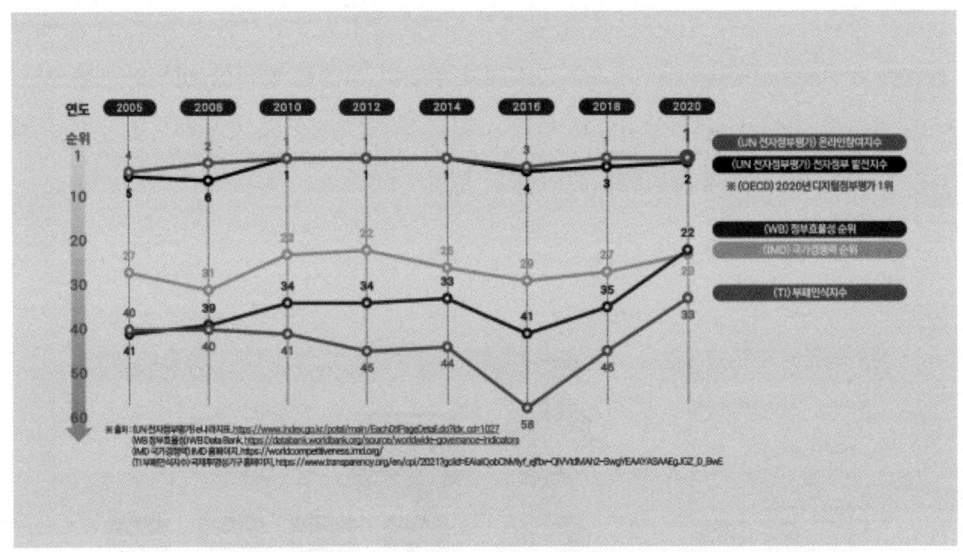

[그림 1-2] 디지털 정부와 국가 경쟁력 수준의 차이

이뿐만 아니라 국민중심의 통합 서비스 제공 관점에서도 개선하고 보완할 점이 있다. 정부 부처/기관의 정보시스템이 단위 업무중심으로 구축·운영되고 있어 국민중심의 선제적(Proactive), 맞춤형(Personalized), 통합(Seamless) 서비스 제공에 한계가 있다. 공공데이터의 개방 수준도 32%에 그치고 있고, 민간에서 수요가 높은 비정형 데이터의 개방은 10% 내외로 매우 낮은 수준에 머물러 있다. 또한 정부업무의 디지털화가 기존 아날로그 프로세스의 전산화에 초점을 두고 추진되어 디지털화에도 불구하고 복잡한 행정절차와 구비서류 준비 등으로 국민의 불편은 여전한 상황이다. 이러한 이유로 서비스를 제공받을 자격이 있어도 몰라서 복지서비스를 받지 못하는 복지서비

스 전달의 사각지대[4]가 여전하고 복지급여 부정수급 등의 문제가 반복적으로 발생[5]하고 있다.

출처: 제20대 대통령직 인수위원회 디지털플랫폼정부 TF발표자료(2022.5.2.).

[그림 1-3] 디지털 정부의 한계와 원인 진단

끝으로, 민간에서 제공하는 혁신적인 서비스로 인하여 국민의 눈높이가 지속적으로 높아지고 있다. 국민은 구글, 네이버, 카카오 등 민간 플랫폼 기업의 맞춤형 서비스와 편리한 사용자 경험(UI/UX)에 익숙하다. 이에 비하여 정부가 제공하는 여러 서비스는 일관성이 낮은 수많은 시스템을 통하여 제공되고 있어 공급자 중심으로 파편화되어 있으며, 사용자 인터페이스는 민간 서비스의 편리함에 미치지 못하고 있다.

---

4) 현재 우리나라 복지체계는 기본적으로 복지 수혜자 본인들이 신청하지 않으면 혜택을 받기 어려운 신청주의에 발목이 잡혀 있다. 이로 인하여 기초수급자가 되려고 해도 본인이 신청하지 않으면 하나도 지원을 받을 수가 없다. 2022년 8월에 난치병과 빚 독촉에 쫓겨 생활고를 비관하다 극단적인 선택을 하는 제3의 '세모녀 사건'을 피할 길이 없다.

5) 2021년 국정감사 자료에 따르면, 2021년 기준으로 최근 5년간 부정수급한 복지급여액이 1,140억 원이다. 급여 유형별 주요 부정수급액은 기초 생활보장 1,094억 원, 유아복지 12억 원, 한부모 가족 13억 원, 기초 연금 13억 원 등이다(Newsis, 2021.10.16.).

제2절　새 정부의 디지털플랫폼정부 비전과 전략

디지털플랫폼정부는 제20대 대통령직인수위원회에서 발표한 110대 국정과제 중 11번 국정과제인 "모든 데이터가 연결되는 세계 최고의 디지털플랫폼정부 구현"으로 반영되었다. 이는 디지털 플랫폼으로 '하나의 정부'를 구현하여 기존 방식에서 발생하던 문제점을 해소하는 것이 목적이다. 정부는 데이터에 기반한 과학적인 의사결정과 투명하고 개방적인 업무처리가 가능해질 것으로 이를 통하여 국민과 기업의 신뢰를 받는 동반자가 될 것이다.

1 디지털플랫폼정부의 모습

현재 정부의 고질적인 부분인 부처 간 칸막이로 국민과 기업은 원하는 서비스를 이용하기 위해 '하나의 정부'를 통하여 서비스를 받을 수 있는 형태가 아니다. 원하는 서비스를 운영하고 있는 '따로따로 부처' 형태로 국세청 서비스를 이용하려면 홈택스, 복

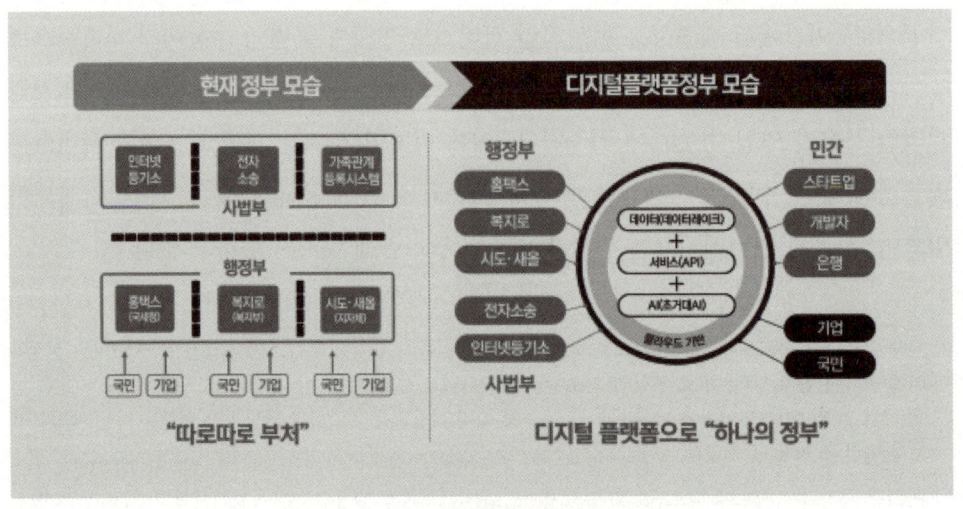

출처: 제20대 대통령직 인수위원회 디지털플랫폼정부 TF발표자료(2022.5.2.).

[그림 1-4] 디지털플랫폼정부의 모습

지부 서비스를 이용하려면 복지로, 지방자치단체의 서비스를 이용하려면 각 시·도에서 운영하는 사이트에 접속해야 하는 불편이 존재한다. 그러나 디지털플랫폼정부로 도약한다면, 디지털 플랫폼으로 '하나의 정부'를 이용할 수 있게 되는 것이다.

2 비전과 목표 그리고 기본 원칙

디지털플랫폼정부에서 제시하는 비전은 '모든 데이터가 연결되는 세계 최고의 디지털플랫폼정부'이다. 이를 위하여 국민에게는 선제적 맞춤형 서비스를 제공하고, 디지털플랫폼정부의 혁신 동반자로서 혁신하는 기업을 지향하고, 인공지능과 데이터 기반으로 일 잘하는 정부인 과학적인 정부를 구현한다.

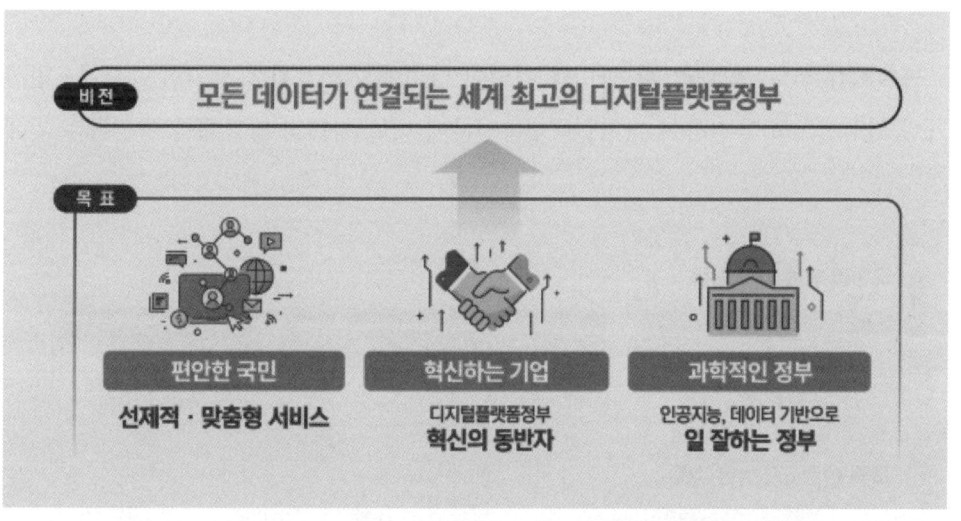

출처: 제20대 대통령직 인수위원회 디지털플랫폼정부 TF발표자료(2022.5.2.).

[그림 1-5] 디지털플랫폼정부의 비전과 목표

디지털플랫폼정부의 기본원칙은 총 9가지이다. 국민과 기업의 참여, 하나의 정부 시스템, 선제적 정부 서비스, 프로세스 재설계, 데이터의 적극적 개방 등 디지털플랫폼정부의 핵심적인 철학을 보여준다.

> **디지털플랫폼정부의 기본원칙 9가지**
>
> - 국민과 함께 혁신하고 민관이 함께 성장하는 혁신생태계를 조성한다.
> - 공공데이터는 네거티브 원칙 하에 디지털 방식으로 전면 개방한다.
> - 공공서비스는 국민의 관점에서 통합적, 선제적, 맞춤형으로 제공한다.
> - 부처 간 칸막이를 철폐하고, 디지털 플랫폼으로 하나의 정부를 구현한다.
> - 행정 프로세스를 재설계하고, 조직문화 및 인사제도까지 혁신한다.
> - 정부는 인공지능·데이터 기반으로 정책결정을 과학화한다.
> - 개인정보를 보호하고 안전하고 신뢰할 수 있는 이용환경을 보장한다.
> - 데이터와 서비스의 민관 공유를 위한 개방형 표준을 마련한다.
> - 세계 시장을 선도할 수 있는 디지털플랫폼정부를 만든다.

3 중점 추진과제

1) 국민체감 선도 프로젝트

국민체감 선도 프로젝트는 국민과 기업이 단기에 개선효과를 체감할 수 있는 혁신과제부터 신속히 추진하여 디지털플랫폼정부에 대한 사회적 공감대를 형성하는 것에

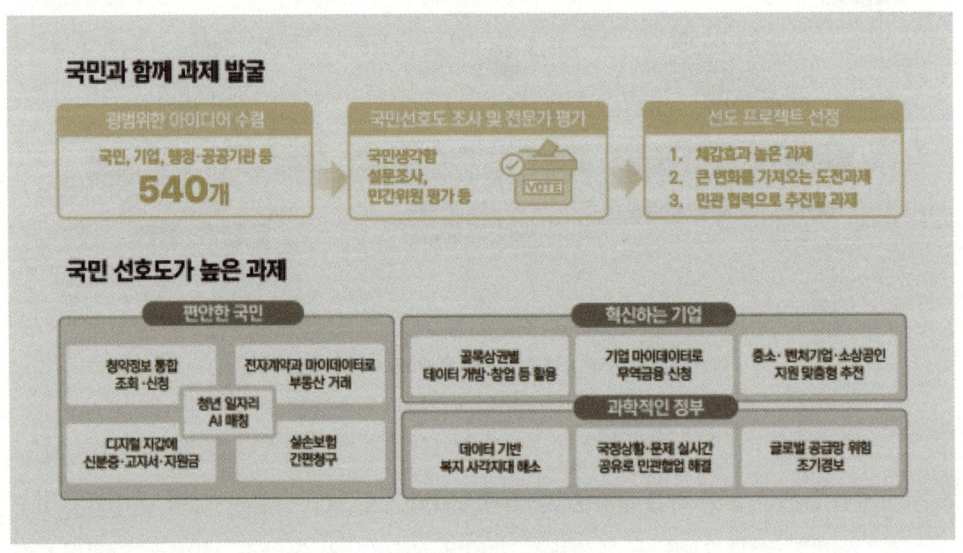

출처: 제20대 대통령직 인수위원회 디지털플랫폼정부 TF발표자료(2022.5.2.).

[그림 1-6] 국민체감 선도 프로젝트 발굴과정과 선정된 선도 프로젝트 제시

그 목적이 있다. 이를 통하여 디지털플랫폼정부의 중장기적인 추진동력을 확보할 수 있다. 선도 프로젝트는 국민, 기업, 행정·공공기관 등 다양한 경로를 통하여 개선 아이디어 540개의 제안을 받았고, 이를 제20대 대통령직인수위원회 디지털플랫폼정부 TF에서 과제화하였다. 이렇게 발굴한 과제를 국민생각함 설문조사와 민간 전문가 평가 등을 통하여 체감효과가 높은 과제, 큰 변화를 가져오는 도전과제, 민관협력으로 추진할 과제 등 선정기준에 맞춰 총 20개의 선도 프로젝트(향후 지속적으로 추가 예정)를 선정하였다.

2) 먼저 찾아가는 공공서비스

디지털플랫폼정부에서는 데이터와 인공지능(AI)을 기반으로 하는 맞춤형 서비스 플랫폼을 구축하여 개인의 상황(Context)에 맞는 서비스를 생애주기에 따라 통합적이고 선제적으로 제공한다. 다음 [그림 1-7]에서 보는 바와 같이 육아, 취학환경과 은행대출, 대중교통, 주거지원 정책 등의 정보를 통합적으로 분석하여 주택청약을 희망하는 개인에게 맞는 주택청약 정보를 공공 또는 민간 앱/웹으로 제공할 수 있다.

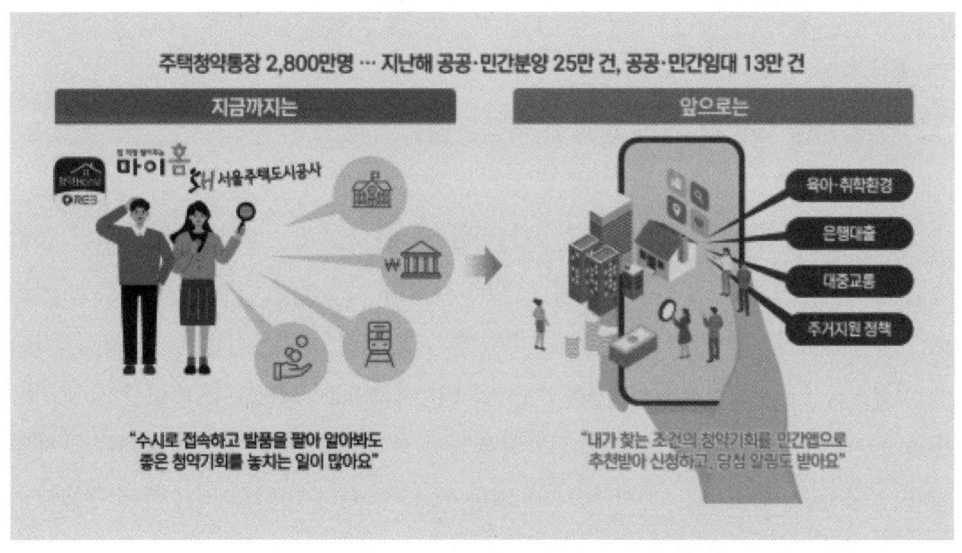

출처: 제20대 대통령직 인수위원회 디지털플랫폼정부 TF발표자료(2022.5.2.).

[그림 1-7] 먼저 찾아가는 공공서비스 예시: 주택청약

한편, 영국, 에스토니아, 미국, 핀란드 등 디지털 정부 선도국들도 정부 내 데이터 공동이용과 인공지능 기술을 활용하여 생애 이벤트 기반의 맞춤형 서비스를 확대하고 있다.

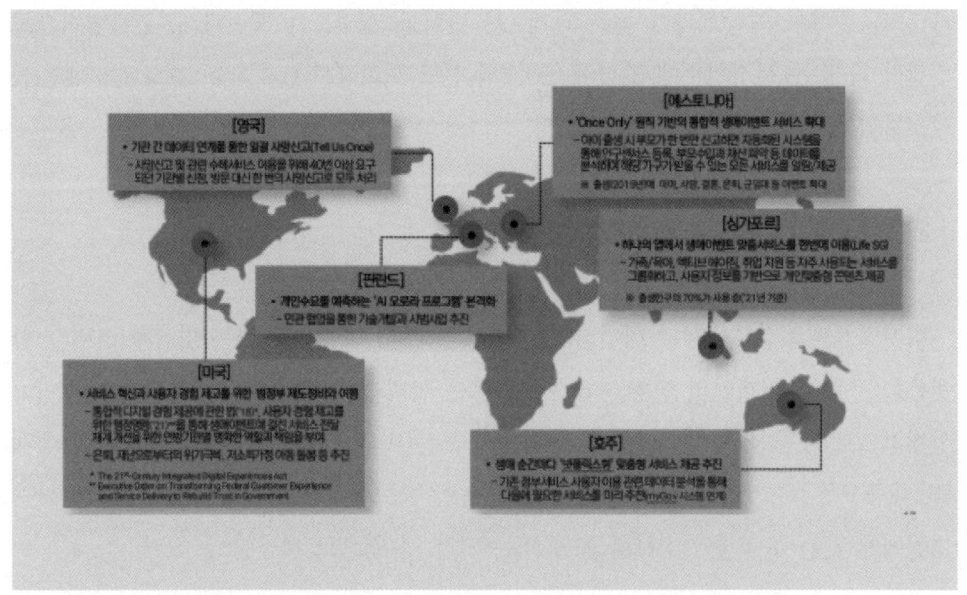

[그림 1-8] 최근 주요국의 해외 생애주기 기반 맞춤형 서비스 추진 동향

3) 인공지능 데이터 기반 과학적 국정운영

디지털플랫폼정부에서는 기존 관행과 경험에 의존한 행정, 개별부처 중심의 현안 해결에서 벗어나 인공지능과 데이터 기반의 과학적 국정운영 기반을 강화한다. 이를 위하여 데이터 분석을 통한 조기경보, 정밀예측 등 최적의 의사결정을 지원하고 RPA 등 인공지능 기술 도입을 통한 행정업무 처리의 지능화를 강화한다. 또한 민관, 부처, 중앙과 지방정부 간 지속가능한 협업기반을 구축하여 거버넌스 방식의 국가현안 해결 체계를 구축할 예정이다. 뿐만 아니라 인공지능·데이터 기반의 과학적 국정운영의 정착과 성과 확대를 위하여 개방형 디지털 전문직을 확대하고 공무원의 디지털 역량을 강화할 방침이다.

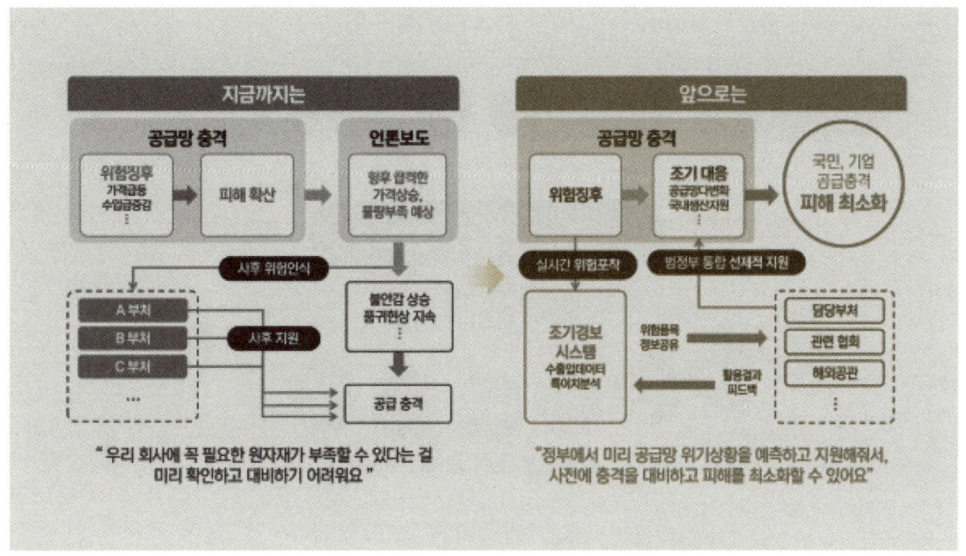

출처: 제20대 대통령직 인수위원회 디지털플랫폼정부 TF발표자료(2022.5.2.).

[그림 1-9] 인공지능 데이터 기반 과학적 국정운영 예시

4) 세계를 선도하는 디지털플랫폼정부 혁신생태계 조성

디지털 플랫폼 혁신생태계(innovation ecosystem)는 디지털플랫폼정부를 조기에 구현하고 가속화하기 위한 근본적인 토대라 할 수 있다. 디지털 플랫폼 혁신생태계 또는 플랫폼의 핵심 구성 요소인 데이터, 기술 인프라 그리고 법과 규제 체계를 디지털플랫폼정부에 맞게 혁신하는데 초점을 두고 있다. 우선, 공공데이터의 개방과 공동활용을 저해하는 소극적인 법 해석과 관행을 과감하게 정비하는 한편, 마이데이터 기반 서비스와 민간 비즈니스 활성화를 위하여 「개인정보보호법」 등 관련 법령도 과감하게 정비한다. 또한 정부 데이터/서비스 API 개방 플랫폼 구축, 클라우드 기반 서비스 개발 및 테스트 환경 구축, 초거대 AI 인프라 구축 등 디지털플랫폼정부의 민관협력 혁신 인프라도 확대 구축한다. 이외에도 정보시스템 구축 시 정보화전략계획수립(ISP) 면제·간소화 및 상시 개발이 가능한 유연한 예산제도 신설, 그리고 「(가칭)민관협력 디지털플랫폼정부특별법」의 제정을 통하여 디지털플랫폼정부 추진의 법적 근거를 강화할 방침이다.

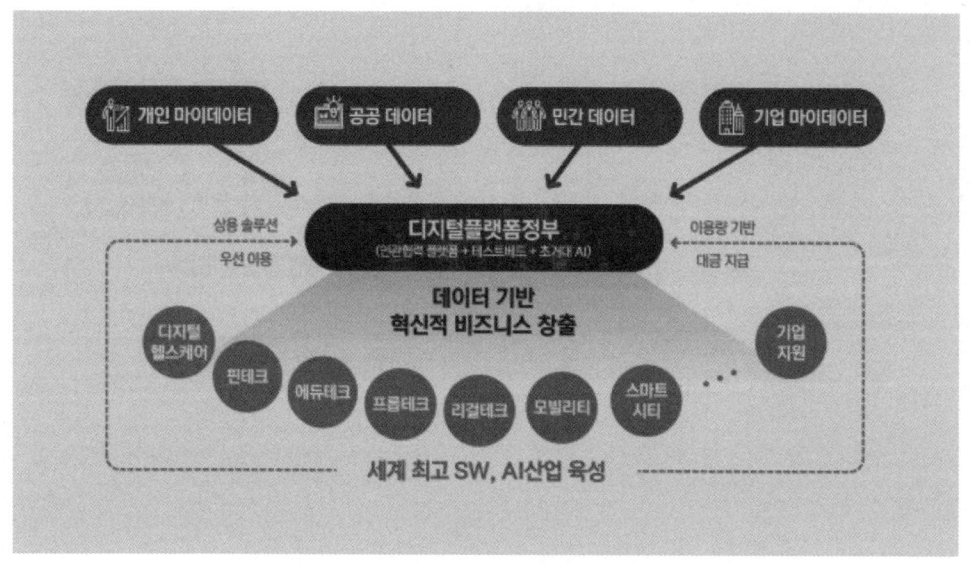

출처: 제20대 대통령직 인수위원회 디지털플랫폼정부 TF발표자료(2022.5.2.).

[그림 1-10] 디지털플랫폼정부 혁신생태계 조성 및 추진방향

5) 안전하고 신뢰할 수 있는 이용환경

안전하고 신뢰할 수 있는 이용환경의 구축을 위하여 활용과 보안을 동시 제고하는 새로운 보안체계를 구축하고, 개인정보의 안전한 활용 기반을 강화한다. 이를 위하여 망분리 및 클라우드 보안인증 제도(CSAP) 개선, 제로 트러스트[6], 블록체인 등 최신 보안기법 도입 및 확산, 개인정보 활용 이상행위 탐지 및 개인정보 활용 이력정보 상시 강화 등을 추진한다. 아울러 보안역량 취약 중소기업·소상공인에 대한 지원을 위해 보안기능 확보 및 취약점 제거 및 예방 지원, 원격 서버 점검 서비스를 제고하고, 보안사고 신속대응, 피해복구, 재발방지 종합지원 체계도 확립한다.

---

[6] 제로 트러스트는 Forrester 리서치 보안위협팀의 수석 애널리스트인 John Kindervag가 2010년에 제안한 보안모델이다. 제로 트러스트 보안은 '신뢰할 수 있는' 네트워크의 사용자가 네트워크 전반에서 이동하거나 액세스 가능한 모든 데이터를 외부로 유출할 수 있으므로 기업 네트워크 경계 내의 리소스를 신뢰하여야 한다는 기존 가정을 대체하며, 신뢰를 취약점으로 간주한다. 클라우드 시스템(IaaS, SaaS 등)을 활용한 IT시스템 접근과 활용, 노트북, 스마트폰 등 다양한 디바이스를 활용한 원격업무 증가 등 IT시스템의 접근 및 이용환경의 변화로 다시 주목받고 있다.

4 디지털플랫폼정부 추진체계

디지털플랫폼정부의 주요사업을 기획·조정·평가하는 기능을 수행하는 디지털플랫폼정부위원회가 대통령 직속으로 설치되어 2022년 9월 2일 출범하였다. 위원회에는 고진 위원장을 비롯한 인공지능(AI)·데이터·보안 등 디지털 기술과 공공행정, 산업생태계 등의 분야에서 현장 경험이 많은 민간 전문가(19인)와 기획재정부·과학기술정보통신부·행정안전부 장관과 개인정보보호위원회 위원장이 참여하고 있다. 위원회 산하에 도메인 중심으로 인공지능/데이터, 인프라, 서비스, 일하는 방식, 산업 생태계, 정보보호 등 6개 분과를 구성하였다. 한편, 위원회를 실무적으로 지원하는 디지털플랫폼정부위원회 추진단이 1단(실장급) 3국으로 구성되었다. 아울러 디지털플랫폼정부 추진과정에서 국가 정보화 전문기관들의 노하우와 전문성이 활용될 수 있도록 한국지능정보사회진흥원(NIA), 정보통신정책연구원(KISDI) 등 중앙부처 산하 13개 정보화 전문기관의 장으로 전문지원관 협의체도 구성하여 운영한다.

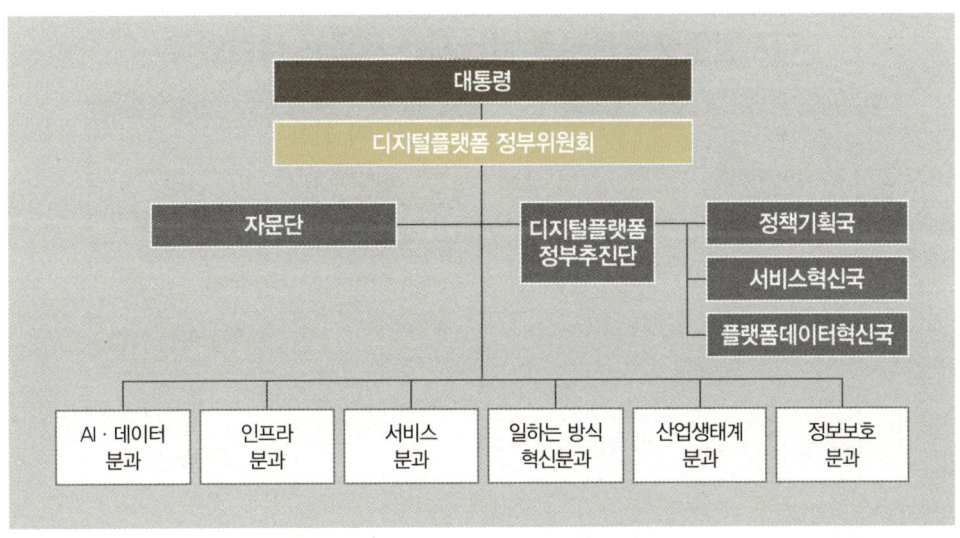

자료: 디지털플랫폼정부위원회

[그림 1-11] 디지털플랫폼정부위원회 조직도

제3절 기대효과

　디지털플랫폼정부를 통하여 국민 맞춤형 서비스가 선제적으로 이루어지게 되어 국민은 편안하게 공공서비스를 받을 수 있을 것으로 기대된다. 더 이상 몰라서 정부혜택을 놓치거나, 여러 관공서를 방문하여야 하거나, 같은 서류를 반복적으로 제출하여야 하는 일이 사라질 것이다. 국민이 원하는 것을 알아서 맞춤형으로 챙겨주는 먼저 찾아가는 정부가 될 것이다. 기업은 정부가 보유한 고품질의 데이터를 활용하여 공공서비스 개발과 전달에 참여하는 한편, 혁신적인 비즈니스를 창출할 것이다. 공공에서의 성장을 통하여 세계 시장을 선도해 나갈 수 있도록 정부는 든든한 지원자가 될 것이다. 정부는 데이터에 기반한 과학적인 의사결정과 투명하고 개방적인 업무처리가 가능해질 것이다. 이를 통하여 국민과 기업의 신뢰를 받는 동반자가 될 것이다.

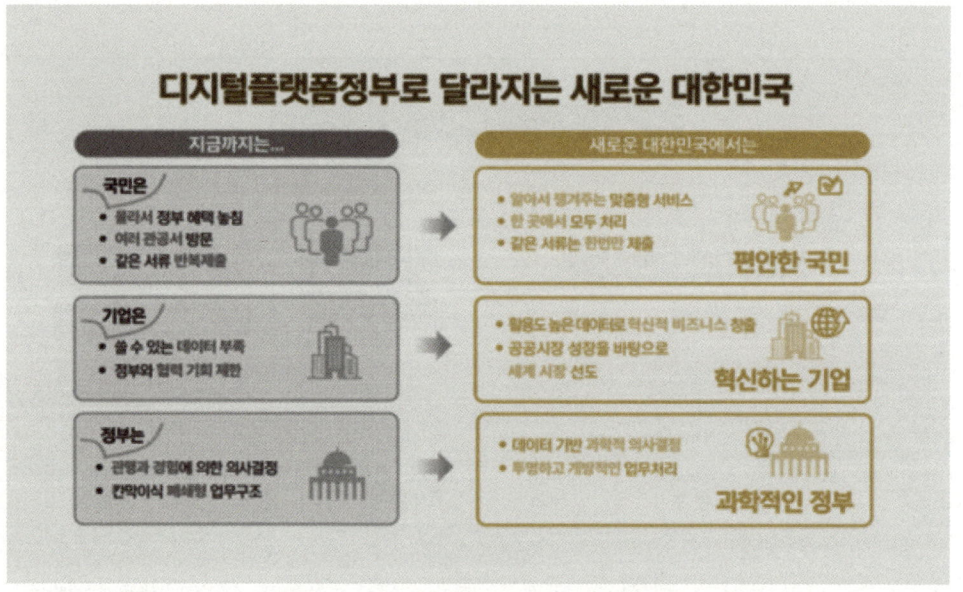

[그림 1-12] 디지털플랫폼정부의 기대효과

<참고문헌>

오강탁(2022). "새 정부 디지털플랫폼정부, 어떻게 구현할 것인가."
제20대 대통령직 인수위원회 디지털플랫폼성부 I+발표자료. 2022년 5월 2일.

e나라지표, UN 전자정부 지수 통계표 https://www.index.go.kr/potal/main/EachDtlPageDetail.
    do?idx_cd=1027 , UN 전자정부평가
WB Data Bank, Worldwide Governance Indicators https://databank.worldbank.org/source/
    worldwide-governance-indicators , WB 정부효율성
IMD 홈페이지 https://worldcompetitiveness.imd.org/ , IMD 국가경쟁력
국제투명성기구 홈페이지 https://www.transparency.org/en/cpi/2021?gclid=EAlalQobChMlyf_
    ejfbv-QlVVtdMAh2-SwgYEAAYAAEgJGZ_DBwE , TI 부패인식지수

제2장

디지털플랫폼정부의 개념화
: 규범적 가치와 실증적 가치

남태우

　디지털플랫폼정부는 윤석열 정부의 핵심 국정과제(11번)로 추진되고 있으며, 디지털플랫폼정부위원회는 2023년 4월 14일 '디지털플랫폼정부 실현계획 보고회'를 통하여 세부적인 청사진과 구체적인 이행계획을 발표하였다. 디지털플랫폼정부는 "모든 데이터가 연결되는 '디지털 플랫폼' 위에서 국민, 기업, 정부가 함께 사회문제를 해결하고 새로운 가치를 창출하는 정부"로 정의되었고, 이를 구체화하기 위해 다양한 사례와 핵심적인 추진과제가 다양한 의견을 수렴하여 발굴되었지만 학술적, 제도적, 실무적 차원 모두에서 디지털플랫폼정부의 개념화는 기존의 정부혁신 이니셔티브와 차별화를 할 수 있는 구체적인 메시지보다는 정책적 수사에 가깝게 느껴질 수 있다.

　이 연구는 디지털플랫폼정부의 개념화에 대하여 의견을 제시할 수 있는 분야별 전문가를 대상으로 디지털플랫폼정부의 개념화와 규범적 방향성에 대한 의견을 수렴하였으며, 이를 토대로 디지털플랫폼정부라는 개념이 내포하고 있는 규범적 가치와 실증적 가치의 측면을 논의한다. 2022년 12월과 2023년 1월 사이에 이루어진 의견조사는 교수 10명(전자정부 전공 4명, 데이터 전공 2명, 광고홍보 전공 2명, 관료제 전공 2명), 기업인 3명, 언론인 3명(기업 및 IT분야), 연구원 3명, 법조계(IT 및 플랫폼 관련 변호사) 2명, 컨설팅 업체 1명, 시민단체 1명 등 총 23명의 전문가를 대상으로 윤석열 정부가 추진하고 있는 디지털플랫폼정부의 개념적 속성, 목적, 방향성 등에 대한 반구조화된 질문지를 사전에 배포하고 질문지에 작성하거나 온라인 개별 심층 인터뷰를 통하여 수행되었다. 반구조화된 질문지는 다음과 같은 내용을 포함하였다.

- 디지털플랫폼정부의 정의를 수정할 수 있다면 어떻게 바꿔야 한다고 생각하십니까? "모든 데이터가 연결되는 '디지털 플랫폼' 위에서 국민, 기업, 정부가 함께 사회문제를 해결하고 새로운 가치를 창출하는 정부"라는 정의를 디지털 플랫폼의 개념, 주요 행위자(국민, 기업, 정부)의 역할, 목적(사회문제 해결, 새로운 가치 창출)의 측면에서 어떻게 수정 혹은 보완하는 것이 좋겠습니까?
- 디지털플랫폼정부를 전자정부 서비스 발전과 고도화의 연속성 상에서 바라볼 수 있습니다. 전자정부 서비스를 평가하는 주요 기준으로 신속성, 유용성, 접근성 및 편의성, 경제성, 신뢰성, 보안성 등이 고려되는 데, 이러한 기준의 측면에서 디지털플랫폼정부의 현재와 미래를 어떻게 바라보십니까?
- 디지털플랫폼정부의 4대 핵심 추진과제인 "오직 국민을 위한 정부", "똑똑한 원팀 정부", "민관이 함께하는 성장 플랫폼", "믿고 안심할 수 있는 플랫폼 정부"를 추진하게 되면 구체적으로 어떠한 효과가 나타날 것이라고 생각하십니까? 4개 핵심 추진과제의 실현가능성을 높이기 위해서 현재의 계획은 어떻게 바뀌어야 한다고 생각하십니까?

제1절 디지털플랫폼정부의 개념적 규범성: 무엇을 해야 하는가?

플랫폼 기업의 빠른 성장과 플랫폼생태계라는 표현의 확산과 함께 플랫폼은 경제, 산업, 사회, 문화영역의 새로운 패러다임이나 양식의 획기적 전환으로 인식되고 있다. 그렇지만 플랫폼이란 개념 자체를 물리적 차원이 아니라 삶의 방식 차원에서 접근하였을 때 장님 코끼리 만지듯 많은 사람들이 각자 다른 수준과 측면에서 논의하는 경우가 많다. 더 흥미로운 현상은 공공 부문과 정부의 고유한 영역에도 플랫폼 개념이 확산될 수 있을 것이라는 기대감이다. 플랫폼이 행위자의 명확한 역할(예를 들어, 아마존에서 소비자와 공급자 간의 역할이 모호해지는 현상)을 흐리게 하기 때문에 정부가 플랫폼화한다면 공공-민간의 엄밀한 구분이 약해지면서 플랫폼이 가지는 이점을 공공과 민간 모두 수월하게 누릴 수 있지 않을까하는 기대감이 높아지고 있다.

과거 전자정부를 통하여 공공관리와 공공서비스를 개선하였던 것이 정부혁신의 중요한 방향이자 수단으로 작용하였듯이, 윤석열 정부는 새로운 디지털 정부의 버전을 디지털플랫폼정부로 명명하였다고 간주할 수 있다. 디지털플랫폼정부를 통하여 국민 맞춤형 정부 서비스의 대응, 공공서비스의 개선과 혁신, 기업의 경제적 활동에 대한 편의성 제고와 디지털 시대 대한민국 국정운영의 새로운 모델을 구축하고자 하는 의도가 엿보인다.

디지털플랫폼정부를 통한 근본적인 변화를 이루어내기 위해서는 디지털플랫폼정부가 추진하는 목적과 방향성에 대해 심층적으로 숙고하여 더욱더 공고한 개념화가 필요하다. 디지털플랫폼정부("모든 데이터가 연결되는 '디지털 플랫폼' 위에서 국민, 기업, 정부가 함께 사회문제를 해결하고 새로운 가치를 창출하는 정부")는 몇 가지 핵심적인 개념적 요소로 구성된다. 모든 데이터가 연결되는 것은 디지털 플랫폼의 핵심적 정의이고, 주요 행위자는 국민, 기업, 정부이다. 이 정의에서 제시하는 디지털플랫폼정부의 목적은 사회문제 해결과 새로운 가치 창출이며, 그 주체는 정부이다.

정의된 내용은 기존의 전자정부 정의와는 다르게 모호한 수식어가 있어서 본질을 간결하게 파악하기 어렵게 하고, 광범한 데이터의 범위를 고려할 때 디지털플랫폼정부가 말하는 데이터의 의미가 모호하여 구체적으로 어떤 가치를 창출한다는 것인지에 대한 이해가 부족하다는 전문가 의견이 지배적이다. '모든 데이터'라는 표현 자체가 매우 높은 수준의 모호성을 내포하고 있으며, 실현가능성과 집행가능성을 고려한다면 비현실적 목표를 설정하여 현실적으로는 성과목표의 구체적인 제시를 회피할 수 있는 방편이 될지 모른다. '모든 데이터가 연결되는'이라는 표현은 여러 측면에서 더욱 구체화되는 것이 필요하다. 의견조사에 참여한 전문가들의 가장 명백한 혹은 우선시해야 하는 요구사항은 공공데이터와 민간데이터의 연계이다. 부처별로 데이터의 소관이 다르고 공공데이터와 민간데이터를 관리하는 주체가 달라 데이터를 통합적으로 관리하는 거버넌스가 부재하다. 디지털플랫폼정부위원회가 이러한 거버넌스를 책임질 수 없다면 공공데이터와 민간데이터의 연계 또한 쉽지 않은 미션이다. 데이터 연결에 있어 또 다른 중요한 개선안은 '안전한 연결'을 중시한다. 보안수준이 높지 않은 연결은 사회적 우려를 높이고, 거래비용을 증가시킨다. 또한 데이터의 연결은 데이터를 보유하는 기관 간의 공유도 기본적으로 필수적이겠지만 그 기능을 고려한다면 궁극적으로 데이터를 활용하는 행위자들의 편익을 고려하여 제공·수집·교환될 수 있어야 한다. 더불어, 디지털플랫폼정부는 데이터 연결을 주요 행위주체와 행위자의 액션 및 목적 등에 따라서 다양한 직접적, 간접적 활동을 포함하는 것으로 확대해서 이해할 필요가 있다. 데이터를 물리적으로 연계한 것 자체만이 아니라 디지털 플랫폼 구현과 관련된 다양한 조직 간 활동을 포괄하여야 한다.

디지털플랫폼정부의 정의는 "국민, 기업, 정부가 함께 사회문제를 해결"하지만 "새로운 가치를 창출하는" 주체는 정부로 규정한다. 물론 디지털 플랫폼정부가 디지털 정부의 새로운 버전임을 고려하고 국민-기업-정부의 협력을 통하여 디지털 플랫폼에 기반하여 정부가 새로운 가치를 창출할 것이라는 의지를 천명하는 것에는 문제의 소지가 없다. 그러나 이 정의는 여전히 디지털플랫폼정부의 3개 행위자를 주체와 객체로 구분하고 있고, 공급자와 수요자로 나누고 있는 듯 보여질 수밖에 없다. 디지털 플랫폼 행위자의 주체와 객체의 구분보다는 국민 누구나 공급자가 될 수도, 소비자가 될 수도 있는 참여형 정부의 역할이 강조되어야 한다. 전문가들은 주객의 은근한 구분이 오히려 역할의 불명확성에 따른 개념적 혼란을 만들 수 있기에 주체의 역할에 대한 좀 더 명확한 재정의가 필요하다고 본다. 또 다른 전문가 의견은 핵심 키워드가 정부(디지털플랫폼이 형용사)가 아니라 플랫폼(디지털 정부가 형용사)이 되어야 한다는 것이다. 기존 플랫폼(기업)과의 연계 측면에서, 디지털플랫폼정부(디지털플랫폼을 활용하는 정부)라는 호칭은 디지털정부플랫폼(디지털 정부의 플랫폼화)으로도 인식될 필요가 있다. 거버넌스가 "governing without government"라고 정의되듯이, 디지털플랫폼정부도 "digital platform without government"라고 정의될 수 있다. 이 "without government"라는 표현은 정부가 존재하지 않는다는 의미가 아니라 정부의 주도성을 줄이는 의미로 이해되어야 하는 데, 디지털플랫폼정부 계획은 "with government"만이 아니라 "by government"로 받아들여질지 모른다. 현재와 같이 관료제 조직을 유지하면서 AI시대의 플랫폼을 주도적으로 관리할 수 있는 역량은 없다. 정부의 역할은 과거 규칙제정자(rule setter)에서 참여자로 전환하고 있고, 더 나아가 영역에 따라서는 관중이나 방관자로서의 역할에 머무를지 모른다.

풍수지리에서 돈의 흐름을 물에 비유하듯이 데이터가 조직과 개인의 중요한 자산이며, 데이터의 흐름을 물에 비유하는 은유가 최근의 국가데이터정책에 활용되고는 했다. 데이터 댐(data dam)과 데이터 레이크(data lake)가 그 예인데, 이러한 은유는 데이터가 저수지에 고여 있는 것이 아니라 안전하게 보관할 수 있으면서도 활용을 위하여 개방하고 공유하는 공동의 자산임을 표현하고 있다. 데이터가 필요한 누군가에게 적시에 원활하게 흘러가게 하는 생태계가 필요하며 이러한 생태계를 조성하는데 가장 중요한 역할을 수행하는 것이 바로 정부이다. 디지털플랫폼정부도 또한 디지털 플랫폼을 통하여 데이터의 원활한 흐름을 이끌어내야 한다.

필요시 데이터의 원활한 흐름이 가능하게 하는 제도적 배열(institutional arrangements)이 필요하며, 이를 가능하게 하는 것은 정부의 역할이다. 조사에 참여한 전문가들은 디지털 플랫폼에서 국민-기업-정부 간에 선호를 반영하고, 평판에 기반하여 최선의 데이터 관련 의사결정을 이루어내게 하며, 왜곡 없는 데이터 흐름을 이끌어내는 디지털플랫폼규약이 필요하다고 보았다. 이러한 제도적 규약(규제 혹은 강령 등)은 민간행위자들의 자발적인 합의에 의해서 만들어지는 것이 아니라 국가기관의 주도적인 역할이 있어야 가능하다. 디지털 플랫폼을 통하여 다양한 행위주체들이 액션을 취할 수 있는 (데이터 연계, 공유, 공동 개발 등) 생태계에 필요한 원칙적인 규칙 수립자(rule maker)의 역할은 전통적이지만 여전히 중요하다.

디지털플랫폼정부에서 공급자, 소비자의 개념을 구분하는 것은 의미가 없다. 플랫폼에서의 거래 및 서비스 이용으로 발생하는 결과 역시 플랫폼에 데이터를 공급하는 순환 구조를 형성한다. 소비자의 서비스 이용이 새로운 행태의 데이터를 축적하기 때문에 데이터 제공자가 되는 것이다. 역할을 구분하지 않는 방식에서 새롭게 행위자의 역할을 이해하는 노력이 필요하다. 이와 관련하여 새로운 이슈가 제기될 수 있다. 플랫폼을 제공하는 공급자 입장으로서의 정부, 이를 이용하는 소비자 입장으로서의 국민으로 양분하는 시기는 이미 전자정부 초기에 국한되었다. 클라우드 인프라, 알고리즘 서비스, 거래인증 서비스 등과 같이 데이터를 활용하는 기업들 간에도 다양한 이해관계가 발생하며 정부와 국민이 얽혀 있을 때 더욱더 복잡한 갈등양상이 존재한다. 디지털플랫폼정부는 현재 이미 존재하고 있는 다양하고 복잡한 데이터 관련 행위주체들 간의 이해관계와 상호작용을 아우르는 거버넌스 체계를 조성하고, 때에 따라서는 갈등을 조정하는 역할을 해야 한다.

　디지딜플랫폼징부의 목직이라고 볼 수 있는 '새로운 가치 창출'은 모호성의 수준을 상당히 높인다. 사회문제 해결이 무엇이냐는 논의가 있을 수도 있겠지만 동시대의 중차대한 혹은 긴박한 사회문제를 꼽으라고 하면 국민의 상당 비율이 몇 가지 이슈를 공통적으로 제기할 것이라고 본다. 그러나 새로운 가치 창출은 무엇을 중점으로 두느냐에 따라 매우 다른 관점 간의 갈등(예를 들어 효율과 형평, 성장과 복지 등)을 야기할 수 있다. 공공가치(public values)의 제반 측면들 중에서 디지털플랫폼정부가 무엇을 우선시하는지에 대하여 깊이 고민할 필요가 있다. 효율성, 효과성, 민주성, 대응성 등 구체적인 표현의 대체가 요구된다. 기본 정의에는 포함되어 있지 않지만, 추진과제는 편의성을 강조하고 있다. 편의성이라는 즉각적이고 일시적일 수 있는 기준에 입각해서 국민이나 기업의 편의가 얼마나 개선되었는지를 어떻게 파악할 수 있는지도 불분명하며, 편의성 측면에서 새로운 가치라는 것이 무엇을 의미하는 것인지도 모호하다. 예를 들어, 카카오톡으로 주민등록등본을 다운로드 받을 수 있는 것이 혁신이라고 보는 시대는 지났다. 다운로드 받지 않고도 원하는 절차가 알아서 처리되는 시대가 디지털 전환이다. 그리고 새로운 가치를 창출한다는 의미가 정부의 경계가 모호해지고 점차 사라지는 것으로 확장 해석될 수 있다면(플랫폼생태계의 플랫폼은 경계가 엄격히 존재함과 상반되는 개념이므로), 디지털플랫폼정부를 통하여 변화되는 정부의 역할에 대한 완전히 새로운 정의가 선행되어야 한다.

제2절　디지털플랫폼정부의 실증성: 무엇을 보여줄 수 있는가?

　전자정부 서비스를 평가하는 실증적 연구와 수많은 보고서에서 사용하는 기준들은 여러 가지로 제시될 수 있지만, 신속성, 유용성, 접근성과 편의성, 경제성, 신뢰성, 보안성의 측면이 공통적으로 활용되고 있다. 디지털플랫폼정부의 성과를 구체적으로 논하기 위해서는 기존의 서비스평가 관점이 적용될 수 있다. 다만 디지털 플랫폼이 갖는 통합성, 융합, 연계 등의 측면을 평가하기 위한 새로운 기준이 더 요구된다.

1 신속성

일을 빠르게 처리하는 측면에서 신속성은 디지털 정부가 가진 큰 이점 중 하나이다. 현대인에게 있어 신속함을 느끼는 감각은 점점 더 예민해지고 있고, 이에 따라 신속한 서비스에 대한 기대수준도 나날이 높아지고 있다. 단순히 민원접수 시간이 줄어들고 통화대기 시간이 줄어드는 차원이 아니라 서비스가 시작되고 종료되는 전체적인 주기 자체가 짧아지는 효율과 능률 차원에서의 신속성이 강조된다. 업무의 객관적 효율성과 사용자가 인지하는 체감 속도 측면에서 모두 기대수준이 높아지고 있다.

구체적으로는 업무의 자동화, 대민 업무 중 서류 중복이나 과정이 많은 업무 처리 과정의 간소화, 인증 절차의 단순화, 여러 기관 간 중복 확인 절차의 간소화 등 전반적으로 디지털화한 절차와 업무처리 과정의 단순화, 간소화를 통한 효율화가 요구된다. 부처 간, 기관 간 협업을 위해 플랫폼 기반 데이터 공유(내부 개방형 데이터 활용)가 협업의 실질적인 속도 향상을 위하여 필요하다.

일을 빠르게 처리하기 위해서는 디지털 정부 서비스에 관련된 의사결정 자체가 신속·정확하게 이루어져야 하며, 관련된 데이터관리(예를 들어, 클라우드)가 지능화되어 운영되어야 한다. 디지털 기술을 활용한 빠른 일 처리가 가장 중요하기 때문에 신기술의 확산과 이를 위한 공무원의 디지털 활용 역량 제고가 필요하다. 신속성을 평가하는 차원이 결과적으로는 단순히 주어진 일을 처리하는 속도를 체크하는 것에서 끝나는 것이 아니라 속도의 차이를 가져오는 궁극적인 원인 차원에서 접근하는 것이 중요하다. 일 처리가 빠르지 않은 상황, 예를 들어 온라인 이용 시 갑작스런 접속 폭주가 발생할 때 접속 장애를 선제적으로 대응할 수 있는 역량은 어떻게 구축되어야 하는지가 중요한 체크포인트이다. 매뉴얼의 구축, 매뉴얼을 활용한 대응역량의 제고, 신기술의 개발을 도입한 지속적 업그레이드 등 다양한 측면에서 신속성을 제고할 수 있다.

2 유용성

전자정부 서비스의 평가 요소 중 하나인 유용성은 서비스를 이용하는 사람에게 필요한 정보나 서비스를 제공하느냐의 기준이다. 신속성을 공공서비스 전달의 능률성 혹은 효율성으로 간주한다면, 꼭 필요한 정보와 서비스를 제공하는 것은 공공재 전달의 측면에서 본다면 효과성이라고 볼 수 있다. 디지털플랫폼정부와 관련하여 전문가들은 제공되는 정보의 활용성과 관리의 수월성 관점에서 다양한 의견을 제시하였다. 특히 마이데이터의 활용 범위가 넓어지고, 공개할 수 있는 정보는 시민의 활용성을 고려하여 민간 플랫폼을 기반으로 제공되어야 한다고 본다.

기관 내부나 기관 간 정보 공유 등 협업 기능을 강화하여 데이터 이용의 진입장벽이 제거되어야 한다. 맞춤형 정보 및 공공서비스 제공에 대한 방법과 내용을 더 알기 쉽게 설명하고, 이를 범주별로 예시를 들어 쉽게 알리는 기능도 강화할 필요가 있다. 국민 개개인이 마이데이터의 기능과 효과를 다 알 필요도 없고 이를 설명할 만한 능력을 갖출 필요도 없지만 데이터 생태계에 대한 전반적인 그림을 개략적으로나마 국민 다수가 이해하도록 하여야 그 활용성은 더욱 높아질 수 있다.

사실 특정 서비스를 제외하고 상당수의 서비스는 존재 자체도 모르는 경우가 허다하며, 그럼에도 불구하고 표본도 구성하기 어려운데 만족도 조사를 억지로 수행하는 경우가 잦다. 이용자가 필요로 하는 맞춤형 정보와 서비스가 제공되어야 하므로 국민과 기업이 함께 참여하여 규약을 만들 수 있도록 유도하거나 필요한 정보나 서비스 제공을 위한 운영이 요구된다. 무엇이 유용한 정보와 서비스인지, 좀 더 근본적으로 어떤 데이터를 활용해야 유용한 정보와 서비스를 제공할 수 있는지에 대한 사회적 논의가 좀 더 개방적이고 전문적이지 않은 차원에서 이루어져야 한다. 없는 것보다는 있는 게 나은 수준의 정보와 서비스가 아니라 삶의 질을 제고하는 것이 체감될 수 있는 수준의 유용성이 실증되어야 한다.

3 접근성과 편의성

전자정부 서비스의 접근성 기준은 이용자가 원하는 시간과 장소에서 이용 가능한 수준을 의미하며, 편의성 기준은 주로 인터페이스의 디자인과 메뉴 구성에 있어서의 이용 편의성 수준을 의미한다. 디지털플랫폼정부는 기존의 디지털 정부는 물론이고 더 넓은 의미의 디지털플랫폼을 개념으로 포괄하기 때문에 접근성과 편의성 기준도 무엇을 대상으로 논의하느냐에 따라 상당히 다른 결과를 가져올 수 있다.

전통적인 전자정부 서비스의 접근성은 디지털 디바이드의 완화(해소는 실질적으로 불가능하기 때문에)가 핵심적인 기준이다. 디지털 취약계층인 디지털 소외계층의 정보 격차 해소 방안이 마련되어야 하는 데, 특히 고령층과 디지털 리터러시가 낮은 국민의 접근성을 고려한 서비스를 제공하기 위하여 모바일을 활용한 AI 채팅 및 음성 인식 서비스를 통해 네트워크상에서 언제든 접근과 피드백이 제공되는 환경을 조성하는 것이 중요하다. 디지털플랫폼정부는 모바일 접근성 확대에 따라(플랫폼의 모바일화가 지배적인 상황) 노년층 등 이용이 익숙하지 않은 대상을 상대로 디지털 포용 전략이 마련되어야 한다. 모바일 기반 인터페이스에 대한 친숙성을 높이고 이용역량을 강화하는 교육이 필요하다. 따라서 접근성은 현재 접근성의 수준을 평가하는 것과 더불어 접근성의 수준을 제고하기 위한 노력도 평가하는 것이 필요하다.

디지털플랫폼정부의 초기 구축은 인프라 제공자로서 정부의 역할일 수 있다. 그러나 다양한 이용자들, 이해당사자들에게 기술적으로 수용되고 플랫폼이 안정적으로 자리잡게 하기 위해서는 이용자인 국민과 기업의 기여가 필요하다. 디지털플랫폼에서 이용자는 데이터를 제공하고(플랫폼의 다면성으로 수요자이면서 공급자의 역할을 수행) 선호를 표출하며(시장 기제가 작동할 수 있게 함) 평판을 높이기 위하여 노력하는(평판 자본이 디지털세상의 핵심 자산) 방식으로 플랫폼생태계에 기여할 수 있다. 플랫폼의 편의성은 현재 인터페이스가 플랫폼이 지향하는 덕목을 구현하는지의 측면에서 평가할 뿐만 아니라 이용자의 기여를 유도하기 위해 디자인하는 노력을 평가할 필요가 있다.

4 경제성

경제성은 자원과 노력이 들어가는 정도를 의미하는 데, 인프라를 구축하는 전자정부 초기부터 이 기준도 중요한 평가잣대로 활용되었다. 결과적으로 획기적인 성과를 보이지 않는다면 많은 재원을 투자해야 하는 전자정부 사업은 경제성 측면에서 좋지 않은 평가를 받을 수밖에 없다. 디지털플랫폼정부도 이러한 기준이 적용돼 평가되어야 하지만, 디지털플랫폼정부의 초기에는 국민과 기업이 쉽게 접근하고 참여를 통하여 데이터를 더 많이 만들어내며, 그러한 데이터가 AI를 통하여 새로운 정보와 서비스 제공에 이용되는 선순환구조를 만들 수 있도록 해야 한다. 기존 정부 서비스가 정부가 가진 정보의 일방적인 전달에 중점을 두는 것과는 다르게 국민과 기업이 데이터(혹은 정보)를 수시로 제공할 수 있다는 관점에서 경제성이 고려되어야 한다. 다만, 몇몇 전문가에게는 정부가 제공하는 디지털 방식의 서비스가 대부분 저렴하거나 낮은 가격으로 전달되기 때문에 국민과 기업이 가져오는 경제적 이익이 크지 않게 보일 수도 있다.

간소화, 간편화, 단순화하는 서비스 또는 서비스 절차는 경제적 효율성이 뒷받침되어야 한다. 예를 들어, 연말정산 간소화 서비스가 있지만 클릭만으로 모든 정보가 전송될 수도 있으며, 토스 한번의 인증으로 모든 금융 정보를 한 사이트에서 확인할 수 있고, 타 금융기관이어도 버튼 하나로 내 계좌 간에 송금이 가능하며, 공공서비스에 있어서도 간편결제 및 페이 서비스를 하게 할 수 있다. 이러한 플랫폼 기반의 서비스 연계와 데이터 공유를 투자 대비 편익의 측면에서 평가할 필요가 있다.

디지털플랫폼정부는 궁극적으로 하나의 플랫폼에서 정보와 서비스를 제공하는 것을 지향한다. 기관별로 서비스가 제공되면 중복이 나타날 수 있고, 비용적인 측면에서 낭비가 발생하게 되며, 결과적으로 효율성이 저하된다. 통일성과 일관성을 제고할 수 있는 규모의 경제가 디지털플랫폼정부를 통하여 실현될 수 있다. 그러나 하나의 플랫폼이 공공서비스의 사각지대를 사라지게 할 수 있다는 어떠한 보장도 없다. 오히려 적절한 수준의 가외성(redundancy)을 줄이게 되고, 각 기관이나 시스템이 추구하는 고유의 공익성을 위해 지속적으로 투자, 관리, 개발해야 하는 필요성을 놓치게 할 수도 있다.

5 신뢰성

전자정부 서비스 평가 요소 중 하나인 신뢰성(trustworthiness)은 일 처리 내용이나 결과에 대한 신뢰를 의미한다. 정부에 대한 신뢰(trust in government)는 행정학에서 말하는 공공가치(public values) 중에서 귀책성(accountability)과 책임성(responsibilty)과 밀접히 연관된다. 정부 차원에서 귀책성과 책임성을 높이기 위한 일련의 조치와 노력은 궁극적으로 정부에 대한 신뢰를 높인다. 디지털플랫폼정부의 신뢰성을 높이기 위한 노력도 결국 정부에 대한 신뢰를 높일 수 있다는 이론적 가정이 존재할 수 있지만, 신뢰성 제고가 신뢰 제고에 단기적으로 재빠른 인과적 영향력을 행사하기는 어렵다.

많은 전문가들은 담당자가 업무를 다른 부서에 이관하도록 하는 행위나 제대로 이루어지지 않는 행정 처리 과정 또는 개인정보 처리에 있어서 신뢰성을 높이는 방안이 필요하다고 본다. 예를 들어, 일 처리 내용과 결과에 대한 신뢰성 체크와 함께 개인정보 데이터가 얼마나 안전하게 관리되는지를 감시하거나, 일 처리 내용이나 결과에 대한 정보를 신속하고 정확하게 처리하고 결과를 공유할 수 있는 플랫폼이 구축될 필요가 있다.

디지털 플랫폼의 네트워크가 커진다는 것은 플랫폼의 가치가 커지는 것을 의미하기 때문에 이를 위해서는 정부가 제공하는 기존의 유사한 정보서비스를 통합하여 디지털 플랫폼의 네트워크 효과를 극대화하는 것이 중요하다. 게다가 방대한 정보에 따른 신뢰성을 강화하기 위해서는 정부의 데이터와 민간의 데이터를 결합하되 정부가 인증하는 공식적 보증을 부여하여 신뢰성을 높일 필요가 있다. 부처마다 강화된 정보시스템을 구축하여 국민과 기업이 플랫폼 가치에 대한 신뢰성이 강화하는 것을 기대할 수도 있다.

6 보안성

전자정부 서비스를 평가하는데 있어서 개인정보의 유출가능성은 중요한 기준으로 고려되었으며, 신뢰성과도 밀접히 연관된다. 개인정보만이 아니라 기관이 데이터 관리와 시스템 관리에 있어서 지켜야 하는 보안적 요소를 얼마나 체계적으로 준수하고 있는지를 평가하는 기준으로서 보안성의 중요도는 나날이 높아지고 있다. 시스템이 고도화되면 복잡해지고 보안에 취약점이 더 많아질 수밖에 없다. 디지털플랫폼정부도 더 고도화할수록 시스템의 복잡성으로 인하여 보안이 취약해질 가능성이 높다.

보안의 중요성은 사고가 일어나기 전까지는 인식되기 어렵고 평소에 보안의 대비책에 대하여 심층적으로 고려하지 않는 경향이 있어 왔다. 비용 대비 효과가 체감되기 어려워 보안의 제반 사항을 대다수의 정책결정자가 간과하기 쉬우므로 보안을 선결조건으로(충분조건이 아니고 필수조건) 고려할 필요가 있다. 보안성을 제고하는 대책으로 개인 책임성을 강화하는 교육 방식이나, 보안 시스템 개발에 직접 투자 혹은 민간 기업의 업무 협업을 위한 중재자 역할 등을 통해 시스템적으로 보안성을 높이는 방안이 마련될 수 있다. 이러한 활동은 보안성의 노력정도(input 측면)를 평가하는 요소로 활용되기도 한다.

개인정보 유출 가능성은 앞으로 디지털플랫폼정부 서비스 제공에 있어서 가장 민감한 이슈가 될 것이다. 생성형 AI뿐만 아니라 개인 데이터를 활용하는 다양한 인공지능 알고리즘은 데이터 보안에 있어서 상당히 취약한 고리를 갖고 있다. 흥미롭게도 현재까지 밝혀진 데이터 보안 사고의 대다수는 어떠한 시스템의 문제에서 기인하는 경우보다는 관련 접근성이 있는 담당자나 의사결정자 등 인재에서 기인하는 경우가 많다. 따라서, 상호 모니터링을 위한 인공지능화와 관련 시스템 등을 강화할 필요가 있으며, 개인정보를 필요 이상으로 과다하게 입력하지 않고도 행정 처리가 가능해지도록 하기 위하여 최신 암호화 기술 등을 충분히 적용하는 검증과정이 필요하다.

제3절 디지털플랫폼정부 실행계획의 규범성과 실증성

2023년 4월 14일에 발표된 디지털플랫폼정부 실행계획은 윤석열 정부의 공약사항이자 국정과제 중 하나인 디지털플랫폼정부를 실현하는 구체적 방안을 담고 있다. 이 실행계획의 규범성은 지향점, 비전과 추진과제 측면에서 볼 때 크게 달라진 것은 없으나, 실증성의 차원에서는 다양한 지표의 목표를 정해진 기간 내에 달성하여 디지털플랫폼정부의 성과를 실증하겠다는 의지를 구체화하고 있다.

1 디지털플랫폼정부 실행계획의 규범성

디지털플랫폼정부는 플랫폼의 지향점을 국민 행복, 정부 혁신, 기업 성장에 두고 있다. 이러한 지향점은 '인공지능 데이터로 만드는 세계 최고의 디지털플랫폼정부'라는 비전으로 이어지며 네 가지 핵심 추진과제의 범주로 다양한 과제들이 추진된다.

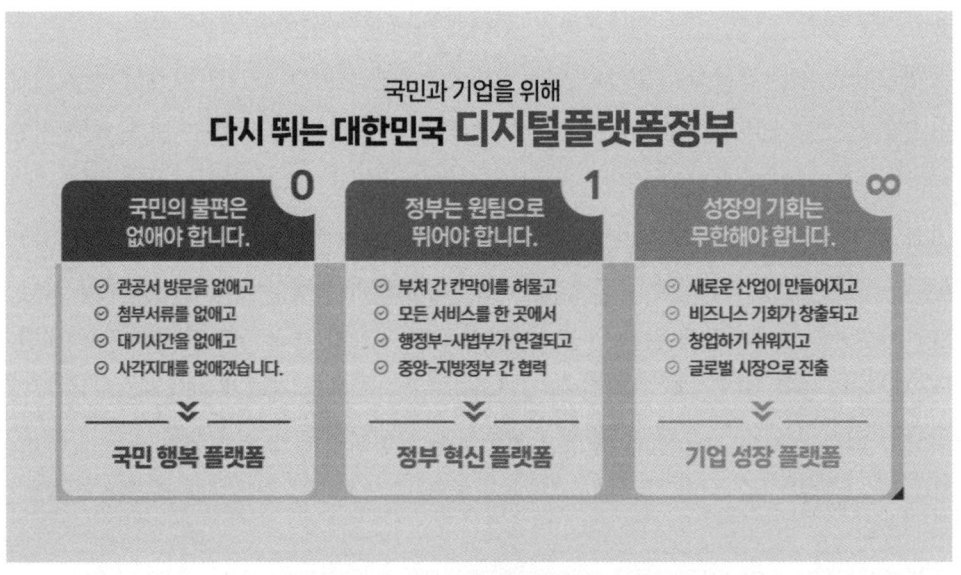

출처: 디지털플랫폼정부 실행계획 발표자료(디지털플랫폼정부위원회, 2023)

[그림 2-1] 디지털플랫폼정부의 지향점

이 네 가지 핵심 추진과제는 국정과제에 포함된 표현들을 좀 더 친숙하고 가시적으로 바꾸었다고 볼 수 있는 데, 기존의 워딩들과 큰 차이가 있는 것은 아니다. 국민 체감 선도 프로젝트 추진, 일하는 방식의 대전환, 혁신생태계 조성, 데이터 안전 활용

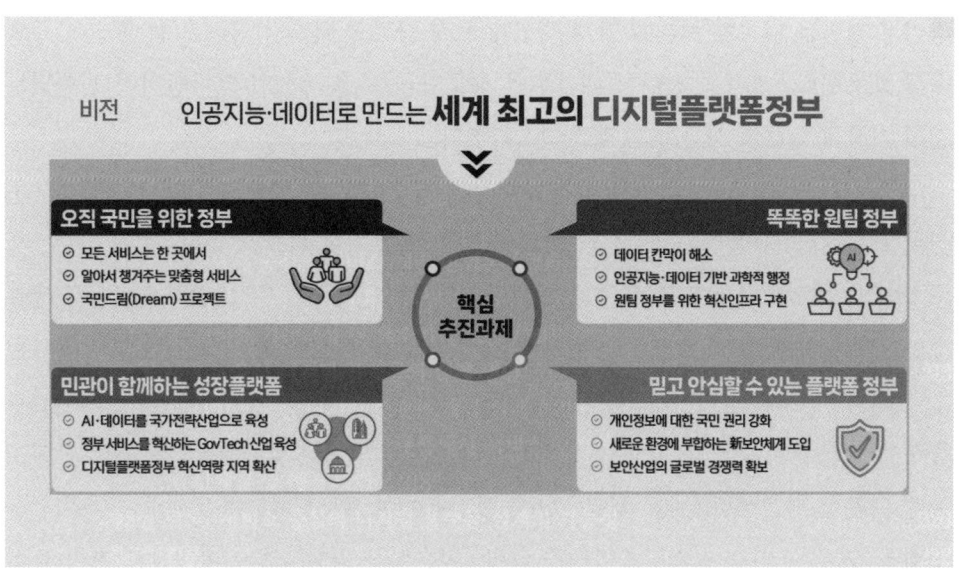

출처: 디지털플랫폼정부 실행계획 발표자료(디지털플랫폼정부위원회, 2023)

[그림 2-2] 디지털플랫폼정부의 비전과 추진과제

기반 강화는 각각 '오직 국민을 위한 정부', '똑똑한 원팀 정부', '민관이 함께하는 성장 플랫폼', '믿고 안심할 수 있는 플랫폼 정부'라는 프레이즈로 좀 더 세련되게 바뀌었다. 의견조사에 참여한 전문가들은 기존의 4개 핵심과제에 대하여 어떻게 우선순위를 매기는 것이 좋은지에 대해 응답하였는데 전반적으로 일하는 방식 대전환 〉 데이터 안전 활용 기반 강화 〉 국민 체감 선도 프로젝트 추진 〉 혁신생태계 조성의 순으로 시급성을 평가하였다. 무엇이 더 중요하고 덜 중요한지에 대한 가치 평가가 쉽지 않지만(4개 핵심과제가 모두 중요하기 때문에 중요성의 수준을 인위적으로 순위화할 수 없지만) 전문가들의 의견은 대체로 정부 자체의 역량이 개발되어야 실질적으로 민간 부문에 성과가 나타날 것이라는 논리를 피력하였다. 각각의 핵심과제에 대한 의견은 다음과 같다.

1) 일하는 방식 대전환 → '똑똑한 원팀 정부'

일하는 방식 대전환은 인공지능, 데이터를 기반으로 일 잘하는 정부 구현, 데이터 분석을 통한 정책효과 정밀 예측, 국정운영의 과학화 실현, 민원 구비서류 철폐 등 행정업무 전반을 디지털 시대에 맞게 재설계하고, 공무원 디지털 역량 강화 추진이 주요 핵심 내용이다. 조사에 참여한 대다수의 전문가들은 정부의 일하는 방식이 전환되는 것이 가장 중요하며 시급한 과제로 인식하였다.

외부적으로 보여지는 업무처리 방식의 혁신에 치중하고 있는 데, 실제 내부적으로 업무를 수행하는 방식의 본질적인 변화에 초점이 맞춰질 필요가 있다. 예를 들어, 새로 발령을 받았더라도 기존 업무를 선임자에게 인수·인계를 받을 필요가 없고, 다른 주변 직원들에게 묻지 않더라도 업무에 대한 내용을 충분히 스스로 파악하고 처리할 수 있도록 하는 것이 디지털플랫폼을 통해서 가능할 수 있다. 나의 업무를 업로드함과 동시에 내부적으로 공유되어 다른 직원들이 유선으로 협조를 구하고 공문을 보내는 등의 다분히 행정적인 과정 없이도 타 부처, 타 부서, 타 지역과의 업무를 효과적으로 수행할 수 있는 시스템이 갖추어져야 한다. 실질적인 협업행위를 하기 전까지의 행정 업무에 이미 상당한 에너지가 소모되고 있으며, 많은 전문가들이 이러한 사전적인 불필요한 과정의 디지털 전환이 근본적으로 이루어져야 한다는데 동의한다.

반면, 행정업무 전반을 디지털 기반으로 재설계한다고 하더라도 공무원의 윤리적이고 도덕적인 태도와 자세는 여전히 중요하게 인식될 것이다. 오히려 디지털 시대의 윤리적인 이슈가 새롭게 쟁점화되고 있는 만큼 윤리적인 차원에서 고려해야 할 체크포인트는 더 늘어나게 된다. 오픈 AI의 챗GPT나 GOOGLE BARD와 같은 생성형 AI를 행정업무에서 어떻게 활용할지는 여러 가지 잠재적 윤리 이슈를 부각시키고 있다.

원팀은 디지털플랫폼정부가 지향하는 정부의 규범적 이미지이다. 대한민국 정부는 마땅히 원팀으로 움직이고 정책을 펼치는 것이 당연하지만 이는 규범적 이미지의 모습이며 '원팀 정부'를 표면적으로 지향하는 것 자체가 원팀이 되는 게 쉽지 않음을 반증한다고 볼 수 있다. 특히 공공 부문 조직문화나 공무원 성과관리 측면에서 원팀 정부를 추진하는 것은 디지털 전환에 그 해답이 있는 게 아니라 이미 몇십 년 전부터 학자들과 실무자들이 개념화했던 다양한 이념형 정부의 모습들(예를 들어, joined-up government, whole of government, enterprise 등)을 다시 고찰해 볼 필요가 있다. 적극 행정이 이루어지지 않는 이유 중 하나도 원팀을 국가 전체가 아닌 소속 기관에 국한하고 공익의 범위를 상당히 축소시켜 해석하는 편협한 충성과 충정의 결과가 나타나기 때문이다. '똑똑한'이라는 수사어는 데이터에 기반하고 AI를 활용하여 사회문제를 능동적으로 신속하게 해결하는 모습을 표현하고 있으며, 이에 대하여 데이터 기반 행정의 긍정적 방향성을 공감하고 있지만, '원팀 정부'는 복잡한 정부관료제가 원팀으로 성과를 낼 수 있을지, 또는 원팀이 과연 항상 긍정적인 의미인지에 대하여 비판적인 시각이 존재한다.

2) 데이터 안전 활용 기반 강화 → '믿고 안심할 수 있는 플랫폼 정부'

다수의 전문가들은 보안과 안전을 중시하며 원팀과 같이 정부의 일하는 방식 전환과 더불어 신뢰할 수 있는 수준의 보안성 유지가 디지털플랫폼정부의 필수조건임을 피력하였다. '믿고 안심할 수 있는 플랫폼 정부'는 개인정보를 철저히 보호하고 데이터를 안전하고 신뢰성 있게 활용할 수 있는 체계를 확립하는 것이 주요 핵심 내용이며, 일하는 방식 대전환 다음으로 중요한 핵심추진과제로서 개선 혹은 수정할 방향에 대한 전문가들의 의견이 다양하게 나타났다.

개인정보 보호와 활용의 조화는 선결 조건이자 전제조건이다. 데이터 표준화와 보안정책의 점검을 통해서 기술적 문제를 넘어 관련된 보안 전반에 대한 이해를 높일 필요가 있다. 전문가들은 현재 기술과 경제 수준이 비슷한 선진국들에 비교하여 우리나라는 국민 개인정보와 관련한 정부의 책임성이 매우 약한 편이고 국민 개개인의 데이터 관련 행위를 국가가 강제할 수 있는 권한이 센 편으로 인식한다. 마이데이터 및 공공데이터처럼 정부주도적 데이터 활용이 의미 있는 결과를 만들어 낼 수 있지만, 보안에 있어 국가의 책임성 강화 방안은 미흡하다. 현재 기술적인 차원에서 보안 수준을 높이는 것도 중요하지만, 보안에 대한 정부의 책임성 범위와 수준을 확대하는 것도 중요하다. 예를 들어, 정부를 통한 개인정보 피해 발생 시 보상안, 피해 구제 방안 등이 구체화할 필요가 있다.

일하는 방식의 전환을 통한 똑똑한 정부를 구현하기 위하여 새로운 AI 도구를 적극 활용하는 것이 미덕으로 인식되고 있다. 그러나 생성형 AI를 정부가 활용할 경우 또는 플랫폼이 공공의 이익을 위하여 다수에게 영향을 미칠 용도로 활용할 경우 프라이버시 침해는 애초에 나쁜 의도를 가진 해킹과는 다르게 의도하지 않았더라도 사악한 결과를 낳을 수 있다. 오토 프로파일링(auto profiling)은 인터넷 상에 산재된 특정인의 공개정보를 수집하여 프로파일링하는 것인 데, 단편적으로는 나타나지 않았던 메타성 개인정보와 프라이버시 정보가 추가로 드러날 수 있다. 생성형 AI와 주고받는 문답은 개인이나 집단의 특성을 여실히 드러낼 수 있기 때문에, 활용과 보호의 경계선을 어느 수준에서 정해야 하는지는 매우 민감한 이슈이다.

3) 국민 체감 선도 프로젝트 추진 → '오직 국민을 위한 정부'

국민 체감 선도 프로젝트 추진은 '오직 국민을 위한 정부'라는 타이틀로 실행계획에서 전환되었다. 모든 서비스는 한 곳에서, 알아서 챙겨주는 맞춤형 서비스를 제공하는 것이 핵심이다. 국민과 기업의 불편을 해소하는 혁신적 과제 추진, 익숙한 민간 플랫폼 등과 연계한 공공서비스 개발 및 전달 등 민간의 혁신역량을 적극적으로 활용하는 것이 주요 내용이다.

범국민 수요 맞춤형 서비스는 국민의 불편, 기업의 불편을 실질적으로 해소하는 혁신적 과제를 발굴하는 것이 필요하다. 주요 민간 플랫폼 등과 연계하여 공공서비스 전달을 혁신적으로 바꿀 수 있어야 하고 이를 위하여 민간의 혁신역량이 적극적으로 활용될 수 있어야 한다. 예를 들어, 마이데이터를 활용할 수 있는 시스템을 구축하고 개방형 소통 채널을 마련하여 정부의 수요 대응 역량을 제고할 필요가 있다.

국민을 위한 정부는 국민의 참여를 유도하는 것 또한 필요하다. 국민의 능동적 참여를 유도하기 위하여 유인책(인센티브)을 마련하고 양질의 데이터를 투명하게 공개하여 국민과 기업이 쉽게 이용할 수 있게 하며, 정책 과정과 갈등관리의 메커니즘 투명성을 제고하여야 한다. 다양한 미디어 및 인적 네트워크 등을 통한 교육과 홍보는 1차원적이며 시민과 기업의 자발적 참여로 이어지기 어렵다. 시민의 인식과 경험을 개선하는 디지털플랫폼이 되어야 하며, 이미 대중적으로 사용되고 있는 민간 플랫폼이 공공의 기능을 수행하는 것이 축적된 긍정적 인식과 경험을 활용하는 길일 수 있다. 반면 디지털플랫폼정부가 플랫폼생태계에서 갖는 정체성이 무엇인지 불분명하다는 견해도 존재한다. 공공 플랫폼이 민간 플랫폼을 대체하려 하거나 특히 민간 플랫폼이 이미 자리 잡은 분야에 공공 플랫폼이 개입하여 시장 질서를 교란하는 문제는 공공배달앱의 사례에서 어느 정도 나타났는데, 플랫폼이 협업의 구도가 아니라 공공과 민간 간 경쟁의 구도를 형성할 수도 있다.

4) 혁신생태계 조성 → '민관이 함께하는 성장 플랫폼'

'민관이 함께하는 성장 플랫폼'은 디지털플랫폼정부를 통하여 조성되는 혁신생태계를 의미한다. 범정부 차원의 디지털플랫폼정부 추진을 위한 민·관 합동 위원회를 운영하여 국민과 함께 혁신하고 민·관이 함께 성장하는 공통 기반을 마련하는 것이 주요 골자이다. 네거티브 방식으로 공공데이터를 전면 개방하고 마이데이터를 산업 전반으로 확산시키며 민·관 협업 기반 범정부 데이터 서비스의 개방·연계·활용 인프라를 구축하는 것이 핵심적인 미션이다.

디지털플랫폼정부의 가장 중요한 가치는 사용자(시민)의 경험이 되어야 한다는 목소리가 있다. 시민은 단순히 공공서비스의 요청자나 민원인이 아니라 공공서비스의 기획자가 될 수 있어야 하며, 디지털플랫폼정부는 기존의 전자정부를 넘어서 시민의 참여와 반응에 적극적으로 대응할 수 있는 시스템으로 전환되어야 한다. 또한 시민이 플랫폼을 통하여 투명한 정부에 대한 신뢰를 제고할 수 있는 생태계가 조성되어야 한다. 따라서, 정책의 제공자나 집행자(정부), 이용자나 수혜자(국민, 기업)의 역할이 주체와 객체로 고정되지 않고 모두가 주체가 될 수 있는 구조를 만들어 네트워크 효과를 극대화하는 것이 디지털플랫폼정부가 만들어내야 하는 플랫폼생태계이다. 이를 위해서는 국민과 기업이 자발적으로 참여할 수 있는 환경을 기술적, 정책적, 제도적으로 정부가 마련할 수 있는 기틀이 제공되어야 하며, 민간의 공공데이터 활용을 어렵게 하는 규제를 개선하고 민간이 원하는 데이터부터 신속하게 공개하는 것이 필요하다.

❷ 디지털플랫폼정부: 규범적 가치에서 실증적 가치로의 전환

다음 [그림 2-1]에서 보듯이 디지털플랫폼정부위원회는 2026년까지 달성해야 할 성과목표를 설정하였다. '오직 국민을 위한 정부'는 '모든 서비스는 한 곳에서', '알아서 챙겨주는 맞춤형 서비스', '국민드림 프로젝트'로 구성된다. '모든 서비스는 한 곳에서'는 분산되어 제공되는 1,500여 종의 서비스를 2026년까지 단계적으로 연계·통합하는 것이 구체적인 목표이다. 예를 들어, 국세는 '홈택스', 지방세는 '위택스', 기초연금 등 복지 신청은 '복지로'와 같이 웹사이트를 여기저기 방문할 필요 없이, 한 곳에서 하나의 ID, 한 번의 로그인으로 편리하게 모든 공공서비스를 이용할 수 있도록 범정부 통합서비스 창구를 구축할 것이다. '알아서 챙겨주는 맞춤형 서비스'는 2026년까지 중앙부처가 제공하는 1,021종의 수혜성 서비스를 대상으로 '혜택 알리미' 서비스를 제공한다. 받을 수 있는 혜택을 국민이 몰라서, 바빠서, 절차가 복잡해서 놓치지 않도록 AI가 개인 상황에 맞춰 서비스를 미리 알려주고 추천해주는 국민 맞춤형 '혜택 알리미'를 구현할 것이다. '국민드림 프로젝트'는 국민이 몸소 체감할 수 있도록 AI와 데이터로 일상의 불편함을 해소하고, 재난·안전 문제 등 여러 사회 현안을 획기적으로 해결하는 추진과제이다. 2023년에는 부처별·지역별 산재한 청년정책을 종합하여 추천·알림·접수기능을 제공하는 '청년정책 통합플랫폼' 등 26개 과제를 추진한다.

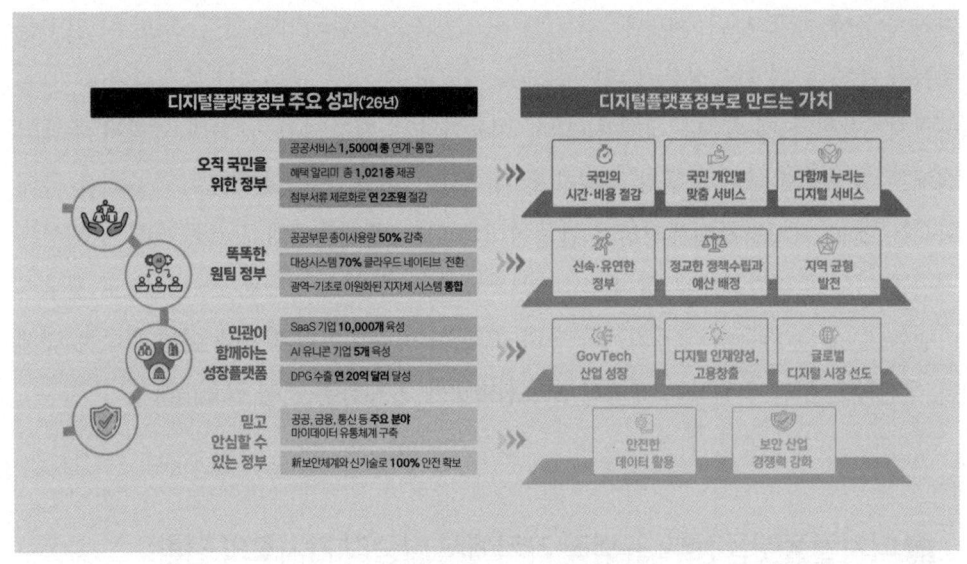

출처: 디지털플랫폼정부 실행계획 발표자료(디지털플랫폼정부위원회, 2023).

[그림 2-3] 디지털플랫폼정부의 기대성과와 가치

디지털 정부를 통해서 제공되는 서비스를 연계하고 통합하는 것이 국민의 편의를 높일 수 있지만, 프론트오피스 측면만이 아니라 백오피스 측면의 공공가치(예를 들어 효율성, 효과성, 가외성 등)도 신중하게 고려할 필요가 있다. 우선 기존에 존재하는 각 기관의 개별적 정보시스템과 플랫폼 사이의 관계를 명확히 하는 것이 선행되어야 한다. 대체로 각 기관이 개별직으로 가진 정보시스템은 그 자체기 백오피스 기능과 프론트오피스 기능을 동시에 수행하는 경우가 많으며, 데이터저장과 내부 관리를 위한 백오피스 기능에서 민원서비스를 위한 프론트오피스 기능으로 확장해왔다. OO정보화라는 기치 아래 정책분야별로, 때로는 기관별로 정보시스템의 고도화가 이루어졌지만, 현재는 이렇게 존재하는 정보시스템들을 연계하고 데이터를 공유하게 하여 새로운 통찰을 얻어내는 것이 중요하다. 그렇지만 각 정보시스템은 그에 해당하는 법령에 구속되어 있으며, 각 기관이 일하는 방식도 사일로를 공고히 하기 위하여 존재한다. 플랫폼 정부는 사실 전자정부 시대의 분야별 정보화사업과 상당히 배치되는 개념이다. 프론트오피스 측면에서 국민이 쉽게 정보와 서비스를 단일 채널을 통하여 받을 수 있게 하는 것은 편의성 관점에서는 좋겠지만, 이를 수월하게 하기 위해서는 '똑똑한 원팀 정부'에 대한 계획이 더 심층적으로 구체화되어야 한다.

'똑똑한 원팀 정부'는 다양하게 존재하는 칸막이, 즉 부처와 부처, 중앙정부와 지방정부 간, 그리고 정부와 민간 사이를 가로막는 데이터 칸막이를 없애고 똑똑하고 일 잘하는 정부로 거듭나기 위한 계획이다. 데이터 칸막이 해소를 위하여 기관 간 데이터 공유·활용이 원활히 확대되도록 법령을 전면 개편한다. 포괄적으로 목적 외 이용금지, 비밀유지를 규정하여 데이터 활용을 가로막고 있는 법령을 개편하며, 개인이 동의하면 따로 발급받지 않아도 기관 간 공유를 통하여 행정처리가 진행될 수 있도록 행정부-사법부 간 데이터(정보) 연계를 확대한다. 똑똑한 정부는 AI·데이터 기반 과학적 행정에 의하여 구현될 수 있다. 국민 생활과 밀접한 중요 정책은 반드시 객관적인 사실에 기반한 데이터 분석을 거쳐 추진하도록 증거기반 정책을 활성화하고, 데이터 표준모델 구축·확산 및 공무원의 데이터 분석 역량 강화를 추진한다. 또한 보도자료, 법령상 민원서식 등의 정부 문서를 생성단계부터 AI가 읽을 수 있는 방식으로 저장·공개한다.

민간의 초거대 AI 인프라에 내부행정시스템(온나라) 생성문서, 보도자료 등을 학습시켜 세계 최초 정부 전용 초거대 AI를 도입하고, 복지, 민원 업무 전반에 적용하여 행정의 품질을 획기적으로 제고할 계획이다. 원팀 정부의 기술적 기반으로서 민간과 공공의 데이터와 서비스를 안전하게 연결하고 융합·활용할 수 있는 통합플랫폼(가칭, DPG허브)를 구축한다. DPG허브를 통하여 데이터 레이크 등 데이터 융합 인프라와 초거대AI 활용 인프라, 혁신테스트베드(플레이그라운드)를 제공할 계획이다. 1만 7천여 개가 넘는 정부시스템이 상호 원활하게 연계·연동되고 급박한 외부 환경 변화에 신속·유연한 서비스 제공이 가능하도록 정부시스템의 민간클라우드 전환과 함께 클라우드 최적화(네이티브)를 본격 추진한다. 또한 현재 광역-기초로 이원화된 지방행정시스템을 차세대 지방행정공통시스템으로 통합하여 행정 간소화, 효율성 제고를 추구하며, 지역의 디지털플랫폼정부로의 전환 기반을 마련하고, 중앙-지자체 간 협의체 운영을 통해 디지털플랫폼정부를 지역 일선까지 확산할 계획이다.

데이터 기반 행정을 통한 행정의 과학화는 행정을 art로 볼 것인가, science로 볼 것인가의 오랜 논쟁에 종지부를 찍은 듯 보인다. 인공지능 시대, 빅데이터 시대, 디지털 전환의 시대에서 데이터 기반으로 의사결정을 하는 것은 마땅히 그래야 할 당연한 시대적 방향성일 수 있다. 그러나 정부가 똑똑하다고 인정받을 수 있는 영역은 정치적이고 이념적이며 갈등의 소지가 다분한 이슈가 아니다. 행정을 정책의 집행으로 정의하는 전통적 시각을 빌리자면, 서비스를 전달하고 집행하는데 있어서 의사결정의 과학화는 매우 빠른 속도로 이루어질 수 있고 마땅히 그렇게 되어야 한다. 그러나 정책을 결정하는 영역에 있어서 과학적 행정의 존재가치가 높을 것인가? 사회현상을 코딩하면 일목요연한 분석이 이루어지고 해결책이 나올 것인가? 국회에 산정된 입법안이 쉽게 통과되지 못하는 이유는 무엇인가? 과학적 행정은 정책결정의 과학화를 도울 수도 있지만 반대로 행정의 영역을 공공재 전달에 국한시키는 결과를 가져올 수도 있다. 왜냐하면 여전히 상위 정책의 결정은 알고리즘으로 쉽게 결정할 수 있는 문제가 아니며 권위 있는 위임자들의 숙고가 필요하기 때문이다. 민간의 초거대 AI가 정부문서를 학습하게 하여 행정의 품질을 높이는 것이 기대되지만, 데이터로서 정부문서가 어떠한 통찰을 이끌어낼 수 있을지 그리고 그러한 학습이 현재 존재하는 편향이나 인습을 강화하지는 않을지 우려되기도 한다. 시스템의 통합은 효율성과 일관성 측면에서 장점을 갖지만, 민간의 플랫폼생태계도 플랫폼 기업끼리의 무한경쟁에 의해서 자연적으로 만들어진 승자독식 구도라는 것을 고려할 필요가 있다. 디지털플랫폼정부가 인위적으로 통합하는 시스템이 플랫폼이 고유하게 갖는 장점을 여전히 보유하고 있을지는 의문이다.

'민관이 함께하는 성장 플랫폼'은 AI · 데이터를 국가전략산업으로 육성하는 마스터플랜이다. 고품질 데이터를 획득-관리-활용-재생산하는 데이터 생태계를 조성하고, 데이터 기반으로 국가 주요 인프라를 효율적으로 관리 · 운영하기 위해 교통, 안전, 에너지, 도시 등 4대 중점분야 대상 초연결 디지털 트윈을 구축한다. 이를 위하여 단계적으로 의료, 환경, 행정 등 국정 전 분야로 확대하며, 국민과 기업의 수요는 높았으나 공개되지 않았던 사업자 등록번호, 자동차 등록정보 등의 핵심 데이터도 국민이 원하는 방식으로 신속하게 개방한다. 민간의 역량으로 정부 서비스를 혁신하는 GovTech 산업을 육성하기 위하여 자동차 정기검사 예약, 국립자연휴양림 예약 등 국민 수요와 활용 가치가 큰 공공서비스를 2026년까지 220종 개방한다. 민간의 혁신 서비스가 신속히 도입될 수 있도록 정부시스템의 구축 절차를 간소화한다. 민간 서비스형 소프트웨어 활용이 가능한 분야는 우선 활용할 수 있도록 지원하며, 2026년까지 10,000개의 SaaS 기업을 육성할 계획이다. 혁신 서비스 개발에 필요한 데이터, 컴퓨팅 파워 등을 자유롭게 활용할 수 있는 권역별 'DPG 혁신 네트워크'(가칭)를 구축 · 운영하여 지역 스타트업의 성장을 지원한다.

SaaS 기업, AI 유니콘기업, GovTech 산업, 관련 수출액 등의 지표가 디지털플랫폼정부의 성과를 모니터링하기 위하여 필요할 수 있지만, 정부혁신의 상징으로서는 적절하다고 보이지 않는다. 공공서비스와 데이터를 2026년까지 순차적으로 개방하는데 기업의 성과가 그렇게 빨리 만들어질 수 있을 것인가? 데이터 관련 기업의 리더들은 쓸 만한 데이터가 없고, 데이터가 존재해도 이용할 수 없게 하는 법제도가 문제라고 지적한다. 정부가 개인, 기업, 조직, 지역 등에 대한 많은 데이터를 보유하고 있지만 이를 민간이 무작정 사용할 수 있게 할 수는 없기 때문에 안전하게 활용할 수 있는 방안을 지속적으로 강구하면서 서서히 개방과 공유의 범위를 확장하고 있다. 공공데이터의 활용 외에도 민간기업끼리 데이터를 주고 받을 수 있는 시장도 아직 성숙하지 않은 상황이다. 데이터 생태계를 근본적으로 활성화할 수 있는 정책이 필요하며, 기업의 수 자체를 늘리는 것이 정부혁신 기치의 구체적 목표가 될 수는 없다.

'믿고 안심할 수 있는 플랫폼 정부'는 누구나 안심하고 활용할 수 있는 디지털플랫폼정부를 구현하기 위하여 개인정보에 대한 국민 권리를 강화한다. 공공시스템에 개인정보 접속기록 점검·관리 기능을 도입하는 등 개인정보 통제·관리 체계를 강화하고, 개인정보를 안전하게 활용할 수 있도록 주요 분야의 마이데이터 유통체계를 확대하여 나갈 계획이다. 디지털플랫폼정부의 개방·공유환경에 적합한 새로운 보안체계로 제로 트러스트(정보시스템 구성 및 이용 환경의 보안성을 신뢰하지 않고 지속적으로 검증하여 보완), 공급망 보안(보안을 위하여 칩, 서버, 네트워크 장비, 라이브러리 등 제품을 구성하는 요소와 공급업체를 명세화하고 관리) 등 보안 신기술을 도입·적용하여 보안 수준을 획기적으로 높인다.

보안에 대한 설명은 과거 원자력발전소의 위험관리에 대한 홍보와 유사한 상황으로 인식될지 모른다. 전문가들이 기술적이고 공학적으로 확률적인 개념에서 보안성과 신뢰성을 설명하지만 일반 국민들은 이를 이해하지 못하며, 간혹 발생하는 보안사고에 대한 언론매체의 날선 공격과 자극적 댓글에 현혹되고 루머를 재생산한다. 제로 트러스트가 무엇인지 공급망 보안이 무엇인지 인감증명 디지털 대체수단이 무엇인지에 대해 디지털 전환을 잘 모르더라도 보통의 지성을 가진 국민이라면 알아들을 만한 수준으로 설명이 가능하여야 한다. 실행계획마저도 여전히 (정책)제공자 위주이며, 구체성을 높이는 것과 이해가능성을 높이는 것을 동시에 추구해야 함을 모르고 있는 듯하다. 앞서 3개의 추진과제와 달리, 보안은 평소 대비를 위해 행한 어떠한 노력도 대형사고 한 번에 무력화된다.

제4절 결어

디지털플랫폼정부의 규범적 가치를 구체적으로 실현하기 위하여 다양한 실증적 측면을 고려하고 이에 대한 성과지표를 만들고 있으며, 달성해야 하는 실증적 가치를 구체화하고 있다. 규범적 가치가 실증적 가치로 전환하는 노력이 2026년까지 이어진다면, 과연 2026년 이후에 실증적 가치를 달성하여 기대했던 규범적 가치를 구현하였다고 말할 수 있을 것인가? 박근혜 정부의 '정부3.0', 문재인 정부의 '디지털 뉴딜'의 실질적 성과가 있기는 하였지만, 이미 존재하는 여러 시책과 조치들을 하나로 뭉쳐 새로운 정부혁신 패러다임인 양 기치를 내걸었던 결과가 국민적 호응을 받았었는가?

'오직 국민을 위한 정부'는 진정 국민을 위한 정부인가, 아니면 정부를 위한 디지털플랫폼정부인가? 국민은 정말 그 효과를 체감할 것인가? 긍정적 결과를 유도하는 방식의 설문조사 질문들, 만족도 조사의 허울로 성과를 과대포장해서는 안된다. 민간의 여러 혁신적 서비스를 향유하고 있기 때문에 국민의 기대수준은 매우 높다. 단일 채널로 서비스를 제공하고 혜택 알리미의 범위를 확대하는 것만으로 국민이 세금 낸 가치는 얻고 있다고 생각할 것인가?

'똑똑한 원팀 정부'가 과연 어느 수준까지 구체화할 것인가? 중앙부처 간의 갈등, 행정부와 입법부 간의 갈등, 지역 간의 갈등과 같이 심각한 갈등의 상황이 만연하는 현실이다. 민주주의에서 견제와 균형은 필수적이지만 지나친 반목과 갈등으로 이어지는 것은 건전하지 않다. 사법부가 가진 데이터를 쉽게 공유할 수 있도록 행정부-사법부 간 데이터 연계를 확대하고 AI가 읽을 수 있도록 정부문서를 저장하는 것도 고무적이다. 다만 각 기관이 데이터 칸막이를 스스로 없애는 동기는 무엇인가? 물론 실행계획은 데이터 칸막이를 없애는 긍정적 결과 측면에서 기술할 수밖에 없겠지만, 칸막이를 없애자는 구호를 10년이 넘게 외쳤어도 큰 효과가 나타나지 않은 이유를 면밀히 분석할 필요가 있다.

'민관이 함께하는 성장 플랫폼'은 기업의 성장에 초점을 두고 있다. 산업이 성장하고 고용을 창출하는 효과가 디지털플랫폼정부의 가장 중요한 성과일 수 있다. 그런데 여전히 정부의 역할은 모호하다. 지원자, 조성자, 매개자의 역할이라는 타이틀이 과연 실제로도 그렇게 행해지고 있는 것인지, 수많은 규제와 절차에 얽매여 있는 현실에서 새로운 기업이 정말 큰 성과를 낼 것인지 의문이다.

'믿고 안심할 수 있는 정부'의 이미지는 데이터의 공유와 개방 수준이 점점 더 높아질수록 흔들리기 쉽다. 문제는 상대적이고 확률적인 개념에서 보안을 생각하는 과학적 사고의 소유자는 극소수에 불과하며 대다수의 국민은 절대적인 개념에서 안전과 위험을 양극단으로 놓고 생각한다. 디지털플랫폼정부도 인식의 점진적인 변화를 꾀하는 것이 필요하며 과장된 허울로 포장할 필요가 없다.

<참고문헌>

디지털플랫폼정부위원회(2023). "디지털플랫폼정부 실현계획".
디지털플랫폼정부위원회(2023). "디지털플랫폼정부 실현계획 발표자료".

제3장

전자정부에서 디지털플랫폼정부로의 전환*
: 과거 정부의 경험에서 얻는 교훈들

정충식

오늘날 우리는 인류 역사상 가장 급격한 혁명의 시기를 살고 있다. 이것은 세계 여러 나라들이 과거의 농업혁명 및 산업혁명의 시기를 거쳐서, 현재 디지털 인공지능의 혁명이라는 엄청난 도전에 직면하고 있기 때문이다. 이처럼 급속한 지능정보 기술의 발전 추세에 대응하여, 세계 모든 나라의 정부들은 디지털 정부를 구현하기 위하여 노력하고 있다.

제3장에서는 정보기술을 활용한 정부혁신의 수단으로 등장했던 전자정부가 디지털 정부로 전환되는 과정을, 과거 우리나라 역대 정부의 사례를 중심으로 살펴보았다. 그리고 이를 통하여, 현재 진행 중인 윤석열 정부의 디지털플랫폼정부 정책의 성공 요인들을 도출하여 보고자 한다.

---

* 이 장의 내용은 한국지역정보화학회지 제26권 제4호에 게재된 내용을 수정하여 보완하였다.

제1절 디지털 정부혁신이란 무엇인가?

1 전자정부의 등장: 정보기술을 활용한 정부혁신

역사적으로 볼 때, 오랫동안 세계 여러 나라의 정부들은 행정개혁을 통하여 작고 효율적인 정부를 구현하기 위한 노력을 기울여 왔다. 그러나 이러한 노력에도 불구하고 정부의 비능률은 개선되지 않고 지속되어 왔다. 하지만 1993년 미국에서 정보기술과 정부의 혁신을 효과적으로 연결시키면서, 정부부문의 효율성을 제고하고, 대국민 서비스에 충실할 수 있는 고객지향적인 정부로써 전자정부가 등장하였다.

1993년 미국에서 클린턴 정부가 출범한 직후, 행정개혁의 추진을 위하여 NPR(National Performance Review)을 구성하였다. 이 당시 미국 행정개혁의 핵심은, 고어 부통령이 주도하는 NPR을 중심으로 하여, 작고 효율적인 정부를 재설계(reinventing government)하는 것을 주요 목표로 하고 있었다. 그 가운데에서도 '정보기술을 통한 정부 재구축' 프로그램[1]이 전자정부의 이름으로 등장하였다.

전자정부의 구현은 1993년 9월 클린턴 행정부가 발표한 NII(National Information Infrastructure) 정책 및 NPR 정책으로 구체화되었다. 클린턴 정부에서 미국이 추진한 전자정부의 구현전략은 크게 네 가지로 요약된다. 첫째로 국민 위주의 서비스를 제공하고, 둘째로 정부의 정보기술 서비스를 전략적으로 개발하여 종합적으로 제공하며, 셋째로 정부 공통 업무의 통합 및 정보공유 등 대국민 서비스 향상을 위한 정보기반을 구축하고, 넷째로 연방정부, 주정부 및 산학연간 협조체제를 강화하는 것이었다.

이처럼 미국에서 등장한 전자정부는 단순히 정부에 정보기술을 도입하는 것을 넘어, 정보기술을 활용한 행정혁신으로 이제까지 지속적으로 추진되어 오고 있다.

---

[1] 정보기술과 정부혁신을 최초로 접목시킨 시도는 1993년에 발표된 '정보기술을 통한 리엔지니어링'(Reengineering Through Information Technology)으로, 정보기술을 활용하여 정부의 여러 업무들을 혁신시킬 수 있는 13개 사업 및 49개 세부 실행계획이 포함되어 제시되었다(Gore, 1993).

2 전자정부에서 디지털플랫폼정부로의 전환

1993년 미국에서 시작된 전자정부는 정보기술을 활용한 정부 혁신의 세계적인 성공사례로 널리 인정받게 되면서, 급속하게 전 세계로 확산되었다. 특히 영국을 포함하여 캐나다와 호주 및 뉴질랜드 등 영연방 국가들을 중심으로 전자정부가 정부 혁신의 가장 강력한 수단으로 인식되어 널리 활용되었다(총무처, 1997).

우리나라의 경우, 1994년 말에 당시 초고속정보통신기반 구축이 진행되면서 정부의 미래 모습으로 전자정부의 용어가 처음 등장하였다(초고속정보통신기반연구반, 1994). 이후 1996년 정보화촉진 10대 과제에 1번째로 전자정부가 선정되었다. 이 당시는 정보통신부가 중심이 되어 여러 부처들의 정보화 계획을 모아서 취합하는 시기였고, 당시 총무처가 전자정부 용어를 사용했지만 구체적인 실행계획을 준비한 것은 아니었다.

1998년에 집권한 김대중 정부 초반에 당시 행정자치부는 대한민국 최초의 전자정부 비전과 전략을 수립하였다. 이러한 전자정부의 비전과 전략은 1998년 4월에 국무회의를 통과하였으나, 제대로 실현될 수 없었다. 당시는 외환위기의 시절이었기 때문에, 국력을 모두 경제위기 극복에 초점을 두었다. 이후 2000년에 새천년을 맞이하여 개혁의 방향이 하드웨어 중심에서 소프트웨어 중심으로 전환되면서, 전자정부가 정부 개혁의 수단으로 채택되었다.

2000년대에 들어서 세계 여러 나라들이 앞다투어 전자정부 정책들을 추진하게 됨에 따라서 UN이 등장하였다. 이 당시에는 Gartner Group(2000), Deloitte Consulting(2000) 및 Accenture(2001) 등 많은 컨설팅 회사들이 세계 여러 나라들의 전자정부 발전 정도를 평가하고 발전 단계를 제시하였다. 이러한 상황에서 UN이 2002년부터 미국행정학회(ASPA)와 공동으로 세계 각국의 전자정부 수준을 평가하기 시작하였다. 이러한 UN의 전자정부 평가에서 한국은 2003년 세계 15위에서 2004년 5위, 2007년에 5위를 기록하다가, 2010년 2012년 및 2014년 연속하여 세계 1위를 달성하였다.

그런데 이러한 UN의 전자정부와는 별도로 유럽의 여러 국가들은 디지털 정부의 용어를 사용하여 왔다. 유럽의 국가들은 2000년대 초반에는 Government On-

Line(GOL) 및 Electronic Service Delivery(ESD) 등의 용어를 사용하다가, 2010년 이후에는 디지털 정부의 용어를 사용하고 있다(Choi et al, 2023). 이것은 파리에 본부를 둔 OECD의 영향력 때문으로 풀이된다. 뉴욕에 본부를 두고 전 세계 회원 국가를 대상으로 하는 UN은 많은 저개발 국가들의 발전에 초점을 두고 있다. 반면에 상대적으로 부유한 국가들의 모임인 OECD는 보다 일찍부터 디지털 정부를 표방하였다(Chung, 2020a).

특히 OECD는 2020년에 디지털 정부 평가 지표(OECD Digital Government Index)를 개발하여 회원국들의 디지털 전환 수준과 디지털 정부 성숙도를 측정하기 위하여 총 33개국을 대상으로 하여 2018~2019년 2년에 걸쳐 6가지 평가항목을 측정하였다. 이 OECD 디지털 정부평가에서 우리나라는 종합지수 1위를 기록했고, 뒤를 이어 영국이 2위를 차지하였다(행정안전부, 2020b).

이처럼 전자정부에서 디지털 정부로의 세계적인 전환 추세에 맞추어서, 윤석열 정부는 디지털플랫폼정부를 추진하고 있다. 이러한 디지털플랫폼정부는 디지털 정부의 진화된 모델인 동시에, 플랫폼으로서 정부의 역할과 기능 강화에 초점을 둔 새로운 국정운영 패러다임의 전환을 의미한다.

제2절 역대 정부의 디지털 정부혁신

우리 정부는 지난 30여 년 동안 정보기술을 활용한 디지털 정부혁신을 지속적으로 추진하여 왔다. 제2절에서는 과거 김영삼 정부에서 시작하여 지난 문재인 정부에 이르기까지, 역대 정부의 디지털 정부혁신을 간략하게 정리하였다.[2]

---

2) 이 절의 내용은 필자의 책(성공한 대통령 VS. 실패한 대통령)의 일부분을 요약하여 정리한 것이다(정충식, 2021).

1 김영삼 정부의 정보화

김영삼 정부는 문민정부를 내세우며, 변화와 개혁을 추구하였고, "신한국 창조"는 개혁의 목표이자 국정이념이었으며, 이를 통하여 국가경쟁력을 강화시키는 것을 추구하였다. 구체적으로는 국제화, 경쟁화, 자율화, 지방화, 정보화 및 인간화 등의 6대 개혁 전략을 추진하였다. 이처럼 김영삼 정부에서 처음으로 정보화가 국정과제로 등장하였다.

1) 정보화 정책들

김영삼 정부는 정보화와 관련하여 다양한 정책을 추진하였으며, 정보화와 관련한 주요 내용들을 정리하면 다음과 같다.

- 1994년 12월 체신부를 정보통신부로 개편
- 1995년 3월 초고속정보통신기반구축 종합계획을 수립하여 정보화 기반 조성
- 1995년 6월 「정보화촉진기본법」 제정(1996년 1월 1일 시행)
- 1996년 1월 정보화촉진기금의 조성
- 1996년 6월 정보화촉진기본계획 수립
- 1996년 10월 청와대에서 제1차 정보화추진 확대회의 개최

1994년 12월에 기존의 체신부를 정보통신부(Ministry of Information and Communication: MIC)로 확대개편하고, 상공부와 과학기술처를 비롯한 다른 부처 업무 일부를 정보통신부로 이관하였다.

정부는 1995년 3월 14일에 초고속정보화추진위원회를 개최하고 '초고속정보통신기반구축 종합추진계획'을 확정하였다. 주요 내용은 미래 정보화시대에 대비하여 전국적으로 정보고속도로를 구축하는 것이었다(정보통신부, 2005).

이어서 1995년 6월에 「정보화촉진기본법」을 제정하였다. 이 법에 의하여, 정보화 정책을 범국가적으로 추진하고, IT와 관련된 다양한 법령들을 정비하고 체계화할 수

있는 기틀을 제공하였으며, IT정책의 패러다임이 과거 공공 부문 전산화에서 국가사회 정보화로 전환되는 계기를 마련하였다. 또한 기존의 정보통신진흥기금을 1995년 8월 4일에 공포된 「정보화촉진기본법」에 따라 정보화촉진기금으로 개정·확대하였다.

이어서 정부는 1996년 6월 11일에 '정보화촉진기본계획'을 확정하고 고도정보사회의 실현을 앞당기기 위한 종합적인 발전계획을 마련하였다. 이 계획은 2010년까지 정보화를 추진하기 위한 단계별 목표와 전략을 설정하고, 제1단계 기간인 1996년부터 2000년까지 정부가 집중적으로 추진하여야 할 과제를 종합적으로 제시하고 있으며, 이를 위하여 정보화 촉진을 위한 10대 중점과제를 선정하였다. 정보화 촉진을 위한 10대 중점과제에 처음으로 "작지만 효율적인 전자정부의 구현"이 등장한다.

마지막으로 김영삼 정부는 1996년 10월 14일에 청와대에서 제1차 정보화추진 확대 보고회의를 개최하였다. 김영삼 대통령은 제1차 정보화 추진 확대보고회의를 주재하고 '국가경쟁력 강화를 위한 정보화 전략'을 발표하고, 소프트웨어와 영상산업을 비롯한 정보통신산업을 21세기 주도산업으로 육성할 것을 천명하였다.

2) 추진체계: 정보화추진위원회

이 당시의 정부 부처들 중에서는 체신부에서 전환된 정보통신부가 정보화 정책을 주도하였다. 총무처는 행정정보화를 담당하였으며, 정부전자계산소를 운영하는 수준이었다. 그리고 「정보화촉진기본법」의 제정으로 범정부적인 정보화 추진을 위하여 정보화추진위원회를 구성하였다.

정보화추진위원회는 「정보화촉진기본법」 제8조에 의거 1996년 4월에 국무총리 소속 하에 설치되었으며, 정보화의 촉진과 정보통신산업 기반의 조성, 정보통신기반의 고도화를 위한 필요사항을 심의하기 위하여 설치되었다. 주요 심의내용은 정보화촉진 기본계획·시행계획 및 동 계획 중 중요한 사항의 변경 정보화 촉진 등에 관한 정책이나 사업추진의 조정, 초고속정보통신기반의 구축과 이용, 정보화 촉진기금의 운용방침, 국가기간전산망의 개발 촉진, 정보화 촉진시책의 추진 실적평가, 그리고 기타 정보화 촉진과 관련된 주요 정책사항으로서 위원장이 부의하는 사항 등이다.

정보화추진위원회는 각종 정보화 시책에 관한 최고의 심의기관이며, 범국가적 차원에서 정보화 시책을 추진하기 위하여, 국무총리를 위원장으로 하고 국무위원뿐만 아니라 법원행정처장과 국회사무총장을 위원으로 참여하도록 하였다. 또한 정보화추진위원회의 운영을 지원하는 정보화 추진 실무위원회와 분야별 정보화 촉진 시행계획을 심의·평가하는 정보화 추진 분과위원회를 설치하였다.

3) 평가

김영삼 정부 시절에 청와대에서 정보화 추진 확대회의가 개최되기는 하였지만, 김영삼 정부의 평가에서 정보화 정책이 대통령 의제로 추진되었다는 기록은 남아 있지 않다. 그러나 문민정부에서 초고속정보통신기반 구축을 중심으로 하는 정보화 정책들이 여러 분야에서 다양하게 대통령의 관심을 가지고 추진되었음을 부인할 수는 없을 것이다. 김영삼 정부에서는 "산업화는 늦었지만, 정보화는 앞서 가자"라는 구호 아래, 다양한 정보화 정책들을 추진하여, 우리나라 정보화 발전에 토대를 마련하였다.

다만 김영삼 정부에서 정보화 정책의 추진이, 김영삼 대통령 집권 초반인 1993년이나 1994년에 이루어진 것이 아니라, 집권 후반기인 1996년과 1997년에 집중적으로 집행되었기 때문에 강력한 추진 동력을 확보할 수 없었다. 더 나아가 전자정부의 용어가 등장은 하였지만, 이것을 초고속정보통신기반이 구축되면 실현될 미래의 모습으로만 여겼을 뿐, 정보기술을 활용한 행정개혁을 추구하지는 못하였다.

결론적으로 김영삼 정부에서는 행정쇄신을 중심으로 하는 행정개혁과 초고속정보통신망 구축을 중심으로 하는 정보화가 서로 결합되지 못하였기 때문에, 정보기술을 활용한 총체적인 정부혁신을 이루어 낼 수는 없었다. 물론 이 당시는 전산망과 고속망 구축이 우선이었으며, 시스템적인 정부혁신을 제도화할 수 있는 기반이 전혀 마련되지 않은 시기였다.

2 김대중 정부의 전자정부

김대중 정부는 외환위기라는 국가 경제 위기 상황에서 '총체적 개혁'을 국정 기조로 내세우고, 민주주의와 시장경제의 병행 발전을 통하여 이를 극복하고자 했다. 이와 함께 김대중 대통령은 1998년 8월 광복절 기념식에서 '제2의 건국'을 선언하였다.

이를 바탕으로 김대중 정부는 금융, 기업, 노동, 공공 등 4대 분야에 대한 개혁을 추진하였다. 공공 부문 개혁은 정부구조와 공공 부문 전체의 개혁을 지향하며 "작지만 효율적으로 봉사하는 정부구현"을 추구하였다.

김대중 정부는 2000년을 기점으로 하여 이전의 하드웨어적인 개혁에서 탈피하여 소프트웨어 방식의 개혁을 천명하면서, 정부혁신의 수단으로 전자정부를 채택하게 된다.

1) 정보화 정책들

김대중 정부는 정보화 및 전자정부와 관련하여 다양한 정책을 추진하여, 정보화의 분야에서는 한 단계 진보하여 세계적 수준에 근접하였다. 그 구체적인 내용들을 정리하면 다음과 같다.

- 1998년 5월 전자정부 비전과 전략 대통령 보고
- 2000년 1월 새천년 신년사에서 지식정보강국 강조
- 2001년 1월 대통령직속의 전자정부특별위원회 구성
- 2001년 3월 「전자정부법」 제정(2001년 7월 1일 시행)
- 2002년 10월 초고속인터넷 가입자 1,000만 명 돌파
- 2002년 11월 전자정부 11대 과제 완성

행정자치부는 1997년 말 총무처 시절부터 전자정부 구현을 위한 준비 작업에 착수하여 국민의 정부 출범 초기인 1998년 3월 '전자정부의 비전과 전략' 초안을 작성하였다. 1998년 5월 21일에는 행정자치부 장관이 제1차 정보화 전략회의에서 대통령에게 전자정부의 구현 방안으로 보고하였다(행정안전부, 2017).

김대중 대통령의 새천년 신년사는 지식정보시대에 지식정보강국을 건설하겠다는 강한 의지를 보여주었다. 김대중 대통령의 새천년 신년사 이후에, 2000년 2월과 3월에 진행된 각 부처의 대통령 업무 보고에서 전자정부의 구현이 부처별 업무의 가장 우

선순위로 등장하게 된다. 특히 2000년 3월 22일에 진행된 행정자치부의 대통령 업무보고에서는, 보고 순서와 내용에서 전자정부 구현이 가장 중요하게 부각되었다.

추진체계의 측면에서, 전자정부특별위원회는 2001년 1월 30일에 출범하였다. 이후 2002년 11월에 사업완료 보고를 마치고, 2003년 1월까지 2년 동안 활동하였다. 김대중 정부에서 이러한 전자정부특별위원회의 구성으로, 우리나라에서 최초로 전자정부가 대통령 의제로 격상되어 추진되었다.

2000년 3월 대통령에 대한 새천년 업무보고에서 행정자치부는「전자정부법」의 제정권한을 획득하였다. 정부는 2001년 3월에「전자정부구현을위한행정업무등의전자화촉진에관한법률」(이하 전자정부법)을 법률 제6439호로 공포하였고, 2001년 7월부터 법 시행에 들어갔다. 2023년 현재의「전자정부법」(법률 제19030호)은 본문 7장 78조로 구성되어 있다.

우리나라는 서비스가 시작된 지 4년 만인, 2002년 10월에 초고속인터넷 가입자 수가 1,000만 명을 넘어서, 초고속인터넷 보급률이 캐나다의 2배, 미국의 4배, 일본의 8배에 이르게 되어, 세계에서 가장 높은 보급률 수치를 기록하였다. 이러한 세계 최고 수준의 정보통신 인프라를 보유하였기 때문에, UN은 2002년 6월의 전자정부 평가에서 우리나라를 호주, 싱가폴 등과 함께 최고 단계인 전자거래가능국가로 구분하면서, 한국의 전자정부 수준을 선도국가로 평가하였다.

김대중 정부는 2002년 말까지 전자정부 11대 중점 추진과제들을 성공적으로 추진하여 대한민국 전자정부의 기반을 완성하였다. 2002년 9월 3일 전자조달시스템이 개통되었고, 2002년 11월 1일에 민원서비스 혁신시스템이 개통되어, 우리나라에서 본격적으로 전자정부가 시작되었다. 김대중 대통령은 2002년 11월 13일 청와대에서 전자정부 기반완성 보고대회를 개최하고, 전자정부 11대 중점 추진과제의 성공적 마무리와 전자정부의 본격 출범을 선언하였다(전자정부특별위원회, 2003).

2) 추진체계: 전자정부특별위원회

전자정부특별위원회는 2001년 1월 30일에 출범하였다. 전자정부특별위원회는 대통령비서실, 정책비서관 및 당연직 부처 위원(행정자치부·정보통신부·기획예산처 차관)

과 과제수행 부처위원(재정경제부·교육인적자원부·보건복지부·노동부차관), 서울시 행정1부시장 국무조정실 경제조직관 등 정부위원 10인, 그리고 민간위원 7인 등 총 17인으로 구성되었다.

전자정부특별위원회는 형식상으로는 정부혁신추진위원회의 특별위원회로 출범하였다. 그렇지만 운영에서는 독립성과 자율성을 확보하였다. 이러한 전자정부특별위원회의 설치로 전자정부 사업이 김대중 대통령의 직접적인 관심에 의해 추진되는 '대통령 의제'(Presidential Agenda)의 성격을 띠고 있었음을 분명히 보여주었다.

전자정부특별위원회는 2001년 1월 말에 출범하여 과제추진 우선 순위결정 및 과제선정을 거쳐, 같은 해 5월 대통령에게 사업시작을 보고하였다. 전자정부특별위원회는 사업우선 순위와 전략에 따라 선정된 전자정부 11대 과제를 일관성 있게 추진하고, 2002년 11월 13일 사업완료 보고를 마치고, 2003년 1월까지 2년 동안 활동하였다.

전자정부특별위원회는 2년 동안에 3회의 대통령보고, 7회의 본회의, 51회의 실무회의 등을 통하여 사업과제의 선정과 점검 및 조정, 자문에 이르는 활동을 전개하였다. 이러한 전자정부특별위원회의 활동은 우리나라 전자정부 분야에서 가장 성공한 사례로 평가받고 있다.

3) 평가

전자정부는 대한민국에서 김대중 정부 시절에 최초로 대통령 의제로 격상되어 추진되었다. 이전에 김영삼 정부에서는 전자정부가 초고속정보통신망이 구축되면 구현될 수 있는 미래의 정부 모습으로 단편적으로 제시되었지만, 김대중 정부에서는 구체적인 비전과 전략을 수립하고, 대통령직속으로 추진체계를 구성해서, 대통령 프로젝트로 추진되었다. 물론 전자정부가 김대중 정부의 초반부터 적극적으로 추진된 것은 아니었다. 1998년 초에 행정자치부에 의해서 작성되어 국무회의의 의결을 거쳤던, 대한민국 최초의 전자정부의 비전과 전략은 IMF의 위기 상황에서 제대로 추진되지 못하였다.

이어서 2000년의 대통령 신년사와 각 부처들의 새천년 업무 보고를 기점으로 하여 정부 내에서 전자정부의 추진이 본격화하였다. 하지만 이처럼 여러 부처들이 경쟁적으로 전자정부 추진을 위하여 독자적인 시스템 구축에 나서면서, 정책이 답보 상태에 빠지게 된다. 2000년 말에 청와대는 정책 조정의 필요성을 절감하고, 2001년 1월에 대통령직속의 전자정부특별위원회를 출범시킨 것이다.

전자정부특별위원회가 주도한 전자정부 사업이 성공을 거둘 수 있었던 가장 중요한 요인은 전자정부 구현에 대한 대통령의 확고한 의지였다. 국민의정부에서는 전자정부 사업이 개별 부처가 아니라, 대통령 아젠다(Presidential Agenda)로 격상되어 커다란 추진 동력을 얻게 되었다. 김대중 대통령은 기회가 있을 때마다 각료와 수석들에게 전자정부의 중요성을 역설하였고, 매주 또는 격주로 정책기획수석을 통하여 진도를 보고 받았다. 대통령의 이러한 관심은 특히 부처 간의 이견을 조정하는 과정에서 절대적으로 큰 힘을 발휘하였다. 이러한 김대중 대통령의 강력한 의지는 정책기획 수석과 정책비서관(나중에는 기획조정비서관)을 통하여 실제적인 정책 집행으로 전환되었다. 이러한 김대중 대통령의 전자정부에 대한 관심과 강한 리더십 덕분에 전자정부 11대 사업들은 예산의 적절한 지원을 받았고, 전자정부특별위원회는 부처들의 적극적인 협력을 이끌어 낼 수 있었다(전자정부특별위원회, 2003).

김대중 대통령은 전자정부 분야의 전문가인 안문석 교수를 전자정부특별위원회 위원장으로 선임하고, 전폭적으로 권한의 이양을 통한 리더십을 구현하였다.[3] 안문석 교수에게 전자정부 추진의 권한을 위임한 김대중 대통령의 리더십 전이는 전자정부특별위원회 활동의 성공 요인으로 국제적으로도 널리 알려져 있다(Ahn, 2017).

그러므로 여기에서 얻을 수 있는 교훈은 지도자가 어느 특정 분야를 얼마나 잘 알고 있느냐 보다는 모른다는 것을 인정하고, 특정 분야의 전문가에게 책임과 권한을 넘겨주는 것이 좀 더 중요하다는 것이다. 다만 김대중 정부에서 전자정부의 추진이 집권 초반이 아니라 후반기에 추진되었다는 점은 아쉬운 대목이라고 할 수 있다.

---

3) 김대중 대통령은 자서전에서 안문석 위원장의 이름을 두 번씩이나 거명하면서, 전자정부추진 시에 안문석 위원장에게 힘을 실어주었고, 또한 무한한 신뢰를 표시하였다(김대중, 2011).

3 노무현 정부의 정부혁신

노무현 정부는 '선진 혁신국가 건설'이라는 국가혁신의 비전을 달성하기 위하여 '투명하고 일 잘하는 정부', '국민에게 책임을 다하는 정부'라는 정부혁신 비전을 설정하였다. 또한 참여정부는 출범 초기 '국민과 함께 하는 민주주의', '더불어 사는 균형발전 사회', '평화와 번영의 동북아 시대' 등 3대 국정목표와 '원칙과 신뢰', '공정과 투명', '대화와 타협', '분권과 자율', 등 4대 국정원리와 함께 12대 국정과제를 분야별로 제시하였다.

이러한 국정과제 중 정부혁신과 직결된 과제는 '부패없는 사회·봉사하는 행정', '지방분권과 국가균형발전', '참여와 통합의 정치 개혁' 등이다. 이러한 국정목표와 국정원리, 국정과제 등에 기초하여, 참여정부는 초기 정부혁신의 비전으로 '투명하고 일 잘하는 정부'를 제시하였다. 그리고 전자정부는 이러한 정부혁신을 지원하는 수단으로 활용되었다.

1) 정보화 정책들

노무현 정부는 정보기술을 활용한 정부혁신, 즉 전자정부와 관련하여 다양한 정책을 추진하였으며, 구체적인 내용들을 정리하면 다음과 같다.

- 2003년 4월 대통령직속 정부혁신지방분권위원회 구성
- 2003년 8월 전자정부 로드맵 발표
- 2003~2007년 전자정부 31대 과제 추진
- 2007년 9월 전자정부 완성 보고대회 개최

참여정부에서 정부혁신과 전자정부는 정부혁신지방분권위원회가 담당하였다. 정부혁신지방분권위원회는 전문적으로 정부혁신과 지방분권을 추진하기 위하여 2003년 4월에 행정개혁, 인사개혁, 지방분권, 재정세제, 전자정부, 그리고 2004년 11월에 기록관리 분야 등 모두 6개의 전문위원회를 설치하고, 참여정부의 정부혁신지방분권의

근간이 되는 로드맵을 수립하여 추진하였다.

정부혁신지방분권위원회의 전자정부전문위원회는 2003년 5월부터 준비 작업을 시작하여 2003년 8월에 전자정부 로드맵을 확정하여 발표하였다. 참여정부 전자정부 로드맵은 4대 분야, 10대 아젠다, 31대 과제로 구성되어 있다(정부혁신지방분권위원회, 2003). 전자정부 로드맵에서는 참여정부의 국정 비전과 목표를 달성하기 위하여 참여민주주의 실현, 균형발전 사회 구축, 동북아 시대 구현, 국민소득 2만 달러 시대 달성을 구현하려는 원대한 목표가 제시되었다. 이를 위하여 전자정부는 공무원의 일하는 방식 혁신을 통한 투명한 행정, 정보자원관리 혁신을 통한 효율적 행정, 그리고 정부서비스 혁신을 통한 참여하는 행정을 추구함으로써 선진행정을 구현하는데 초점을 맞추었다.

참여정부의 '전자정부 로드맵'은 2003년 8월 14일에 노무현 대통령이 주관한 국정과제회의를 통하여 확정·발표되었다. '세계 최고 수준의 열린 전자정부 구현'이라는 비전 아래, 일하는 방식 혁신, 대국민 서비스 혁신, 정보자원 관리 혁신, 법·제도 혁신 등의 4개 분야에 걸쳐 총 31대 과제로 구성되었다.

참여정부는 2007년 9월 19일에 행정자치부 주관으로 노무현 대통령과 각 부처 장관 및 전자정부 관련 공무원, 민간전문가 등 700여 명이 참석한 가운데, 전자정부 추진성과 보고회를 개최하였다. 전자정부 추진성과 보고회는 전자정부 성과를 국민이 직접 체험할 수 있도록 '전자정부 박람회(19일-21일)'와 연계하여 개최되었다. 이러한 참여정부의 전자정부 31대 과제들은 성공적으로 추진되어, 우리나라 전자정부의 기반을 완성하였다.

2) 추진체계: 정부혁신지방분권위원회

참여정부는 출범과 더불어 설치된 대통령자문 정부혁신지방분권위원회 산하에 전자정부전문위원회를 구성하였고, 전자정부 추진체계는 2003년부터 연도별로 조금씩 변화하여 왔다.

(1) 전자정부전문위원회

2003년 중반에 출범한 전자정부전문위원회는 정부혁신지방분권위원회 내에 다른 4개의 전문위원회와 병렬로 설치된 실·국장급 분과위원회로서, 로드맵 과제를 선정하고, 과제 집행과정에서 발생하는 쟁점들에 대하여 심의·조정하는 기능을 부여받았다. 전문위원회의 민간위원들도 과거 김대중 정부 시절의 전자정부특별위원회의 두 배인 15명으로 증가하였다.

그러나 과거 전자정부특별위원회가 차관급으로 준독립적 지위를 확보하고 활동하였던 것에 비하여 전자정부전문위원회는 실·국장급 분과위원회로서의 한계를 지니고 있었기 때문에 강력한 조정력을 발휘하지 못하였다. 그 이유는 법과 제도적인 위상은 물론 운영방식과 자원조달 측면에서 과거에 비하여 현저하게 낮아진 위상 때문이었다.

(2) 전자정부특별위원회

정부혁신 로드맵을 확정하고 추진한 제1기 정부혁신지방분권위원회가 해체되고 2005년 4월 제2기 위원회가 출범하면서, 전자정부 추진체계도 큰 변화를 겪게 되었다. 제1기 위원회는 행정개혁, 인사개혁, 전자정부, 재정세제, 혁신관리 및 기록관리 등 6개 전문위원회 중심으로 운영되었으나, 제2기 위원회는 6개 분야별 전문위원회가 해체되고 혁신기획전문위원회와 혁신평가전문위원회 등 2개 기능별 전문위원회가 등장하였다.

이에 따라서 전자정부 로드맵에 대하여, 임기 말까지 추진할 계획으로, 전자정부전문위원회의 역할과 기능을 승계하면서 당연직 위원의 위상을 차관급으로 격상하여 전자정부특별위원회가 재출범하게 되었다. 전자정부특별위원회는 김대중 정부의 경험과 선진 국가의 동향을 고려하고, 전자정부 사업에 막대한 국민세금이 투입되며, 범부처 및 다부처 사업의 특성상 부처 간 조정이 중요하다는 판단에 따른 것이었다.

따라서 2005년 6월 행정자치부, 정보통신부 및 기획예산처 등 3개 부처의 차관 등 당연직 위원과 13명의 민간위원을 포함한 2차 전자정부특별위원회가 출범하게 되었다. 이 시기에 대통령비서실도 정부혁신과 전자정부를 총괄하는 혁신관리수석실을 신설하였다. 출범 이후 전자정부특별위원회는 2회의 국정보고회의(행정정보 공유확대사업, 형사사법통합정보체계구축사업)와 6회의 본회의(통합전산센터 출범 등)를 개최하는 등의 업무를 수행하였다(행정안전부, 2008).

그러나 행정자치부와 정보통신부 등 부처들 사이의 이해를 조정하는 주체인 전자정부특별위원회가 통합전산센터 조직 인력과제와 정부혁신 홍보관 사업 등 몇 가지 사안에 있어서 주무부처와 이견이 발생하였다. 전자정부특별위원회는 외견상으로는 추진체계가 힘을 얻을 수 있는 구조였으나, 전자정부 사업에서 발생하는 부처들 간의 이견을 조정하는데 한계를 나타내었다. 그 결과 2006년 1월 혁신관리수석실의 조정에 의하여 전자정부특별위원회는 기능과 역할이 순수한 대통령 자문기능으로 전환되어, 전자정부사업과 관련된 모든 집행 기능은 행정자치부로 이관 되었다. 따라서 참여정부 후반기의 전자정부 정책은 전적으로 행정자치부의 주도로 추진되었다.

3) 평가

참여정부에서 정부혁신과 전자정부는 노무현 대통령의 집권 초반부터 대통령 의제로 선정되어 강력하게 추진되었다. 이전의 문민정부와 국민의정부에서는 정보화 및 전자정부가 대통령의 집권 후반에 집중적으로 추진되었기 때문에 강한 추진력을 확보하기 힘들었다. 전자정부가 이전 김대중 대통령 시절에 대통령 의제로 격상되어 추진되었지만, 그것은 김대중 대통령의 집권 후반기에 시작된 것이었다. 그러나 참여정부에서는 노무현 대통령의 집권 초반에, 대통령직속으로 정부혁신지방분권위원회를 구성하고, 정부혁신과 전자정부를 대통령 의제로 선정하여 집권 5년 동안 지속적으로 추진하였다.

우리나라 5년 단임의 대통령제에서는 집권 초반과 후반의 정책 추진 역량은 매우 크게 차이가 날 수밖에 없다. 따라서 참여정부에서의 정부혁신과 전자정부의 추진은 과거 문민정부 그리고 국민의정부와는 비교할 수 없을 정도로 강력하게 추진되었다. 앞에서 살펴본 것처럼, 2003년 2월 25일에 출범한 참여정부는, 4월 7일에 정부혁신지방분권위원회를 대통령직속 기구로 구성하고, 행정개혁전문위원회와 전자정부전문위원회를 출범시켰다. 그리고 행정개혁과 전자정부 분야의 추진 로드맵을 발표하고 이를 5개년 계획으로 세분화하여 임기 내내 지속적으로 추진하였다.

이 과정에서 노무현 대통령은 수시로 국정과제회의 및 국정과제점검회의를 주재하면서 행정개혁과 전자정부 추진에 강력한 리더십을 발휘하였다. 따라서 참여정부에서 행정개혁과 전자정부의 추진은 과거 정부의 일회성 정책 추진과는 달리 지속가능성을 확보하면서 강력하게 추진될 수 있었다.

노무현 대통령의 강력한 리더십 덕분에 대한민국은 오늘날 전자정부와 디지털 정부의 분야에서 세계 최고 수준의 국가로 인정받고 있다. 그리고 이러한 한국 전자정부 발전에서 노무현 대통령의 리더십은 세계 여러 나라들이 인정하고 있는 사실이다(Chung, 2020). 이처럼 정부혁신과 전자정부의 분야에서 노무현 대통령의 리더십은 대통령이 직접 업무관리시스템을 개발하여 확산시키고, 이를 통하여 공무원들의 일하는 방식을 혁신시켰기 때문에, 성공을 거둘 수 있었다.

4 이명박 정부의 국가정보화

이명박 대통령은 지난 정권 10년을 '잃어버린 10년'이라고 주장했으며, 특히 경제대통령을 자처하며 집권하였다. 이명박 정부는 작은 정부 구축을 위하여 정부조직을 대대적으로 통폐합하였고, '작은 정부, 큰 시장'을 큰 뼈대로 한 '경제살리기'를 목표로 하였다. 또한 실용주의와 경제 성장, 저탄소 녹색성장, 자원외교, 친서민 정책을 추구하면서 더 나아가 4대강 사업 등을 추진하였다.

ICT의 측면에서는 정보통신부를 폐지하고, 각종 ICT 업무들을 행정자치부, 문화체육관광부, 지식경제부 및 방송통신위원회 등으로 분산시킨 결과, ICT 경쟁력이 2007년 3위에서 2009년 16위까지 떨어지기도 하였다.

1) 정보화 정책들

이명박 정부는 국가정보화와 관련하여 다양한 정책을 추진하였으며, 구체적인 내용들을 정리하면 다음과 같다.

- 2008년 2월 정보통신부 폐지
- 2008년 12월 국가정보화 비전 선포식
- 2009년 11월 국가정보화전략위원회 구성
- 2010년 1월 UN 전자정부 평가 세계 1위 달성
- 2010년 7월 스마트워크 추진정책 대통령 업무보고
- 2011년 3월 스마트 전자정부 추진계획 발표

2008년 2월 출범한 이명박 정부는 대규모 정부조직 개편을 단행하였다. 이 과정에서, 1995년 이후 ICT 정책의 주무부처였던 정보통신부가 2008년 2월 28일에 폐지되고, 그 기능이 지식경제부(IT산업 정책), 행정안전부(전자정부, 정보보호, 정보화정책), 방송통신위원회(전파 및 통신, 방송통신융합, 이용자 및 네트워크 보호 등) 및 문화체육관광부(디지털 콘텐츠 등) 등으로 각각 이관되었다. 이러한 정보통신부의 폐지로 인하여 이명박 정부는 집권 내내 ICT 기업과 산업을 홀대하고, 국가경쟁력을 훼손시켰다는 비난에 시달려야 했다.

이명박 정부는 2008년 12월 3일 정부중앙청사 별관 국제회의장에서 행정안전부 주관으로 "국가정보화 비전 선포식"을 개최하였다. 이것은 2008년부터 2012년까지 5년간의 국가정보화 기본계획을 발표한 것이며, 정보화를 통해 미래 성장동력을 발굴하고 창의와 신뢰의 선진 지식정보사회를 구현하기 위한 것이었다.

「국가정보화기본법」이 2009년 8월 23일에 시행됨에 따라서, 이명박 정부는 2009년 11월 10일에 국가정보화전략위원회를 출범시켰다. 국가정보화전략위원회는 국가정보화 비전을 제시하고, 이를 달성하기 위한 계획의 수립·추진·점검을 수행하기 위하여 설립된 대통령 소속 자문위원회였다.

2010년 1월초에 UN 전자정부 평가가 발표되었다. 당시 행정안전부는 1월 14일에, 최근 발표된 2010년 UN 전자정부 평가 결과, 우리나라가 전자정부 준비지수, 온라인 참여지수에서 세계 1위를 달성했다고 발표하였다(행정안전부, 2010). 2010년에 UN 전자정부 세계1위를 달성한 것은 참여정부 31대 과제의 성공적인 집행의 결과인 것이다. 정책과 제도의 시차적 접근방법(Time Lag Approach)에 의하면, 제도나 조직은 생명체와 비슷한 생명주기(Life Cycle)를 지니고 있기 때문에 정책평가에서 시간적 요

소를 고려하여야 한다(정정길 외, 2005). 이러한 관점에서 볼 때, 2010년 UN 전자정부의 평가는 2008년 후반의 자료를 대상으로 한 것이며, 이러한 평가 대상들은 모두 2003-2008년까지 참여정부에서 구축된 31대 전자정부 시스템들의 성공적인 집행의 결과물들이다. 그러므로 2010년 UN 전자정부의 평가는 정책의 시차적 효과 측면에서 그 성과를 접근하여야 한다.

이명박 정부에서 전자정부와 관련하여 적극적으로 추진된 정책은 스마트워크가 유일하다. 우리나라에서 스마트워크와 관련된 정책의 추진은 지난 2010년부터 본격적으로 시작되었다. 이명박 정부는 새로운 성장 패러다임으로 '저탄소 녹색성장'을 제시하였다. 이러한 저탄소 녹색성장의 패러다임을 기반으로 2010년 국가정보화전략위원회는 스마트워크 활성화 전략을 준비하였다. 2010년 7월 20일 당시 국가정보화전략위원회, 방송통신위원회 및 행정안전부는 대통령에게 '스마트워크 활성화 전략'을 보고하였다.

행정안전부는 2011년 3월에 '국민과 하나되는 세계 최고의 전자정부 구현'을 위한 스마트 전자정부(Smart Gov) 추진 계획을 발표하였다. 스마트 전자정부란 "진화된 IT 기술과 정부 서비스 간에 융·복합을 통해서, 언제 어디서나 매체에 관계없이 자유롭게 국민이 원하는 정부 서비스를 이용하고, 국민의 참여·소통으로 진화(進化)하는 선진화된 정부"를 의미한다(행정안전부, 2011).

2) 추진체계: 국가정보화전략위원회

2008년 2월 이명박 정부의 출범과 함께 정보통신부가 해체되면서, 행정안전부가 국가정보화 정책을 총괄하게 되었다. 따라서 행정안전부는 전자정부와 국가정보화를 함께 수행하게 되었고, 기존의 전자정부본부를 정보화전략실로 개편하였다. 이어서 2009년 9월 1일에 청와대에 IT특보가 신설되었다. 그러나 「정보화촉진기본법」의 전면 개정이 지연되면서, 초반에는 기존의 정보화추진위원회를 통한 임시방편의 업무가 수행되었으며, 2009년 11월에 가서야 새로이 국가정보화전략위원회를 출범시켰다.

「국가정보화기본법」이 2009년 8월 23일에 시행됨에 따라서, 이명박 정부는 2009년 11월 10일에 국가정보화전략위원회를 출범시켰다. 국가정보화전략위원회는 국가정보화 비전을 제시하고, 이를 달성하기 위한 계획의 수립·추진·점검을 수행하기 위하여 설립된 대통령 소속 자문위원회이다. 국가정보화전략위원회는 민관 합동으로 국가정보화 정책을 본격 추진하기 위한 조직으로 「국가정보화기본법」에 따라 기존 총리실 산하였던 정보화추진위원회를 대통령직속 민관 합동위원회로 격상·개편한 것이었다. 위원회 위원은 당연직 정부위원 16명, 위촉직 민간위원 15명 등 총 31명으로 구성되었다. 2009년 11월에 출범한 제1기 국가정보화전략위원회는 11개 전문위원회 체제로 운영되었으며, 국가정보화 시행계획을 심의하는 한편, 정보화를 통한 국가선진화 지원 방안 마련을 위하여 대통령 아젠다를 발굴하는 작업을 진행하였다. 이어서 2011년 11월에 출범한 제2기 국가정보화전략위원회는 일하는 위원회로 개선할 것을 표방하면서, 기존의 11개 전문위원회를 6개로 축소하면서, 내실화를 꾀하였으나, 국가정보화에 대하여 부처들에게 실질적인 조정력을 행사하지는 못하였다.

이러한 국가정보화전략위원회는 박근혜정부 출범 직후인 2013년 3월 23일 「국가정보화기본법」을 개정하여 폐지되었다. 이처럼 「정보화촉진기본법」을 개정하여 「국가정보화기본법」에 근거를 두었던 대통령직속의 국가정보화전략위원회는, 구성된 지 3년 5개월 만에 사라지게 되었다.

3) 평가

이명박 정부의 100대 국정과제에서 나타난 5대 국정지표는 섬기는 정부, 활기찬 시장경제, 능동적 복지, 인재대국 및 성숙한 세계국가이다. 이러한 국정지표별로 총 20개의 국정전략이 수립되어 있으며, 국정전략에 따라서 100개 국정과제들이 제시되었다. 그런데 문제는 이러한 100대 국정과제 어디에서도 정보화나 전자정부는 찾아 볼 수 없다는 사실이다. 실제로 이명박 정부는 출범 초기에 전자정부 용어의 사용을 금기시하고 국가정보화로 통일시켰다. 그리고 이러한 국가정보화 역시도 100대 국정과제에 포함되지 못하였다.

특히 2010년 7월 보고에서 이명박 대통령은 스마트워크 정책의 추진으로, 많은 공무원들이 직접 자가용을 몰고 청사로 출퇴근 하지 않아도 원격근무센터에서 업무를 볼 수 있다는 보고에 반응하면서, 스마트워크 센터의 설립을 독려하였다. 이처럼 당시

대통령의 관심 분야와 결합되어서 스마트워크 추진 정책은 탄력을 받게 되었다. 결국 이명박 대통령 시절에 전자정부 사업들 중에서는 스마트워크 정책만이 대통령의 관심을 받았을 뿐, 나머지 정책들은 대통령 아젠다(Presidential Agenda)로 격상되지 못하였다(정충식, 2020).

이명박 정부 시절에 국가정보화는 대통령 의제로 선정되지 못하였다. 이것은 국가정보화가 이명박 정부 초기의 국정과제에 포함되지 못한 것에서 잘 알 수 있다. 더 나아가 집권과 함께 정보통신부를 해체했기 때문에 국가정보화를 제대로 추진할 수 있는 체계를 마련하지 못하였다. 정보통신부의 기능 중에서 국가정보화의 추진은 행정안전부로 이관되었지만, 행정안전부가 과거 정보통신부와 같이 정보화의 컨트롤타워 기능을 수행할 수 있는 조직이 아니었기 때문에 정책 집행에서 혼선이 초래되었다.

이어서 2009년 11월에 대통령직속으로 국가정보화전략위원회를 구성하지만, 이 역시도 여러 부처들에 분산되어 있는 정보정책을 강력하게 조정할 수 있는 역할을 수행하지 못하였기 때문에, 정보통신과 관련한 분야에서 국가경쟁력은 지속적으로 하락하였다. 더 나아가 국가정보화전략위원회의 활동에 대하여 대통령이 주기적으로 보고를 받고 지시를 내린 것이 아니기 때문에, 대통령직속의 위원회 구성만으로 국가정보화가 대통령 의제로 추진되었다고 볼 수는 없다.

이명박 대통령은 과거 정부에서 정보화 분야의 예산이 방만하게 운영되어 왔다고 생각하여, 늘 이 분야의 예산 절감을 강조하였다. 이러한 대통령의 의중을 반영하여, 이명박 정부에서 전자정부 사업의 예산들은 매년 지속적으로 감소하였다.[4]

결론적으로 이명박 정부는 전자정부를 대통령 의제로 추진하지 못하였다. 따라서 비록 2010년 2012년에 UN의 전자정부 평가에서 연속하여 세계 1위를 달성하였지만, 성공적으로 추진하였다고 평가하기는 힘든 상황이다. 앞에서 살펴본 것처럼, 실제로 이명박 정부 시절에 UN 전자정부 평가 세계 1위는 모두 노무현 정부의 업적이 시차적 효과로 인하여 반영된 것이다. 그러므로 이명박 정부에서의 전자정부 평가는 여러 가지의 시각에서 바라볼 수 있겠지만, 이명박 대통령의 전자정부에 대한 리더십이 부족

---

4) 2003~2007년 참여정부 시절에는 매년 2,000억 원 이상 지출되던 전자정부관련 예산들이 2008년 이후부터 1,300억 원대로 축소되었다.

했다는 점은 분명하다.

5 박근혜 정부의 정부3.0

박근혜 정부의 경제 정책 아젠다는 '창조경제'였다. 그러나 많은 사람들이 개념의 불확실성 때문에 혼란을 겪으면서 정책 실패를 자초하였다. 이것은 새로운 국정운영의 패러다임으로 내세운 '정부3.0' 역시 마찬가지였다.

박근혜 정부는 "국민행복, 희망의 새시대"라는 국정비전을 설정하고 이를 달성하기 위한 수단으로 5대 분야에서 국정목표와 추진전략을 설정하였다. 또한 5대 국정목표의 달성을 뒷받침하기 위한 정부 운영시스템의 혁신 방안으로 신뢰받는 정부를 설정하였다. 이것은 일방향(1.0)을 넘어 쌍방향 정부(2.0)를 구현하고, 이를 바탕으로 개인별 맞춤정보와 서비스를 제공하는 '정부3.0 시대'를 달성하는 것이다. 또한 민간과의 협치를 강화하고 정부 내 협업시스템을 구축하는 등 개방, 공유, 소통 및 협력하는 새로운 미래를 선도하는 유능한 정부를 구축하는 것이었다.

1) 정보화 정책들

박근혜 정부는 정부3.0과 관련하여 다양한 정책을 추진하였으며, 구체적인 내용들을 정리하면 다음과 같다.

- 2013년 4월 미래창조과학부 신설
- 2013년 6월 정부3.0 비전 선포식 개최
- 2014년 6월 UN 전자정부 평가 연속 3번 세계 1위
- 2014년 7월 정부3.0추진위원회 구성
- 2016년 4월 전자정부2020 종합계획 발표
- 2017년 3월 지능형정부 기본계획 발표

박근혜 정부는 출범 26일 만인 2013년 3월 22일에 정부조직 개편을 완료하였다. 이 가운데 국가 ICT 정책과 가장 밀접한 관련을 가지는 것은 과학기술과 ICT 융합 촉진 및 창조경제 선도를 위한 미래창조과학부의 신설을 들 수 있다. 미래창조과학부는 국가과학기술위원회를 개편하면서, 기존의 교육과학기술부를 교육부와 미래창조과학부로 분리하면서 발족하였다.

박근혜 정부는 2013년 6월 19일에 정부3.0 비전 선포식을 갖고 "국민과의 약속, 정부3.0"을 발표하였다. 이 자리에서 안전행정부는 '국민 모두가 행복한 대한민국'을 비전으로 '수요자 맞춤형 서비스 제공'과 '일자리·신성장 동력 창출'이라는 목표 달성을 위해, '소통하는 투명한 정부', '일 잘하는 유능한 정부', '국민 중심의 서비스 정부' 등 정부3.0의 3대 전략과 10대 중점추진과제를 제시하였다(관계부처 합동, 2013).

2014년 6월말에 UN 전자정부 평가가 발표되었다. 당시 안전행정부는 6월 24일에, 최근 발표된 2014년 UN 전자정부 평가 결과, 우리나라가 전자정부 준비지수, 온라인 참여지수에서 모두 세계 1위를 달성했다고 발표하였다(안전행정부, 2014b).

박근혜 정부는 전자정부가 아니라 정부3.0 정책을 중점적으로 추진하였다. 이 과정에서 전자정부와 정부3.0 사이에 개념 및 서비스 영역 등에서 혼란이 야기되었다. 정부3.0이 전자정부와 무관하고, 자신들만의 독창적인 정책이라고 주장하던 박근혜 정부는, 2014년 UN 전자정부 평가에서 우리나라가 세계 1위를 하자, 정부3.0의 덕택이었다고 자화자찬하는 상황을 연출하였다.

2013년 2월에 출범한 박근혜 정부는 정부3.0 정책을 추진하면서, 추진협의회 중심으로 운영하다가, 정책이 제대로 추진되고 있지 못하다는 비판에 직면하자 2014년 중반에 정부3.0추진위원회를 구성하여 추진 체계를 정비하게 되었다.

박근혜 정부는 2016년 4월에 행정자치부가 "전자정부 2020 기본계획"을 수립하였다. 이러한 "전자정부 2020 기본계획"은 「전자정부법」 제5조에 따라 최초로 수립된 5개년 전자정부 계획으로, '국민을 즐겁게 하는 전자정부'(Enjoy your e-Government) 구현을 목표로 하고 있다(행정자치부, 2016).

2016년 3월에 개최된 이세돌과 알파고(AlphaGo) 간의 세기의 바둑 대결 이후에 전자정부의 추진 환경도 급속하게 인공지능의 활용으로 변화하였다. 이에 따라서 많은 중앙부처들과 지방자치단체들이 기존에 추진하던 다양한 정보화사업들을 지능형 정부 사업으로 재편하게 되었다. 이러한 ICT 환경 변화에 대응하고, 이를 지원하기 위하여 행정자치부는 2017년 3월에 지능형 정부 기본계획을 발표하였다(행정자치부, 2017).

2) 추진체계: 정부3.0추진위원회

'정부3.0추진위원회'는 2014년 6월 30일에 「정부3.0 추진위원회의 설치 및 운영에 관한 규정」이 시행됨에 따라 이에 근거를 두고 2014년 7월 25일에 구성되었다. '정부3.0추진위원회'는 초기에 본 위원회 및 8개의 전문위원회를 두었다. 전문위원회는 기획총괄, 맞춤형 서비스, 클라우드, 정보공유·협업, 빅데이터, 개방, 변화관리, 지방·공공기관 분과로 나뉜다.

대통령령으로 제정된 「정부3.0 추진위원회 설치 및 운영에 관한 규정」 제1조에 의하면 "공공정보를 적극적으로 개방·공유하고, 행정기관 간 소통·협력을 통하여 국민 중심의 맞춤형 서비스를 제공함으로써 일자리 창출과 창조경제를 지원하는 새로운 정부운영 패러다임인 정부3.0의 효율적 추진을 위하여 국무총리 소속으로 정부3.0추진위원회를 둔다"고 되어 있다.

그 외에도 '정부3.0추진위원회'는 전문기술 분석 지원을 위한 '전문기술연구단' 및 사무국으로서 '정부3.0지원단'을 설치하였다. 특히, 다른 ICT 관련 정부위원회와는 달리 사무국의 기능을 전담하는 지원단의 조직을 설치하여 운영하였다.

'정부3.0위원회'의 위원 구성은 민간위원이 10명, 정부위원이 6명이었다.[5] 위원장은 국무총리가 아닌 민간위원으로 위촉하였다. 정부위원은 관계부처 차관급(기획재정부 제2차관, 미래창조과학부 제2차관, 교육부 차관, 행정자치부 차관, 보건복지부 차관, 국무조정실 국무1차장)으로 구성하였으며 당연직이다. '공공데이터전략위원회' 및 '정보통신전략위원회'가 국무총리 및 부처 장관으로 구성된 점을 고려할 때, 정부3.0 정책이 박근혜정부의 중점 과제였음에도 불구하고 위원회의 위상은 높았다고 볼 수 없다.

---

5) 제1기 정부3.0추진위원회에서는 민간위원이 8명이었으나, 2016년 7월에 출범한 제2기 정부3.0추진위원회에서는 민간위원의 숫자를 10명으로 확대하였다.

3) 평가

　박근혜 대통령은 대통령에 취임하기 이전부터 정부3.0을 국정운영의 새로운 패러다임으로 제시하였다. 대통령 후보가 어떤 정책을 제시했다는 의미는 그 후보의 선거 캠프에서 이것을 만들었다는 것이며, 이것 때문에 박근혜 대통령 취임 이후에 정부3.0은 지속해서 개념의 혼란과 정책의 혼선을 초래하였다. 더 나아가 정부3.0이 매년 정책의 초점을 변화시켜 왔기 때문에 일선 행정 현장에서 공무원들은 혼란에 처하게 되었다.

　박근혜 정부에서 정부3.0 정책이 정책의 일관성을 지니지 못하고 표류하게 된 배경에는 박근혜 대통령의 잘못된 리더십이 존재한다. 정부3.0이 대통령의 철학(?)이라는 미명 하에, 대통령의 말 한 마디와 대통령의 지시사항에 따라서 과제들을 매년 새로이 변경되었고, 이 과정에서 일선 현장에서 혼돈이 초래되었다.

　2013년에는 정부3.0이 데이터 개방에 초점을 두었다(안전행정부, 2014a). 이 당시에는 정부3.0과 전자정부가 완전히 다른 정책으로 분리되어 추진되었다. 대통령이 공공데이터의 개방을 강조하면서, 정부3.0은 데이터 개방이라는 인식이 공무원들 사이에 자리 잡게 되었다. 2015년 이후에 정부3.0의 성과라고 홍보한 대다수는 기존 전자정부 서비스를 고도화시킨 것에 지나지 않는다.

　그 이유는 박근혜 정부에서 정부3.0은 시스템 구축에는 전혀 신경을 쓰지 않고, 나중에 전자정부 시스템에 무임승차하는 전략을 추구하였기 때문이다.[6] 따라서 정보시스템이 받쳐 주지 않는 정부3.0은 결국 정치적 수사에 그치게 되었다.

❻ 문재인 정부의 4차산업혁명

　문재인 정부는 국가 비전으로 "국민의 나라 정의로운 대한민국"을 선정하였다. 국민의 나라는 국민이 나라의 주인임을 확인하였던 촛불 정신을 구현하며, 국민주권의

---

[6] 가장 대표적인 사례가 현재의 정부24이다. 당시에는 전자정부 포털의 이름이 민원24였는데, 슬그머니 전자정부의 포털에 정부3.0 로고를 삽입하였다.

헌법 정신을 국정운영의 기반으로 삼는 새로운 정부의 실현을 의미한다.

2017년 7월 19일에는 청와대에서 국정과제 보고대회를 통하여 "국민의 나라 정의로운 대한민국"이라는 청사진을 담은 문재인 정부의 '국정운영 5개년 계획'을 공개하면서, 국가비전·5대 국정목표·20대 국정전략·100대 국정과제를 발표하였다.

1) 정보화 정책들

문재인 정부는 4차산업혁명 및 디지털 정부혁신과 관련하여 다양한 정책을 추진하였으며, 구체적인 내용들을 정리하면 다음과 같다.

- 2017년 7월 과학기술정보통신부 발족
- 2017년 9월 4차산업혁명위원회 출범
- 2017년 11월 전자정부 50주년 기념식 개최
- 2018년 3월 정부혁신 전략 회의 개최
- 2019년 10월 디지털 정부혁신 추진계획 발표
- 2019년 12월 인공지능 국가전략 발표
- 2020년 2월 정부혁신 종합 추진계획 발표
- 2020년 6월 디지털 정부혁신 발전계획 발표

과학기술기반에 대한 국가혁신체계를 재건하고 범부처 과학기술정책의 조정을 위하여 과학기술 컨트롤타워 강화 필요성이 대두되어 차관급 기관인 과학기술혁신본부를 신설하고, 조정된 부처의 기능에 맞게 부처명칭을 미래창조과학부에서 과학기술정보통신부로 변경하였다(행정안전부, 2018b).

2017년 문재인 정부 출범 당시, 국정기획자문위원회는 대통령직속의, 총리급의 민간 출신이 위원장을 맡는 4차 산업혁명위원회를 출범하겠다고 밝힌 바 있다. 2017년 8월 16일, 국무회의에서 「4차산업혁명위원회의 설치 및 운영에 관한 규정」이 의결됨에 따라 근거규정을 마련하였고, 2017년 9월 25일, 문재인 대통령이 장병규 위원장을 포함한 20명의 민간위원을 위촉함으로써, 제1기 위원회가 본격적으로 활동을 시작하였다.

  2017년 11월 1일, 문재인 정부는 행정안전부의 주관으로 전자정부의 과거를 돌아보고 미래 비전을 선포해, 지속적으로 전자정부 발전을 촉진하기 위하여, '지나온 50년, 앞으로 100년'이라는 주제로 '전자정부 50주년 기념식'을 개최하였다.

  문재인 정부는 2018년 3월 19일에 대통령 주재로 제1회 '정부혁신 전략회의'를 개최하고, 정부운영을 국민 중심으로 전환하는 내용의 '정부혁신 종합 추진계획'을 확정하였다(행정안전부, 2018a).

  정부혁신의 비전은 "국민이 주인인 정부" 실현이다. 정부혁신의 목표는 "참여와 신뢰를 통한 공공성 회복"이다. 구체적으로는 2022년까지 OECD '더 나은 삶의 질 지수 10위권 진입', '정부신뢰도 10위권 진입' 및 국제투명성기구(TI) '부패인식지수 20위권 진입'을 목표로 설정하였다.

  문재인 정부는 2019년 10월 29일 국무회의를 개최하여, '디지털 정부혁신 추진계획'을 심의·의결하고 관계부처 합동으로 이를 발표하였다. 인공지능과 클라우드 정보기술이 급속하게 확대되면서, 그동안 우리나라 IT 성장의 마중물 역할을 했던 2000년 초반의 전자정부처럼, 인공지능과 클라우드 중심의 첨단 디지털 산업이 발전할 수 있도록 정부가 새로운 역할을 해야 한다는 의견이 제기되었다. '디지털 정부혁신 추진계획'은 인공지능·클라우드 중심의 디지털 전환시대 도래에 따른 문재인 정부의 맞춤 정책이다. 이러한 디지털 정부혁신 추진계획은 4대 추진 원칙과 6대 우선추진 과제들로 구성되어 있다(관계부처 합동, 2019a).

  문재인 정부는 2019년 12월 17일에 문재인 대통령 주재로 열린 제53회 국무회의에서, 과학기술정보통신부를 비롯한 전 부처가 참여하여 마련한 「인공지능(AI) 국가전략」을 심의·의결하고, 관계부처 합동으로 이를 발표하였다(관계부처 합동, 2019b).

  '인공지능 국가전략'은 국가의 비전과 범정부적인 실행과제를 제시했다는데 의의가 있다. 특히 최첨단의 ICT 인프라를 토대로 세계적 수준의 전자정부를 넘어서는 AI 기반 차세대 지능형 정부로 탈바꿈하여, 수준 높은 공공서비스를 제공함으로써 국민의 체감도를 향상시키고자 하였다.

  문재인 정부는 2020년 2월 18일 국무회의에서 국민이 체감하는 확실한 변화를 만들기 위한 「2020년 정부혁신 종합 추진계획」을 발표하였다(관계부처 합동, 2020a). 이러한 2020년의 정부혁신 종합추진 계획이 이전의 2018년과 2019년의 계획과는 다른 점은, 디지털 기술의 도입을 통한 혁신을 추구하고 있다는 것이다. 또한 공무원들이 일할 수 있고, 국민들이 체감할 수 있는 적극행정이 도입되었다.

코로나19 위기를 디지털 정부혁신 기속화의 계기로 삼아, 우리나라가 세계선도 국가로 도약하기 위해 당초 계획보다 진전된 디지털 정부혁신 발전계획 수립하여 2020년 6월에 디지털 정부혁신 발전계획으로 발표하였다(관계부처 합동, 2020b).

2) 추진체계: 4차산업혁명위원회

2017년 5월 9일의 대통령 선거에서 '제4차 산업혁명'에의 대응이 주요 이슈 중에 하나였다. 이에 당시 문재인 후보는 정부주도의 '제4차 산업혁명' 추진을 위하여 대통령 직속의 '4차산업혁명위원회' 설립을 공약하였다. 취임 직후에 국정기획자문위원회는 6월 20일, 대통령직속 '4차 산업혁명위원회' 설치방안을 마련하였다.

이어서 7월 21일 법제처가 입법 예고한 4차산업혁명위원회의 구성 및 운영(안) 제3조 및 제7조에서는, 위원회를 위원장 1명과 부위원장 2명을 포함하여 30명 내외의 위원으로 구성하고, 위원장은 대통령이 위촉한 자가 되도록 하며, 부위원장은 미래창조과학부장관과 대통령비서실 정책실장이 되도록 하는 것이었다. 그러나 이(안)은 논의 과정에서 후퇴하여, 8월 16일에 국무회의에서「4차산업혁명위원회의 설치 및 운영에 관한 규정」을 심의·의결하였다.

심의·의결된 결과는 다음과 같다. 정부는 신설되는 위원회가 각 분야 전문가로 최대 25명의 민간위원과 4개 부처(과기정통부, 중기부, 산업부, 고용부) 장관 및 청와대 과학기술보좌관 등 5명의 정부위원으로 구성되며, 민간위원은 젊고 혁신적인 사고를 가진 사람들을 대거 참여시킬 계획이라고 밝혔다. 이어서 대통령이 위촉한 민간전문가 1인이 위원장을 맡고 청와대 과학기술보좌관이 간사를 맡도록 하였다. 그리고 산하에 특별위원회로는 스마트시티와 헬스케어 분야가 있다.

따라서 조직의 위상이 낮아져서 한시적인 기구로 출범하였다(정충식, 2017). 이에 많은 비판에 직면하자 문재인 정부는 2018년 1월에 기존의「국가정보화기본법」을 전면 개정하여「(가칭)4차산업혁명기본법」을 제정하고 4차산업혁명위원회를 법정 기구화하여 추진체계를 정비할 것이라고 발표하였다. 이후 2020년 초에 「국가정보화기본법」이 「지능정보화기본법」으로 전면 개정되었으나, 위원회는 조직과 위상은 그대로 유지되어, 이러한 계획은 실현되지 못하였다. 2021년에는 데이터관련 컨트롤 타워로의 변화를 모색하였으나, 이 역시 실현되지 못하였다.

이러한 4차산업혁명위원회의 지난 5년간의 업무 성과는 기대 이하로 평가받고 있다. 그 이유는 '규제 샌드 박스' 등을 활용하여 ICT와 관련한 새로운 기술의 도입에 장애가 되는 걸림돌을 제거하겠다는 당초의 기대와는 달리, 우버나 타다 등 자동차 공유 문제 등을 해결하지 못하는 등 별다른 성과를 거두지 못하였기 때문이다. 다만 위원회 산하에 설치된 스마트시티특별위원회가 부산의 에코델타시티와 세종시의 5-1 지구를 스마트시티 국가 시범지역으로 선정하여 추진한 것이 가시적인 성과이다.

이것은 대통령직속 기구임에도 불구하고 추진 체계의 위상이 제대로 정립되지 못하여 발생한 결과이다. 4차산업혁명위원회는 법제화되지 못하고 한시적인 추진조직이었으며, 위원들의 임기 역시도 1년에 한정되어 있다. 따라서 이 조직은 지난 5년 동안 4차산업혁명을 기술적인 관점에서만 접근하였을 뿐, 총체적인 디지털 혁신의 관점 더 나아가 정부혁신과 연계시키지 못하였다.

문재인 정부는 2018년 3월 19일에 문재인 대통령 주재로 제1회 '정부혁신전략회의'를 개최하고, 정부운영을 국민 중심으로 전환하는 내용의 '정부혁신 종합 추진계획'을 확정하였다(행정안전부, 2018a). 이후에 문재인 정부는 정부혁신의 추진을 위하여 다음과 같이 추진체계를 정립하였다.

우선 2018년 7월에 대통령훈령으로 「정부혁신추진협의회 등의 설치 및 운영에 관한 규정」을 제정하여, 정부혁신 추진근거 및 추진체계를 마련하여 운영하고 있다. 이를 바탕으로 하여 2018년 10월에 정부혁신 민관협의체인 '정부혁신추진협의회'를 출범시켰다. 그러나 별다른 성과를 이루어낼 수 없었다. 그 이유는 정부혁신전략회의가 제대로 가동되지 않았기 때문이다.

3) 평가

문재인 정부에서 정부혁신은 이전 박근혜정부의 정부3.0 정책 추진과 유사한 모습으로 진행되었다. 문재인 정부에서 정부혁신도 집권 초기인 2017년에 추진되지 못하고 2018년에 시작되었다. 문재인 정부는 정부혁신과 디지털 정부혁신의 분야에서 정권 후반에 다양한 정책들을 제시하였다. 하지만 이름만 디지털 정부혁신일 뿐이며, 전자적인 민원행정서비스의 고도화 수준에 머무르고 말았다.

물론 문재인 정부 출범 초기에 최우선 국정과제는 적폐청산과 일자리창출이었으며, 청와대에 일자리 수석직과 일자리 상황판이 설치되었다. 청와대에 정부혁신 수석은 없었고, 시민사회단체 출신의 시민사회 수석만 있었다. 2018년 3월에 정부혁신전략회의를 개최하고, 정부출범 1년을 넘긴 2018년 7월에 정부혁신전략추진단을 구성하였으나, 강력한 추진체계를 설계한 것은 아니었기 때문에 범정부적인 조정력을 행사할 수 없었다.

과거 박근혜 정부에서 정부3.0 정책이 매년 주요 목표를 변화시켜서 혼란을 야기한 것처럼, 문재인 정부의 정부혁신 역시도 목표를 변화시켜 왔다. 문재인 정부에서 정부혁신은 2018년에는 사회적 가치 및 시민참여를 강조하였다. 이후 2019년 후반을 기점으로 하여 디지털 정부혁신을 추진하게 된다. 그런데 이러한 정부혁신과 디지털 정부혁신은 추진 체계가 완전히 분리되어서 진행되었기 때문에, 서로 통합되지 못하고 별개로 추진되는 모습을 보여주었다.

특히 초창기에 시스템을 통한 개혁 그리고 정보시스템을 활용한 업무처리 혁신을 바탕으로 하여 대국민 서비스 개선이 이루어져야 했지만, 시민참여를 통한 대민서비스 혁신이 우선시 되면서, 정부혁신이 아니라 행정서비스 혁신으로 범위가 한정되었다. 특히 정부혁신전략추진단의 활동이 시민참여의 관점에서 '광화문 1번가'를 통한 시민 제안의 수집과 정책화에 초점을 두면서, 정부혁신국민포럼을 중심으로 운영되었기 때문에, 총체적인 정부혁신 보다는 행정 분야의 민원해결 창구로 인식되었다.

이것은 이후에도 디지털 정부혁신으로 변화하면서도 총체적인 정부혁신이 아니라, 비대면 코로나19 시국에 디지털 신분증의 제공 및 전자적 민원행정서비스 지원 수준으로 한정되는 모습을 보여주었다. 디지털 대전환의 시대에 대응하여 기존의 우수한 전자정부를 디지털 정부로 전환시켜야 했는데, 오랫동안 전자정부에 안주하면서 변환의 시간을 놓쳤다. 문재인정부의 행정안전부는 2020년 4월에 와서야 전자정부국을 디지털정부국으로 전환하였지만, 이것은 정부혁신조직실이 그대로 정부혁신을 주관하면서, 디지털 정부혁신 중에서 데이터 개방과 관련한 일부 업무만을 디지털정부국으로 이관한 것이었기 때문에 큰 의미를 갖지는 못하였다.

더 나아가 문재인 대통령이 정부혁신에 대한 관심을 거의 표명한 적이 없고, 정부혁신과 관련한 회의를 주재하거나 참석한 적이 없기 때문에 힘을 받을 수 없는 구조였다. 이처럼 문재인 정부에서 정부혁신은 대통령의 관심사가 아니고, 대통령 의제로 격상되어 추진된 것은 더욱 아니었다.

그 구체적인 증거는 정부혁신의 추진을 위하여 신설했던 정부혁신전략회의이다. 문재인 대통령은 2018년 3월에 제1회 정부혁신전략회의에 참석하였다. 이 당시 대통령의 주재 하에 일 년에 두 차례씩 회의를 개최하겠다고 했지만, 실행에 옮겨지지 못하였다. 따라서 정부혁신전략회의는 그 이후에 개최된 적이 없다. 문재인 대통령은 4차 산업혁명위원회도 대통령직속으로 구성했지만, 제1차 회의에 한 번 참석한 이후에 다시 참석한 적이 없었다.

문재인 정부는 2018년 7월에 정부혁신 추진을 위해서 행정안전부에 정부혁신전략추진단을 구성하고, 정부혁신추진협의회 및 정부혁신국민포럼을 구성해 운영하였지만, 문재인 대통령이 단 한 번도 회의에 참석하거나 회의를 주재한 적이 없었다. 그렇다면 대통령이 리더십을 발휘해서 정부혁신국민포럼의 위원장에게 전권을 위임하는 리더십을 발휘했어야 하지만, 이마저도 실행하지 않았다. 따라서 문재인 정부에서는 정부혁신과 디지털 정부혁신이 대통령의 의제로 인식되지 않았고, 부처의 실과 국 수준에서 추진하는 문제점을 보여주었다.

제3절 윤석열 정부의 디지털플랫폼정부

제3절에서는 윤석열 정부에서 추진하고 있는 디지털플랫폼정부와 관련하여, 이제까지의 추진과정 및 추진체계 등에 대하여 간략하게 정리하였다.

1 전개과정

윤석열 대통령은 과거 후보 시절인 2022년 1월 2일에, 스마트하고 공정하게 봉사하는 디지털플랫폼정부를 만들겠다는 공약을 제시하였다. 이러한 디지털플랫폼정부 공약의 내용은 크게 ① 국정운영 시 의사결정에 데이터화 과학화 기반 시스템 도입, ② AI와 빅데이터를 이용한 대국민 행정시스템 대전환, ③ 디지털 격차 해소·디지털 역량 강화 등 이었다.

이어서 2022년 5월 초에 제20대 대통령직인수위원회는 110대 국정과제를 발표하면서, 11번째로 모든 데이터가 연결되는 세계 최고의 디지털플랫폼정부 구현을 발표하였다. 주요 내용들은 ① 국민체감 선도 프로젝트 추진, ② 일하는 방식 대전환, ③ 디지털플랫폼정부 혁신생태계 조성, ④ 데이터 안전 활용 기반 강화 등이었다.

이후 2022년 9월 2일에 대통령직속 위원회인 디지털플랫폼정부위원회(위원장 고진, 이하 '위원회')가 공식 출범하였다. 윤석열 대통령은 대통령실에서 열린 위원회 출범식에 참석하여 민간 위원을 위촉하고 추진 방향을 논의하였다(디지털플랫폼정부위원회, 2022).

이 자리에서 제시된 디지털플랫폼정부는 모든 데이터가 연결되는 '디지털플랫폼' 위에서 국민, 기업, 정부가 함께 사회문제를 해결하고 새로운 가치를 창출하는 정부로 정의되었다. 더 나아가 정부가 독점적인 공급자로서 일방적으로 서비스를 제공하는 현재의 방식에서 벗어나, 민간과 협업하고 혁신의 동반자가 되는 국정운영의 새로운 모델이자 윤석열 정부의 핵심 정책 추진과제로 제시되었다.

2 추진체계

2022년 5월 대통령직인수위원회 디지털플랫폼정부TF에서 디지털플랫폼정부 추진 방향을 발표한 이후, 7월 1일에 「디지털플랫폼정부위원회의 설치 및 운영에 관한 규정(대통령령)」을 마련하여, 추진단 구성을 위한 직제 협의 및 예산 확보 작업을 마무리하였다. 이이 따라서 국민·기업 및 정부가 참여하는 디지털플랫폼을 기반으로 사회문제 해결과 새로운 가치를 창출하는 정부 구현을 위하여 디지털플랫폼정부위원회를 대통령 소속으로 설치하였다.

위원회의 구성은 위원장 포함, 총 30명 이내 위원으로 민·관 합동으로 구성되었다. 특히 디지털플랫폼정부를 구현하는데 민간의 전문성과 창의적 아이디어를 최대한 활용하기 위하여 디지털플랫폼정부위원회에는 고진 위원장을 비롯한 인공지능(AI)·데이터·보안 등 디지털 기술과 공공행정, 산업생태계 등의 분야에서 현장 경험이 많은 전문가 19인이 민간위원으로 참여하였다. 또한, 당연직 정부위원으로 기획재정부·과학기술정보통신부·행정안전부 장관과 개인정보보호위원회 위원장이 포함되었다.

디지털플랫폼정부위원회의 기능은 디지털플랫폼정부 구현을 위한 종합적인 전략, 분야별 정책, 주요 사업 및 계획 등을 심의·조정하고, 추진상황을 점검·평가하는 것이다. 디지털플랫폼정부위원회는 [그림 3-1]과 같이, ① 인공지능·데이터, ② 인프라, ③ 서비스, ④ 일하는 방식 혁신, ⑤ 산업 생태계, ⑥ 정보보호 등 6개 분과로 구성되었다.

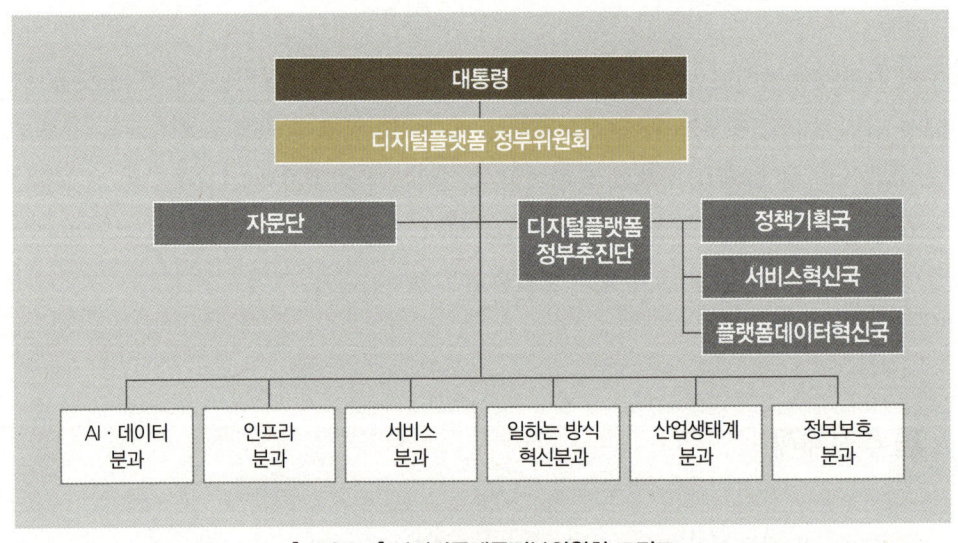

[그림 3-1] 디지털플랫폼정부위원회 조직도

디지털플랫폼정부위원회는 2022년에는 이처럼 6개의 분과로 출발하였으나, 2023년 4월 14일, 윤석열 대통령 참석 하에 진행된 '디지털플랫폼정부 실현계획 보고회'를 거쳐서, 16개의 TF 체제로 전환하였다(디지털플랫폼정부위원회, 2023a).

따라서 현재 디지털플랫폼정부위원회는 실현계획의 중점과제 16개 TF를 중심으로 구성되어 있다. 이것은 「실현계획」상 △혜택알리미, △구비서류 제로화, △초거대 공공AI, △디지털 트윈, △지역혁신, △DPG허브 등, 국민·기업이 디지털플랫폼정부로의 변화를 조속히 체감할 수 있고, 경제·사회·행정 전반으로의 파급력이 큰 16개 중점과제를 대상으로 구성한 것이다(디지털플랫폼정부위원회, 2023b).

제4절 과거 정부의 정책에서 얻은 교훈들

우리나라에서 이제까지 지난 30년 동안의 전자정부 사업들을 분석하여 보면, 실패한 사업을 거의 찾아 볼 수 없는 대단한 나라이다. 미국의 경우, 공공 부문에서 정보시스템을 구축할 경우, 절반 이상이 실패한다고 알려져 있다(정익재, 2002). 하지만 우리나라의 경우에는 공공 부문에서 정보시스템의 구축이 실패한 사례가 거의 없다. 그 이유는 우리나라에 실패를 용인하는 문화가 없기 때문이다. 따라서 실패한 정보시스템의 구축도 몇 년 동안의 고도화 사업을 거쳐서, 성공으로 포장해 내어야 한다.

이처럼 우리나라는 역대 정부 모두에서 전자정부와 디지털 정부를 성공적으로 구현한 것으로 포장되어 있다. 하지만 실제로 추진된 내용들을 분석하여 보면, 모든 정책이 다 성공한 것은 아님을 알 수 있다. 따라서 이제는 과거 정부에서 실패했던 경험을 교훈으로 삼아서 진정한 성공을 이룩할 수 있도록 준비하여야 한다.

1 비전과 전략: 비전보다 시스템 구축이, 더 나아가 법과 제도의 혁신이 중요

지난 30년 동안 우리나라에서 5년 단위의 정부가 등장할 때마다, 전자정부와 디지털 정부의 분야에서 새로운 비전과 전략이 제시되었다. 이러한 비전과 전략은 모두 세계 최고 수준의 전자정부와 디지털정부를 구현하는 것이었다. 그러나 이처럼 비전과 전략을 제시하는 것보다 중요한 것은, 정책의 지속가능성을 확보하는 것이다.

이명박 정부는 출범과 함께 "잃어버린 10년"을 제시하면서 과거 정부와의 단절을 시도하였다. 물론 미국의 경우에도 민주당과 공화당이 번갈아 집권하면서 과거 정부의 정책들을 되돌리려는 시도를 하고 있다. 하지만 미국은, 전자정부와 디지털 정부의 분야에서 만큼은, 정권의 교체와 무관하게 지속적으로 정책이 유지되고 있다. 이것은 미국의 「전자정부법」에 추진체계가 명문화되어 있기 때문이기도 하지만, 전자정부와 디지털 정부의 분야는 이념과 상관없이, 정부혁신과 국가경쟁력의 강화 차원에서 다루어지기 때문이다.

우리나라에서는 이명박 정부가 출범하면서, 과거 정부가 방만하게 운영되었다고 하면서 모든 분야의 예산 절감을 시도하였다. 물론 과거 정부의 방만했던 예산 운영이 있다면 분명히 바로 잡아야 하지만, 전자정부라는 용어조차 사용하지 못하게 하면서, 이 분야의 예산을 삭감해서 4대강 사업에 전용한 것이 문제였다. 더 나아가 저탄소 녹색성장을 강조하면서, 전자정부 사업들을 그린 IT의 수준으로 격하시켜서 추진하였다. 따라서 이명박 정부에서는 정보기술을 활용한 정부혁신은 고사하고, 제대로 된 정보시스템 구축을 찾아볼 수 없었다.

박근혜 정부에서는 정부3.0이 제시되었다. 이러한 정부3.0은 더 큰 문제점을 야기하면서 실패하게 되었다. 온 국민을 행복하게 하겠다고 정책을 추진하고, '개방', '공유', '협업' 및 '소통' 등 좋은 미사여구는 다 동원했지만, 데이터 개방 일부를 제외하고는 가시적인 성과를 거둔 것은 별로 없었다.

첫 번째 문제는 이명박 정부와 박근혜 정부는 같은 정당이었음에도 불구하고, 디지털 정부와 관련한 정책들이 전혀 계승되지 못하여 지속가능성을 찾아 볼 수 없었다는 점이다. 그 대표적인 사례가 이명박 정부에서 어렵게 만들어 놓은 국가정보화전략위원회를 폐지한 것이다. 이 역시도 명분은 과거 정부에서 방만하게 운영되어 온, 여러 위원회들을 폐지하여 혁신을 추구한다는 것이었다. 하지만 법에 근거한 대통령직속의 국가정보화전략위원회를 폐지하고, 1년 반 이상을 안전행정부의 창조정부전략실의 실 수준에서 정부3.0 추진을 시도하다가, 결국에는 국무총리실에 정부3.0추진위원회를 구성하였다. 따라서 이것은 정부3.0 정책이 범정부적인 추진동력을 지닐 수 없는 한계로 작용하였다(정충식, 2016).

더 나아가 정부3.0이 아무리 개방과 공유와 협업이라는 좋은 단어들로 구성되어 있었지만, 지속가능하지 않다는 문제점을 지니고 있었던 이유는 박근혜 정부가 정부3.0을 홍보하면서, 정부3.0이 박근혜 대통령의 국정 철학이라고 주장한 것에서 기인한다. 어느 정책이 국정과제가 아니라 대통령의 철학이 되는 순간에, 이것은 지속가능성을 상실하게 되는 것이다. 이것은 모두 박근혜 정부가 자초한 결과이다.

더 나아가 정부3.0의 가장 큰 취약점은 이론적 기반이 미비한 것에 그치지 않고, 이것을 수행할 수 있는 시스템을 갖추고 있지 못하였다는 것이다. 정부3.0은 데이터의 개방 및 활용만을 강조하였지, 시스템 기반의 구축은 제대로 이루어지지 못하였기 때문에, 결국에서는 기존의 전자정부 시스템을 활용하는 전략을 구사하게 되었다.

2 정부3.0 추진 과정의 문제점

박근혜 정부는 정부3.0 정책의 추진과 관련하여, 거의 광기(狂氣)에 달하는 수준으로 공무원들을 괴롭혔다. 박근혜 정부는 정부3.0을 이 세상에 없는 최고의 정책으로 포장하여 공무원과 국민들에게 주입식 교육을 통하여 이를 강제화하였다. 실제로 2016년에 정부3.0의 슬로건은 "정부3.0의 생활화"였다(정부3.0추진위원회·행정자치부, 2017).

박근혜 정부는 정부3.0을 추진하면서 개념의 모호성을 극복하고 추진 과정에서 성과를 담보하고자 성과관리를 시작하였다(안전행정부, 2014a). 이러한 성과관리의 핵심은 정부업무평가에서 정부3.0을 반영한 것이었다.[7] 이에 공무원들의 불만이 제기되자 변화관리의 차원에서 일선 현장의 공무원들에게 정부3.0 교육을 시작하였다.

이러한 정부3.0의 교육은 거의 범죄행위에 가까운 것이었다. 이 당시 수많은 공직

---

[7] 박근혜 정부 당시에 42개의 중앙부처를 대상으로 중앙행정기관의 장이 자체적으로 실시하는 자체평가에 18개의 정부3.0 평가지표가 반영되었으며, 17개 시도의 경우 합동평가 부문에 중점과제 평가에서 총 16개의 지표가 반영되었다.

자들은 정부3.0 강제 교육에 동원되어, 이로 인한 극도의 피로감을 호소하였다. 더 나아가 박근혜 정부는 정부3.0을 추진하면서 2016년 당시 스마트폰에 정부3.0 앱을 강제적으로 선탑재하도록 하여 큰 물의를 야기하였다. 2016년 6월 16일에 행정자치부는 삼성전자와 협의하여 갤럭시노트 차기 모델에 정부3.0 서비스 기능을 담은 정부3.0 앱을 선탑재하기로 했다고 밝혔다. 이에 대하여 IT 업계와 시민단체 그리고 소비자들 사이에서는 '관치행정'이라는 비판이 쏟아졌다. 이러한 시민단체의 비판과 반대에도 불구하고 정부는 2016년 8월에 출시된 삼성전자의 갤럭시노트7에 정부3.0 앱의 설치를 강행하였다.[8] 이러한 정부3.0 앱의 강제 설치 사례는 정부3.0 추진 정책이 정부2.0, 아니 정부1.0의 산업사회로 회귀하여 추진되었음을 보여주었다.

3 문재인 정부의 디지털 정부혁신 실패 요인

2016년의 촛불혁명과 박근혜 대통령의 탄핵으로 2017년 중반에 출범한 문재인 정부는 정부혁신과 관련하여 여건이 좋은 상태에서 출발하였다. 그러나 정부혁신은 집권 초반에 적폐청산 및 일자리 창출에 밀려서 뒤처지게 된다. 더 나아가 제대로 된 추진체계를 구성하지도 못하였고, 대통령 의제로 추진되지도 못하였다.

문재인 정부의 정부혁신 특히 디지털 정부혁신 정책의 경우, 과거 김영삼 정부의 정보화 및 김대중 정부의 전자정부 정책의 궤적을 그대로 따라간 것이다. 김영삼 대통령은 집권 직후에 군부통치를 청산하고 문민정부의 민주화를 완성시키기 위하여, 하나회 숙정, 부패 청산 등을 '행정쇄신'의 이름 하에 대대적인 개혁 정책으로 추진하여, 국민들로부터 높은 지지율을 확보하였다. 그러나 집권 후반에 레임덕에 직면하여, 어떤 정책도 선택할 수 없게 되자 정보화 정책을 적극적으로 추진하였다. 그러나 강력한

---

8) 당시 정부3.0 앱은 '안전신문고'와 '서비스알리미' 두 가지였다. 서비스알리미(정부3.0)는 2013년 출시된 '정부3.0 앱'을 개선한 것으로, 워크넷 일자리 찾기, 에듀넷 등 기존에 출시된 194개의 정부 서비스를 연결하는 허브 역할을 하는 것이었지만, 매우 조잡한 형태였다. 안전신문고의 경우 사용자의 생활환경 주변에서 발견되는 위험요소를 신고해 안전사고를 예방하자는 취지였다. 이 때문에 위치정보, 사진, 미디어 등 액세스 권한 등이 부여되었다.

추진 동력을 확보할 수 없었다.

　김대중 대통령 역시도 집권 초반에 대한민국의 역사상 최대의 국난이라고 일컬어지는 동아시아 외환위기에 직면하여 1998년과 1999년에 4대 부문의 개혁을 추진하였다. 이후 2000년부터 기존의 하드웨어적인 개혁 방법론에서 탈피하여 소프트웨어적인 개혁의 수단으로 전자정부를 선택하였다. 김대중 대통령은 임기 후반에 대통령직속으로 전자정부특별위원회를 구성하고, 전자정부 정책을 대통령 의제로 격상시켜서 추진하였다.

　문재인 정부는 이러한 김영삼, 김대중 정부의 전철을 그대로 답습하였다. 문재인 정부에서는 집권 초반에 적폐청산, 일자리 창출, 그리고 혁신성장 등이 대통령 의제로 추진되었다. 이 과정에서 최저임금 인상, 주52시간 근로시간 단축, 광주형 일자리 등 다양한 경제 분야의 정책들이 제시되었다. 따라서 문재인 정부에서 정부혁신은 2017년이 아닌 2018년부터 추진되기 시작하였다. 이 과정에서 추진 체계도 제대로 정립되지 못하였고, 대통령의 리더십도 발휘되지 못하였다.

　정부혁신이 대통령 의제로 격상되어야 정보기술을 활용한 범정부적인 총체적 혁신이 가능하고, 이것이 디지털 정부혁신으로 전환되어야 했는데, 문재인 정부에서는 적폐청산, 일자리 창출 그리고 혁신성장 등의 정책에 뒤쳐지면서 집권 초반의 우선순위에서 밀린 것이다.

　문재인 정부가 후반기에 직면하자, 디지털 정부혁신이 등장하였고, 코로나19에 대응하는 과정에서 한국형 뉴딜에 디지털 뉴딜이 포함되고, 비대면 본인확인 수단의 확대 등과 맞물려서 디지털 정부혁신의 용어가 자주 등장하였다(관계부처 합동, 2019). 그러나 문재인 정부가 추진하였던 디지털 정부혁신은 명칭만 정부혁신이고, 실상은 전자적인 민원행정서비스의 고도화이고, 전자적 본인확인 수단의 제공일 뿐이다. 이것은 과거 전자정부 서비스의 연장선상에서 전자적 서비스의 개선이지, 전혀 디지털 정부혁신이 아니었다.

　추진체계의 측면에서 볼 때, 문재인 정부에서도 과거와 마찬가지로 하루살이 위원회를 구성하여 운영하였다. 문재인 정부는 과거 박근혜 정부의 정부3.0추진위원회를 폐지하고, 대통령직속으로 4차산업혁명위원회를 출범시켰다. 그러나 4차산업혁명위원회 역시도 법제화된 위원회가 아니기 때문에 현재 폐지된 상태이다. 이처럼 우리나라는 5년 단임제의 대통령제하에서 하루살이 위원회를 구성하여 집권 기간에만 초점을 두어 정책을 추진하였다.

　문재인 정부에서 추진한 정부혁신도 추진 체계의 측면에서 마찬가지의 모습을 보여주었다. 정부혁신은 박근혜 정부 초기와 마찬가지로 행정안전부의 정부혁신조직실이 담당하면서 2018년부터 추진체계를 구성하였으나, 과거 박근혜 정부에서 ICT관련 추진체계가 너무 많았던 상황과 마찬가지로, 정부혁신과 관련하여 다양한 체계가 혼재되었다.

　문재인 정부에서 디지털 정부혁신 정책을 추진하는 주무부처는 행정안전부였다. 문재인 정부는 출범과 함께 과거 정부의 행정자치부를 행정안전부로 명칭을 변경하였다. 이와 함께 2017년 7월 26일에 박근혜 정부 행정자치부에서 정부3.0을 추진했던 창조정부조직실을 행정안전부의 정부혁신조직실로 변경하여, 정부혁신을 추진하였다. 반면에 과거 박근혜 정부 행정자치부의 전자정부국은 문재인 정부에 와서도 그대로 전자정부국으로 운영하다가, 2020년 4월 28일에 디지털정부국으로 명칭을 변경하였다(행정안전부, 2020a).

　문재인 정부는 정부혁신의 추진을 위하여 정부혁신전략회의를 신설하였다. 대통령의 주재 하에 일 년에 두 차례씩 회의를 개최하겠다고 했지만, 실행에 옮겨지지 못하였다. 관계기관 협의회 역시도 마찬가지이다. 행정안전부에 정부혁신전략추진단을 구성하고, 정부혁신국민포럼을 구성하여 운영하였지만, 이러한 추진 체계로는 범정부적인 정부혁신을 추진할 수 있는 동력이 부족하였다. 더 나아가 과거 박근혜 정부에서 ICT관련 추진체계가 너무 많았던 상황과 마찬가지로, 정부혁신과 관련하여 다양한 체계가 혼재되어 있는 실정이었다.

　문재인 정부의 정부혁신과 디지털 정부혁신은 우선 정부혁신전략회의, 정부혁신추진협의회, 정부혁신국민포럼, 정부혁신전략추진단, 디지털정부혁신기획단 등 수 많은 임시조직으로 구성되어 있었다. 정부혁신추진협의회의 경우, 중앙행정기관 분과, 디지털 혁신 분과, 지자체 분과, 공공기관 분과, 지방 공기업 분과 및 교육기관 분과 등 6개의 분과로 구성되어 있었다. 정부혁신국민포럼의 경우에도 일반행정팀, 경제팀, 교육문화팀, 사회복지팀, 안전환경팀 및 디지털팀 등 6개 팀으로 구성되어 있었다. 그러나 이들 조직은 모두 상근자들이 아니라 대학교수나 연구기관의 박사들이 겸직하고 있었다.

결국 문제는 문재인 정부 정부혁신의 추진체계는 실체가 없었다는 것이다. 왜냐하면 문재인 정부의 정부혁신 추진체계는 지난 박근혜 정부에서 초기에 정부3.0 추진시에 적용했다가 실패한 모델을 그대로 원용한 것이었다. 박근혜 정부는 집권 초반에 새로운 국정운영의 패러다임이라는 이름하에 정부3.0을 출범시켰다. 그러나 박근혜 정부에서 정부3.0추진위원회가 구성된 것은 2014년 7월 25일이다. 즉, 제대로 된 추진체계를 구성하는데 박근혜 정부 출범 이후에 1년 반에 가까운 시간을 허비하였다. 이른바 박근혜 전 대통령이 즐겨 사용하였던 골든타임을 놓친 것이다. 정부3.0추진위원회가 구성되기 이전의 정부3.0 추진체계는 문재인 정부의 정부혁신 추진체계와 크게 다르지 않았다. 이것은 분명히 실패한 추진체계 모델이다.

제5절 정책적 시사점

과거 정부의 디지털 정부혁신의 사례에서 얻은 교훈을 중심으로, 윤석열 정부 디지털플랫폼정부의 성공을 위한 정책적 시사점을 제시하면 다음과 같다.

1 플랫폼 허브의 구축: 선택과 집중

박근혜 정부는 출범과 함께 정부3.0 정책을 추진하였다. 이러한 정부3.0은 처음에는 공공정보를 적극 개방·공유하고, 부처 간 칸막이를 없애며 소통·협력함으로써 국정과제에 대한 추진 동력을 확보하고, 국민 맞춤형 서비스를 제공함과 동시에 일자리 창출과 창조경제를 지원하는 새로운 정부 운영 패러다임으로 이해되었다.

마찬가지로 현재 윤석열 정부도 디지털플랫폼정부를 추진하면서 새로운 국정 운영의 패러다임으로 이를 제시하였다. 그러나 이러한 새로운 국정 운영의 패러다임 변화는 말로만 이루어지는 것이 아니다. 과거 박근혜 정부의 정부3.0 실패는, 실체가 없었기 때문이었다. 즉, 시스템의 구축에는 힘을 기울이지 않고, 홍보에만 치중한 결과, 정치적인 수사(Political rhetoric)에 그치고 말았다.

따라서 윤석열 정부는 디지털플랫폼정부 정책을 추진하는 과정에서, 이러한 실패 사례를 교훈 삼아서, 선택과 집중 전략을 시도하여야 한다. 윤석열 정부의 디지털플랫폼정부 정책은 비전과 전략의 발표 이후에, 1년 동안에 사업의 범위와 선정에서 여러 번의 변화를 겪었다.

현재에도 다양한 사업들이 제시되어 있지만, 디지털플랫폼정부의 성공은 결국 허브시스템의 구축으로 귀결된다. 쓸데없이 빅테크들이 주도하는 거대 언어모델을 개발하겠다고 정부가 나서지 말고, 디지털플랫폼정부의 사업 범위를 디지털 정부혁신으로 설정하여야 한다. 또한 플랫폼의 직접 구축이 아니라, 정부 내에서 선제적이고 맞춤형의 지능형 민원행정서비스를 제공할 수 있는 허브시스템 구축에 초점을 두어야 한다.

현재와 같이 16개의 TF를 중심으로 많은 사업을 추진하는 것은 별로 도움이 되지 못할 것이다. 디지털플랫폼정부위원회는 현재, 전 공무원들을 대상으로 하는 디지털플랫폼정부 교육 프로그램을 개발 중에 있으며, 이를 2024년부터 시행할 계획이다. 그러나 이러한 공무원을 대상으로 하는 디지털플랫폼정부 교육은, 과거 박근혜 정부의 정부3.0 교육과 마찬가지의 결과를 초래할 수 있다. 디지털플랫폼정부가 활성화되지 못하면, 그것은 위원회의 잘못이지, 일반 공무원들이 몰라서 그렇게 된 것이 아니다.

디지털플랫폼정부의 서비스가 고도화되고 편리하면, 교육을 받지 않아도 누구나 다 알아서 찾아 쓸 수 있다. 우리가 네이버나 카카오를 회사에서 교육받아서 플랫폼으로 활용하고 있는 것은 아니다. 따라서 현재의 사업들을 허브 구축 및 법과 제도의 정비로 단순화시켜서 역량을 집중하는 것이 필요하다.

2 추진체계의 정비

현재 윤석열 정부에서 구성한 디지털플랫폼정부의 추진 체계인 디지털플랫폼추진위위원회는 크게 다음과 같은 두 가지의 문제점을 지니고 있다.

첫째는 지속가능하지 않은 하루살이 위원회 모델을 답습했다는 점이다. 5년 대통령 단임제 하에서, 우리나라는 전자정부와 디지털 정부의 추진 체계를 위원회 중심으로 운영하여 왔다. 과거 이명박 정부의 국가정보화전략위원회, 박근혜 정부의 정부3.0위원회 및 문재인 정부의 4차산업혁명위원회 모두 다음 정부에서 폐지된 실패한 위원회들이다. 그런데 윤석열 정부는 이러한 실패한 위원회를 답습하여 디지털플랫폼정부위원회를 구성하였다. 분과위원회의 구성까지 과거 정부에서 실패한 모형을 그대로 계승하였다. 이러한 하루살이 위원회에서 탈피하기 위해서는, 추진 체계의 근거를, 현재의 「디지털플랫폼정부위원회의 설치 및 운영에 관한 규정」(대통령령 제32750호, 2022년 7월 1일 시행)에서, 「지능정보화기본법」 내의 조문으로 격상시켜야 한다.

최근에 디지털플랫폼정부위원회는 위원회의 효과적인 운영과 관련 부처들과의 업무 조율 등 추진력을 확보하기 위하여 부위원장직을 신설한 것을 성과로 홍보하고 있다. 그러나 이처럼 위원회에 부위원장직이 신설된 것으로 위원회의 위상이 강화될 수는 없다. 좀 더 중요한 것은 위원회가 지속가능성을 확보하는 것이다. 그리고 이것은 위원회의 법제화로 구현되는 것이다.

둘째는 위원회의 구성에 대한 것이다. 최근에 디지털플랫폼정부위원회는 기존 기획·발굴 중심의 6개 분과위 체제를, 임무 중심의 16개 TF 체제로 전면 전환하여, 관계부처와 함께 본격적인 성과 창출을 추진 중이라고 홍보하였다. 그러나 이 역시도 미봉책에 지나지 않는다. 보다 근원적인 것은 위원회의 구성에 대한 것이다.

디지털플랫폼정부위원회는 출범과 함께, 민간의 전문성과 창의적 아이디어를 최대한 활용하기 위하여 위원회에 인공지능(AI)·데이터·보안 등 디지털 기술과 공공행정, 산업생태계 등의 분야에서 현장 경험이 많은, 최고 전문가 19인이 민간위원으로 참여한다고 홍보하였다. 하지만 이처럼 민간의 최고 전문가를 위원으로 참여시키는 방식 역시도, 과거 정부에서 지속적으로 추진해 왔고, 오랫동안 실패해 왔던 방식이다. 왜냐하면 이제 공무원 사회에서도 이에 대한 학습 효과가 존재하기 때문이다.

따라서 이제는 과거와 같은 방식에서 탈피하여 제자리를 찾아가야 할 시점이다. 그것은 공무원을 개혁의 대상이 아니라, 개혁의 주체로 삼는 것이다. 디지털 정부혁신을 성공적으로 추진하기 위해서는 공무원들을 국정의 파트너로 인식하고 공무원 중심의 정부혁신을 시도하여야 한다. 우리나라는 이제까지 여러 분야에서 주객이 전도된 잘못된 방식의 개혁을 추진하여 왔다.

특히 지난 김대중 정부에서 시행되었던 교육개혁이 대표적인 사례이다. 당시 교육개혁은 공무원들이 학교 선생님들을 대상으로 추진한 것이었다. 이 과정에서 부패한 교육부 공무원들이 실세 장관을 호가호위(狐假虎威)하면서, 일선학교 선생님들을 촌지나 받는 개혁대상으로 치부하여, 교육개혁이라는 이름으로 정책을 추진하였다. 이처럼 교육부 공무원들이 선생님들을 대상으로 추진한 교육개혁은 실패할 수밖에 없다. 교육개혁이 성공하기 위해서는 일선 학교에 선생님들이 중심이 되어 추진해야 성공할 수 있는 것이다. 즉, 교육개혁의 주체는 공무원이 아니라 교육자이어야 한다.

또 하나는 행정개혁에 대한 것이다. 과거 거의 모든 정부에서는 행정개혁을 추진하였고, 이를 위해서 위원회를 구성하였다. 그리고 위원장을 서울시내 명문대 교수를 초빙하고, 위원들은 전공별, 지역별, 성별로 분배해서 위원회를 구성하였다. 물론 위원회 위상에 따라서 장관 몇 명, 또는 차관급 몇 명을 정부측 위원으로 함께 구성하였다. 최근에는 민관협력의 거버넌스라는 이름하에 이러한 위원회가 너무나도 많이 남설(濫設)되었다. 그러나 이러한 교수들 중심의 위원회는 거의 모두 다 실패하였다. 그 이유 역시도 주객이 전도되었기 때문이었다. 교수들 중심의 위원회가 정책을 결정하고 평가하면서, 결국은 교수들이 공무원들을 대상으로 하여 행정개혁을 추진하였던 것이다. 그러나 행정개혁이 성공하기 위해서는 교수들이 아니라 공무원들이 중심이 되어 추진하여야 한다. 즉, 행정개혁의 주체는 교수들이 아니라 공무원이어야 한다.

1993년 미국 클린턴 정부에서 추진된 11번째의 행정개혁이 100년 만에 처음으로 성공한 이유도, 이전의 명문대학교 교수 중심에서 탈피하여, 250명의 헌신적인 공무원들로 추진체계를 구성하였기 때문이다.

결론은 공무원들이 디지털 정부혁신의 주체가 되어야 한다는 사실로 귀결된다. 대통령이 디지털 변혁의 시대에 정부혁신을 성공적으로 구현하기 위해서는, 외부의 전문가나 교수들을 모아서 위원회를 구성할 것이 아니라, 공무원들을 믿고 책임과 권한을 부여하여, 공무원들이 정부혁신을 주도적으로 추진할 수 있도록 리더십을 발휘할 필요가 있다. 물론 이 과정에서 고위공무원단에 속한 공무원들은 과거 자신들의 소속 부처에서 탈피하여 별도의 조직으로 편제되어야 한다.

3 대통령의 리더십 확보

많은 사람들은 대통령직속의 위원회가 구성되면, 범정부적인 조정력을 행사하고, 제대로 된 정책을 추진할 수 있을 것으로 기대한다. 그러나 실제로는 그렇지 못하다 (Sen Zhan et al, 2022). 대통령직속의 위원회를 구성한다고 해서, 강력한 힘을 발휘할 수 있는 것은 아니다. 이전 정부에서 구성했던 대통령직속의 4차산업혁명위원회 실패 사례가 대표적인 예이다.

4차산업혁명위원회는 대통령직속으로 구성되어, 민간위원장 및 민간위원들을 대거 선임했지만, 우버나 타다 같은 정보기술을 활용한 혁신에 대하여 제대로 대응하지 못하고, 실패한 위원회로 평가받고 있다. 이것은 1기 위원장을 지냈던 인물의 언론 인터뷰에서도 확인할 수 있다.

이처럼 대통령직속의 위원회가 실패하게 된 배경에는 대통령의 리더십 부재가 자리잡고 있다. 당시 문재인대통령은 4차산업혁명위원회 출범식에 한 번 참석했을 뿐, 이후 회의에 단 한 번도 참석하지 않았다. 따라서 5명의 장관 위원들 역시도 대통령이 참석하지 않자, 실국장들을 대신 참석시켰다. 따라서 공무원 사회에서 4차산업혁명위원회의 위상은 낮아졌고, 조정력을 발휘할 수 있는 기회도 사라졌다.

이처럼 대통령직속의 위원회라고 할지라도, 대통령의 참석, 더 나아가 관심이 위원회의 위상에 가장 중요하게 작용한다. 이러한 관점에서 볼 때, 윤석열 대통령은 디지털플랫폼정부위원회의 중요한 회의에 모두 참석하였다. 그런데 여기에서 중요한 것은 대통령의 참석보다, 대통령의 리더십이 발휘되어야 한다는 사실이다. 이러한 대통령의 리더십은 대통령이 직접하는 것이 아니라, 그 분야의 전문가를 인선하여 권한을 이양하고 힘을 실어주어야 하는 것이다.

대통령 리더십 구현의 가장 큰 성공 사례로는 미국 클린턴 대통령이 거론된다. 클린턴 대통령은 1993년 취임 직후에 백악관에서 고위공무원들을 모아 놓고, 자신은 외교, 안보, 국방 및 치안 그리고 사회보장 등의 분야에 전념하고, 환경과 정보화는 당시 엘 고어 부통령에게 일임한다고 선언하였다. 이처럼 대통령이 부통령에게 두 분야의 전권을 넘겨주자, 이후 8년 동안 전자정부를 포함한 미국의 행정개혁은 부통령이 진두지휘를 하였으며, 강력한 리더십을 바탕으로 성공을 거두었다.

마찬가지로 우리나라의 대통령 역시도, 외교와 안보 및 치안 그리고 사회복지의 분야 등에서 바쁜 일정을 소화하고 있다. 더 나아가 디지털 정부혁신의 분야는 인공지능과 빅데이터 및 클라우드로 대변되는 전문 분야이다. 따라서 대통령이 이 분야의 전문가를 위원장으로 인선하고, 인선한 위원장에게 권한을 이양하는 모습을 보여 주어야 한다. 이것이 진정한 대통령의 리더십 구현이고, 디지털플랫폼정부 추진의 가장 중요한 성공 요인이다.

〈참고문헌〉

관계부처 합동(2013). "정부3.0 추진 기본계획". 2013년 6월 19일.
관계부처 합동(2014). "2014년도 정부3.0 추진계획". 2014년 2월.
관계부처 합동(2019a). "디지털 정부혁신 추진계획". 2019년 10월 29일.
관계부처 합동(2019b). "인공지능 국가전략". 2019년 12월 7일.
관계부처 합동(2020a). "2020 정부혁신 종합 추진계획", 2020년 2월 18일.
관계부처 합동(2020b). "포스트 코로나 시대의 디지털 정부혁신 발전계획", 2020년 6월 23일.
국가정보화전략위원회(2010). "스마트워크 추진 배경과 전략". 2010년 7월.
김대중(2011). 「김대중 자서전 2」. 삼인. 2011년 7월 20일.
디지털플랫폼정부위원회(2022). "디지털플랫폼정부위원회 출범". 2022년 9월 2일.
디지털플랫폼정부위원회(2023a). "디지털플랫폼정부 실현계획". 2023년 4월 14일.
디지털플랫폼정부위원회(2023b). "디지털플랫폼정부위원회 16개 TF 가동". 2023년 5월 29일.
안전행정부(2014a). 「정부3.0 길라잡이」. 2014년 3월.
안전행정부(2014b). "대한민국, 유엔 전자정부평가 3회 연속 세계 1위!". 안전행정부 보도자료. 2014년 6월 24일.
전자정부특별위원회(2003). 「전자정부 백서」. 2003년 1월 29일.
정보통신부(2005). 「한국의 정보화 정책 발전사」. 2005년 6월 30일.
정부3.0추진위원회·행정자치부(2017). 「정부3.0 백서」. 2017년 6월.
정부혁신지방분권위원회(2003). 참여정부 전자정부 로드맵. 2003년 8월.
정익재. (2002). "정보화 정책 실패사례분석과 정책교훈- 반면교사의 여섯 가지 이야기 -". 「한국정책학회보」. Vol.11, No.4, pp. 273-302. 서울: 한국정책학회.
정정길 외(2005). 「행정의 시차적 접근」. 박영사. 2005년 3월.

정충식(2016). "박근혜 정부의 ICT 거버넌스 분석: ICT관련 정부위원회를 중심으로". 「한국지역정보화학회지」, 19(3): 53-90, 한국지역정보화학회.

정충식(2017). "문재인 정부: 성공과 실패의 갈림길 -4차산업혁명위원회 구성을 중심으로-". 「2017년 한국정책학회 추계학술대회발표논문집」, 2017년 9월 16일.

정충식(2020). "스마트워크 정책의 추진 과정에서 본 ICT 정책의 교훈", 「SW중심사회」, 통권 제75호: 38-46, 소프트웨어 정책연구소. 2020년 9월.

정충식(2021). 『성공한 대통령 vs. 실패한 대통령』. 서울경제경영. 2021년 3월.

초고속정보통신기반연구반(1994). 「21세기의 한국과 초고속정보통신」. 서울: 한국전산원.

총무처(1997). 『신정부혁신론』. 서울: 동명사.

행정안전부(2008). 『전자정부사업 백서: 2003~2007』. 2008년 6월 27일.

행정안전부(2010). "이명박 정부 국가정보화, 글로벌 전자정부 선도 -2010 UN 전자정부 평가 세계 1위 달성-". 행정안전부 보도자료. 2010년 1월 14일.

행정안전부(2011). "스마트 전자정부 추진계획", 2011년 3월.

행정안전부(2017) 「전자정부 50년, 1967-2017: 대한민국 역사상 가장 위대한 도약」, 2017년 9월.

행정안전부(2018a). "문재인 정부 정부혁신 종합추진계획". 2018년 3월 20일.

행정안전부(2018b). 『2017년 정부조직개편 백서』. 2018년 8월.

행정안전부(2020a). "행정안전부, 전자정부를 넘어 디지털 정부로 대전환: 시스템 중심의 전자정부국을 서비스 중심의 디지털정부국으로 개편". 2020년 4월 28일.

행정안전부(2020b). "한국, OECD 첫 '디지털정부 평가'서 종합 1위 차지", 2020년 10월 16일.

행정자치부(2016). "전자정부 2020 기본계획". 2016년 4월.

행정자치부(2017). "지능형정부 기본계획". 2017년 3월.

Accenture(2001). *eGovernment Leadership: Rhetoric vs Reality – Closing the Gap*.

Ahn, Michael(2017). Critical Factors Behind Korean E-Government Success: A Conversation with the Chairman of Korea's Presidential Special Committee of E-Government. Chen, Y.C. & Ahn, M. *Routledge Handbook on Information Technology in Government*. New York: Routledge.

Chung, Choong-sik(2020a). *Developing Digital Governance: South Korea as a Global Digital Government Leader*. May 20, Routledge. London: United Kingdom.

Chung, Choong-sik(2020b). Why and How South Korea Became the World's Best E-Government Country: Focusing on the Leadership of President Roh, Moo-Hyun. *E-Government: Perspectives, Challenges and Opportunities*. NOVA Science Publishers. New York.

Chung, Choong-sik, Choi, H.; Cho, Y. (2022). : Analysis of Digital Governance Transition in South Korea: Focusing on the Leadership of the President for Government Innovation. *J. Open Innov. Technol. Mark. Complex.* 2022, 8, 2.

Choi, Hanbyul, Chung, Choong-sik, & Cho, Y. (2023). Changes in planning approach: a comparative study of digital government policies in South Korea and Denmark. *European Planning Studies*. 31:5, 905-924, DOI: 10.1080/09654313.2022.2132787

Deloitte Consulting(2000). "At the Dawn of e-Government: The Citizen as Customer",

Gartner Group(2000). Gartner's Four Phases of E-Government Model. Research Note, 12.

Gore, Al(1993). *Creating A Government that Works Better and Costs Less: From Red Tape To Results*. Report of the National Performance Review. Washington, D.C.: U.S. Government Printing Office.

Sen Zhan, Choong-Sik Chung(2022). Policy Advice for the Success of Digital Platform Government in South Korea. *JOURNAL OF PLATFORM TECHNOLOGY*. VOL. 10, NO. 3, SEPTEMBER 2022.

제2편
디지털플랫폼정부의 현황

■ 디지털플랫폼정부의 미래
■ The Future of Digital Platform Government

국외 사례로 살펴본 디지털 정부 추진 현황과 시사점

이아라 · 황성수

제4장에서는 앞서 논의된 디지털플랫폼정부와 관련하여 디지털 전환의 대응책으로 디지털 정부를 추진하고 있는 해외 주요 국가의 사례들을 살펴본다. 주요 국가들의 대략적인 전략과 특징들에 대하여 알아보고 성공적인 성과를 창출하는 주요 요인들을 정리하여 우리나라의 디지털플랫폼정부 추진 현황과 비교하여 시사점을 제시하고자 한다.

제1절 우리나라의 디지털플랫폼정부 현황과 과제

앞선 장들에서 디지털플랫폼정부의 개념과 방향성에 대하여 자세히 설명되었다. 우리나라의 디지털플랫폼정부로의 추진은 2022년 윤석열 정부의 출범 이후, 새로운 핵심 국정 과제로 제시되었다. 윤석열 정부는 디지털플랫폼정부의 구현을 통하여 국민과 기업, 정부가 함께 사회문제를 해결하고 새로운 가치를 창출하는 정부의 청사진을 제시하였다. 그런 과정에서 2022년 9월 2일 대통령 직속으로 디지털플랫폼정부위원회가 출범하였다. 출범 목적은 국민이 공공서비스에서 느끼는 불편을 플랫폼을 통해 개선하여 국민이 좀 더 효율적인 공공서비스를 체감할 수 있도록 하는 것이다. 4대 중점 추진과제로는 디지털 플랫폼 혁신 인프라 구현, 데이터 전면 개방 및 활용 촉진, 정부의 일하는 방식 혁신, 안전하고 신뢰할 수 있는 이용 환경 보장을 설정하여 국민의 삶 전반을 높이는 다양한 활동을 추진하여 왔다[1].

디지털플랫폼정부위원회가 출범한 이후, 다양한 목표로 디지털플랫폼정부 실현계획과 주요 과제들을 설정하여 왔다. 1년이 지난 지금, 디지털플랫폼정부원회의 성과와 향후 과제에는 어떤 것들이 있는지 다음에 간략히 살펴보고자 한다.

1 디지털플랫폼정부의 현황과 진행 중인 성과

디지털플랫폼정부위원회는 출범 이후, 민간위원 중심으로 약 7개월간 치열한 토론을 거쳐 2023년 4월 디지털플랫폼정부 추진을 위한 실현계획을 발표하였다. 크게 4대 전략과 122개 이행과제로 나누어진 계획안은 정부와 민간이 함께하는 혁신을 기조로 각 부처 간 협의를 통하여 구성되었다. 이 계획안은 기존과는 달리 국민의 시각을 최대한 반영하기 위하여 민간위원이 투입되어 최대한 국민들이 체감할 수 있는 과제로 구성되었다는 점에 큰 의의가 있다.

1년간 성과를 돌아봤을 때, 앞으로가 기대되는 부분도 바로 이 점이다. 국민과 기업이 변화를 체감할 수 있도록 과제가 구성되었기에 실제로도 성과가 나타날 수 있었다. 2023년 9월 2일 디지털플랫폼정부위원회가 지난 1년간의 핵심 성과를 발표한 자료에 따르면, 대표적인 주요 성과 창출로 다음 〈표 4-1〉과 같이 성과가 제시되었다.

---

[1] 출범 1주년, 디지털플랫폼정부위원회 국민체감 성과 창출 본격화(2023.09.04.) 디지털플랫폼정부위원회. https://dpg.go.kr/DPG/contents/DPG02020000.do?schM=view&page=1&viewCount=9&id=&schBdcode=&schGroupCode=&id=20230904150209806741

<표 4-1> 디지털플랫폼정부의 출범 이후 1년간 성과 사례

성과	내용
실손보험 청구 간소화	2009년부터 답보상태였던 실손보험 청구의 복잡한 문제를 위원회에서 TF를 구성하여 국회 입법(「보험업법」 개정안*)으로 성사시킴.
수출기업 서류 없는 무역금융시스템 마련	수출기업 무역금융 신청 시, 관세청에서 금융기관 등에 직접 관련 서류를 전자적으로 제출하도록 함으로써 무역금융서비스의 편의를 개선함.
주택청약 정보 민간 플랫폼에서 통합제공	부동산원, LH공사 등에 산재된 주택청약 정보를 민간 앱(토스)을 통하여 통합, 맞춤형 안내 및 청약이 신청 가능해짐.
공공서비스 민간 개방	국민의 이용 빈도와 파급효과 등을 고려해 23종의 공공서비스를 선정하고 민간 앱, 웹을 통하여 제공할 수 있도록 함.

출처: 디지털플랫폼정부 핵심 성과 보도자료(2023.09.02.)

이와 같이 이미 국민과 기업들에게 제공 중인 서비스들('청약 정보 통합조회', '무역금융 신청 간소화' 등)은 출범 이후 빠르게 국민들에게 성과로 체감되고 있으며, 앞으로의 성과도 기대해 볼 수 있다.

2 디지털플랫폼정부의 주요 진행 과제

2023년 10월 기준으로 진행되고 있는 디지털플랫폼정부의 주요 과제는 다음과 같다.

<표 4-2> 디지털플랫폼정부의 주요 진행 과제(2023.10.기준)

성과	내용
TF 체제로 전환	기존 기획, 발굴 중심의 6개 분과위 체제를 임무 중심의 17개 TF 체제로 전면 전환하여, 관계부처와 함께 본격적인 성과창출을 추진 중임.
행정부-사법부 간 칸막이 해소	사법부가 보유하던 가족관계증명서 등을 PDF가 아닌 데이터 방식으로 공유하도록 개선함으로써 부동산 청약 시 적격여부 사전 판정 등 국민의 불편함을 해소하고 행정 효율성을 개선함.
DPG 허브 설계	데이터 기반 혁신 서비스 발굴에 기여할 데이터 레이크와 혁신적 공공서비스를 개발, 시험할 수 있는 테스트 베드를 구현하였음. 디지털플랫폼정부 최상위 플랫폼인 'DPG 허브'는 올해 중 상세 설계를 마치고 내년부터 구축 예정임.

초거대 AI 실증사업 시작	관련 부처와 함께 공공 부문에 AI기술을 활용하기 위한 복지, 재난, 안전 분야를 중심으로 PoC 과제를 추진 중임. 또한 초거대 AI의 효과적이고 올바른 사용을 위한 기술적, 업무적 지침을 마련 중임.
디지털플랫폼정부 전국 확산	MOU 체결 등 광역자치단체와 협력하여 DPG 혁신역량 지역 확산
통합창구구축	범정부 서비스 통합창구 구현 BPR/ISP 착수, 통합인증체계(AnyID, SSO) 부처, 유관기관 합동 검토, 연말까지 통합창구 구축방안을 마련할 계획

출처: 디지털플랫폼정부 핵심성과 보도자료(2023.09.02.).

이외에도 인감증명 요구 사무를 대대적으로 감축하고 청년지원 정책 플랫폼을 민간 공모로 추진하는 등 민간과 기업, 국민이 편리함을 느낄 수 있는 다양한 서비스를 추진하고 있으며, 내년 실행을 위하여 초석을 다지고 있는 과제들이 다양하게 제시되고 있다.

❸ 한국 디지털플랫폼정부의 과제와 도전

앞으로의 디지털플랫폼정부가 나아가야 하는데 있어서 가장 중요한 부분은 예산과 조직이다. 디지털플랫폼정부위원회 고진 위원장은 한 인터뷰에서 "디지털정부 특별법을 만들어 정권이 바뀌어도 계속할 수 있도록 해야 한다"라고 한다. 그 이유는 디지털플랫폼 업무 자체가 현 정부에서 끝날 수 있는 단기 사업이 아니라고 판단했기 때문이다. 최소 10년 이상을 바라보고 단계별로 시스템 구축과 법, 제도 개선이 필요한 데, 정부가 바뀌게 되면 무용지물이 되기 쉽기 때문에 이를 보호할 수 있는 디지털정부 특별법이 존재해야 한다고 본다. 정부 정책과 운영의 연속성은 국민을 통합할 수 있는 필수요건이기 때문이다[2].

먼저 내년 예산의 경우, 2023년 대비 2배 이상 증액된 총 9,262억 정부 예산(안)이 편성되었다. 지난 1년간 국민들에게 체감된 성과가 예산 심의 과정에서 충분히 반영될

---

[2] 이홍구(2017.03.07.). 국민통합과 정책의 연속성. The JoongAng. https://www.joongang.co.kr/article/10707769#home

수 있다면 예산 확보에 큰 어려움이 없을 것으로 기대된다(유두호, 2023). 조직의 경우, 현재 위원회가 위원장 1인과 위원(당연직, 위촉직)들로 구성되어 있으나, 효과적인 운영 및 관련 부처들과의 원활한 업무 효율을 위해 부위원장직을 신설할 계획이다[3]. 이외에도 정보화 사업의 추진방식을 구조적으로 개선하는 방안, TF에서 논의된 이행과제들이 현장에서 제대로 작동할 수 있도록 민간위원과 담당부처 공무원들이 함께 현장 문제점을 확인해 볼 수 있도록 정책 현장 행보를 강화하는 방안, DPG 엑스포, 국제협력 강화 등이 추후 계획으로 이루어질 예정이다. 이러한 과제들을 통해 디지털플랫폼정부 실현이 안정적으로 이루어질 수 있는 탄탄한 기반을 만드는 것이 위원회의 또 다른 도전으로 볼 수 있다. 이러한 디지털플랫폼정부를 구현하는 것은 우리나라 정부의 크나큰 도전이며 단기적으로는 디지털플랫폼정부위원회의 역할이 주목되고 있는 이유이다(유두호, 2023).

제2절 국외 사례 비교 분석

디지털플랫폼정부는 현대 사회에서 정부와 국민 간의 상호작용을 촉진하고 효율화하기 위한 중요한 개념이다(주효진 외, 2022). 디지털플랫폼정부의 개념이 나타나기 이전부터 한국은 이미 정부 주도 하에 정보화 정책을 수립하여 왔다. 그 결과, 오늘날 전자정부를 지나 디지털플랫폼정부를 구축하여 혁신적인 서비스를 통해 선두적인 역할을 하고 있다(서울대 지능정보사회 정책연구센터, 2021). 그러나, 한국뿐만 아니라 세계 각국에서도 디지털플랫폼정부를 구축하고 있다.

UN은 전 세계의 전자정부 발전 수준을 평가하기 위하여 2년에 한 번씩 전자정부 발전 지수(EGDI)를 발표한다. 193개 회원국의 전자정부 발전 수준을 온라인 서비스,

---

[3] 김지선(2023.04.17.) [기획]고진 디지털플랫폼정부위원장 "민관 협업 정부 혁신모델 제시… 세계가 주목할 것". 전자신문. https://www.etnews.com/20230417000240

통신 인프라, 인적 자원 등 세 가지 차원에서 평가하는 데, 2022년 한국은 덴마크, 핀란드 다음으로 3위를 차지하였다. 다음으로는 뉴질랜드, 아이슬란드, 스페인, 호주, 에스토니아 등이 차례로 순위를 차지하였다.

각 국가들은 지난 세월 동안 전자정부를 추진하여 왔으며, 일부 국가는 빠르게 디지털 정부로의 전환을 준비 및 도약하고 있다(국토연구원, 2022). 우리는 정치, 경제, 사회, 문화 배경이 다르더라도 각 국가에서 목표하고 추진했던 전략 중 성과를 낸 부분에 대해 살펴봄으로써 시사점을 얻어낼 필요가 있다. 어떤 부분이 성공에 도움을 주는 요인이었는지 파악하고 주요 특징을 살펴 우리나라의 전략 수립과 실행에 참고할 수 있기 때문이다.

1 덴마크: 민·관 공동의 협력

덴마크는 2022년 세계 국가 경쟁력 순위에서 1위를 차지하는 등 코로나19 팬데믹을 겪은 이후에도 오히려 높은 경쟁력을 가진 국가가 되었다. UN 전자정부 발전 지수에서도 1위를 차지했는데 다른 국가들에 비하여 전 연령의 전자정부 접근성과 만족도가 매우 높은 것으로 나타났다. 2020년 유럽연합 통계청에서 실시하는 유럽 전자정부 벤치마크(eGovernment Benchmark)[4]에서도 평균 84%를 달성하여 유럽 내 덴마크의 전자정부 입지를 증명해 냈다(한국지능정보사회진흥원, 2020). 그뿐만 아니라 덴마크 인구의 89% 이상이 인터넷을 사용하여 공공서비스를 사용하고 있으며, 15세 이상 국민 중 94%가 전자정부를 통하여 공공서비스를 이용하고 있다. 75세 이상의 공공 디지털 서비스 이용률은 무려 76%나 된다.[5]

---

[4] 유럽 전자정부 벤치마크(eGovernment Benchmark)란, 유럽 국가를 대상으로 총 네 항목(사용자 중심성, 투명성, 핵심 기술력, 국가 간 이동성)의 최상위 벤치마크를 평균점수로 구성한 것이다.

[5] 이한주(2022.10.08.). 해외서 배우는 디지털 혁신. 서울경제. https://www.sedaily.com/NewsView/26C9Q9G4M9

1) 배경

덴마크 정부는 약 20년 전부터 본격적으로 공공 부문의 디지털화 전략을 준비하면서 디지털 인프라를 구축하여 왔다. 1970년대 초반부터 공공서비스의 핵심이 되는 디지털 인프라 구축에 초점을 두고 실현계획을 세워 왔다. 2011년부터 '디지털청'(Agency of Digital Government)을 두고 오랜 기간 국민과 기업, 정부, 공공기관뿐만 아니라 대학, 병원, 무역기관, NGO까지 포함한 상호 협력적인 거버넌스를 추구하여 왔고(한국지능정보사회진흥원, 2020). 그 결과 덴마크 국민은 만 15세 이상이 되면 CPR 번호(개인식별번호)를 부여받고 전자 ID인 'NemID'를 가짐으로써 다양한 공공서비스를 효율적으로 받을 수 있게 되었다. 덴마크 정부는 정부서비스의 디지털화를 빠르게 준비하기 위하여 기반을 IT 기업인 KMD사와 협력을 통해 구축하였다. 공공 분야의 본격적인 디지털화 전략을 세우면서 서비스의 핵심이 되는 디지털 인프라는 KMD와 공동으로 진행함으로써 계획을 실현시킬 수 있었다. 공공서비스 분야에 KMD의 디지털 서명 기술을 도입함으로써 덴마크 국민이 공공정보를 자유롭게 활용하고 쉽게 접근할 수 있는 서비스 플랫폼(Borger.dk), 정부의 공금 수납 및 급여를 위한 계좌(NemKonto) 등이 빠르게 구축될 수 있었다(한국지능정보사회진흥원, 2020).

2) 전략

덴마크 정부는 정부 주도 하에 공공서비스의 디지털화를 국가 주도 전략으로 추진했다. 2011년 설립된 디지털청(Agency of Digitization)을 통하여 'Digital Strategy 2016-2020', 덴마크 기업청(Danish Business Authority)을 통한 'Strategy for Denmark's Digital Growth', 덴마크 재무부를 통한 'Danish Cyber and Information Security Strategy 2018-2021', 'Denmark's National Strategy for Artificial Intelligence' 등 다양한 주체가 디지털 정부를 위한 전략을 추진하여 왔다.

최근 덴마크는 'National Strategy for Digitalization 2022-2026'을 제시하였다. 2021년 3월 덴마크 정부는 신기술을 어떻게 활용할지 논의하기 위하여 기업, 학계, 시민 사회, 지방 정부 대표 28명으로 구성된 파트너십을 구축하였다. 이는 공공과 민간을 모두 아우르는 전략은 이번이 처음이라는 점에서 큰 의미가 있었다. 파트너십의 목적은 덴마크가 신기술을 어떻게 기회로 활용하고 사용해야 하는지에 대한 논의를 통하여 정부의 전략 수립에 도움이 되도록 하는 것이었다. 그 결과 같은 해 10월에 정부에 46개 권장 사항을 제시하였다. 이는 우리나라의 디지털플랫폼정부위원회에 기대하는 모습과 유사한 형태이다.

이들이 제안한 내용에 따라 덴마크 정부가 내놓은 새로운 국가 전략의 주요 목표는 신기술을 활용한 덴마크 복지 및 의료의 개선, 기업의 디지털 전환 장려, 공공 부문에서 데이터와 인공지능과 같은 신기술을 안전하고 윤리적으로 사용하도록 장려하는 것이다.

〈표 4-3〉 National Strategy for Digitalization 2022-2026의 9가지 비전

	The visions on the strategy
비전 1	Strengthened cyber and information security 사이버 및 정보보안 강화
비전 2	Coherent service for people and businesses 사람과 기업을 위한 일관된 서비스
비전 3	More time for welfare through increased use of new technology 신기술 활용 확대로 복지에 더 많은 시간 투자
비전 4	Increased growth and digital SMEs 성장 및 디지털 중소기업
비전 5	The digital healthcare of the future 미래의 디지털 헬스케어
비전 6	Acceleration of the green transition through digital solutions 디지털 솔루션을 통한 친환경 전환 가속화
비전 7	A strong, ethical, and responsible digital foundation 강력하고 윤리적이며 책임감 있는 디지털 기반
비전 8	Denmark at the center of international digitalization 국제 디지털화의 중심에 있는 덴마크
비전 9	A population ready for a digital future 디지털 미래를 준비하는 국민

출처: Agency for Digital Government 홈페이지(https://en.digst.dk).

3) 강점 및 주요 특징(성공 요인)

이러한 성과는 오랜 시간 동안 덴마크 정부가 국민이 받을 수 있는 다양한 공공서비스를 제공하기 위하여 민간 기업과 긴밀하게 인프라를 구축하고 체계적으로 계획하여 움직인 결과로 볼 수 있다.

덴마크의 공공디지털화 전략의 가장 큰 핵심은 정부의 강한 리더십과 공통된 목표를 위한 각 부문의 협력이라고 볼 수 있다. 디지털화를 위한 구체적이고 명확한 목표를 내걸고 덴마크 재무성 하 디지털청에 의한 거버넌스에 관해서 민간과 공공의 통합이 원활하게 이루어진 부분을 가장 큰 성공 요인으로 본다[6]. 정부의 강한 리더십은 중앙정부, 지역정부 간 공통의 목표와 전망을 가지도록 했고, 기업과의 관계도 긴밀하게 함으로써 목표했던 디지털화 프로세스를 단계적으로 진행하여 나갈 수 있었다. 그 예로 전자 ID 서비스를 제공할 때, 정부는 은행과의 합의를 통하여 공공 부문에서 전자 ID 사용을 의무화하고 디지털 서비스 옵션을 다양하게 제공하였다. 이처럼 정부와 기업, 나아가 공공서비스 이용자인 시민 간의 신뢰에 기반한 협력이 있었기에 양질의 데이터와 높은 수준의 디지털화 결과를 얻을 수 있었다.

❷ 영국: 플랫폼 통합과 예산절감

1) 배경

영국은 '플랫폼 정부'(Government as a Platform)를 가장 먼저 시도한 대표적인 사례이다. 플랫폼 정부 모델을 통하여 디지털 혁신을 주도하고 정부 서비스를 개선하는데 큰 성공을 거두었다고 볼 수 있다(윤대균, 2021).

---

6) https://wisdom.nec.com/ja/event/nvw/2021012201/index.html

2) 전략

대표적으로 'GOV.UK'라는 정부 통합 사이트다. 2011년 영국 정부는 내각사무처 내 정부디지털서비스청(GDS)을 설치하였고, 이를 주도로 이루어졌다. 모든 국민에게 간단하고 개인화된 다부처 연계 서비스를 제공하기 위하여 기술, 자원, 인력 등 우선 투입해야 할 추진 방향을 제시하였다.

〈표 4-4〉 영국 디지털 정부 서비스 추진 계획(2021-2024)

	추진 목표
1	정부서비스 및 정보를 신뢰할 수 있는 통합 단일창구(GOV.UK) 구축
2	다부처를 아우르며 통합적 문제를 해결하는 연계 서비스를 제공
3	국민 모두를 위한 간편한 디지털ID 솔루션 구축
4	디지털서비스 공통도구 및 전문가 서비스 제공
5	부처 간 데이터 연계 강화

출처: 한국지능정보사회진흥원(2022.04).

그 결과, 한국지능정보사회진흥원(2022)에 따르면 영국 정부는 디지털 정부로의 전환과 정부디지털서비스청(GDS)으로 인한 예산 절감 효과를 기대하였는데, 내각사무처는 정부 서비스의 디지털 전환에 따른 비용 절감 효과가 약 17억~18억 파운드가 될 것으로 예상하였다. 실제로 2014년부터 '플랫폼으로서의 정부' 비전과 역할을 재정립하고 실행 계획을 마련하였던 GDS는 좀 더 효율적인 정부 정책 추진을 위하여 디지털 전환을 지원하고 국민이 정부와 더 쉽게 소통할 수 있도록 대국민 공공서비스를 개선하였는데, 출범 이후 2014~2015년에 영국 정부는 디지털 및 기술 절감으로 17억 파운드 순수익을 달성했고, 플랫폼 정부 서비스를 통하여 연간 약 6,000만 파운드 이상의 예산을 절감했다(한국지능정보사회진흥원, 2022). 이는 정부의 디지털 혁신을 주도함으로써 우리가 기대할 수 있고 가시적으로 가장 명확하게 성과로 느낄 수 있는 비용 절감 측면에서 우리나라에도 눈여겨봐야 할 부분이다.

3) 강점 및 주요 특징(성공 요인)

영국은 유럽에서도 선도적인 위치에서 디지털플랫폼정부를 주도하였고, GDS를 통한 예산 절감 효과까지 입증하였다. 오프라인에서 진행되어 오던 공공서비스들을 전산화에 성공함으로써 2016년에는 UN 전자정부 개발지수에서 1위를 차지하기도 하였다. GDS의 성공이 영국 정부가 제공하는 공공서비스의 수준 자체를 향상시켰다는 점에서 그 의의가 있다고 볼 수 있다. 그러나, GDS는 한차례 위기가 있었는데, 정부 내 GDS를 바라보는 대립된 시각에 의해 추진에 제동이 걸린 것이다. 근본적인 정부 서비스 및 조직의 재설계를 꺼려하는 정부 내 고위 관료들에 의하여 플랫폼 정부 추진에 제약이 발생하였다. 이러한 국가 내 정치적 갈등은 영국이 예전의 디지털플랫폼정부 선두에 있던 모습을 되찾는데 제약요인이 되었다(윤대균, 2021). 이후, 2021년 2월 중앙디지털데이터청(Central Digital & Data Office)이 GDS의 실행을 뒷받침해 줄 수 있는 전략과 표준을 제정하고 상호보완적인 기능을 위하여 설립되면서 다시 영국의 디지털플랫폼정부는 추진력을 얻고 있다. 이렇게 조직을 분리함으로써 참여하는 구성원을 구분하고, 역할을 명확히 분리하였고, 디지털플랫폼정부의 효율적인 추진체계를 구성하게 되었다. 이는 앞으로의 '플랫폼으로써의 정부'의 모습을 주도하는 영국의 모습이 기대된다.

3 미국: 서비스 혁신

1) 배경

미국은 오바마 정부가 시작되면서 미국 국민을 위한 스마트하고 효과적인 정부가 필요하다는 변화가 본격적으로 시작되었다. 2014년 8월 오바마 대통령은 미국 디지털 서비스(US Digital Service)를 창설함으로써 개인, 기업, 정부 간 디지털 경험을 개선하고 단순화 하는 것을 목표로 하였다. 이를 통하여 연방정부는 더 나은 시민 중심의 서비스를 제공할 수 있게 되었고, 다양한 부문에서 서비스 혁신이 이루어졌다. 특히, 의료, 교육, 국방, 무역 및 이민 분야에서 좀 더 편리한 서비스를 제공하고 있다. 퇴역군인 관리, 이민 시스템 온라인화, 의료 서비스 인프라 지원, 보건 의료서비스(Center for Medicare and Meicaid Services) 개혁 지원 등이 대표적인 사례로 꼽혔다[7].

2) 전략

미국은 국민의 정부 서비스 접근성을 높이기 위하여 미국 연방 총무청(GSA) 산하 기술변환서비스국(TTS)을 통하여 디지털 정부를 설계하는데 도움을 주고 있다. 연방 기관의 기술적용, 플랫폼, 프로세스, 인사, 소프트웨어 솔루션 수립 및 제공하는 역할을 하는 기관이다. TTS 아래 민간 기관들이 디지털 서비스 구축을 용이하게 할 수 있도록 지원하고 사용자 중심의 서비스를 개선할 수 있도록 지원해 주는 전문기관(18F)을 설립하였다. 이때 18F는 미국 정부 산하의 공공정보화 담당기관으로 디지털 시스템 구축의 고도화를 지원하는 것을 목적으로 한다. 공공기관의 IT 프로젝트 발주 및 수행을 위한 도움을 주는 기관으로 민간에게 SW 및 IT 사업 추진 및 기술 지원을 함으로써 디지털 정부에 있어 큰 축을 담당하는 민간 기업들이 좀 더 용이하게 접근할 수 있도록 협력하고, 투명하게 정부 조달 시스템을 공개함으로써 우수한 사례를 지속적으로 창출해 나가고 있다.

3) 강점 및 주요 특징(성공 요인)

미국의 경우, 디지털 정부의 모습이 다른 국가들과는 약간 다른 양상을 보인다. 국가 주도로 계획을 추진하는 국가들과는 달리 민간기업이 자유롭게 참여할 수 있는 기회와 시스템을 구축하고 정부의 조달 시스템을 공개적으로 오픈함으로써 시장 진입을 개방하여 주고 있다. 이는 미국이 세계 100대 디지털 플랫폼 기업 중 약 40%를 가진 국가이자 디지털 플랫폼 패권 국가이기 때문에 취할 수 있는 면모라고 볼 수 있다.

---

7) The White House(2016.08.09.). IMPACT REPORT: Transforming Government Services through Technology and Innovation. https://obamawhitehouse.archives.gov/the-press-office/2016/08/09/impact-report-transforming-government-services-through-technology-and

이는 민간 기업이 좀 더 빠르고 효율적으로 공공서비스를 제공할 수 있는 기회를 가질 수 있는 배경이 될 뿐만 아니라 미국이 디지털 정부에서도 선두적인 역할을 할 수 있는 기회를 우선적으로 가질 수 있는 면에서 성공적인 요인으로 볼 수 있다.

4 싱가포르: 스마트 네이션 추진

1) 배경

싱가포르는 전자정부 평가 순위에서 아시아 국가 중 한국 다음으로 높은 12위를 차지하였다. 2014년에 발표한 'Smart Nation(이하 '스마트 네이션')'은 싱가포르 국가 전체를 스마트화하겠다는 전략으로 싱가포르 정부가 ICT 기술과 혁신을 활용하여 스마트 국가로 발전하여 나가겠다는 장기적인 프로젝트이다. 이에 따라 스마트시티의 대표적인 사례로 싱가포르가 늘 언급되어 왔다[8]. '스마트 네이션'의 주요 개요는 디지털 인프라 구축, 지속 가능한 환경, 스마트 국가 센서 플랫폼, 데이터 기반 관리, 스마트 모빌리티, 스마트 빌딩 및 인프라, 스마트 교육 및 의료로 구성되었다. 국민들이 편안하게 이용할 수 있는 온라인 플랫폼이 구축되어야 하고 해당 플랫폼 안에 서비스 및 인프라가 구축되어야 한다는 취지이다. 그러나, '스마트 네이션'의 성과가 기대했던 목표를 달성하지 못했다고 판단하였고, 그 이유를 민간 부문의 참여가 부족했다는 점에서 찾았다(한국지능정보사회진흥원, 2022).

2) 전략

싱가포르 정부는 '스마트 네이션'을 추진하는데 어려움이 있던 민간 협력을 촉진하기 위한 방안으로 디지털플랫폼정부 추진을 위한 조직을 신설하였다. 총리실 산하에

---

[8] https://www.kiep.go.kr/aif/businessDetail.es?brdctsNo=348608&mid=a30400000000&systemcode=03

스마트 네이션 & 디지털 정부청(SNDGO)을 설립하여 스마트 네이션을 계획하고 우선순위를 정함으로써 디지털 정부로의 구체적인 추진 전략을 주도하는 역할을 한다. SNDGO 아래에 실행기관으로 정부 기술기관(GovTech)를 만들었으며, 두 기관 모두 스마트네이션 및 디지털 정부 그룹(SNDGG)으로 통칭되어 사용된다.

〈표 4-5〉 스마트 네이션 및 디지털 정부 그룹 내 조직

조직명	SNDGO	GovTech
역할	- 스마트 네이션 계획 및 우선순위 지정 - 디지털 정부로의 혁신을 주도 - 공공 부문의 장기적인 역량 구축 - 공공 및 민간기업의 참여를 촉진	- 스마트 네이션 및 디지털 정부 비전 실현 - 시민, 기업, 정부 전체를 위한 제품 개발 - 전략적 국가 프로젝트를 주도

출처: 싱가포르 국무총리실 홈페이지.

이처럼 조직을 추진 전략의 전략 수립 기관과 실행 기관을 분리함으로써 실행의 주체를 명확하게 하고 민간기업이 합류하여 기능을 발휘하는데 좀 더 효율적으로 운영되고 있음을 알 수 있다.

싱가포르 정부는 전략 추진에 따른 성과를 분석, 평가하는 것도 중요한 부분으로 생각하였다. 이를 위하여 디지털 정부를 위한 청사진(Digital Government Blueprint Ver.2, 2020)을 발표하고 '스마트 네이션'을 구체적으로 실현하기 위한 기준으로 핵심성과 지표(KPI)를 제시함으로써 핵심성과지표를 기준으로 디지털 정부 발전 수준이 어디까지 왔는지 측정하고 추적하였다.

〈표 4-6〉 Digital Government Blueprint의 핵심성과지표 15가지

	KPI(핵심성과지표)	
Stakeholder Satisfaction	Citizen Satisfaction with Digital Services(via survey)	
	Business Satisfaction with Digital Services(via survey)	
End-to-End Digital Options	Services that offer e-payment options(inbound and outbound)	
	Services that are pre-filled with Government verified data	
	Services that offer digital options for wet ink signatures	

End-to-End Digital Transactions	Percentage of transactions completed digitally from end-to-end
	Percentage of payments(inbound and outbound)completed via e-payments
Digital Capabilities	Number of public officers trained in data analytics and data science
	Number of public officers with basic digital literacy
Transformative Digital Projects	Number of transformative digital projects
AI, Data and Data Analytics	Percentage of Ministry families that use AI for service delivery or policy making
	Number of high-impact data analytics projects
	Core data fields in machine readable format, and transmittable by APIs
	Time required to share data for cross-agency projects
Commercial Cloud Migration	Percentage of eligible Government systems on commercial cloud

출처: DIGITAL GOVERNMENT BLUEPRINT(2020)를 재구성.

3) 강점 및 주요 특징(성공 요인)

싱가포르는 스마트 네이션의 성공적인 건설을 위해 2014년부터 꾸준히 국가가 전략을 주도하여 왔다. 그러나 정책은 싱가포르 정부의 탄탄한 기술 인프라에 대한 투자가 없었다면 추진이 어려웠을 것이다. 싱가포르는 데이터 수집 및 기술, 인프라 분석을 통하여 정책 달성을 측정해 왔고, 시민들이 느끼는 수준도 꾸준히 조사해 왔다. 기술과 디지털 인프라를 효율적으로 사용할 뿐만 아니라 기술을 활용하여 시민의 삶을 개선하고 더 나은 공공서비스를 제공해 온 모습은 싱가포르가 '스마트 국가'를 넘어 디지털 정부로 성공할 수 있는 가장 큰 요인으로 볼 수 있다.[9]

---

9) https://www.plugandplayapac.com/post/how-singapore-became-the-world-s-top-smart-nation

5 캐나다: 국민 중심 서비스 제공

1) 배경

캐나다는 전자정부가 일찍 발전하였으나 그 성장세가 둔화된 사례로 볼 수 있다. 미국 컨설팅업체인 엑센추어가 세계 23개국을 대상으로 선정한 전자정부 성숙도에서 캐나다는 2001년부터 4년 연속 1위를 차지했었다. 당시 정부 포털 사이트(canada.gc.ca)를 기반으로 35개 연방정부와 250개 지방정부가 제공하는 각종 공공 서비스 및 정보들이 연결되어 있었다[10]. 당시 국민 중심의 포털을 구축하여 국민들의 편의성 향상을 위해 노력하였고, 국민들에게 포털에 대한 수요 조사를 반복적으로 진행하면서 국민들의 의견을 적극적으로 반영하였다. 캐나다가 일찍이 성공할 수 있었던 이유는 이러한 국민의 의견을 중심으로 하는 국민 중심주의 자세를 기반으로 인프라, 조직 등을 구축하였기 때문이다(한국지능정보사회진흥원, 2017).

그러나, 현재 UN의 전자정부 평가 순위에서 10위권 밖으로 밀려난 지 꽤 오래된 모습을 확인할 수 있다. 이러한 결과에는 여러 가지 배경과 이유가 있을 수 있지만, 더 이상 국민의 수요만 반영하는 전자정부 전략에 한계가 있음을 유추하여 볼 수 있다. 그간 캐나다 정부가 혁신을 위해 추진하여 왔던 디지털 전략은 정부혁신을 위한 'Blueprint 2020(2013)'과 국가 혁신을 위한 'Digital Canada 150 Version 2.0(2015)'가 있다. 디지털 전환의 큰 변화의 흐름 속에서 정부가 적극적인 대응책을 펼칠 필요성의 반면교사가 될 수도 있다.

〈표 4-7〉 캐나다 디지털 전략 목적 및 핵심영역

디지털 전략	수립 목적	핵심영역
Blueprint 2020	공공 부문의 일하는 방식 재정의 및 공무원의 참여도를 제고	혁신적 실행 및 네트워킹 프로세스 및 권한 부여 기술 인맥 관리 공공서비스의 기본

---

10) https://www.donga.com/news//article/all/20020425/7812341/1

Digital Canada 150 Version 2.0	디지털이 가져다주는 기회를 최대한 화용하고 연방정부 차원의 새로운 비전을 제시	국민연결 국민보호 경제적 기회 디지털 정부 캐나다 콘텐츠

출처: 한국정보화진흥원(2018) 내용 발췌.

2) 전략

코로나19 팬데믹 이후, 캐나다 연방정부는 국민들이 원하는 서비스를 제공할 때 발생한 어려움들을 발견하였고, 이를 극복하기 위한 전략으로 디지털 정부 전략(Canada's Digital Government Strategy)을 발표하였다. 주요 목표를 단기(1~2년)와 장기(3~5년)로 구분 짓고 시간과 장소에 구애받지 않는 편리한 공공서비스를 제공하는 것을 목표로 한다.

캐나다 연방정부는 전자정부 평가 결과에서 디지털 공공서비스의 품질을 향상할 필요성이 나타났다. 이를 위하여 국민들을 공공서비스를 제공받는 고객의 관점에서 바라보게 되면서 미국의 USDS, 18F와 영국의 GDS 서비스 모델을 참고하여 2017년 7월에 각 분야의 전문가들로 구성된 디지털 서비스팀(Canada Digital Service)을 설립하였다(한국지능정보사회진흥원, 2022). CDS를 중심으로 종합포털인 GC에서 제공되는 다양한 정부 서비스를 시민들이 쉽게 접근할 수 있고 사용할 수 있도록 다양한 의견을 반영해 개선하여 나가는 것을 추진하고 있다.

3) 주요 특징

캐나다 연방정부는 전자정부를 추진하던 처음부터 디지털 정부 전략으로 전환될 때도 가장 우선적으로 국민들의 수요를 가장 우선적으로 생각하였다. 캐나다 연방정부에서 제공하고 있는 서비스도 시민 알림 서비스(Government Canada Notify), 여행 가이드, 복지 서비스 주요 정보 등이 있는 데, 이는 시민들이 생활에서 우선적으로 편의를 체감할 수 있는 영역에서 먼저 시행되고 있다.

예전의 성공적인 전자정부 추진이 디지털 정부로의 지속적인 성공으로 이어지는 못하였다는 평가가 있다. 정부와 민간이 정보를 공유하는 방식에서 일방향적이었다는 점이 문제였다. 정보를 민간에 선택적으로 공개하고 시민들이 정부와 거래할 때, one-way 방식으로 진행되면서 불편함을 느꼈기 때문이다. 이러한 문제를 해결하기 위하여 CDS가 설립되었고 좀 더 시민들이 편리하다고 느낄 수 있고 인공지능, 블록체인 등 발전된 기술을 도입함으로써 전자정부로 다시 도약하기 위한 준비를 최근에 하고 있다(한국정보화진흥원, 2018). 즉, 디지털 전환이라는 큰 변화에는 정부의 적극적인 대응이 요구된다고 볼 필요가 있다.

제3절 디지털플랫폼정부의 미래 전망과 추진 방향

1 국외 사례 디지털플랫폼정부 특징과 성공 요인 비교

각 사례들을 통하여 디지털플랫폼정부의 주요 특징과 성공 요인을 비교하여 볼 수 있다. 먼저, 덴마크는 공공 부문의 디지털화를 통하여 뛰어난 경쟁력을 유지하며, 민·관 협력을 강조한 전자정부 모델을 성공적으로 구축하였다. 이는 강력한 정부 리더십과 민간과 공공 부문의 효율적 협력의 결과로 볼 수 있다. 따라서, 성공 요인으로 정부 주도 하에 원활한 민관 협력이 이끄는 디지털 서비스를 추진한 점, 중앙정부의 강한 리더십, 디지털청 중심의 컨트롤 타워 역할을 꼽을 수 있다.

영국은 플랫폼 정부 모델을 선도적으로 채택하여 디지털 혁신을 주도하고 정부 서비스 개선에 성공한 대표적인 국가이다. 주요 성공 요인으로는 GDS(Government Digital Service)를 통한 효율적 디지털 전환과 예산 절감, 공공 서비스 수준의 향상이 있다. 특히, 정부 내 이해관계자의 갈등이 있었지만, 오히려 중앙 디지털 데이터 청(Central Digital & Data Office)의 설립을 통하여 추진력을 회복함으로써 디지털플랫폼정부로 나아가고 있다.

미국의 경우, 오바마 정부가 미국 디지털 서비스(US Digital Service)를 통한 디지털 정부 구축을 주도하며 정부 서비스 개선을 추진하였다. 특히 민간 기업의 자유로운 참여와 정부 조달 시스템의 공개를 통하여 민간과 공공의 협력을 촉진하였고, 그 결과 디지털 플랫폼 기업들과의 업무 협력이 적극적으로 이루어졌다. 인공지능 기술을 지원하는 등 정부의 적극적인 지원은 미국이 디지털플랫폼 분야에서 선두 역할을 하는 결과를 가져왔고 성공적으로 디지털 정부를 구축하는데 일조하고 있다.

싱가포르의 '스마트 네이션' 전략은 디지털 혁신을 통하여 스마트 국가를 구축하려는 장기적인 프로젝트로 주요 구성 요소로서 디지털 인프라 구축과 민간 부문 협력을 강조해왔다. 특히 민간 기업의 참여를 늘리기 위하여 스마트 네이션 & 디지털 정부청(SNDGO) 신설 및 정부 기술기관(GovTech)을 실행 기관으로 설정함으로써 실행 주체를 명확히 했다는 특징이 있다. 또한, 핵심 성과 지표(KPI)를 사용하여 성과 측정과 평가를 진행하였다. 이를 통하여 기술과 디지털 인프라를 효율적으로 활용하여 시민 중심의 서비스를 제공하고 있으며 성공적으로 디지털 정부로 향해 나가고 있음을 볼 수 있었다.

캐나다는 초기에 국민 중심으로 의견을 수렴하는 등 성숙한 태도로 UN 전자정부 평가에서 상위권에 있었으나 현재는 10위권 밖으로 밀려난 상태이다. 다시 예전처럼 선두적인 위치를 회복하기 위하여 디지털 정부 전략을 새롭게 구축하고 국민 중심의 서비스를 제공하기 위하여 디지털 서비스팀을 설립하는 등 혁신에 노력하고 있다. 국민이 국민의 의견을 우선적으로 반영하고 필요한 서비스를 제공하는 접근을 통하여 디지털 정부의 성공을 기대할 수 있다.

〈표 4-8〉 디지털플랫폼정부 국외 사례 특징과 성공 요인

국가	특징	성공 요인
덴마크	- 공공 부문의 디지털화를 통해 뛰어난 경쟁력을 유지 - 민관 협력을 강조한 전자정부 모델을 성공적으로 구축	- 정부 주도 하에 원활한 민관협력 디지털 서비스 추진 - 중앙정부의 강한 리더십 - 디지털청 중심의 컨트롤 타워
영국	- 플랫폼 정부 모델을 선도적으로 채택하여 디지털 혁신을 주도 - 정부 내 갈등과 제약을 새로운 조직(Central Digital & Data Office) 설립을 통해 회복	- 다부처 통합 등 플랫폼 구축의 집적 효과 - 예산 절감 혁신 - 중앙디지털데이터청(GDS)으로 컨트롤 타워 및 데이터 혁신 추진

미국	- 디지털 서비스(US Digital Service)를 통한 디지털 정부 구축을 주도 - 민간기업의 자유로운 참여와 정부 조달 시스템 공개를 통한 활발한 협력	- 디지털 경험 개선 - 민간기업의 주도 - 인공지능 기술 지원
싱가포르	- 국가 주도의 장기 프로젝트를 통해 디지털 인프라 구축과 민간 부문 협력을 강조 - 민간기업 참여를 늘리기 위한 조직(SNDGO)을 신설 - 정부 기술기관(GovTech)를 실행기관으로 설정함으로써 명확한 실행 주체 설정 - 핵심성과지표(KPI)를 사용한 성과 측정과 평가 진행	- 스마트 네이션이라는 통합 플랜 추진 - SNDGO을 통한 민관 협력
캐나다	- 전자정부 초기 국민 중심주의와 국민 의견 수렴을 통한 성숙한 전자정부 모델로 평가 - 디지털 서비스팀을 설립하는 등 혁신에 초점	- 국민 맞춤형 서비스 제공

2 국외 사례 비교 분석을 통해 우리나라가 고려해 볼 시사점

디지털 전환에서 선도국이 되기 위하여 정부도 적극적으로 디지털 정부로의 대응책과 전환을 주요 국가에서 펼치고 있다. 우리나라에서는 디지털플랫폼정부라는 용어로 대표되고 있다. 아직은 디지털플랫폼정부의 성공을 논하기에는 짧은 시간이고 도입되는 시기이다. 그러나, 기술과 정책이 함께 맞물려야 한다는 점이 전통적인 IT연구의 사회기술시각(socio-technical perspective)에서 제시하는 성공의 필수조건이라고 볼 수 있다. 인공지능(AI), 블록체인, 사물인터넷(IoT), 빅데이터 분석과 같은 트렌드 기술들이 적극적으로 활용되는 글로벌 트렌드에 따라 우리나라도 이를 적극적으로 활용하여 국민에게 좀 더 혁신적인 서비스를 제공하려고 하고 있다. 우리나라는 현재 제시되고 있는 과제와 전략적 방향에 더하여, 영국의 다부처 통합 등 플랫폼 정부 구축의 집적 효과와 예산 절감 혁신의 측면을 벤치마킹할 필요가 있다. 다부처 통합에 더불어 동시에 현재 지방자치단체들이 공통으로 활용하고 있는 행정정보시스템을 연결하는 데이터 파이프 라인을 개설하여 지방자치단체들과 중앙정부 간의 수직적 연계와 통합도 발 빠르게 전개할 필요가 있다. 또한 네이버 등의 인공지능 기술 선도 기업을 보유한 국가의 장점을 십분 활용해 민간기업이 주도하되, 정부가 인공지능을 적극적으로 지원하는 현재의 기조를 지속적으로 유지할 필요가 있다.

더불어, 디지털플랫폼정부에서 많이 이야기되는 개인정보 보안 문제와 관련해서는 GDPR와 같은 국제적인 데이터 프라이버시 규정을 준수함으로써 개인정보 보호도 강화하고자 하는 노력도 지속하여야 한다.

가까운 미래에는 더 많은 공공서비스가 디지털 플랫폼을 통하여 제공될 것으로 기대된다. 이러한 과정에서 민간 기업과의 협력도 좀 더 확대되고, 기술 혁신을 이끌어 내며, 플랫폼의 집적효과의 긍정적 결과로 국내 디지털 경제에도 기여할 것으로 기대할 수 있다(황성수 외. 2023). 서론과 해외 사례 비교에서 논의되었듯이 디지털플랫폼정부의 성공과 혁신을 위해서 ① 예산, 조직, 실행과제들이 구성되고 발전되어야 한다. 현재 디지털플랫폼정부에서 추진하고 있으니 빠른 시일 내에 확보되고 실행되기를 기대한다. ② 플랫폼 정부 구축의 집적효과를 시스템 연계(미들웨어 개발 및 API 확대)로 데이터 파이프 라인을 구축할 필요가 있다. ③ 사용자 중심의 서비스가 개발되어야 한다는 점은 변함없이 디지털플랫폼정부가 가져야 할 근본적인 목표이다. 국민과 민간 기업의 실제 요구를 반영함으로써 사용자 경험을 개선하는 서비스를 지속적으로 개발할 수 있기 때문이다. 특히, 공공영역에서의 UI/UX(사용자 경험) 부분은 민간에 비하여 현격히 낙후되어 있는 게 사실이다. 이러한 부분은 민간기업의 플랫폼과 연계, 활용하여 국민의 활용 편의성과 효과성을 높이는 노력을 기울일 필요가 있다.

<참고문헌>

국토연구원(2022.08). 디지털 대전환 시대의 국토정책 과제.
김지선(2018.01.01.). "공공SW사업 발주, 美·英은 전문기관 설립해 전문성 높였다." 프레스나인.http://www.press9.kr/news/articleView.html?idxno=33621
명승환, 허철준, 황성수(2011). 스마트사회의 정부: 플랫폼형 정부 모델을 중심으로. 『한국행정학회 동계학술발표논문집』, 2011, 1-31.
서울대 지능정보사회 정책연구센터(2021). 『스마트시티의 미래 2030』. 윤성사
서울대 지능정보사회 정책연구센터(2021). 『지능형 정부의 정책 이슈』. 윤성사
유두호(2023.03.07.). '디지털 플랫폼 정부'의 방향, 집합적 임팩트(Collective Impact)를 통한 접근. SPRI소프트웨어정책연구소. https://spri.kr/posts/view/23556?code=data_all&study_type=&board_type=

윤대균(2021.11.26.). 플랫폼으로서의 정부(4)-영국 사례. 한국지능정보사회진흥원. https://www.digitalmarket.kr/web/board/BD_board.view.do?domainCd=2&bbsCd=1030&bbscttSeq=20211126145210124&monarea=00008

정보통신산업진흥원(2018). 미국(18F)과 영국(GDS) 정부의 디지털 도입방식 벤치마킹.

주효진, 최희용, 최윤희(2022). 디지털플랫폼정부와 정부 혁신: 정부 역할 및 기능 재정립을 중심으로. 「지방정부연구」, 26(3), 307-327.

최정아(2023). 정보화사업 성과 영향 요인 분석: 중앙행정기관 정보화사업 평가결과를 중심으로. 「정보화정책」, 30(1), 23-40.

한국지능정보사회진흥원(2016). 싱가포르의 4차 산업혁명 대응과 전략.

한국지능정보사회진흥원(2017). 싱가포르, '스마트 네이션 계획' 업데이터.

한국지능정보사회진흥원(2017). 전자정부 해외 동향분석 서비스..

한국지능정보사회진흥원(2020). 덴마크 디지털정부 추진현황과 시사점.

한국지능정보사회진흥원(2022). 주요국 디지털 플랫폼정부 추진 현황 분석.

황성수, 김성근, 윤정현(2023). 디지털경제 시대의 플랫폼비즈니스와 정부규제에 관한 리뷰, 「정보화정책」, 30(1).

ARTIFICIAL LAWYER(2018). UK Launches AI-Focused 'Centre for Data Ethics + Innovation.

Business leaders square wisdom. (2021.01.20.). "Successful points of digitalization strategy learned from Denmark, a digital developed country". https://wisdom.nec.com/ja/event/nvw/2021012201/index.html

Chung, C.-S., Choi, H., & Cho, Y. (2022). Analysis of Digital Governance Transition in South Korea: Focusing on the Leadership of the President for Government Innovation. *Journal of Open Innovation: Technology, Market, and Complexity, 8*(1), 2. Elsevier BV. Retrieved from http://dx.doi.org/10.3390/joitmc8010002

Government Digital Service. *Government Transformation Strategy*; Danish Government: Copenhagen, Denmark, 2016.

Government Office of Sweden. *For Sustainable Digital Transformation in Sweden: A Digital Strategy*; Ministry of Enterprise and Innovation: Stockholm, Sweden, 2017.

Prime Minister's Office Singapore. https://www.pmo.gov.sg

The Civil Service Careers https://www.civil-service-careers.gov.uk/departments/gds-hub/

Smart Nation Singapore. https://www.smartnation.gov.sg

The Government of Canada. https://www.canada.ca/en.html

UK Government. *Government Transformation Strategy 2017 to 2020*; Cabinet Office: London, UK, 2017

United Kingdom Government. https://www.gov.uk

제5장

디지털플랫폼정부와 관료제 혁신

은종환

제1절 서론

관료제는 인간의 협동을 대규모로 조직화할 수 있는 운영원리로 폭넓게 적용되어 20세기 이후 세계의 성장을 이끌어내는 조직원리로 광범위하게 활용되었다(Bozeman, 1993; Du Gay, 2005; Isaac Deutscher, 1969). 특히, 정부부문은 관료제의 운영원리를 적용하기에 적합한 조직으로 여겨졌으며, 2차례의 세계대전을 겪으며 실천적 조직운영원리로 적용되었다. 하지만, 성공과 동시에 관료제의 여러 문제점들은 지속적으로 등장하였으며, 이에 대한 대안적 조직관리 체계에 대한 제안들이 다각도로 제시되고 있기도 하다(Niskanen, 1975; Tullock, 2008). 특히, 최근에는 디지털 기술의 폭발적 성장(인공지능, 사물인터넷, 빅데이터, 클라우드 등)과 함께 기존 정부관료제의 혁신을 추동하는 핵심적인 동력이 되고 있다(Eom, 2022). 이에 따라 디지털 전환(digital transformation)에 따라 전통적인 관료제는 종말을 고할 것이라는 전망도 등장하고 있다(World Economic Forum, n.d.).

한편, 다른 관점에서 디지털 전환이 관료제의 종말이 아닌 강화된 관료제(Augmented bureaucracy)의 형태로 나타날 것이라는 전망도 존재한다(Eggers et al., 2017a).

장기의 전망과는 별개로 현실의 정부관료제는 여전히 우리나라를 포함하여 전 세계에서 광범위하게 핵심 정부 운용 원리로 번성하고 있다. 단기적으로 관료제 개혁에 대한 필요성과 요구는 학계뿐만 아니라 사회 모든 영역에서 높아지고 있는 것은 자연스러운 일이다. 따라서 디지털 기술을 활용한 정부업무 혁신은 전 세계 도처에서 광범위하게 시도되고 있다(Dunleavy et al., 2005; Newman et al., 2022). 디지털 기술은 인간의 시간과 공간의 제약을 완화하고 인지의 한계를 보완하여 효율적 업무를 수행하는 데 큰 도움을 준다. 디지털 기술의 정부 적용은 정부의 일하는 방식의 혁신으로 구체화된다. 그리고 그것은 관료제의 조직과 운영 방식에 일정한 변화와 적응 내지는 혁신을 요구하는 것으로 귀결된다(Dunleavy et al., 2005).

디지털 기술은 초기에는 인터넷 등 정보통신기술을 활용하기 위한 인프라를 지원하는 것에서부터 시작해서 최근에는 인공지능, 빅데이터, 클라우드와 같은 ABC(Artificial Intelligence, Big data, Clouds) 도구를 활용하여 공공조직을 좀 더 효율적이고 시민의 요구에 효과적으로 대응할 수 있는 기관으로의 전환을 지향하고 있다. 한국은 일찍이 디지털 혁신의 도구들을 정부부문에 도입하는 것을 적극적으로 추진하여 오고 있다(정충식, 2015). UN에서 격년으로 발표하는 전자정부 부문에서 세계 최상위권의 수준을 유지하여 오고 있으며, 이를 활용한 행정개혁과 디지털 전환을 법제화하고 정책화하여 지속적으로 시도하고 있다.

최근에는 빅데이터와 인공지능 등 가장 최신의 디지털 기술을 활용하여 관료제의 난관을 돌파하려는 시도는 지속적으로 이루어져 왔다(이지형 et al., 2020; 정충식, 2015). 특히, 최근 대통령직속 디지털플랫폼정부위원회는 기존 관료제의 사일로 효과라는 대표적 문제점과 행정의 비능률이라는 한계점을 극복하고자 하는 시도들이 구체화되어 많은 주목을 받고 있다.

이 장에서는 관료제의 난관을 극복하려는 디지털 전환을 어떻게 이해할 것인가에 대하여 이해해 보고자 한다. 특히, 윤석열 정부의 디지털플랫폼정부의 전략이 기존의 관료제에 어떠한 변화를 의도하고 있는지에 대하여 탐구해 보고자 한다. 즉, 이 주제는 디지털 전환이 미래정부를 어떻게 이끌어 나가게 될 것인가에 근본적인 관심을 두고 있다. Dunleavy 등 (2005)이 일찍이 지적하였듯이, 현대 관료제 이론은 관료제 운영에 있어 디지털 기술(ICT)의 역할을 심각하게 고려하지 않아 왔다. 그럼에도 불구하고 디지털 기술은 전자정부, 지능형정부, 플랫폼정부로 이름을 달리하며 정부관료제에 깊이 천착되어 오고 있다. 한편, 일군의 학자들은 디지털 기술로 요약되는 새로운 기술도구가 관료제 변화의 거대한 추동력이 되어 과거와는 전혀 다른 형태의 미래 정부 형태를 그려내기도 한다(World Economic Forum, n.d.). 반대로 디지털 전환은 관료제의 어떤 면을 변화시키는 것은 명백하지만 근본적이고 본질적인 면은 변화시키기 어려울 것이라는 전망도 존재한다(Eom, 2022). 즉, 디지털 기술은 정부관료제에 이미 깊숙이 스며들어 있음에도 불구하고 그것이 미래 정부 또는 관료제 체제에 어떠한 변화를 가져올 것인지에 대해 좀 더 깊이 있게 탐구할 필요가 있다.

위와 같은 관점에서 플랫폼 정부가 그리는 모습과 기존의 관료제 정부를 비교하고자 한다. 이를 위하여 우선 선행연구에서 제시되고 있는 플랫폼 정부의 모습들을 기술한다. 그러한 다음 2023년 윤석열 정부에서 발표된 플랫폼 정부의 특징을 귀납적으로 구성하여 본다. 끝으로 이러한 플랫폼 정부의 도전이 기존의 관료제 체제에 대하여 어떤 점에서 변화를 추동하는지 그리고 어떤 점은 계승하는지 묘사하여 보고자 한다. 이를 통하여 디지털플랫폼정부의 혁신이 무엇을 의미하는지 그리고 성공적인 플랫폼 정부의 혁신과 관료제의 미래에 대한 시사점을 제시하여 보고자 한다.

제2절 디지털플랫폼정부의 정부혁신

1 플랫폼 정부에 관하여

1) 플랫폼의 개념

온라인 플랫폼(이하 플랫폼)에 대하여는 이 책의 앞장에서 충분히 논의가 되었으므로 상세히 논의하기보다는 핵심만 재정리하는 것으로 대체하고자 한다. 플랫폼은 인간이 구성한 특별한 공간이며, 특히 특정한 목적 하에 다양한 사람들(대표적으로 공급자와 수요자)이 만나 상호작용하며 활동이 이루어지는 공간을 말한다. 거래가 이루어지게 된다면 비즈니스 플랫폼으로 볼 수 있다. 여기서는 디지털지식정보사회에서 흔히 일컫는 플랫폼으로 한정한다.

플랫폼이 지칭하는 대상은 디지털 하드웨어의 기반위에서, 윈도우나 iOS, Java와 같은 소프트웨어 플랫폼을 활용하여 App store나 SNS, 배달의 민족과 같은 서비스화된 플랫폼으로 확장하여 왔다.

플랫폼 비즈니스는 전 세계 시장을 파괴적으로 혁신하며 잠식하여 나아가고 있다. 플랫폼 비즈니스는 다음과 같은 특성을 갖는다. 첫째, 초연결성이다. 플랫폼 비즈니스는 초고속 인터넷, 클라우드, 스마트폰과 같은 디지털 도구를 통하여 사람과 사람, 상품과 서비스를 연결할 수 있다. 연결망이 안정적으로 유지되기 위해서는 보안에 바탕한 신뢰형성이 필수적이다. 둘째, 양면네트워크 효과이다. 양면네트워크 효과는 플랫폼에 참여하는 수요자와 공급자 중 어느 일방의 네트워크 효과가 다른 쪽에도 긍정적 또는 부정적 영향을 미치는 것을 의미한다. 즉, 양면네트워크 효과는 공급자와 수요자가 상호연결되어 있기 때문에 상호 의존성이 높다는 것을 의미한다. 따라서 양면네트워크 효과를 적극적으로 활용하는 것이 플랫폼 비즈니스의 성패에 결정적인 영향을 미친다고 볼 수 있다. 셋째, 상호작용이다. 플랫폼은 가상공간을 매개로 연결되기 때문에 인간이 가진 공간적 시간적 한계와 무관하게 상호작용을 촉진시킨다. 이를 통하여 상호에게 최적화된 상태로 거래 또는 가치창출이 이루어질 수 있는 가능성을 제시한다.

그렇다면 이와 같은 플랫폼의 특성을 활용한 플랫폼정부는 어떻게 이해할 수 있는지 살펴보고 어떤 특성을 지니는지에 대해 논의할 필요가 있다.

2) 플랫폼으로서의 정부

플랫폼으로서의 정부(Government as a Platform: GaaP)에 대한 논의를 통하여 정부부문에서 플랫폼을 활용하자는 주장이 본격적으로 시작되었다(O'Reilly, 2011). 혁신적이고 초연결을 가능케 하는 클라우드 컴퓨팅, 빅데이터, SNS로 요약되는 소셜미디어, 스마트폰, 사물인터넷(IoT), 인공지능과 같은 디지털 기술들은 정부부문에도 많은 변화를 불러일으키고 있다(Agarwal, 2018). 특히, 플랫폼 정부로 요약되는 최신의 정부 형태는 다음과 같은 특징을 가지고 있다. 디지털 기술을 활용하여 데이터와 정보가 서로 쉽게 연결하고, 이를 플랫폼을 통하여 통합·운영한다. 플랫폼을 통한 정부서비스 제공은 정부 내부적으로 효율을 높일 뿐만 아니라, 공공 및 행정서비스를 시민의 입장에서 투명하고 간결하게 제공할 수 있다는 특징이 있다.

Pope(2019)는 플랫폼으로서의 정부(GaaP)의 논의를 7가지 관점으로 요약하고, 그동안의 논의가 플랫폼정부의 책임성, 안전에 대한 논의가 중요함에도 불구하고 부족함을 지적하고 있다. 그리고 그는 활용할 수 있는 플랫폼으로서의 정부의 정의로 다음과 같이 제안하였다.

"플랫폼으로서의 정부는 디지털 기술로 요약되는 공유 APIs와 구성요소, 개방형 표준과 표준데이터셋을 활용한 네트워크를 바탕으로 정부 업무를 재구성하여 공직자와 기업 그리고 참여자가 국민에게 근본적으로 혁신적인 공공서비스를 안전하고, 효율적이며 책임감 있게 제공하는 것이다."

이를 통하여 달성하고자 하는 플랫폼으로서의 정부의 모습은 다음과 같다. 첫째, GaaP의 목표는 국민에게 근본적으로 나은 공공서비스를 제공하는데 있으며, 그것이 우선되는 가치임을 분명히 한다. 두번째, GaaP은 기존의 정부뿐만 아니라, 기업과 시민 등 다양한 주체들의 참여 위에서 제공될 수 있다. 셋째, 플랫폼 정부의 기술적 기반은 공유API, 표준데이터셋과 개방형데이터, 네트워크 등과 같은 디지털 기술로 구성된다. 넷째, 더 나은 성과에 기대만큼의 안전, 책임성, 그리고 민주적 방식에 대한 고려는 중요하다. 끝으로 플랫폼으로서의 정부는 필연적으로 정부의 일하는 방식에 대한 새로운 제도적 개선이 수반된다는 것을 의미한다.

3) 플랫폼 정부의 특성

2011년 O'Reilly의 플랫폼으로서의 정부(Government as a Platform: GaaP) 발표 이후 지속적으로 논의되어 온 플랫폼 정부의 모습은 바라보는 관점에 다라 다양한 형태의 모습으로 나타나고 있다(O'Reilly, 2011). GaaP의 이면에는 초연결(hyperconnectivity)과 초지능(superintelligence)이라는 디지털 기술이 존재한다(Schmidt & Cohen, 2013).

대표적으로 초연결은 다양한 정보통신기술 및 도구를 활용하여 시간과 공간을 초월하여 상호작용이 가능하다는 것을 의미한다. 초지능은 인공지능(AI)에 기반해 있다. 인공지능은 인간의 지능을 대체하기 위하여 발전하고 있으며, 지금은 논리적 연산능력을 대체하지만 장기적으로는 인간의 정서적인 면이나 고유한 면까지의 지향을 의미한다(Bostrom, 2014). 이 기술들은 GaaP의 가치로부터 배태된 지향과 결합하여 기존의 정부와 사회의 어려움을 해결하기 위한 여러가지 특성을 창출하고 있다. 이는 공간적으로 플랫폼 정부의 다양한 면을 보여주고 있으며, 시간적으로는 플랫폼 정부의 역동성과 발전가능성을 제시하고 있다. GaaP의 특성은 다음과 같다(Pope, 2019).

첫째, 더 나은 공공서비스를 위한 방법이다. 2015년 영국 정부디지털서비스(Governemnt Digital Service: GDS)는 GaaP을 도입하면서 이를 통하여 좀 더 나은 서비스, 즉 명석하고 사용자 중심의 정부서비스를 제공하겠다는 목표를 세운 바 있다. 유사한 방식으로 에스토니아 정부는 'X-Road platform'을 만들어 공급하였으며, 싱가포르의 GovTech agency도 공유된 정부플랫폼을 바탕으로 생애 주기별 서비스를 공급하고 있다. 더 나은 공공서비스 그리고 수요자 중심의 서비스의 바탕에는 디지털 기술과 플랫폼에서 활용하는 API(Application Programming Interface)에 기반한 연결과 상호작용이 존재한다.

둘째, 조직의 사일로 효과를 완화하거나 해체할 수 있을 것으로 기대된다. 분업화에 기반한 행정은 수직적 업무체계를 갖추어 계통의 원리에 따라 집행체계를 운영하게 되었다. 하지만 행정의 비대화와 복잡성의 증가는 기관과 조직의 중복과 비효율을 낳고 있다는 것은 오랫동안 지적 받아온 사실이다. 플랫폼은 디지털 기술을 바탕으로 조직을 수직적으로 수평적으로 연결시켜 중복을 제거하는데 기여하여 줄 것으로 기대된다(Margetts & Naumann, 2017).

셋째, 정부 업무 효과성을 높이기 위하여 적절한 도구를 제공한다. 플랫폼은 정부가 공통으로 구성된 것을 공유하는 방식을 통하여 정부의 중복과 낭비를 제거하고 효율성을 높일 수 있다. 영국 정부의 플랫폼을 설계하는 팀은 이와 같은 관점에서 자신의 업무를 설계하였다. 즉, 정부 업무의 공유할 수 있는 디지털 서비스를 제공하여 정부 내 다른 디지털 팀을 위한 도구를 만드는 데 프로그램의 초점을 맞추었다. 이를 통하여 영국정부의 플랫폼은 공식 지침, 표준, 디자인 시스템과 함께 '서비스 툴킷'의 일부가 되었다.

넷째, 개방형 플랫폼을 제공해서 수요자와 공급자를 연결하고 새로운 가치를 만들 것이다. 이러한 관점은 정부플랫폼이 기존의 견고한 정부의 경계를 무너뜨리고, 플랫폼을 중심으로 정부뿐만 아니라 비정부 조직 모두가 활용할 수 있는 도구가 될 수 있다는 것이다. 예를 들어, 인도의 IndiaStack은 신원 확인, 디지털 결제, 공식 문서 저장을 위한 구성 요소와 API의 집합이다. 즉, 정부, 기업, 스타트업, 개발자가 인도의 어려운 문제를 해결하기 위하여 고유한 디지털 인프라를 활용할 수 있도록 하는 API 세트로 설명된다. 미국에서도 민간 부문과 제3섹터가 사용자 요구의 '롱테일'을 충족하는 서비스를 개발할 수 있도록 오픈 API를 구축하는 것이 시도되고 있다. 예를 들어, 미국 재향군인청은 API를 중심으로 서비스를 구축하여, 이를 바탕으로 외부기관들이 혁신적인 재향군인 중심 솔루션을 구축할 수 있도록 지원하기 위한 것이다.

다섯째, 새로운 데이터 허브와 같은 공공 인프라를 제공하는 것을 의미하기도 한다. 즉, 정부플랫폼은 데이터, APIs, 정부 간 협력체계로 요약되는 인프라를 제공하는 것으로 구체화된다. 사회발전을 위하여 사회간접자본을 정부가 제공하듯이 플랫폼으로서의 정부도 다양한 디지털 인프라를 공급하는 것에 초점을 맞춘 것이다.

여섯째, 시민, 기업, 전문가와 같은 정부 밖의 참여자와 함께 정책 공동 생산의 지름길을 제공할 것이다. 이러한 관점은 정책이나 정부서비스의 공동생산을 제공한다는 데 있다. 이는 다양한 주권자를 참여시킨다는 점에서 환영받는 방식이다. 스웨덴 정부에서도 이러한 방식을 강조하기도 하였다. 즉, 데이터와 사람들의 창의성을 바탕으로 정책과제를 공동으로 해결하는데 관심이 높다. 또한 연구에서도 사회문제를 참여에 기반하여 공동으로 문제를 해결하는 데 플랫폼정부의 초점이 있다고 논의되기도 한다(Ottlewski & Gollnhofer, 2019).

일곱째, 디지털 시대에 적합한 새로운 조직형태를 형성할 것이라는 관점이다. GaaP은 디지털 시대에 적합한 새로운 기관으로 가는 길을 제시하며, 이를 통하여 정부 업무 자체를 재편하여야 한다는 관점이다. 새로운 정부를 만든다면 공급자가 중심이 아닌 수요자의 필요에 기반한 플랫폼 정부를 만들어야 한다는 것이다. 즉, 기존의 행정서비스 제공을 위하여 관료화된 제도 속에서 제공할 필요가 없다는 전망을 제시하기도 한다(Mergel et al., 2018).

하지만, GaaP의 논의의 다양성과 풍부함에도 불구하고 실제 성공적인 구현을 위하여 중요하지만 경시되고 있는 주제가 있다. 그것은 신뢰, 안전, 책임성과 같은 특히 정부활동에서 전통적으로 중시되는 논의이다. 플랫폼정부는 효율성을 달성할 수 있는 효과적인 정부서비스를 제공하지만 그것을 성공적으로 달성하기 위하여 필요한 데이터의 연결과 집중으로 인한 사회적 위협에 대하여 좀 더 높은 관심을 기울일 필요가 있다. 시민 프라이버시나 의사결정의 중앙집중으로 인한 민주주의와의 긴장감, 그리고 플랫폼정부에서도 발생할 수 있는 정부실패에 대하여 분산된 책임의 문제는 어떻게 조정할 것인지에 대한 적극적인 논의가 필요하다.

2 윤석열 정부의 플랫폼 정부

1) 개괄

윤석열 정부의 디지털플랫폼정부(이하 디플정)는 디지털 심화의 시대에 인공지능, 데이터 중심의 국가 전략의 필요성에 그 배경을 두고 있다. 즉, 인공지능·데이터·클라우드 등 혁신 기술이 경제·사회 전반을 재편하고, 근본적으로 새로운 질서를 만드는 디지털 심화 시대가 도래되었음을 자각하였으며, 이는 국가사회 시스템의 디지털화가 심화되며, 디지털이 국가사회 구조를 파괴적으로 변화시키는 시대가 도래했음을 의미한다. 이때 날로 심화되는 국제사회의 경쟁에서 살아남고 번영하기 위해서는 데이터의 막힘없는 흐름을 보장하는 국가 차원의 전면적 혁신을 적극적으로 추진할 필요성이 증대되고 있다.

특히, 정부는 기술발전이 변곡점에 도달했음을 인식하며, 이 시기에 디지털 혁신기술을 적극적으로 활용하는 국가로 혁신하지 않으면 안됨을 자각하고 있다. 또한 점차 복잡해지고 심화되는 사회문제의 해결을 위하여 과거의 일방적 정부 행정 방식에서 벗어나 국민과 기업이 함께 해결책을 모색하는 방향으로 나아가고자 한다.

결국, 디플정 개혁의 핵심에는 데이터가 존재한다. 즉, 막힘없는 데이터의 통용과 활용을 통하여 다양한 디지털 기술이 정부 전반에 걸쳐 적극적으로 활용되는 것을 지향한다. 이때, 과거의 정부 일방향식의 행정과 달리, 국민, 기업이 함께 참여하여 사회문제를 해결할 수 있는 플랫폼을 지향한다. 이를 통하여 궁극적으로 지향하는 것은 '국민과 기업이 성장하는 나라'에 있음을 제시하고 있다. 즉, 디플정은 다음과 같은 핵심 목표를 통하여 "모두가 더 잘 살고 자유로운 대한민국" 실현에 주안점을 두고 있다.

(국민주권) 한 곳에서, 한 번에 모든 서비스를 제공 받을 수 있는 진정한 주인
(포용) 한 명의 국민도 놓치지 않는 공공서비스, 개인정보는 철저히 보호
(투명성) 모든 데이터의 완전한 공개, 복지·예산 등 투명하게 공개
(성장) 공공·민간의 데이터 융합으로 창업 활성화, SW산업 성장

2) 추진체계, 비전 및 전략

디플정의 추진체계는 다음과 같다. 대통령령 제32750호로 윤석열 대통령 당선 이후인 2022년 7월 1일에 설치된 「디지털플랫폼정부위원회의 설치 및 운영에 관한 규정」에 그 법적 근거를 두고 있다. 디플정은 "디지털플랫폼정부 실현을 위한 주요 정책 등에 관한 사항을 심의·조정하기 위하여 설치"한 대통령 소속 위원회이다.

위원회의 구성은 대통령이 지명하는 위원장 1명을 포함하여 30명 이내의 위원으로 구성되어 있다. 위원은 디지털플랫폼정부 구현을 위한 전문지식과 경험이 풍부한 사람으로서 대통령이 위촉하는 사람으로 구성된다. 또한 기획재정부 장관, 과학기술정보통신부 장관, 행정안전부 장관, 개인정보보호위원회 위원장도 위원회를 구성한다. 2023년 9월 현재 디플정 위원장은 고진 위원장으로 임명되어 있다. 또한 17명의 산업계, 학계 그리고 시민사회의 위원이 위촉되어 있다.

디플정은 2022년 가을부터 본격적인 활동을 시작하였으며, 6개의 분과위원회를 조직하여 세부전략을 가다듬었다. 이때 위촉위원뿐만 아니라 분과위원회의 분과위원을 추가 임명하여 전문성과 다양한 의견을 담으려 하였다. 디플정의 발표에 따르면 실현

계획 발표까지 공식적인 회의만 160회 이상 수행하였으며, 최종적으로 2023년 4월에 '디지털플랫폼정부 실현계획'을 대통령과 국민 앞에서 발표하였다. 실현계획 발표가 되기 이전까지 디플정 위원회의 위원, 분과위원뿐만 아니라 정책집행을 담당하는 담당부처와 토론과 협의를 통하여 전략이 도출되었다.

추진전략이 발표되고 난 이후 디플정은 전략의 실현을 위해 노력하고 있다. 각 전략의 내용마다 차이는 있겠지만 추진전략을 집행하는 담당부처를 중심으로 디플정과 협

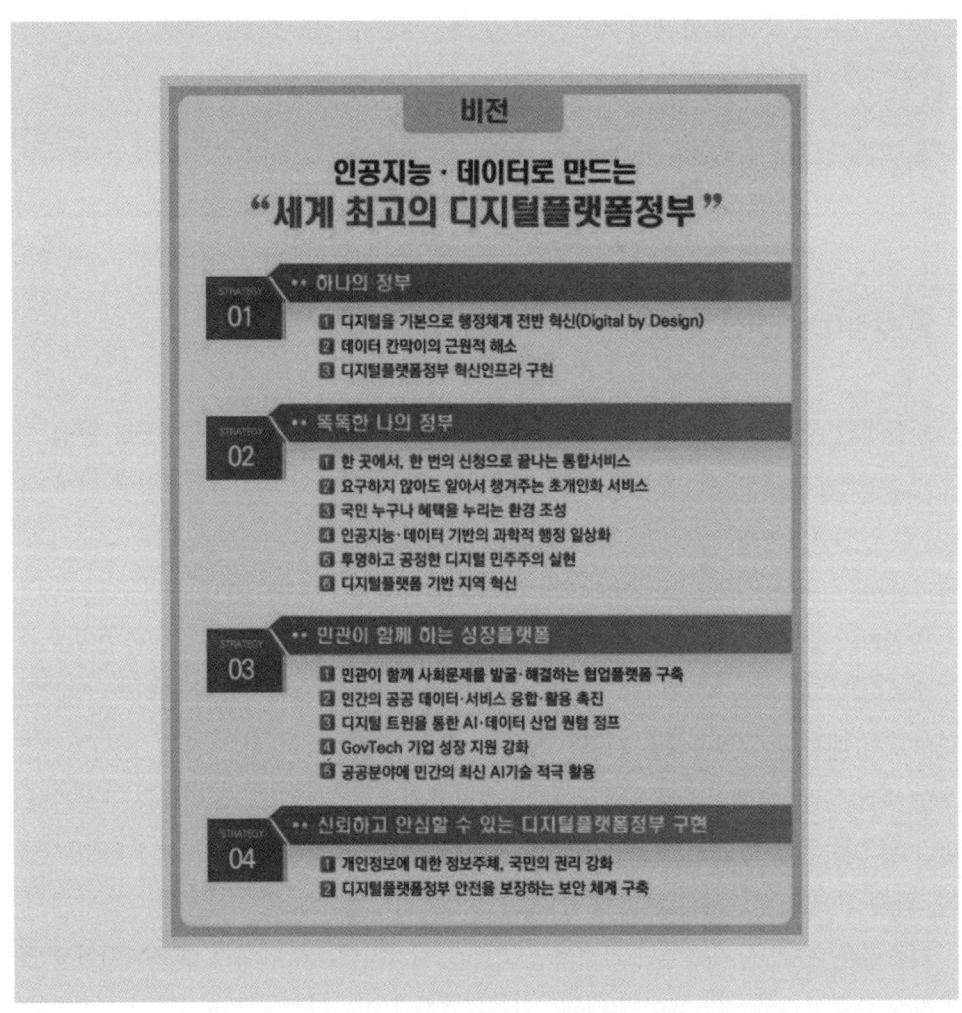

출처: 대통령직속디지털플랫폼정부위원회(2023.4.14.).

[그림 5-1] 디지털플랫폼정부의 비전 및 전략

의하고 피드백을 바탕으로 효과적인 전략이 구현될 수 있도록 노력하고 있는 것으로 보인다.

디플정이 2023년 4월 발표한 비전 및 전략의 개략적으로 제시하면 다음과 같다. 비전은 "인공지능 데이터로 만드는 세계최고의 디지털플랫폼정부"이다. 전략은 4개의 전략과 16개의 세부전략으로 구성되어 있다. 그리고 16개의 세부전략은 총 121개의 세부추진과제로 구성되어 있는 거대한 기획으로 평가할 수 있다. 2023년 4월 14일에 발표된 4개의 전략과 16개의 세부전략의 구체적 내용은 [그림 5-1]과 같다.

3) 관료제에 대한 문제의식

위와 같은 디플정의 추진체계, 기본방향과 추진전략의 이면에는 기존의 관료제에 대한 문제의식이 존재한다. 디플정은 이러한 문제의식을 크게 네 가지 관점에서 정리하고 있다. 첫째, 기존의 관료제는 데이터 칸막이가 존재하며 효율적 업무 수행과 새로운 가치 창출이 어렵다는 인식이다. 즉, 디플정의 핵심전략의 성공을 위해서는 양질의 데이터 확보가 필수적이나, 각 부처별로 존재하는 데이터는 정부기관 간, 그리고 민간과 데이터 공유가 어려워, 데이터 융합을 통하여 가치를 창출할 수 있는, 특히 인공지능의 활용에 한계가 있음을 인식하고 있다. 특히, 각 공공기관별 개별적으로 구축된 17천여 개 이상의 공공서비스는 서비스 간 연계는 물론이고 데이터 간 융합과 연결을 가로막는 장애물로 인식하고 있다.

둘째, 제도, 절차의 문제이다. 구체적으로 현대사회, 특히 민간 부문은 디지털 기술을 바탕으로 편리한 플랫폼 기반의 디지털 서비스를 간편하게 이용하는데 반하여 현대행정은 아직 아날로그식의 행정처리를 지속하고 있다는 것이다. 즉, 과거의 전자정부식의 행정개혁은 아날로그 방식의 행정제도를 그대로 둔 상태로 정부 행정의 전산화를 추진하여 왔다는 인식이다. 행정의 관료제가 엄격한 법치주의에 근거하여 이루어진다는 것을 고려하면 법제도 절차의 개혁없이 디지털 기술을 행정부문에 활용하기는 어려울 것이다. 대표적인 예가 바로 종이문서의 생산과 보관이다. 전통적인 아날로그 방식의 관료제에서는 행정의 책임성을 확보하고자 처분의 근거로 제도화된 종이문서 보관이 일반화되었다. 하지만 디지털 시대를 맞이하여 종이문서가 아닌 디지털 자료로 대체할 수 있음에도 불구하고, 종이로 보관하여야 증거로 인정될 수 있는 세부규정으로 말미암아 행정의 효율성이 지연되고 자원이 낭비되고 있는 현실이다.

셋째, 정부의 일방적 소통방식이다. 작금의 현대사회는 디지털 혁신기술이 산업·업종 간 경계를 허무는 등 복잡성이 증가하고 있으며, 상호작용을 통하여 초개인화된 생산과 서비스가 가능한 사회가 되었다. 특히, 디지털 기술은 국가 간 경계와 관련없이 사회를 파괴적으로 혁신하고 있다. 이러한 상황에서 민관의 역량을 결집한 총력 대응이 요구되나, 정부는 혼자 문제를 해결하고 이끌어가려는 기존 정부의 일하는 방식(Decide-Announce-Defend: DAD)에 대한 비판적 인식이다. 디플정은 더이상 정부 일방이 아닌 민간분야와 함께 사회문제를 해결할 것을 지향한다. 대표적 사례로 코로나19 상황 시 민관이 함께 협력하여 마스크 대란에 대처한 사례, 그리고 민관이 함께 요소수 재고 데이터 확보/서비스를 개발하여 국민 불편 최소화한 사례를 들고 있다. 즉, 정부 밖의 기업이나 전문가, 시민 등 적절한 주체와 함께 정부서비스를 생산·공급하겠다는 의지를 드러내고 있다.

넷째, 정부투자의 국민 경제 성장 연결고리의 한계를 지적하고 있다. 한국은 과거 과감한 정보화 투자를 통하여 세계 최고 수준의 전자정부를 구현해 왔다. UN 전자정부 평가에서 7회 연속 3위 이내에 든 것이 대표적인 예이다. 그러나, 부처별 자체 시스템 구축 위주의 정보화 투자에 치우친 나머지, 글로벌 SW산업 발전 추세에 따라가지 못하고 있다는 비판을 받게 되었다. 이런 위기의식에 바탕하여 인공지능·데이터 역량이 핵심 경쟁력인 데이터 경제 시대, 공공 IT 투자와 데이터 개방으로 산업 성장과 창업을 지원하는 정부의 적극적 역할 요구하게 된 것이다.

4) 디지털플랫폼정부의 개선방향

위와 같은 문제의식을 바탕으로 4개의 전략, 16개의 세부전략 그리고 총 121개의 세부추진과제로 구성된 디플정 실현계획을 발표하였다. 디플정의 추진전략을 간략히 도해하면 다음 [그림 5-2]와 같다. 우선, 디지털 기술을 적극적으로 활용하는데 초점이 있다. 그것의 핵심 키워드는 데이터와 인공지능으로 요약된다. 공공 부문에 산재한 데이터를 디지털화하고, 부처 간 장벽을 제거하여 데이터가 원활하게 소통 교류되어 연결될 수 있게 한다. 그리고, 인공지능과 같은 최신의 디지털 기술을 활용하여 여러 사회문제를 해결하기 위한 노력을 수행하려 한다.

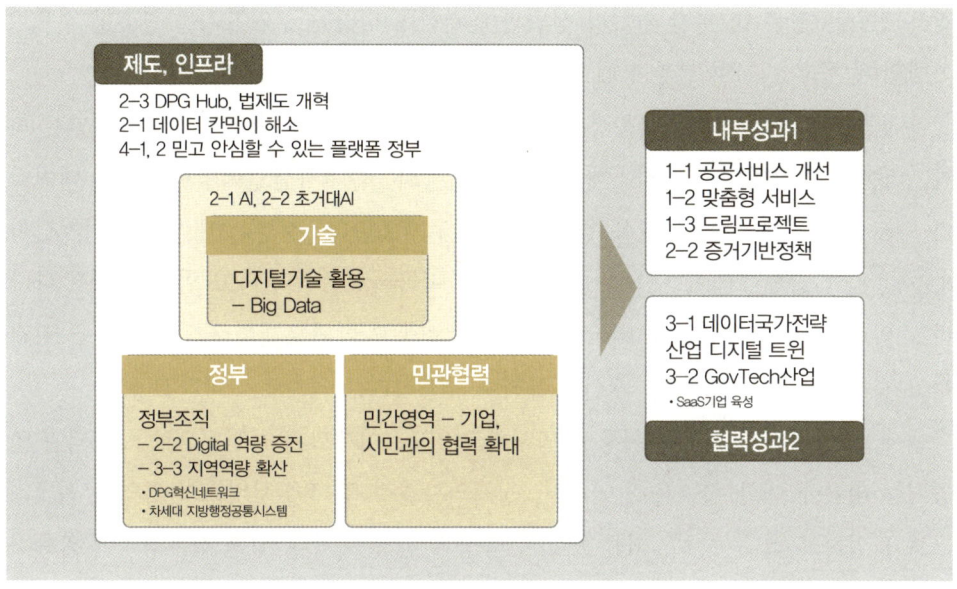

출처: 황성수 · 은종환(2023).

[그림 5-2] 디지털플랫폼정부 전략의 도해

   이와 같은 디지털 기술을 활용하기 위하여 장애가 되는 세 가지 문제점을 극복하고자 한다. 첫 번째는 제도 및 인프라이다. 데이터 활용에 장애가 되는 법제도를 개선하고, 정부의 자율성을 증진시키기 위한 제도개혁을 수행한다. 동시에 제도개혁으로 인하여 발생할 수 있는 개인정보보호 등 디지털 사회의 위협에 대비할 수 있는 법제도 부분을 개선하고자 한다. 두 번째는 정부의 일하는 방식의 개선이다. 정부 내 공직자의 디지털 역량을 증진하고 이를 지역에도 확산한다. 그리고 세 번째는 민간 부문과의 협력 증진이다. 특히, 플랫폼 기업, 시민사회의 전문가 등이 정책의 기획단계에서부터 참여하여 실질적인 성과를 만들 수 있을 것으로 기대된다.

   이를 통하여 디플정이 의도하는 성과는 크게 두 가지 측면에서 고려하여 볼 수 있다. 하나는 전통적인 정부서비스의 성과이다. 즉, 공공서비스가 디지털 기술을 활용하여 국민에게 좀 더 최적의 서비스를 가능하게 하는 것이다. 이러한 배경에는 증거기반정책과 같은 과학적이고 투명한 의사결정도 존재한다. 다른 하나는 정부사업(GovTech)으로 요약될 수 있다. 디플정이 창출하는 새로운 디지털 사업을 바탕으로 기업과 연계하여 새로운 가치창출에 기여할 수 있다는 전망이다. 정부 SaaS 사업이나 디지털 트윈과 같은 전략은 정부 내 뿐만 아니라 산업과 연결하여 다양한 부가가치를 창출할 것으로 기대되며, 향후 디지털 정부 형태로 수출까지 계획하고 있는 것으로 보인다.

윤석열 정부의 디지털플랫폼정부 실현 계획은 다음과 같은 특징을 가지고 있다. 첫째, 데이터 중심의 사고이다. 데이터는 현대사회, 즉 4차산업혁명시기에는 데이터가 새로운 원유와 같은 역할을 한다는 인식에 기초한다. 정부는 데이터의 디지털화(Digital by Design), 데이터의 개방 및 연결을 적극적으로 추진하고 있는 것으로 나타나고 있다. 이러한 맥락에서 데이터 활용의 걸림돌로 관료제의 사일로 효과를 지적하고 법제도 개선과 관료의식개선을 통하여 극복하려는 의지로 나타나고 있다.

둘째, 인공지능의 적극적 활용을 명시하고 있다. 이제까지 시험적으로 시도되던 인공지능 활용에 대한 접근을 넘어서서, 정책의사결정 및 정부서비스의 영역에 적극적으로 도입하고 있다. 특히, 최근 챗GPT 등장과 함께 초거대 AI를 정부영역에 활용하고자 하는 야심찬 계획을 제시하고 있다는 점에 주목할 만하다.

셋째, 민간기업과 적극협력을 통하여 계획을 수립 및 추진하고 있다. 과거의 전자정부 추진과는 차별화하면서 정부의 디지털 혁신이 민간기업과 연계될 수 있도록 하고, 나아가 정부산업이나 새로운 가치창출에 기여할 수 있도록 의도하고 있다. 모든 정권들이 디지털 기술을 정부영역에 도입하고자 하는 시도는 지속적으로 이루어져 왔지만 윤석열 정권의 디지털플랫폼정부 실현계획에서 도드라지는 특징 중에 하나는 민간기업들과 적극적으로 협력하겠다는 것에 있다고 볼 수 있다. 특히, 정부서비스를 하나의 시장으로 인식하고 정부데이터를 활용하여 국민서비스 사업의 개척과 일만 개의 SaaS 서비스 제공 등 정부산업(GovTech)을 통하여 고부가가치 산업을 육성하고자 하는 것으로 나타나고 있다.

넷째, 성과중심의 사고를 가지고 있다. 구체적인 전략과 내용들을 바탕으로 의사결정할 때, 그것을 통하여 어떤 성과를 창출할 것인지 가시적인 목표가 있음이 드러나고 있으며, 정권 내에 어떤 것들을 구현할 것인지에 대하여 구체적 숫자로 성과 목표를 제시하고 있다.

제3절 플랫폼 정부에서의 관료제 개혁의 방향

1 디지털 전환과 플랫폼 정부

플랫폼 정부가 목표하는 성과를 거두기 위해서는 우선 디지털 전환(digital transformation)이 성공적으로 이루어져야 한다. Vial(2019)은 디지털 전환이란 무엇인가에 대하여 메타분석을 수행하여 디지털 전환을 다음과 같이 정의하였다. 그는 디지털 전환을 "정보, 컴퓨팅, 통신 및 연결 기술의 조합을 통해 조직의 속성에 중대한 변화를 일으켜 조직을 개선하는 것을 목표로 하는 프로세스"로 정의한 바 있다. 이와 같은 디지털 전환에 관한 정의는 공공 부문에도 공통적으로 적용될 수 있다.

Mergel 외(2019)는 공공 분야에서의 디지털 전환을 "공공 분야의 업무프로세스, 서비스, 생산물 등을 디지털 기술을 활용하여 외부의 요구에 맞게 지속적으로 조정해 나가는 과정"으로 정의하였다. 이런 점에서 보면 공공 부문에서의 디지털 전환은 디지털 기술을 활용하여 국민 또는 수요자의 요구에 맞게 공공 부문의 일하는 방식을 개선하여 나아가는 과정으로 이해할 수 있다. 윤석열 정부의 디지털플랫폼정부위원회의 추진전략 또한 다양한 디지털 도구를 활용해서 공공 부문의 일하는 방식을 개선해서 국민에게 더 나은 서비스를 제공하려 한다는 점에서 디지털 전환의 맥락에서 디지털플랫폼전략을 이해할 수 있을 것이다.

이론적 관점에서 디지털 전환을 어떻게 이해할 것인가에 관한 다양한 논의가 존재한다. 디지털 전환을 넓은 의미로 바라볼 때, 패러다임의 전환(paradigm-shift)을 가져오는 거대한 사회적 전환으로 이해되기도 한다(Schwab, 2017). 패러다임은 어떤 문제에 대하여 대다수의 사람들이 공통적으로 동의하고 기대고 싶은 믿음 또는 가치체계, 그리고 모델을 의미한다. 패러다임의 전환의 관점에서 디지털 전환은 과거의 방식과 전혀 다른 새로운 접근을 의미하는 것으로 이해된다. 실제로 디지털 전환은 산업의 곳곳에서 파괴적 혁신(disruptive innovation)을 일으키고 있다. 넷플릭스 등 OTT서비스의 등장은 전통적인 미디어 산업을 파괴적으로 혁신하고 있는 것이 대표적인 예이다. 이러한 관점에서 Vogl 외(2019)는 알고리즘 관료제(algorithmic bureaucracy)의 출현을 예견하면서 인간과 사물과 인간 간의 다중적인 연결과 머신러닝, 디지털 데이터는 전통적인 관료제의 한계를 극복할 것으로 예견하기도 하였다.

　세계경제포럼(World Economic Forum: WEF)은 미래학자들을 대상으로 의견을 모아 2050년 정부모습으로 세 가지 형태를 제시하기도 하였다. 세 가지 모습은 지금의 정부와는 전혀 다른 사고방식과 업무처리행태를 보인다는 점에서 패러다임의 전환으로 디지털 전환이 이루어진 것으로 바라볼 수 있다. 이를 간략히 설명하면 다음과 같다. 첫 번째 형태는 도시국가(City State)이다. 여기서 권력은 도시 수준의 시민에게 분권화된 상태이다. 이 형태의 물적 기반은 스마트도시의 바람직한 성장과 함께 집단적 의사결정과 공공서비스 제공이 지역 자치정부를 중심으로 잘 구축된 경우이다. 시민들은 국가단위보다 지역의 도시단위의 정치적 동일시를 강화할 가능성이 높다. 공공서비스는 지역 도시 또는 메가도시 단위로 제공될 것이며, 모든 혁신과 경제적 발전의 단위가 될 것이다.

　이 형태는 집단의 이슈에 대해 시민의 집합적 의사를 통하여 결정하게 된다. 결국, 집단 의사결정은 실용주의적 접근이 이상주의적 접근에 우선하는 사회가 될 것으로 예견된다. 이 형태에서의 문제점은 무엇보다 도시와 농촌지역의 격차일 것이다. 따라서, 지역 간 협력과 교류가 중요해 질 것이다.

　두 번째 형태는 새로운 집권적 감시국가의 출현이며, WEF는 이것의 명칭을 'e-1984'로 부여하였다. 이러한 형태의 물적 기반은 빅데이터와 인공지능 활용이 일상화되면서 이를 둘러싼 경제적, 지정학적, 사이버 위협이 일상화된 사회이다. 이러한 형태는 미래의 국가 간 경쟁이 치열해지면서 현실주의적 입장이 강화된 미래이다. 국가들은 외부의 위협으로부터 국민과 국가의 생존을 위하여 개인의 자유를 통제하는 전략을 취한다는 것이다. 즉, 전 세계적 경제의 급변성, 지정학적 불안정, 사이버 위협의 확산이 진행된다. 이러한 외부 위협에 대응하기 위하여 국가주의(nationalism)로 나타난 새로운 감시사회이다. 이러한 사회에서 다원주의에 기반한 내부 정치 갈등은 피로감을 양산하며, 국민들로 하여금 중앙집권화된 정부가 효율적인 정부서비스를 제공하는 것을 선호하게 유도한다.

　권력은 기술관료들(technocratic governance)로 구성된 정부에 집중되게 된다. 빅데이터와 인공지능 기술은 정책을 형성하고 서비스를 제공한다. 국민들은 자신의 정보와 자유를 국가에 제공하고 그로부터 안전을 보장받으며, 정부와 관계를 맺게 된다. 정부는 집권화된 힘을 가지고 의사결정 및 공공서비스를 주도한다. 가상적 공간에서도 국가경계가 형성되고 사이버 보안이 강화되는 형태이다.

세 번째 형태는 게이트 공동체(gated community)로 명칭된다. 이 사회의 미래는 정부가 더 이상 민간기업에 비하여 경쟁력을 확보하지 못하고 정부가 붕괴된 상황이다. 이 사회에서 정치적 권력은 개인과 기업에 존재하게 된다. 개인의 선호와 선택에 따라, 시장원리에 따라 민간기업이 집단적 서비스를 제공하는 사회이다. 이러한 사회가 된 배경에는 정부의 비효율성에 비하여 기업서비스의 효율성으로 집단서비스가 민간에 의하여 대체되는 과정의 누적된 결과이다. 하지만 정부가 사라진 곳에서 시장의 원리를 통제하기는 어렵기 때문에 부의 불평등은 가속화된다. 또한 공동체 의식은 희미해질 것으로 예견된다. 기업의 서비스는 플랫폼을 기반으로 제공되며, 실시간으로 평가되어 사용자의 반응에 민감해진다. 다만, 경제적비용을 지불하는 사람에게만 민감해지기 때문에 사회적 격차는 더욱 커지게 될 것이다.

〈표 5-1〉 WEF가 바라본 미래 정부의 세 가지 시나리오

구분	도시국가	e-1984	게이트 공동체
정부	지방정부	집권화된 중앙국가	없음
시민	의사결정참여	권력을 국가에 위임	빈부에 따라 의사결정 및 서비스 수혜 차이가 큼
기업	정부-시민-기업의 협력적 거버넌스	기업의 자유 위축	기업이 집합서비스 제공
안보위협	중간 이하	매우 높음	중간 이하
정부경쟁력	매우 높음	매우 높음	매우 낮음
시민의사	협력을 통한 상생	안전을 위한 권리 위임	파편화된 개인 중심
순기능	지속가능한 상생체계 구축	생명과 재산의 안전 확보	효율적 집단서비스 제공
역기능	도시와 농촌 격차심화	자유의 제한, 감시사회	사회 통합 붕괴
의사결정	지방정부 중심으로 구성된 수평화된 협력적 거버넌스를 바탕으로 실용적으로 결정	집권화된 정부가 인공지능 빅데이터 분석을 바탕으로 일방적 결정	부유함에 비례하여 의사결정의 영향력을 행사
정부서비스	도시국가 중심의 공공서비스 제공	인공지능 분석에 바탕한 공공서비스를 일방적으로 제공	민간영역으로 대체됨

세 가지 시나리오 모두 디지털 전환이 단순히 현재 관료제의 문제점을 일부 개혁하는 수준에서 그치는 것이 아니라 기존의 관료제 전체가 지금과는 다른 방식으로 일하게 되는 패러다임 전환을 가져오는 것으로 이해하고 있다.

세 가지 형태를 결정짓는 분기점에 대하여 추론하면 다음과 같다. 첫째, 국가 간 경쟁과 안보위협의 크기이다. 디지털 기술 특히 인공지능 기술의 활용분야에는 안보도 포함된다. 국가 간 경쟁이 신뢰에 기반하지 못한다면 힘에 의한 논리가 팽배해 질 것이며, 미래사회 또한 e-1984가 그린 것처럼 국가 주도의 집권적 행태로 나타날 수 있을 것이다.

두 번째는 시장과 대비되는 정부경쟁력의 정도이다. 시장은 이미 플랫폼 기업이 새로운 혁신을 이끌고 있다. 플랫폼의 초개인화 서비스를 고려할 때, 정부에 대한 국민의 요구도 높아질 수밖에 없을 것이다. 그런점에서 보면 현재의 관료제 방식에서 플랫폼 전환이 얼마나 성공적으로 이루어질 수 있는지 여부에 따라 향후 정부경쟁력을 결정될 것으로 기대된다. 만약 정부서비스가 경쟁력을 갖추지 못하고 공공성을 확보하지 못한다면 민간기업의 서비스가 정부서비스를 대체할 가능성도 배제하기 어려울 것이다.

세 번째 가장 중요한 분기점은 시민의 집합적 의사이다. 현대사회는 민주적 체제에 기반하고 있다. 국가의 의사를 결정하는 주권자들이 어떤 의사를 집합적으로 표현하느냐에 따라 정부의 의사결정을 달라질 것이다. 정부, 시민, 기업이 어떤 조화와 협력을 통하여 미래를 그려가냐에 따라 미래정부의 모습은 달라질 것이다. 시민이 자율적으로 주권자의 영향력을 행사하고 사회와 국제환경이 안정적이라면 도시국가의 형태로 발전할 가능성이 클 것이며, 안보의 위협이 크다면 e-1984로 주권을 위임할 가능성이 클 것이며, 정부가 적시에 디지털 전환을 못하고 플랫폼 기업의 서비스가 효율적이라면 정부의 역할을 기업에게 이전할 결정을 시민이 할 수도 있을 것이다.

한편, 디지털 전환은 패러다임의 전환이 아닌 기존의 관료제를 보완하거나 강화하는 수단이 될 것이라는 전망도 존재한다. 즉, 이러한 관점은 인공지능과 ICT의 적용을 통하여 강화된 관료주의(augmented bureaucracy)로 표현되기도 한다. 새로운 강화된 관료주의는 기존의 질서를 파괴하는 것이 아니라, 현실관료주의의 한계점을 보완하여 이상적 관료주의로의 강화를 지향하는 것이다. 즉, 강화된 관료주의는 기존 관료제의 문제점으로 지속적으로 지적받던 자원의 중복을 감소시켜 행정 비용을 줄이고, 단순반복적인 업무로부터 공직자들의 시간을 확보하여 줄 수 있다. 또한 데이터와 증거기반의 의사결정은 행정의 정확도와 예측도를 높일 수 있다(Eggers et al., 2017b). 이런 관점에서 빅데이터 분석을 통하여 범죄 발생 가능성이 높은 지역의 순찰을 강화하기도 하고, 식중독 예방을 위한 조사방법의 개선을 통하여 행정 개선 효과를 거두기도 하였다.

디지털 전환을 패러다임의 전환으로 보는 관점은 관료제도 파괴적 혁신의 대상으로 여기는 반면에, 강화된 관료주의는 기존의 관료체제에서의 비효율적인 면을 개선하는 도구로 인식한다는 점에서 대조적이다. 윤석열 정부의 디플정 실행전략을 패러다임의 전환의 관점에서 이해할 수 있을 것인가 아니면 강화된 관료주의로 나아가는 형태로 볼 것인가에 대하여 본 장에서 논의하고 있다. 이것은 장기적으로 실현된 모습을 살펴보아야 최종적으로 확립된 의견을 제시할 수 있을 것이다.

하지만 단기에 정부영역에서의 디지털 전환은 몇 가지 도전에 직면하여 있다(Eom, 2022). 이러한 도전들이 적절히 관리(manage)되지 않는다면 디지털 전환을 패러다임의 전환과 같은 거대한 전환으로 보는 관점은 설득력을 잃을 것이다. 디지털 전환에 대한 도전은 다음과 같은 이슈로 요약된다. 첫째, 디지털 전환에 따른 변화에 대한 적절한 대응에 관한 이슈이다. 디지털 전환은 기술을 시작으로 조직과 사회에 많은 변화를 가져올 것으로 기대된다. 성과를 고려하면 전환이 빠를수록 그로 인하여 얻을 수 있는 편익이 클 것으로 기대되지만, 디지털 전환 과정에서 발생할 수 있는 부작용과 그에 책임성 확보 등 제도 정비와 부작용의 발생을 완화하거나 해결할 필요가 있기 때문에 필연적으로 지연이 발생한다. 예를 들어, 빅데이터를 활용하는 정부서비스는 초연결을 통하여 능률적인 공공서비스를 제공할 수 있지만, 개인정보의 유출이 발생할 개연성이 높아지며, 특히 다양한 정보와 연결된 개인정보가 유출되고 악용된다면 심각한 문제를 일으킬 가능성을 높인다. 따라서 적절한 책임성 확보 장치와 보안대책을 마련하는 것이 요청되지만 그것들을 완비하면서 변화를 추구하면 디지털 전환은 지연될 가능성이 높다(Sousa et al., 2019).

이런 문제는 디지털 기술, 특히 인공지능의 판단에 대한 신뢰의 문제가 지속적으로 제기되고 있는 것과도 관련된다(Fountain, 2021). 인공지능 알고리즘은 인간의 판단을 데이터로 학습한다. 따라서 인공지능이 학습하여 제시하는 판단은 인간과 마찬가지로 인간이 가진 편향이나 오류도 학습할 수 있다는 것을 의미한다. 아마존이 인재채용을 위하여 기계학습을 활용하려 했지만, AI의 판단이 성차별을 배제하지 못했기 때문에 파기할 수밖에 없었다는 이야기는 유명한 사례이다(Destin, 2018.10.11).

그리고 기계학습이 활용하는 많은 변수들은 현상을 변수로 대략적으로 측정하는 대리변수(proxy)라는 한계를 가지고 있다(Joyce et al., 2021). 이것은 인공지능이 지닌 기술적 취약점과 함께 정부부문에 디지털 전환을 도입할 때 중요하게 고려할 필요가 있다(Heath, 2019). 즉, 데이터에 기반한 정책의사결정을 적극적으로 도입할 것으로 기대되지만 자동화된 의사결정을 도입하는 것은 잠재적 위험을 초래할 가능성이 있다. 다시 말해 데이터가 측정하는 것은 현상의 대리변수에 불과하므로 대리변수가 가지고 있는 한계, 즉 현상을 정확하게 측정하지 못하거나 현상의 중요한 부분을 누락할 가능성을 가지고 있음으로 말미암아 자동화된 정책의사결정은 위험할 수 있다. 특히, 정책의사결정은 국민의 생명 또는 재산과 직결될 수 있다는 점에서 신중할 필요가 있다. 또한 인공지능은 사이버 공격에 취약할 수 있으며, 데이터가 오염되거나 오류가 있을 경우 오작동이 발생할 가능성이 상존하기 때문이다.

둘째, 디지털 전환이 의도하지 않은 새로운 사회 문제를 불러올 가능성이 있다는 것이다. 디지털 기술의 복잡성(complexity)과 급변성(volatility) 그리고 초연결성(hyper-connectivity)으로 인한 네트워크 효과를 가진다. 이는 파괴적 혁신을 가져오며 특성상 불평등이나 디지털 소외계층을 양성할 수 있는 개연성이 높다. 이에 대한 적절한 정책이나 제도적 처방을 대비하지 않으면 소위 새로운 사악한 문제(Wicked Problem)에 봉착할 가능성이 높다(Fountain, 2019).

요약하면, 디지털 전환은 사회의 패러다임의 전환 또는 기존의 질서를 강화할 수 있는 강력한 파괴적 혁신의 잠재력을 지니고 있는 것으로 보인다. 하지만 디지털 전환의 과정에서 잠재되어 있는 지연의 문제와 새로운 의도하지 않은 문제의 출연은 디지털 전환의 특성이나 양상을 다양하게 변주할 것으로 예상된다. 특히, 공공 부문의 디지털 전환은 공공성 추구라는 본령과 책임의 엄중함으로 인하여 전환의 속도나 질적인 측면을 달리할 것으로 예측된다. ICT 기술이 기존의 공공관료제의 조직과 제도의 관계에 미치는 연구들에 따르면, 디지털 기술이 기존의 조직과 제도에 혁신적인 변화를 가져오는 것은 아니라는 전망을 제시하기도 한다(Bovens & Zouridis, 2002). 또는 디지털 기술의 도입의 과정에서 기존의 관료제의 대응은 다양한 변형된 형태로 드러날 가능성도 높다(Fountain, 2004).

이와 같은 문제 상황에서 디지털 전환이 관료제에 미치는 영향에 대하여 이해하기 위해서는 우선 관료제 이론을 바탕으로 구조적으로 이해할 필요가 있다. 즉, 관료제라는 조직의 가치와 운영원리에 대한 구조적 질서에 대한 이해를 바탕으로 디지털플랫폼정부가 추구하는 디지털 전환이 관료제에 어떠한 변화를 가져올 것인지 살펴볼 수 있다는 것이다. 따라서 다음에서는 관료제에 대한 이론적 체계를 구조적으로 묘사하고자 한다. 이를 바탕으로 윤석열 정부가 지향하는 플랫폼 정부의 모습을 대입하여 이론적 관점에서 평가하고자 한다. 이러한 작업은 공공 부문에서 디지털 기술을 도입하는 것에 대한 이론적 이해를 도모할 뿐만 아니라 성공적인 플랫폼 정부의 구현을 위한 전략을 모색하는데 기여할 수 있을 것으로 기대된다.

2 관료제의 이해

1) 관료제의 특성과 의의

캠브리지 사전에 따르면 관료제는 규칙을 신중하게 따르도록 고용된 많은 수의 관료들에 의하여 운영되는 조직, 회사, 또는 국가를 관리하는 시스템을 의미한다. 또한 관료제는 한국민족대백과사전에 따르면 "합리성을 이념으로 조직된 대규모의 분업체제 내에서 특징적으로 나타나는 조직형태 또는 특정의 지배적 사회계층을 토대로 형성된 관리집단이 공리의 추구를 위해 조직한 행정조직"으로 표현된다. 이러한 정의는 "또는"을 기준으로 전자와 후자로 나누어 볼 수 있다. 전자의 관점은 관료제를 합리성이 지배하는 근대사회 이후의 지배적 조직체제를 의미하는 넓은 의미로 이해하며, 이러한 관점에서 포괄되는 조직형태는 행정관료제뿐만 아니라 민간기업, 군대, 노동조합 등 대규모 조직을 표상하는 것으로 이해된다. 즉, 넓은 의미의 관료제는 합리적 제도를 기반으로 운영되는 현대사회의 조직을 의미하는 기능상의 특성을 지칭한 것으로 해석된다. 한편, 후자의 경우에는 관료제를 좁은 의미로 이해한 것이며, 통상적으로 행정관료제를 지칭하는 것으로 이해할 수 있다. 본 장에서는 관료제를 좁은 의미로 이해한다.

관료제는 근대 정부의 지배적 체제로 등장하게 되는 데, 이러한 배경에는 사회역사적 환경변화와 베버(Max Weber)의 현대적 관료제 개념의 정립이 존재한다(한상일·정소윤, 2014). 베버는 19세기 서구사회가 발전하는 과정에서 현대화(modernization)가 필요하며, 현대화의 철학적 이념은 합리성에 있으며, 그 합리적 조직으로서의 전환을 지향하며 이념형(ideal type)으로서의 관료제를 제시하였다(Weber, 1978). 이상적인 조직체계로 관료제를 지지하는 주요한 축에는 법치주의가 존재한다. 그가 생존했던 시대에는 종교에 의한 지배, 힘이나 카리스마에 의한 지배 형태가 역사적으로 존속되고 있었는 데, 그러한 지배방식이 가지고 있는 지속불가능성을 통렬히 지적하며 베버는 낡은 지배 방식에서 새로운 지배방식으로 나아가야함을 역설하였다. 즉, 한 개인의 통치에 의존하는 지배방식(힘이나, 카리스마)이나 종교에 의한 지배(비이성적)는 지배자의 주관적 의사가 강하게 반영된다. 또한, 비록 지배자가 성군(聖君)이라 하더라도 지배자의 수명에 의하여 조직의 건전성이 좌우된다는 점에서 조직의 지속가능성이 현격하게 떨어지게 된다.

베버는 법(law)이라는 민주적 체제로부터 합리적으로 구성된 정당한 권위로부터 지배하는 질서를 기본적인 통치 질서의 근간으로 보았다. 즉, 정당한 권위에 의하여 설계된 합리적 질서에 의해 통치될 때, 조직의 지속발전가능성이 확보될 수 있을 것이라 믿고 이념형으로서 관료제를 제시하였다. 이러한 점에서 보면 관료제는 합리주의와 법치주의에 기반하고 있는 것으로 해석된다. 즉, 관료제는 근대이성의 정신으로 요약되는 합리주의와 근대 민주주의 혁명의 결과로 잉태된 입헌민주주의에 기반한 법치주의의 질서를 옹호하는 결과물로서 제시되고 있다.

관료제는 다음과 같은 특징을 가지고 있다(Weber, 1978; 임도빈, 2000).

첫째, 법치주의이다. 법규에 근거한 책임과 의무에 기반하여 배분된 업무를 규칙적이고 계속적으로 처리한다. 과학적 합리주의와 시민사회의 성장과 입헌민주주의가 확립되었으며, 그에 따라 법에 의한 지배가 가장 합리적인 것으로 여겨지게 되었다. 그 결과 법에 의한 통치가 가장 합리적이라는 믿음이 구체화된 것으로 이해할 수 있다.

둘째, 명확한 위계적 조직구조이다. 법치주의에 의한 지배를 확보하기 위해서는 법을 수호할 수 있는 조직을 만드는 것은 필수적이며, 이를 위하여 요청되는 요건 중 하나가 위계적 조직구조이다. 위계적 조직구조는 법에 의한 지배를 사회에 적용하기 위해 논리적 귀결이다. 즉, 입헌민주주의에 기초하여 입법부가 형성한 법을 명확하고 정확하게 집행하기 위해서는 위계적 조직이 필수적이다. 상위의 명령을 명확하게 집행할 수 있는 위계적 질서를 필요로 한다.

셋째, 모든 업무는 종이문서에 근거하여 이루어진다. 법치를 수호하기 위해서는 법적 근거에 의거하여 명확하게 이루어져야 하고, 이에 대한 책임성을 확보하기 위해서는 서류문서에 의존하여야 한다. 서류는 말과 달리 문서로 기록되고 보관되어 일관되며 명확하고 객관적으로 보관된다. 이를 통하여 행정의 책임확보가 수월하게 되며, 원활한 업무수행이 이루어지는 것을 보장한다.

넷째, 관료제의 활동은 전문적이며 특수한 훈련을 바탕으로 한다. 근대산업사회는 분업의 가치와 필요성을 적극적으로 인정하게 되었다. 관료제도 마찬가지이며 복잡한 행정을 분업을 통하여 수행할 경우 효과적이고 효율적일 수 있다는 것을 받아들이게 되었다. 이에 따라 관료조직도 전문성을 바탕으로 분업화된 구조로 이루어지게 된다.

다섯째, 관료제는 구성원은 전일제(full time)로 근무하게 된다. 관료제의 구성원은 전문성을 바탕으로 행정의 전문적 수행을 위하여 해당 책임에 전적으로 몰입해서 일을 할 수 있게 여건이 구성되어야 하며, 그것의 핵심적 요건이 전일제이다. 이전의 행정조직은 전일제의 개념이 모호했다. 하지만 조직구성원을 전일제로 근무하게 하여 해당 업무에 전문성을 키우고 책임성을 확보할 수 있을 뿐만 아니라 생애에 걸친 적절한 보상을 지급하여 이해관계로부터 자유롭게 하여 공정하고 객관적으로 일을 수행할 수 있게 보장하는 계기가 된다고 보았다.

여섯째, 관료의 직무수행은 자세한 일반법규에 근거하여 수행된다. 관료제는 법치주의의 지배에 의하여 합리적으로 운영되는 것을 중시한다. 따라서 관료제의 관료는 개인의 주관적인 생각이나 정서에 의한 판단이나 업무수행을 정념하며, 관료제의 직무수행은 개인의 정념이나 주관적 판단이 아닌 자세하게 구성된 일반법규에 의하여 수행하게 된다.

이러한 맥락에서 막스 베버는 비인격적 경영(impersonal management)을 조직의 운영원리로 제시하였다. 비인격적 경영의 의미는 비공식적이 아닌 공식화된 형식적인 경영이다. 공식화의 구체화된 형태는 법과 규칙에 의해서이다. 그리고 공식화된 역할과 책임이 부여되며, 그에 따라 위계화된 조직질서를 구축한다. 따라서 권위(authority)는 법과 규칙에 따라 부여된 질서에 의하여 정하여진다. 해당 직위에 인력배치는 비공식적 관계 -개인적 관계나 정념이 개입되는 관계-가 아닌 오직 개인의 전문적 역량에 의하여 정해진다. 요약하면 개인이 가지고 있는 친분이나 정념(情念)에 의한 일처리가 아닌 비인격적 경영이 공직자의 조직 운영의 핵심적인 태도이다.

이상적으로 보면 관료제는 선거에 의하여 당선된 대표자의 비전과 목표를 달성하는 효율적인 조직으로 이해된다. 즉, 그들은 실적주의와 직업공무원제라는 정치적 신분 보장을 바탕으로, 정치적 지도자에 의해 결정된 상위법과 정책의사결정을 효율적으로 설계하고 효과적으로 집행하는 전문조직으로 이해되었다.

한편, 막스 베버는 관료제를 쇠우리(iron cage)로 묘사하며, 미래 관료제에 대한 역설적 전망을 제시하기도 하였다(임의영, 2016). 합리성을 기준으로 정렬된 관료제는 기술적으로는 문제해결능력이 우수할 것이지만, 이런 면이 오히려 구성원들의 자유를 속박하고, 대외적으로는 민주주의의 위협이 될 수 있다는 것이다. 즉, 관료제의 문서주의와 합리적 절차의 강조는 적시의 행정을 집행하지 못하게 하여 행정의 효율성을 떨어뜨릴 수 있음을 지적하였다. 그리고, 관료제의 비정의적인 면에도 불구하고 이를 사적 이익을 위하여 활용하려는 사람은 계속 등장할 것이며 이것이 민주주의에 위협이 될 것으로 전망하였다. 또한 관료제화의 진행은 조직구성원을 도구화시켜 인간의 자율성을 무력화시킬 수 있다는 것이다. 즉, 관료제의 효율성 추구와 국민에 대한 통제는 국민을 쇠우리(iron cage)에 가두어 개인 자유를 제한할 수 있음을 우려한다.

이러한 이념적 관료제(ideal type bureaucracy)에 대한 제안을 바탕으로 실제 관료제는 지배적인 조직운영체제로 세계에 확산되었다. 특히, 정부 관료제는 유럽의 전제군주국가에서 등장한 후, 근대합리주의, 산업혁명, 민주주의 혁명을 거쳐 현대사회의 대표적인 지배체제로 등장하게 된다. 그리고, 1,2차 세계대전 그리고 미국의 대공황을 거치면서 행정부의 권한이 급격하게 확대되며 더욱 힘을 얻게 되었다. 그 과정에서 사회문제 해결에 있어서 핵심적인 역할을 수행하는 시스템으로 전 세계에 널리 확산되게 되었다. 국내에서는 일본식 군국주의식 관료적 지배체제에서 해방 이후 미국식 관료체제가 급격하게 도입되었다. 특히, 세계사적 관점에서 보면 서구국가를 기준으로 보면 1960년대 복지국가를 추구하면서 규모나 역할에 있어서 극대화된 역할과 책임을 부여받았다.

2) 관료제에 대한 비판

1970년대 이후에 세계경제에 가시화된 경제위기와 그로 인한 스태그플레이션과 저성장 시대의 도래는 이제까지의 성장방식과 조직의 운영원리에 대한 비판적 시각을 가지게 하기에 충분한 계기가 되었다. 특히, 경제실패의 원인으로 정부부문의 과도한 재정지출과 부정부패 그리고 정부서비스의 비효율성에 대한 비판적 시각이 점차 높아지게 되었다. 이로 인하여 관료제에 대한 비판적 연구와 인식이 설득력을 얻게 되었다. 이와 관련된 주요 쟁점들을 제시하면 다음과 같다.

첫째, 관료제의 합리성에 대한 비판이다. 애초의 관료제는 합리적인 관료들이 위계질서 하에서 합리적으로 배분된 권한과 책임을 바탕으로 업무를 효율적으로 수행하여 높은 성과를 거두는 것을 전제한다. 실제 그러한 질서 하에서 현대사회의 조직(예를 들어, 군대)은 수십만 명 이상의 조직을 지휘하는 체계가 가능한 것이기도 하였다. 그러나, 관료(bureaucrat)가 합리적이지 않을 경우가 실제에서 관찰되기는 쉬운 일이다. 즉, 관료제의 관료가 권위주의적 의식에 젖어 있다거나, 비공식적 인연(예를 들어, 학연·혈연·지연)에 의한 의사결정을 한다거나, 업무에 무능하거나 관심이 없거나 게으른 경우는 비일비재하기 때문에 합리적으로 운영되지 않는 경우가 쉽게 발견되는 것이었다. 더욱이 관료제의 위계질서는 책임과 권한이 상층부에 집중되기 때문에 부정부패의 문제가 나타나기도 하였다. 부정부패를 명확히 정의하기는 어렵지만 본질적인 현상은 공적권한을 사용하는데 공익을 간과하고 사익을 추구하는 것으로 이해될 수 있다. 그런 점에서 관료제 하에서 관료의 비합리적인 면은 합리성을 추구하는 관료제의 중요한 비판적 지점이 되었다.

이러한 비합리적인 면은 파킨슨의 법칙(Parkinson's law)으로 표현되기도 하였다(Shaw et al., 1962). 즉, 자신의 권한을 극대화하기를 원하는 관료는 합리적 조직관리와 무관하게 자신의 권한을 확장하기 위하여 조직의 확장을 원하게 되고 그것이 자신의 부하를 확대하는 것을 원하게 된다는 법칙이다. 파킨슨은 영국 해군성 사례에 대한 연구를 바탕으로 해군성의 군함은 절반이상 감소하였지만 해군성 공무원의 수는 1.5배 이상 증가한 것을 보고, 객관적 직무는 줄었지만 사람은 늘어난 현상을 설명하기 위하여 제시된 법칙이다.

둘째, 관료제가 과연 전문적인가 하는 것에 대한 비판이다. 관료제는 위계질서를 바탕으로 분업화된 피라미드 형태로 구성된다. 해당업무를 반복적으로 수행하면 전문성이 증대되지만, 시간이 흐름에 따라 관료들은 생애주기에 따라 승진과 자리이동 은퇴를 하게 된다. 이러한 과정에서 드러나는 관료제의 무능함을 설명하는 법칙이 바로 피터의 법칙(Peter Principle)이다(Peter & Hull, 1969). 승진하는 과정은 과거의 실적을 바탕으로 이루어지지만 승진한 이후의 새로운 직책과 업무에 적응하지 못해 더이상 승진하지 못하게 되면 무능한 사람만이 해당 직책에 남게 된다는 법칙이다. 즉, 관료제의 체계는 직원을 자신의 무능함이 극에 달하는 지점에서 승진을 멈추게 된다는 것이다. 이러한 점에서 보면 관료제는 전문성이 부족한 관료를 배치하게 되어 효율적으로 성과를 창출하지 못하게 된다는 것이다.

셋째, 레드 테이프(Red tape)라 불리는 관료제의 형식주의, 서면주의, 문서 만능주의에 대한 비판이다. 즉, 문서나 서면을 중시하는 관료제의 업무 관행으로 인하여 지나치게 시간을 소진하게 되며, 효율적인 업무 수행 및 의사소통을 저해하게 되는 현상을 지칭한다. 즉, 실제 행정의 성과나 사회적 영향에는 관심이 없고, 형식적인 문서나 절차만 중시하여 오히려 행정의 효율이 저하되고 책임확보가 어려운 상황, 즉 본말전도에 대한 비판이다.

넷째, 할거주의라 불리는 부처이기주의이다. 부처이기주의는 자신이 소속감을 느끼는 부처나 소속 부서만을 생각하고 타부처나 타기관과의 협력이나 시너지에 대해서는 무관심한 현상을 일컫는다. 부처 간 경쟁은 긍정적인 면도 찾을 수 있지만, 부처 관할권을 둘러싼 경쟁이나 부처 이기주의로 인하여 자원이 비효율적으로 배분되고 부처 간 자원경쟁으로 궁극적 목적인 국민에 대한 공적 서비스가 소외된다는 비판이다. 요약하면 관료제의 기계적인 면은 다양한 부서와 기계적 조직을 만들었고 지엽적인 이해관계에 대한 매몰로 인하여 공익이 침해되고 있다고 볼 수 있다.

다섯째, 복지부동에 대한 비판이다. 위계질서 하에 분권화된 관료조직은 역할과 책임을 명확하게 배분하며, 여기에 속한 관료는 자신의 역할과 책임을 최소한으로만 수행하려는 경향이 나타난다는 것이다. 이러한 태도는 일상적 업무에서는 큰 문제가 되지 않지만 위급한 상황이나 혁신과 변화가 필요할 때에는 복지부동으로 나타나며, 이는 관료제의 효율성을 떨어뜨리는 원인이 된다.

이상과 같은 관료제에 대한 비판은 관료제가 애초에 기반을 두고 있는 합리주의와 민주주의를 실현할 수 있는 가장 효율적인 수단이라는 이상적 목적에 의심을 갖기에 충분한 것이었다. 즉, 비합리적인 관료의 행태와 구조는 효율적인 성과창출을 하기 어렵다는 의식을 갖게 하였으며, 그 결과 공공관료제가 민주적 이상을 구현할 수 있다는 신념이 불식되기에 충분한 것이었다. 관료제에 대한 비판을 바탕으로 여러 가지 대안적 조직운영원리나 방안들이 다양하게 제시되었다. 그러한 대안들 가운데 하나가 디지털 도구를 활용한 관료제 개혁이다.

3 플랫폼 정부에서의 관료제 개혁

디지털플랫폼정부의 지향(orientation)은 기존의 현실 관료제에 대한 문제의식에서 출발한다. 전술한 디플정이 인식하는 기존의 현실 관료제에 대한 문제점에 대한 극복 방향을 정리하면 다음과 같다.

첫 번째의 문제점은 데이터 칸막이다. 데이터 칸막이가 발생하는 배경에는 부처할거주의 또는 사일로 효과(Silo effect)와 관련이 깊다. 즉, 위계적으로 분업화된 관료체계에서 관료들은 분할된 부처를 중심으로 조직정체성(organizational identity)을 획득한다. 그리고 관할권 경쟁은 부처 간 경쟁의식이 강화하게 된다. 이러한 현상은 부처 간, 조직 간 정보교류와 소통을 저해하고 부처할거주의라는 현상을 탄생시키는 것이다. 이러한 현상의 연장에서 데이터 칸막이, 즉 부처가 가진 데이터를 공공기관을 포함한 부처 밖의 외부기관과 공유하지 않는 현상이 발생하는 것이다. 이러한 데이터 칸막이 현상에 대하여 디플정은 법제도 개선을 통하여 데이터 장벽을 제거하고, 행정 내부적으로는 데이터 시스템을 통합하여 연결, 융합하여 활용할 수 있도록 의도하고 있다.

두 번째의 문제점으로 지적된 부분은 아날로그 방식의 행정이다. 이는 일하는 방식을 공급자 관점에서 수요자 관점으로 전환하고 모든 것을 디지털을 기본으로 한다는 방침 하에 행정서비스를 연결·통합하여 제공하려는 것으로 구체화되어 나타나고 있다. 디지털 전환은 단순한 종이문서의 감소만을 의미하지는 않는다. 정부업무가 디지털화된다는 것은 디지털의 특성을 활용하여 다른 정보와 쉽게 연계될 수 있다는 것을 의미한다. 디지털화 과정을 통하여 행정정보가 쉽게 연결되어 복잡하고 오래 걸리는 일을 쉽고 빠르게 처리할 수 있게 되며, 나아가 새로운 가치를 창출할 수 있는 토대가 될 것이다. 또한 정부의 일하는 방식도 개선되는데 이것은 이러한 개혁방안은 세 번째 문제점과 연계되어 있다.

세 번째 문제점으로 지적된 부분은 정부의 일방적 소통 방식이다. 정책문제의 인식, 해결방안의 모색, 정책결정과정에서 과거와 달리 다양한 주체들을 참여시켜 전문성을 강화하고 혁신적인 아이디어와 기술을 정책문제에 도입하겠다는 계획이다. 실제로 디플정은 이러한 문제의식에 기초하여 기획단계에서부터 학계와 전문가, 시민사회뿐만 아니라 기업, 특히 플랫폼 분야의 기업들의 전문가들을 대폭 참여시켜 다양한 현장의 목소리가 반영된 실행계획이 도출될 수 있도록 구조화시켜 추진되고 있다. 다만, 실질 정책집행은 기존의 행정부처가 주도한다는 점에서 이것이 과거와 어떤 차이를 만들어 낼지에 대하여 조금 더 지켜볼 필요가 있다.

네 번째 문제점으로 지적된 부분은 정부투자와 국민경제 성장의 미비한 인과관계이다. 그동안 정부는 시장질서를 관리하는 것을 중심으로 민간사회에 개입하여 왔지만, 정부데이터와 정부서비스를 민간기업과 직접적으로 연계하여 정부산업을 육성하겠다는 계획을 제시하고 있다. 디플정의 실현계획에서는 GovTech 사업 등 해당 실현계획의 사업화가 제시되고 있으며, 향후 SaaS 기업 1만 개 육성이라는 야심찬 계획을 통하여 디플정 사업이 정부 내 사업뿐만 정부자체를 수출할 수 있는 새로운 가치를 창출할 수 있는 사업분야로 제시되고 있다.

이와 같은 관료제에 대한 문제점 인식과 극복방향을 통하여 이상적으로 이루어진다면 다음과 같은 관료제의 개혁이 발생할 것으로 기대된다.

첫 번째는 분업화된 기계적 관료제에서 통합 및 융합된 플랫폼 관료제이다. 플랫폼 관료제는 분업화에 따른 중복과 사일로 효과를 제거하고 국민(수요자)의 요구에 즉각적으로 대응할 수 있는 효율적인 관료제이다. 플랫폼을 중심으로 공급자(정부 등)와 수요자(국민)의 제약 없이 소통할 수 있으며, 이를 바탕으로 맞춤형 서비스를 제공할 수 있게 된다. 정부는 기업 등과 협력하여 편리하게 효과적으로 국민서비스를 제공할 수 있게 된다. 또한 초거대 AI 등 인공지능 기술을 활용하여 비용을 줄이고 기민하게 정부의사결정을 수행할 수 있게 된다. 이러한 변화를 통하여 전보다 국민의 편익이 극대화 될 것으로 기대된다.

두 번째는 일방향적 관료제에서 협업하는 관료제로의 전환이다. 과거의 관료제는 일방향적 행정을 통하여 정책문제를 해결했다면, 플랫폼에 기반한 관료제는 정책문제를 사회의 주요한 주체와 함께 협업하여 정책문제를 해결하는 형태가 좀 더 많아질 것으로 기대된다. 국민, 기업 등 사회의 주요한 주체들과 함께 정책을 기획, 집행할 가능성이 높아질 것이다. 즉, 플랫폼을 통해 실시간으로 소통하여 정책문제 해결을 위하여 정보와 자원을 교환하고 협력적 의사결정을 통하여 정책결정 및 해결책을 마련하게 된다는 것이다.

세 번째는 경제적 가치를 창출하는 정부로 진화할 것으로 기대된다. 이제까지 정부는 시장 실패를 보완하고 국민의 생명과 재산을 확보하는 공공적 가치에 초점을 맞추어 활동을 구성하여 왔다. 그러나, 윤석열 정부의 플랫폼 정부는 단순히 공공적 가치를 수호하는 것뿐만 아니라 나아가 정부부문에 광범위하게 산포하는 공공데이터를 활용하여 새로운 경제적 가치를 창출할 수 있는 GovTech 산업에 적극적으로 나설 것으로 기대된다.

제4절 디지털플랫폼정부는 관료제를 어떻게 변화시킬 것인가?

1 관료제와 디지털플랫폼정부의 비교

앞선 논의에서는 기존의 관료제 질서에 대해 서술하였다. 베버의 이념적 관료제에 대한 기술을 바탕으로 현실 관료제에서는 어떤 비판들이 등장하고 있는지를 살펴보았다. 또한 최근 디플정이 제시한 관료제에 대한 문제의식을 구체적으로 살피고, 정부의 일하는 방식의 혁신이 앞으로 관료제의 어떤 면들을 변화시킬 것인지에 대하여 살펴보았다. 이러한 논의를 종합하고 비교하기 위하여 이념형 관료제, 현실 관료제, 플랫폼 정부의 관료제를 등장배경, 가치지향, 운영원리, 조직질서, 일하는 방식, 관료행태를 중심으로 재정리하고자 한다.

우선 등장배경이다. 이념형 관료제는 과거 힘에 의한 통치나 종교에 대한 통치에 대한 비판으로부터 등장하였으며, 현실 관료제에 대한 비판의식은 현실의 관료제가 실패하고 있는 현상, 즉 정부실패로부터 등장하였다. 한편 플랫폼 정부의 관료제는 기존 현실의 정부실패에 더하여 기존의 한국정부에서 추진해오던 전자정부 정책의 한계점에서 그 문제의식을 찾고 있다.

두 번째는 가치지향이다. 이념형 관료제의 가치지향은 합리주의와 민주적 질서에서 형성된 공익에 대한 지향이 존재한다. 현실 관료제에서도 이는 마찬가지이다. 현실 관료제에 대한 비판의 근거가 바로 합리적 질서에 위배되거나 관료가 공익을 추구하지 않는 행동에 대한 비판에서 나타나기 때문이다. 플랫폼 정부에서도 합리주의적 관점과 공익을 추구하는 것은 동일하다. 여기서 플랫폼 정부는 정부가 정부산업을 통해 시장과 기업에 경제적 활력을 부여하겠다는 역할을 직접적으로 제시하고 있으며, 이는 확장된 의미의 합리주의와 공익으로 이해할 수 있을 것이다.

세 번째는 운영원리이다. 이념형 관료제는 입헌민주주의 하에서 구성된 법치주의를 운영원리로 제시하고 있다. 관료제에 대한 비판의 입장에서도 입헌민주주의와 법치주의를 옹호하고 있지만 관점에 따라 시장의 질서를 옹호한다거나 과도한 규제를 반대하는 입장으로 변주되어 나타나기도 한다. 플랫폼 정부에서도 입헌민주주의와 법치주의의 관점에서 개혁방안을 제시하고 있다는 점에서는 동일하다. 하지만 민간기업과 협업을 강조하고, 성과를 정량화하는 등 정부운영에 시장의 원리를 도입하는 것에 긍정적인 입장으로 평가할 수 있다.

네 번째는 조직질서이다. 이념형 관료제의 조직질서는 기계적 조직을 구성하면 효율적으로 일할 수 있다는 신념 하에 위계적 조직질서를 중심으로 조직업무를 분업화하고 전문화하여 업무를 수행하는 것이 핵심이다. 현실 관료제는 이러한 조직운영방식이 부처이기주의(사일로 효과)와 권위주의를 나았다고 비판하며, 다양한 형태의 조직 운영원리를 대안으로 제시한다. 플랫폼 정부에서는 현실 관료제에 대한 비판을 계승하며 데이터 간 융합을 통해 부처 간 경계를 허물고, 민간과 협업하여 권위적 질서를 타파하는 조직질서를 만들기 위하여 노력하고 있다.

다섯 번째는 일하는 방식이다. 이념형 관료제에서의 일하는 방식은 관료들이 전일제 직업으로 일하며, 위계적 질서에 따라 엄격한 절차에 근거(문서주의)하여 일을 하게 된다. 한편 현실 관료제에 대한 비판은 이러한 일하는 방식이 레드 테이프 또는 형식주의를 낳고 있으며, 관료들이 규정과 절차에만 천착하는 복지부동 행태를 낳고 있다고 비판한다. 플랫폼 정부에서는 디지털을 기본으로 하여 문서주의의 폐단을 줄이고, 데이터 융합과 민관협업을 통해 일하는 방식을 혁신하겠다고 계획하고 있다.

여섯 번째는 관료들의 행태이다. 이념형 관료제에서의 관료는 비정의적 특성을 가지고 법과 원칙에 따라 공정하고 객관적으로 행정을 집행하는 모습으로 그려진다. 하지만 현실 관료제에 대한 비판에서 관료는 비합리적인 의사결정과 행동을 하는 존재로 나타나며, 피터의 법칙(Peter principle)에서 묘사된 것처럼 자신의 전문성을 발휘하기 어려운 위치까지 승진하여, 전문성이 떨어지는 존재로 그려진다. 플랫폼 정부에서의 관료는 디지털 기술을 적극적으로 활용할 수 있는 전문성 높은 관료로 그려지며, 최신의 과학적 성과를 적절하게 활용하여 최적의 의사결정을 수행하는 합리적 존재로 나타나고 있다.

〈표 5-2〉 이념형, 현실 관료제 그리고 플랫폼 정부에서의 관료제 비교

구분	이념형 관료제	현실 관료제 비판	플랫폼정부
등장배경	종교, 힘에 의한 지배에 의한 비판	정부실패	정부실패, 전자정부의 한계
가치지향	합리주의, 공익	합리주의, 공익	확장된 합리주의, 공익
운영원리	입헌민주주의, 법치주의	입헌민주주의, 법치주의, 시장원리	입헌민주주의, 법치주의, 시장원리
조직질서	위계적 조직구조, 분업화	권위주의, 부처이기주의	민관협업, 경계없음
일하는방식	문서주의, 전일제	레드 테이프, 복지부동	디지털 기본, 데이터융합
관료	전문가, 비인격적 경영	비합리적 의사결정, 비전문성	증거기반, 협치소통

2 시사점

위와 같은 비교를 바탕으로 현재의 플랫폼 정부에서 그리는 관료제에 대하여 다음과 같은 시사점을 제시할 수 있다. 첫째, 기존의 관료제와 플랫폼 정부가 추구하는 가치지향과 운영원리는 대동소이하다는 것을 확인할 수 있다. 즉, 합리주의와 입헌민주주의에 기반한 법치질서를 옹호하고 이상적인 모습을 추구한다는 점에서는 유사하다고 평가할 수 있다. 이러한 유사함은 디플정의 가치와 추구목표가 기존의 사회가 추구하는 가치의 연장에서 이해할 수 있다는 것을 의미한다.

하지만 이를 실현하고자 하는 수단에서 큰 차이가 존재한다는 것이 두 번째의 시사점이다. 합리적 질서를 구현하기 위한 이상적인 수단으로 과거에는 기계적 모습의 관료제를 그렸다면 현재의 플랫폼 정부는 플랫폼 산업의 역동적이고 효율적인 운영원리를 정부부문에 도입하려 한다는 점에서 큰 차이가 존재한다. 특히, 디지털 기술이 가지고 있는 특성이라 할 수 있는 초연결성과 초융합성을 정부부문에 도입하려한다는 점이 특징적이다. 이를 통하여 분업화된 업무구조와 사일로 효과, 일방향적 업무관행과 문서주의는 파괴적으로 혁신될 것으로 기대되고 있다.

이를 종합하여 세 번째 시사점으로 미래의 플랫폼 정부는 현재의 관료제를 어떻게 바꿀 것인가에 대하여 다음과 같이 전망해 볼 수 있을 것이다. 우선, 플랫폼 정부의 모습이 현재의 관료제와 전혀 다른 새로운 패러다임으로 이해할 수 있는 것인가에 대하여 현재는 회의적으로 평가할 수 있을 것이다. 추구하는 가치지향과 운영원리가 유사하기 때문에 전혀 새로운 사고방식으로 전환되는 것은 아니라는 전망을 제시할 수 있을 것이다. 하지만 그것을 구현하는 수단은 다르다는 점에서 유추해보면, 미래 플랫폼 정부의 모습은 이념형 관료제의 이상적 모습을 지지하는 형태로 나아갈 가능성이 크다. 즉, 관료의 비정의적 특성은 빅데이터와 인공지능 분석에 기반한 증거기반의사결정(evidenc-based decision making)의 형태로 구현될 수 있을 것이며, 관료의 법치주의의 질서에서 중시되는 책임성 확보와 문서주의는 디지털 흔적을 바탕으로 투명하게 반영구적으로 보존될 수 있을 것이다. 정부서비스와 정책의사결정은 관료의 비합리적인면과 부서 간 경쟁으로 인한 비효율성을 경감시켜 이상적인 관료제가 추구하는 모습에 가까워질 수 있을 것으로 전망된다.

그럼에도 불구하고 실제 디플정이 그리는 이상적인 모습이 구현될 것인가는 속단하기는 어렵다. 이는 실제구현과정 또는 집행의 문제와 관련이 될 것이다. 달리 말하면 디플정 계획의 추진과정에서 발생할 수 있는 잠재적 위협요소를 어떻게 통제하고 원활하게 추진할 수 있을 것인가의, 또는 될 것인가의 문제와 연결된다. 집행과정에서 주의할 필요가 있는 이슈는 크게 네 가지로 다시 구분할 수 있다.

첫 번째는 무엇보다 공공의 가치가 시장의 가치에 의해 잠식되거나 침해되어서는 안되게 조화로운 관계를 형성할 수 있어야 할 것이다. 디플정은 공공의 성과와 동시에 정부투자가 기업의 성과와 연결될 수 있도록 혁신적인 시도를 하고 있다. 이를 위해 이번 디플정의 위촉위원과 분과위원 중 상당수가 기업의 전문가들을 초빙하였다. 하지만 정부의 본령은 공공가치의 수호에 있으며, 시장실패를 통제할 수 있는 현대사회의 가장 중요한 역할을 수행하고 있음을 잊어서는 안 될 것이다. 자칫 철의 삼각(Iron triangle)이 시사하는 것처럼 시장에 의하여 정부가 잠식되거나 플랫폼 기업의 이해관계에 잠김효과(lock-in effect)가 발생할 경우를 예방할 수 있도록 투명하고 공정한 관리와 집행이 요청된다.

두 번째는 정치권의 협력이다. 이를 위해서는 무엇보다 대통령의 지속적인 관심과 리더십의 발휘가 요청된다. 디플정에서 제시하는 개혁 또한 정부개혁의 연장에서 이해될 수 있다. 정부개혁이 성공적으로 완성되기 위해서는 무엇보다 대통령의 지속적인 관심과 의지표명은 필수적인 요소이다. 그리고 디플정이 실현되기 위해서는 다양한 법제도의 개혁은 필수적이다. 입법의 권한을 가진 국회와의 협력이 필수적이다.

세 번째는 기존의 관료들의 자발적인 동참이다. 성공적인 디지털 전환을 위해서는 무엇보다 조직문화가 디지털 사고와 일하는 방식에 익숙해질 수 있게 변화에 순응할 필요가 있다. 관료들은 오랫동안 관료문화에 익숙하며, 형성된 일하는 방식에 익숙하다는 점은 알려진 사실이다. 변화를 위해서는 유연하고 관용적인 문화와 함께 변화를 추동할 수 있는 인센티브가 필요할 것이다. 그리고 관료들이 대통령의 임기내에 성과를 거두어야 한다는 부담감으로 관료에게 익숙한 일을 우선하고 디지털플랫폼에 반드시 필요한 일을 지연시키는 우를 범해서는 안될 것이다.

네 번째는 민주적 통제에 기반한 디플정 추진이다. 베버는 관료제에 대하여 관료제의 비인격적 특성과 한번 성립되면 파괴하기 어려운 정밀한 기계적 속성은 권력에만 봉사할 수 있음을 우려하였다. 또한 관료제의 비밀주의는 권력적 지위를 만든다는 특성이 있다고 지적하였다. 이러한 관료제는 쇠우리가 되어 민주주의에 위협이 될 수 있음을 경고한 바 있다. 이러한 가능성은 디플정이 그려가는 정부에서도 지속될 가능성이 있다. 디지털 기술에 기반한 전문성의 심화와 감시사회의 출현 가능성, 알고리즘의 불투명성, 특정 집단과의 유착은 관료제에 대한 민주적 통제를 상실할 우려가 일으킨다. 투명한 정보공개, 시민참여, 명확한 책임체계를 통한 거버넌스의 확립 등을 통한 민주적 통제를 강화할 필요성이 있다.

제5절 결론

이 장에서는 윤석열 정부의 디플정이 현재의 정부관료제를 어떻게 변화시킬 것인가에 대하여 살펴보았다. 플랫폼 정부는 디지털 기술이라는 혁신적인 도구를 활용하여 디지털플랫폼이라는 인프라 안에서 지금 관료제가 처한 여러 어려움들을 극복하기 위해 노력한다. 그동안 아날로그를 중심으로 이루어지던 행정관행을 디지털 중심으로 전환하기 위하여 법제도의 개선에 적극적으로 나선다. 관료제의 부처할거주의로 요약되는 사일로 효과를 데이터 간 연결과 경계를 제거하여 극복하려 하고, 플랫폼의 쌍방향소통 기술을 활용하여 정부의 일방향적 행정관행을 타개(打開)하려 한다. 그리고 정부활동이 경제적 성과로 연결하기 위하여 직접적인 투자와 성과창출 그리고 기업과의 연계를 시도한다. 이러한 노력들이 관료제를 어떻게 변화시킬 것인가에 관하여 여기에서는 관료제의 특성을 위계적으로 살펴보았다. 그리고 디플정의 노력들이 관료제를 어떻게 변화시킬 것인가에 대하여 탐색적으로 살펴보았다. 그 결과 플랫폼 정부는 기존의 관료제적 질서를 새로운 질서로 교체하는 패러다임의 전환이 아닌, 관료제가 옹호하는 공공가치, 합리주의와 법치주의를 옹호하는 새로운 수단이 될 것에 가까울 것으로 해설하고 있다. 나아가 말미에는 성공적인 디플정의 관료제 혁신을 위하여 대통령의 지속적인 관심과 정치권의 협조를 통한 법제도의 성공적인 개혁이 필요하며, 관료제 내부에서의 관료들의 순응을 유도하기 위한 관료문화적 고려가 필요함을 제시하였다. 무엇보다 플랫폼정부가 국민의 권익을 옹호하고 복지를 신장하기 위한 민주적 장치로 기능하기 위하여 민주적 통제가 필요함을 강조하며 논의를 마치고 있다. 그럼에도 불구하고, 여기에서는 그 자체로 한계를 가진다. 첫 번째는 시간의 문제이다. 실제 디플정이 구현된 것이 아니기에 예측에 불과하다는 한계를 가진다. 그리고 디지털 기술이라는 수단을 통한 관료제 변화가 장기에는 사고방식까지 근본적으로 바뀌게 될 것인지에 대해서는 아직까지 미지수이다. 두 번째는 자료의 한계이다. 관료제와 디플정의 비교의 주된 근거는 공식문서에 근거하여 이루어졌다. 하지만 실제 정부현장에서 어떤 현상이 발생하고, 이를 수용하고 활용하는 주체들에게서 어떤 인식과 반응이 존재하는지를 담아내지 못하였다는 점에 한계가 존재한다.

〈참고문헌〉

이지형·박형준·남태우(2020). 네트워크 거버넌스의 진화? 플랫폼 정부 모델과 전략 분석: "광화문 1번가"를 중심으로. 「한국행정연구」, 29(2), 61-96.

임도빈(2000). 신공공관리론과 베버 관료제이론의 비교. 「행정논총」, 38(1), 51-72.

임의영(2016). 관료제의 합리화 역설: M. Weber의 고전적 논의와 U. Beck의 위험사회론을 중심으로. 「행정논총」, 54(2), 149-180.

정충식(2015). 「전자정부론」(제4판). 서울: 서울경제경영.

한상일·정소윤(2014). 관료제와 행정민주주의: 한국적 맥락에서의 공공가치의 실현을 위한 제도적 설계. 「정부학연구」, 20(2), 3-33.

황성수·은종환(2023). 디지털플랫폼정부 실현계획의 특성과 전략, 2023년 「한국정책학회 하계학술대회 발표논문집」. 서울: 한국정책학회.

Agarwal, P. K. (2018). Public administration challenges in the world of AI and bots. Public Administration Review, 78(6), 917-921.

Bostrom, N. (2014). Superintelligence: Paths, Dangers, Strategies — JOYK Joy of Geek, Geek News, Link all geek. joyk.com. https://www.joyk.com/dig/detail/1608141862499156

Bovens, M., & Zouridis, S. (2002). From street-level to system-level bureaucracies: How information and communication technology is transforming administrative discretion and constitutional control. Public Administration Review, 62(2), 174-184.

Bozeman, B. (1993). A Theory Of Government "Red Tape." Journal of Public Administration Research and Theory, 3(3), 273-304.

Du Gay, P. (2005). The Values of Bureaucracy. Oxford University Press.

Dunleavy, P., Margetts, H., Bastow, S., & Tinkler, J. (2005). New Public Management Is Dead—Long Live Digital-Era Governance. Journal of Public Administration Research and Theory, 16(3), 467-494.

Eggers, W. D., Schatsky, D., & Viechnicki, P. (2017a). AI-augmented government. Using cognitive technologies to redesign public sector work. Deloitte Center for Government Insights, 1, 24.

Eggers, W. D., Schatsky, D., & Viechnicki, P. (2017b). AI augmented government: using cognitive technologies to redesign public sector work. Deloitte Center for Government Insights.

Eom, S.-J. (2022). The Emerging Digital Twin Bureaucracy in the 21st Century. Perspectives on Public Management and Governance, 5(2), 174-186.

Fountain, J. E. (2004). Building the Virtual State: Information Technology and Institutional Change. Rowman & Littlefield.

Heath, D. R. (2019). Prediction machines: the simple economics of artificial intelligence. Journal of Information Technology Case and Application Research, 21(3-4), 163-166.

Isaac Deutscher. (1969). Roots of Bureaucracy. Socialist Register, 6. https://socialistregister.com/index.php/srv/article/view/5278

Joyce, K., Smith-Doerr, L., Alegria, S., Bell, S., Cruz, T., Hoffman, S. G., Noble, S. U., & Shestakofsky, B. (2021). Toward a Sociology of Artificial Intelligence: A Call for Research on Inequalities and Structural Change. Socius, 7, 2378023121999581.

Kettl, D. F. (2000). The global public management revolution: A report on the transformation of governance. Brookings Institution Press.

Margetts, H., & Naumann, A. (2017). Government as a platform: What can Estonia show the world. Research Paper, University of Oxford. https://www.ospi.es/export/sites/ospi/documents/documentos/Government-as-a-platform_Estonia.pdf

Mergel, I., Gong, Y., & Bertot, J. (2018). Agile government: Systematic literature review and future research. Government Information Quarterly, 35(2), 291-298.

Newman, J., Mintrom, M., & O'Neill, D. (2022). Digital technologies, artificial intelligence, and bureaucratic transformation. Futures, 136, 102886.

Niskanen, W. A. (1975). Bureaucrats and Politicians. The Journal of Law and Economics, 18(3), 617-643.

O'Reilly, T. (2011). Government as a platform. Innovations Technology Governance Globalization, 6(1), 13–40.

Ottlewski, L., & Gollnhofer, J. F. (2019). Private and Public Sector Platforms: Characteristics and Differences. Marketing Review St. Gallen, 2. https://valuebasedselling.de/wp-content/uploads/MRSG-SMR_Ausgabe_02-2019.pdf#page=18

Pope, R. (2019). A working definition of Government as a Platform. Medium. Com, Last Modified Jul.

Schmidt, E., & Cohen, J. (2013). The New Digital Age: Reshaping the Future of People, Nations and Business. Hachette UK.

Schwab, K. (2017). The Fourth Industrial Revolution. Crown.

Shaw, F., Parkinson, C. N., & Galbraith, J. K. (1962). Parkinson's law and other studies in administration. The Journal of Educational Sociology, 35(7), 335.

Sousa, W. G. de, Melo, E. R. P. de, Bermejo, P. H. D. S., Farias, R. A. S., & Gomes, A. O. (2019). How and where is artificial intelligence in the public sector going? A literature review and research agenda. Government Information Quarterly, 36(4), 101392.

Tullock, G. (2008). The welfare costs of tariffs, monopolies, and theft. In 40 Years of Research on Rent Seeking 1 (pp. 45–53). Springer Berlin Heidelberg.

Vial, G. (2019). Understanding digital transformation: A review and a research agenda. Journal of Strategic Information Systems, 28(2), 118–144.

Weber, M. (1978). Economy and Society: An Outline of Interpretive Sociology. University of California Press.

World Economic Forum. (n.d.). Future of government. World Economic Forum. Retrieved May 15, 2023, from https://www3.weforum.org/docs/WEF_Future_of_government.pdf

제6장

디지털플랫폼정부의 핵심 구성요소 및 평가지표 제안*

정지혜

제1절 서론

　디지털플랫폼정부는 윤석열 대통령이 당선인 시절 당내 경선 승리 후 직접 발표한 첫 공약 중 하나일 정도로 현 정부에서 높은 중요성을 보유한 국정 핵심 정책 과제이다. 당시 윤석열 당선인은 디지털플랫폼정부란 국민의 참여를 최대한 이끌어내 집단지성을 도출하고, 참여하는 국민들의 수많은 문제를 알아내 국민의 문제를 빠르게 해결하는 정부로, 4차산업혁명시대에 정부가 기술을 활용하여 방대한 정보를 담고, 분석하는 플랫폼으로써, 국민들에게 '서비스'하는 자세로 다가가겠다는 의미를 포함한다고 말하였다. 이를 위해서는 부처 간 칸막이를 없애고, 활발한 정보를 공유하고 소통하여 국민에게 더 많은 혜택을 제공할 수 있도록 노력하여야 하는 정부 공공혁신이 필

---

* 이 장의 내용은 한국지역정보화학회지 제26권 제4호에 게재된 내용을 수정하여 보완한 것이다.

수적이다.

이에 따라, 2022년 9월 2일 대통령직속 디지털플랫폼정부위원회가 출범하였다. 윤 대통령은 디지털플랫폼정부는 단순히 편리한 시스템을 넘어 국민에게 상상할 수 없는 새로운 효용 가치를 창출하는 플랫폼이 될 것이고, 디지털플랫폼정부 자체가 하나의 국가전략산업이며, 단순히 기존 전자정부의 업그레이드 수준이 아니라 정부데이터가 민간 서비스와 자유롭게 결합하여 새로운 가치를 창출해야 한다고 강조하였다.

하지만, 지난 2023년 9월 2일, 디지털플랫폼정부가 출범한지 1년이 지났음에도 불구하고, 그동안 기업과 국민이 체감할 만한 성과는 물론이고, 방향성마저도 모호했다는 평가를 받았다. 디지털플랫폼정부는 기존 전자정부와 비슷한 맥락에서 논의되기도 하며, 그에 따라 기존 '정부24'의 연장선상에서 정부서비스를 온라인으로 통합 제공하는 차원에서 서비스를 제공하는 것이 아닐까라는 의문이 제기될 수 있다. 이와 같은 문제의식을 바탕으로, 이 연구는 현재 정부가 추진하고자 하는 디지털플랫폼정부의 의미와 핵심 요소를 알아보고, 향후 성공적인 디지털플랫폼정부 구축을 위한 성과평가체계 수립에 있어서 고려하여야 할 핵심 구성요소와 예시적인 성과평가 지표를 제안할 계획이다.

제2절 플랫폼 정부와 디지털플랫폼정부

플랫폼이라는 개념은 경제 및 비즈니스 모델에서는 활발하게 활용되어 왔으나(명승환 외, 2011), 공공영역에서의 논의는 최근 대두하였다. 이에 따라, (디지털)플랫폼정부에 대한 개념은 각 국가별로 다양하게 제시되어 왔으며(Ansell & Gash, 2018), 아직 확정된 개념이 부재하고, 광범위하고 다양한 관점에서 사용되고 있다(이지형 외, 2020). 그렇다면, 현 정부가 제시하는 디지털플랫폼정부의 개념은 어떻게 정의될 수 있으며, 기존 플랫폼 정부 논의와 어떤 유사점과 차이점을 보유하는가? 해당 질문에 대한 답을 찾기 위하여 이 연구는 이론적 차원의 플랫폼 정부 논의를 살펴보고, 정부에서 발표한 디지털플랫폼정부의 목적, 비전, 상세 추진과제 등에 대한 분석을 통하여 궁극적으로 현 정부가 추진하고자 하는 디지털플랫폼정부 방향성에 대한 정의를 제시하여 보고자 한다.

1 플랫폼 정부에 대한 이론적 논의

플랫폼으로서의 정부는 2011년 팀 오라일리(Tim O'Reilly)가 제시한 개념으로, Web2.0 기술을 활용하여 공적 문제를 해결할 수 있는 Government2.0, 즉 공공 부문의 디지털 혁신에 대한 접근 방식이다. 시민들의 인터넷 활용도가 확대됨에 따라, 정부의 정보 및 서비스는 시민들에게 언제, 어디서나 활용될 수 있게 되었다. 특히, 다수의 연구자들은 플랫폼을 (서비스) 제공자와 사용자를 연결하는 유·무형 기반을 통하여 비용을 절감하고, 가치를 높일 수 있지만, 단어의 모호성 때문에 다수의 연구 영역에서 활용되는 반면(Andersson Schwarz, 2017), 명확한 정의가 존재하지는 않는다(Seo·Myeong, 2020).

그렇다면, 플랫폼 정부의 개념을 구성하는 핵심 요소는 무엇인가? 이에 이 연구는 대표적 연구인 오라일리와 리처드 포프(Richard Pope)의 논의를 기반으로, 플랫폼 정부의 의미를 정부 및 플랫폼의 역할, 제공 서비스, 거버넌스 체계 등을 통하여 알아볼 것이다.

오라일리에 따르면, 이제 정부는 '플랫폼 제공자'(platform provide)로서, 정부가 시민 활동을 선도하는 것이 아닌 조정자(convener) 또는 조력자(enabler)로의 역할을 수행하게 된다(O'Reilly, 2011). 즉, 플랫폼 정부는 단순히 플랫폼을 제공하는 ebay와 같은 기존 비즈니스 플랫폼과 상이하게 플랫폼을 정부에 대한 접근법으로서(as an approach)로 인식한다는 차이를 보유한다(Thompson, 2015). 다시 말해, 플랫폼 정부에서 정부는 단순히 플랫폼 제공자로서 필요한 인프라를 구축하는 것에서 그치지 않고, 플랫폼 기반 서비스가 더욱 발전할 수 있도록 다수의 이해관계자들의 참여를 이끌고, 해당 서비스가 더욱 유용하게 작동될 수 있도록 규칙을 수립하는 역할을 수행한다. 이에 대해 오라일리가 정의하는 플랫폼 정부의 특징은 다음과 같다:

"플랫폼 제공은 필수 인프라를 구축하고, 플랫폼의 성능을 입증하고 외부 개발자가 플랫폼을 더욱 발전시키도록 영감을 주는 핵심 애플리케이션을 생성하며, 애플리케이션이 서로 잘 작동하도록 보장하는 'rules of the road'를 시행한다(O'Reilly 2010, p.37)."

이와 같이 오라일리에 따르면, 플랫폼 정부는 플랫폼을 중심으로, 다양한 이해관계자 간의 연결성을 제공할 수 있는 공간을 구축하고, 이를 운영함으로써 새로운 가치와 혁신을 창출하게 한다는 다소 전과 다른 정부 역할을 제공한다. 나아가, 이는 정부의 정책결정과정에 있어 새로운 형태의 생태계를 조성한다는 점에서 그 의의를 찾을 수 있다. 그렇다면, 이와 같은 역할을 하는 플랫폼 정부는 구체적으로 어떠한 목적을 추구하게 되는가?

오라일리는 플랫폼 정부의 역할이 단순히 기능적 요소가 아니라 시민참여를 이끄는 역할을 수행한다는 데에 집중한다. 다시 말해, 이는 플랫폼 정부에서의 '플랫폼'은 단순히 정부와 시민을 연결시켜주는 역할을 넘어, 정부의 정책결정과정에 있어서 시민이 직접적으로 결정과정을 참관하고, 담론에 참여하며, 이를 통하여 영향을 직접적으로 미칠 수 있는 장(場)을 제공하는 것이다. 이는 시민들에게 좀 더 직접적으로 정책결정과정에 참여를 가능하게 하는 데에서 그 중요성을 찾을 수 있다. 이에 따라, 플랫폼 정부의 유용성은 정부와 시민들에게 모두 적용되며, 이는 시민 참여와(Al-Ani, 2017) 공공 부문에 있어서의 잠재적으로 확보될 수 있는 효용성(Janssen & Estevez, 2013) 등을 포함한다는 점에서 공익적 의미를 보유한다.

이에 대하여 리처드 포프는 기존 오라일리의 플랫폼 정부 관련 정의에 더욱 상세한 역할을 제시한다(Pope, 2019). 구체적으로, 플랫폼 정부는 공유 API 및 구성 요소, 개방형 표준 및 표준 데이터를 통한 네트워크를 중심으로 정부 업무를 재구성하여 공무원, 기업 및 기타 사회 구성원들이 대중들에게 좀 더 높은 안정성, 효율성, 책임성을 보유한 더 나은 서비스를 제공할 수 있도록 한다. 이를 통하여 플랫폼 정부는 제도적 개혁을 통하여 개방성(openness), 모듈화(modularization), 그리고 공동작업(co-creation) 등의 공통적인 특징을 보이며(Gil-Garcia · Henman · Maravilla, 2019), 정부와 다양한 이해관계자의 협력을 구축하고, 궁극적으로 시민들의 공익을 확장시키는 데에 그 역량을 극대화 시킨다.

또한, 개방형 플랫폼은 공공서비스 영역뿐만이 아니라, 정책결정과정과 시민참여 등 공공프로세스 전반에 걸쳐 그 영향력을 확장시키고 있다. 이 과정에서 협력적 정책 설계가 가능해지며, 특히 그 과정에서 정부는 시민들은 물론이고, 전문가와 비전문가가 모두 플랫폼을 활용하여 정부 업무에 영향을 미칠 수 있게 되었다(Bartlett, 2018). 이에 따라, 플랫폼 정부는 다수의 이해관계자의 정책결정과정 참여를 통하여 정부는 다수에게 이익이 되는 방안을 제시할 수 있게 된다(Gorwa, 2019). 결국, 플랫폼 정부가 구현된다면, 정책투명성 확보, 민관 협력증대, 신규 비즈니스 창출 등을 기대할 수 있어 공공과 민간 모두에게 편익이 돌아간다(서형준·주윤창, 2020).

이와 같은 논의를 통하여 전통적 의미의 플랫폼 정부란 정부가 개방형 플랫폼 정부를 운영함으로써 정부와 시민을 연결시켜줌과 동시에, 정부의 정책결정과정에 시민이 직접 참여할 수 있는 장을 제공하고, 대중들에게 보다 양질의 정부 서비스를 제공하며, 이를 통해 다양한 이해관계자가 협력적으로 정책을 설계하는 정부라는 것을 알 수 있다. 나아가, 이는 곧 정부가 기존의 일방적으로 정보를 전달하는 전자정부와 체계와 달리 쌍방향적인 커뮤니케이션이 가능한 개방형 플랫폼을 활용함으로써 새로운 형태의 정책결정과정 생태계를 조성한다는 것을 의미한다.

2 대한민국 정부의 디지털플랫폼정부 개념[1)]

그렇다면, 한국 정부가 지향하고자 하는 디지털플랫폼정부는 무엇이며, 이를 통하여 어떠한 성과를 이루고자 하는가? 성과 지표 수립 및 성과 측정을 위해서는 누가, 무엇을 이루고자 하는지에 대한 고려가 필수적이다. 하지만, 위에서 간략히 제시한 플랫폼 정부에 대한 논의는 한국적 맥락에 대한 고민이 중심이 되는 논의는 아니었다는 한계를 보유한다. 이에 따라, 본 연구는 윤석열 정부가 제시한 디지털플랫폼정부의 개념, 기본원칙, 비전 및 핵심추진과제를 살펴보고, 이를 통하여 한국 정부가 제시는 디지털

---

1) 디지털플랫폼정부 관련 주요 내용은 디지털플랫폼정부위원회 웹사이트에서 제시된 내용을 중심으로 논의하였다.

플랫폼정부의 핵심 내용과 기존 연구와의 공통점과 차이점을 도출해 보고자 한다.

1) 디지털플랫폼정부의 목표

한국 정부가 지향하는 디지털플랫폼정부의 개념은 대통령 연설을 통하여 디지털 민주주의 지향, 국민 맞춤형 서비스 제공, 행정 효율화, 정부의 데이터와 민간 서비스의 결합 등의 키워드들을 포함한다는 것을 알 수 있다. 즉, 현 정부가 추구하는 디지털플랫폼정부는 디지털 플랫폼 달성 자체가 목표가 아니라는 점을 지적할 필요가 있다. 다시 말하여, 디지털플랫폼정부는 디지털 기술 달성이 아닌, 디지털 기술을 활용한 정부 플랫폼을 제공하기 위하여 부처 칸막이를 없애고, 행정 효율화를 달성하고, 이를 통하여 흩어져 있는 데이터와 정보가 플랫폼을 통해 국민과 정부 관계자에게 공유되며, 이로써 국민들이 정책 설계에 참여하는 민주주의를 추구하는 것이다. 이와 같은 핵심 개념에 대한 대통령의 논의 내용은 아래와 같은 연설 내용에 포함되어 있다.

"우리의 강점인 디지털 인공지능 기술과 빅데이터에 기반해서 국민의 복합 요구에 맞춤형으로 서비스하는 디지털 플랫폼 정부를 구현하겠다고 약속드렸습니다… 이는 세계 최고 수준 행정 효율화는 말할 것도 없고 국민 누구나 정책 설계에 참여하는 디지털 민주주의를 지향하고 국민 삶을 획기적으로 향상시키는 것입니다… 디지털 플랫폼 정부에서는 공공서비스, 복지, 예산 등 모든 분야가 투명하게 국민에 공개되고 부처 간 칸막이, 불공정한 공공서비스는 더 이상 살아남기 어렵게 되어 있습니다… 디지털플랫폼정부라는 것 자체가 하나의 국가 전략 산업이라고 생각을 해 주십시오."

- 디지털 플랫폼 정부 위원회 출범식(2022.09.02.).

"대한민국은 지금 디지털플랫폼정부를 추진하고 있습니다. 디지털 기술로 민주주의와 행정서비스, 그리고 복지서비스를 획기적으로 업그레이드시키는 원대한 시도입니다."

- 제77차 유엔 기조 연설(2022.09.20., 뉴욕).

2) 디지털플랫폼정부 9대 기본원칙 및 5대 비전

디지털플랫폼정부는 국민중심, 하나의 정부, 인공지능·데이터 기반, 민관협력 등 4개의 카테고리 하에 9개의 기본원칙을 제시한다. 해당 원칙은 정부가 지향하는 디지털 민주주의 확립을 위하여 각 이해관계자들의 역할과 활용 데이터 및 서비스에 대한 논의를 포함한다. 예컨대, 디지털플랫폼정부의 핵심 이해관계자는 정부당국뿐만이 아닌, 국민과 민간을 포함한다. 또한 해당 관계에서 정부는 모든 것을 이끌어가는 역할이 아닌, 세 개의 서로 다른 이해관계자의 협력을 이끌어내는 역할을 추구한다는 것을 알 수 있다. 정부는 "부처 간 칸막이를 없애고, 모든 데이터가 연결된 디지털 플랫폼으로 하나의 정부를 구현"하고, "국민과 함께 혁신하고 민관이 함께 성장하는 혁신생태계를 조성"하여야 한다. 또한, "정부는 인공지능·데이터 기반으로 정책결정을 과학화"함으로써, "공공서비스는 국민들이 원하는 방식으로 통합적, 선제적, 맞춤형으로 제공"하여야 한다.

〈표 6-1〉 디지털플랫폼정부의 기본원칙

국민중심	(1) 공공서비스는 국민이 원하는 방식으로 통합적, 선제적, 맞춤형으로 제공한다.
	(2) 개인정보를 보호하고 안전하고 신뢰할 수 있는 이용환경을 보장한다.
	(3) 모든 국민이 언제 어디서나 편리하게 디지털 서비스를 이용할 수 있도록 보장한다.
하나의 정부	(4) 부처 간 칸막이를 없애고, 모든 데이터가 연결된 디지털 플랫폼으로 하나의 정부를 구현한다.
	(5) 행정 프로세스를 디지털 중심으로 재설계하고, 조직문화 및 인사제도까지 혁신한다.
인공지능·데이터 기반	(6) 공공데이터는 사람과 인공지능 모두 읽을 수 있는(machine reactable) 방식으로 전면 개방한다.
	(7) 정부는 인공지능·데이터 기반으로 정책결정을 과학화한다.
민관 협력	(8) 국민과 함께 혁신하고 민관이 함께 성장하는 혁신생태계를 조성한다.
	(9) 디지털 모범국가로 국제사회에 기여하는 디지털플랫폼정부를 만든다.

이에 디지털플랫폼정부위원회는 "세계최고의 디지털플랫폼정부" 구축을 위해서 4개의 상위 비전과 16개의 상세 비전, 그리고 121개의 추진과제를 제시한다. 상위 비전은 '하나의 정부,' '똑똑한 나의 정부,' '민관이 함께 하는 성장 플랫폼,' 그리고 '신뢰하

고 안심할 수 있는 디지털플랫폼정부 구현' 등을 포함한다. 구체적으로, 기본원칙 중 '국민 중심'의 원칙은 '똑똑한 나의 정부' 비전에 대한 상세 내용에 포함되고, '하나의 정부'는 첫 번째 비전인 '하나의 정부'에 포함되며, '인공지능·데이터 기반' 원칙은 '똑똑한 나의 정부' 비전 중 일부인 '인공지능·데이터 기반의 과학적 행정 일상화' 및 세 번째 비전인 '민관이 함께 하는 성장플랫폼' 중 데이터 관련 논의 부분을 포함한다. 마지막 원칙인 '민관협력'은 앞서 논의된 '민관이 함께 하는 성장플랫폼' 및 마지막 '신뢰하고 안심할 수 있는 디지털플랫폼정부 구현' 비전 관련 상세 논의와 연관성이 높다.

〈표 6-2〉 디지털플랫폼정부의 비전

인공지능·데이터로 만드는 "세계 최고의 디지털플랫폼정부"

하나의 정부	(1) 디지털을 기본으로 행정체계 전반 혁신(Digital by Design)
	(2) 데이터 칸막이의 근원적 해소
	(3) 디지털플랫폼정부 혁신인프라 구현
똑똑한 나의 정부	(1) 한 곳에서, 한 번의 신청으로 끝나는 통합서비스
	(2) 요구하지 않아도 알아서 챙겨주는 초개인화 서비스
	(3) 국민 누구나 혜택을 누리는 환경 조성
	(4) 인공지능·데이터 기반의 과학적 행정 일상화
	(5) 투명하고 공정한 디지털 민주주의 실현
	(6) 디지털 플랫폼 기반 지역 혁신
민관이 함께 하는 성장플랫폼	(1) 민관이 함께 사회문제를 발굴·해결하는 협업플랫폼 구축
	(2) 민간의 공공데이터·서비스 융합·활용 촉진
	(3) 디지털 트윈을 통한 AI·데이터 산업 퀀텀 점프
	(4) GovTech 기업 성장 지원 강화
	(5) 공공 분야에 민간의 최신 AI기술 적극 활용
신뢰하고 안심할 수 있는 디지털플랫폼정부 구현	(1) 개인정보에 대한 정보주체, 국민의 권리 강화
	(2) 디지털플랫폼정부 안전을 보장하는 보안 체계 구축

3) 디지털플랫폼정부의 주요 특징

대한민국 정부의 디지털플랫폼정부는 오라일리와 포프가 제시한 플랫폼 정부는 플랫폼 정부와 플랫폼의 역할, 플랫폼 정부의 제공 서비스, 거버넌스 체계 전반에 걸쳐 유사한 방향성을 제공한다는 공통점을 보유한다. 먼저, 두 가지 개념 모두에서 정부는 플랫폼을 구축함으로써 행정서비스를 일방향적인 리더십을 가지고 제공하는 것이 아닌, 개방적 플랫폼 운영자의 측면에서 다양한 이해관계자의 참여를 이끌어내며 플랫폼의 역할을 확장시켜 나가고자 하는 목적을 가지고 있다. 또한, 플랫폼은 정부에서 제공할 수 있는 다양한 수준의 공공 및 행정 정보를 한 곳에서 수렴하고 제공하는 시스템을 구축한다는 점에 기존 정부 시스템과의 차이점을 보유한다. 이와 더불어, 빅데이터와 인공지능과 같은 기술력을 바탕으로 한 신속하고 정확한 정보처리 및 제공뿐만 아니라, 더 나은 공공서비스 및 선제적 서비스 제공을 모색한다는 점에서도 공통점을 찾을 수 있다. 마지막으로, 조직 간 칸막이를 제거하여 정부 부처 간의 협력을 강화시키고, 다양한 이해관계자를 포함하는 민간의 참여 또한 확대시킨다는 점에서 정부 구조 재설계 및 거버넌스 차원에서도 유사한 논의를 한다고 볼 수 있다.

하지만, 정부가 제시하는 디지털플랫폼정부는 기존 플랫폼 정부 논의가 상대적으로 논의가 많이 되지 않은 정부구조 재설계에 대한 논의가 상대적으로 풍부하고, 디지털 서비스 제공 및 민관 참여 확대 관련 상세 비전이 다양하게 제시된다는 점에서 기존 논의와의 차이를 찾을 수 있다. 구체적으로, 오라일리와 포프의 7대 플랫폼 정부 구성 요소와 디지털플랫폼정부의 비전을 비교하여 보면, 오라일리의 논의는 디지털 플랫폼 구축(4개 요소)과 민관 참여(3개 요소)를 중심으로, 포프는 디지털 플랫폼 구축에 대한 논의(4개 요소)를 중점적으로 논의하되 정부 운영체계 재설계, 디지털 서비스 제공, 민관 확대 관련 논의(각 1개 요소)를 일부 제시하였다. 이에 반하여, 디지털플랫폼정부의 총 16개의 상세 비전 중 민관 참여 확대 관련 비전이 6개, 정부 운영체계 재설계 및 디지털 서비스 제공 관련 비전이 각 4개, 디지털 플랫폼 구축/운영 관련은 2개 비전이 포함되었다. 이를 통하여, 이전 플랫폼 정의 논의들과 달리, 정부가 구축하고자 하는 디지털플랫폼정부는 민관 참여에 대해 더욱 높은 중요도를 부여하고, 효과적인 디지털 플랫폼 구축 및 서비스 제공을 위하여 정부 부처 간, 그리고 중앙 및 지방 정부 간

운영체계 재설계 등에 대한 다소 상세한 논의를 제시하였다. 이와 더불어, 디지털 서비스 제공에 대해서도 '선제적 초개인화' 서비스 및 소외된 사람들을 위한 '누구나 혜택을 누리는 환경 조성' 등의 상세 디지털 기반 서비스들을 제시한다는 점에서 차별화된다.

〈표 6-3〉 (디지털)플랫폼정부 구성 요소 및 비전 비교

	오라일리(7대 구성 요소)	포프(7대 구성 요소)	디지털플랫폼정부(16개 상세 비전)
정부 운영체계 재설계	-	1개 요소 - (2) 조직 간 칸막이 제거	4개 상세 비전 - (1.1) 디지털 기반 행정체계 전반 혁신 - (1.2) 데이터 칸막이의 근원적 해소 - (2.4) 인공지능·데이터 기반 행정체계 - (2.6) 디지털플랫폼 기반 지역 혁신
디지털 플랫폼 구축	4개 요소 - (2) 단순한 시스템 구성/진화 - (4) 생성형 시스템 수립 - (6) 실험을 통한 프로그램 설계 - (7) 민간 플랫폼 예시 통한 플랫폼 구축 방안 구체화	4개 요소 - (3) 정부를 위한 툴킷 활용 - (4) 개방형 플랫폼 구축 - (5) 디지털 공공 인프라 구축 - (6) 디지털 시대를 위한 새로운 제도 확립	2개 상세 비전 - (1.3) 디지털플랫폼정부 혁신인프라 구현 - (4.2) 디지털플랫폼정부 보안체계 구축
디지털 서비스 제공	-	1개 요소 - (1) 더 나은 공공서비스 제공	4개 상세 비전 - (2.1) 원스톱 통합서비스 제공 - (2.2) 선제적 초개인화 서비스 제공 - (2.3) 누구나 혜택을 누리는 환경 조성 - (4.1) 개인정보 관련 국민의 권리 강화
민관 참여 확대	3개 요소 - (1) 개방형 참여 통한 혁신/성장 - (3) 참여를 위한 인프라 제공 - (5) 데이터 마이닝을 통한 잠재적 참여 견인	1개 요소 - (7) 정책·서비스의 공동 구축	6개 상세 비전 - (2.5) 디지털 민주주의 실현 - (3.1) 민관 협력 사회문제 발굴·배경 협업플랫폼 구축 - (3.2) 민간의 공공데이터·서비스의 융합·활용 추진 - (3.3) 디지털 트윈을 통한 AI·데이터 산업 발전 - (3.4) GovTech 기업 성장 지원 강화 - (3.5) 공공 분야에 민간의 AI기술 활용

본 연구는 과연 디지털플랫폼정부의 기존 연구와의 차이점이 유의미한 것인지에 대한 검증을 위하여 추진과제를 '정부 운영체계 재설계,' '디지털 플랫폼 구축,' '디지털 서비스 제공,' '민관 참여 확대' 등의 네 가지 카테고리로 분류하여 보았다. 물론, 중요도에 대한 평가를 하기는 어렵지만, 개수 분석을 통하여 정부가 디지털플랫폼정부를 향후 중요성을 두고 업무를 진행할 영역에 대해 대략적으로 알아볼 수 있기 때문이다.

다음 〈표 6-4〉에서 나타난 것처럼 정부의 디지털플랫폼정부 상세추진과제를 분류하여 보면, '민간 참여 확대'를 제외한 기타 3개의 분야는 유사한 수준의 상세 추진과제를 보유하고 있다는 것이 특징이다. 즉, 디지털 플랫폼 구축과 민관협력을 중심으로 플랫폼정부의 구성요소에 대해 논의하고 있는 기존 논의와는 달리, 디지털플랫폼정부는 디지털 플랫폼을 구축하고, 해당 플랫폼에 민관이 협력하는 체계에 대하여 높은 중요성을 인식하고 있는 반면, 그를 위한 정부의 업무 프로세스를 재설계하는 업무적 관점의 혁신과 사용자 맞춤형, 선제적 서비스를 제공하는 것의 중요성을 상당히 높게 인식하고 있다는 것을 의미한다.

구체적으로, 상세 추진과제 중 가장 높은 비중을 차지하고 있는 분류는 '디지털 서비스 제공'으로, 총 38개의 상세 추진과제(31.4%)를 보유한다. 해당 추진과제에는 개인정보 보호 관련 과제가 10개(8.3%), 디지털 서비스 제공 8개(6.6%) 외에도 복지관련 업무를 포함하는 복지서비스 제공(6개, 5.0%), 디지털 소외 해결(2개, 1.7%) 등을 포함한다는 점에서 그 의의를 찾을 수 있다. 이와 더불어, 정부가 제시하고자 하는 데이터 및 AI 기반의 국민 생활 개선 서비스들이 언급되어 있는데, 특히 선제적 서비스(6개, 5.0%)와 원스탑 서비스(6개, 5.0%) 제공 및 디지털 소외 해결(2개, 1.7%)에 대한 고민은 플랫폼 정부가 추구하고자 하는 디지털 기술 기반의 양질의 서비스를 포함한다. 즉, 정부의 디지털플랫폼정부는 플랫폼을 기반, 데이터·AI 기술을 활용한 행정서비스 제공뿐만 아니라, 해당 과정에서 소외되거나 복지 사각지역에 위치한 국민들에 대한 서비스 또한 고려하는 것을 가장 중요한 추진과제로 간주하고 있다고 보인다. 다시 말하여, 이와 같은 서비스들에 대한 고려는 기존 전자정부가 제공하였던 일방향성 정보 제공과는 차별화되는 특징을 보인다는 점에서 의미가 있는 추진과제라고 말할 수 있다.

또한, 정부는 '디지털 플랫폼 구축(34개, 28.1%)' 또한 두 번째로 높은 비중의 상세 추진과제를 보유한다는 점에서 그 중요성을 인식할 수 있다. 그 중에서도 특히 중요한 과제는 플랫폼(11개, 9.1%), 데이터 운영체계(10개, 8.3%), 그리고 디지털 인프라(6개, 5.0%) 등을 구축하는 실질적인 시스템 구축 관련 논의라는 것을 알 수 있다. 이는 오라일리와 포프가 제시한 바와 같이 플랫폼으로서 정부가 운영되기 위해서는 다양한 데이터를 모으고, 활용하고, 제공할 수 있는 안정적인 디지털 기술과 시스템을 보유한 체계 구축이 필수적이라는 것을 보여준다.

하지만, 기존 플랫폼 정부 논의와 비교했을 때, 가장 눈에 띄는 카테고리는 '정부 운영체계 재설계(31개, 25.6%)'로, 관련된 추진과제가 '디지털 서비스 제공'과 '디지털 플랫폼 구축' 등과 비중을 차지하고 있다는 것이다. 효율적이고, 원활한 디지털플랫폼정부 운영을 위해서는 기존의 분절화된 정부 운영 체계의 개선이 필수적이다. 이에 따라, 정부는 행정제도 디지털화(12개, 9.9%), 데이터 공유/개방(5개, 4.1%) 등 디지털화 및 데이터 공유에 대한 시스템적 차원의 통합적 운영 방안에 대하여 제시한다. 또한, 조직적 통합 운영을 위하여 정부는 부처 간 협력 방안(범부처 디지털 트윈 전략/운영: 4개, 3.3%)와 함께 개수는 적지만 중앙 및 지방 정부 간 협력 방안(지방행정시스템 구축: 2개, 1.7%; 지자체별 협의체 구성: 1개, 0.8%)에 대해서도 논의한다는 점에서 정부의 운영체계 혁신에 대한 고민이 포함되었다는 것을 알 수 있다. 이와 더불어, 정부는 공무원에 대한 교육(공무원 데이터 활용 방안 제시: 4개, 3.3%) 관련 추진과제 또한 포함함으로써, 조직 간 뿐만 아니라, 인적 자원 간의 역량차이를 보완하고자 한다는 의지를 보여준다.

마지막으로, '민관 참여 확대(18개, 14.9%)'는 상대적으로 보유 추진과제의 개수는 적으나, 플랫폼정부의 핵심 요소로서 역할을 수행한다. 다만, 민관 참여 중 대부분의 추진과제는 민간 기업들과의 협업을 고려한 과제들이다. 예컨대, 민관 SaaS 개발 지원/협력(4개, 3.3%), 민간 지원/민관 협력(4개, 3.3%), 민관 협업 체계 운영(2개, 1.7%) 등은 민간 기업들과의 협력 확대를 위한 논의에 대한 과제들이다. 이에 반하여, 국민참여에 대한 직접적인 추진과제는 국민참여 확대(1개, 0.8%) 뿐이라는 점에서 디지털플랫폼정부의 거버넌스 체계에서 민간 기업과 정부와의 협력에 대비 국민과의 협력의 중요도는 낮게 나타난다고 볼 수 있다.

<표 6-4> 디지털플랫폼정부 추진과제 분류

카테고리	상세 카테고리	상세 추진과제 개수	& 비중
디지털 서비스 제공 (38개, 31.4%)	개인정보 보호	10	8.3%
	디지털 서비스 제공	8	6.6%
	복지서비스 제공	6	5.0%
	선제적 서비스 제공	6	5.0%
	원스탑 서비스 제공	6	5.0%
	디지털 소외 해결	2	1.7%
디지털 플랫폼 구축 (34개, 28.1%)	플랫폼 구축	11	9.1%
	데이터 운영체계 구축	10	8.3%
	디지털 인프라 구축	6	5.0%
	보안 체계 구축	5	4.1%
	문제점 대응 체계 마련	2	1.7%
정부 운영체계 재설계 (31개, 25.6%)	행정제도 디지털화	12	9.9%
	데이터 공유/개방	5	4.1%
	공무원 데이터 활용 방안 제시	4	3.3%
	범부처 디지털 트윈 전략/운영	4	3.3%
	데이터 공유 플랫폼 구축	3	2.5%
	지방행정시스템 구축	2	1.7%
	지자체별 협의체 구성	1	0.8%
민관 참여 확대 (18개, 14.9%)	민간 지원/민관 협력	4	3.3%
	민관 SaaS 개발 지원/협력	4	3.3%
	정보공개제도 개선	3	2.5%
	정보화사업절차 간소화	3	2.5%
	민관 협업 체계 운영	2	1.7%
	국민참여 확대	1	0.8%
	민관 협업 플랫폼 운영	1	0.8%
총합계		121	100.0%

이와 같은 논의를 통하여 현 정부가 추진하고자 하는 디지털플랫폼정부는 디지털 기술을 활용한 공공정보 공유 및 서비스 제공 플랫폼을 구축하고, 전 국민을 대상으로 한 디지털 서비스 제공을 위하여 정부 운영체계를 재설계하며, 정부, 국민, 민간 간의 협력을 모색하는 새로운 형태의 정부를 의미한다고 볼 수 있다. 또한, 이와 같은 정부의 추진 방향성은 기존 플랫폼정부와 유사하나, 플랫폼 구축 그 자체에 대한 고민뿐만 아니라, 정부 업무 프로세스 재설계와 국민 맞춤형 및 선제적 디지털 서비스와 복지서비스 등에 대한 고민이 포함된다는 점에서 기존 플랫폼 정부 논의와의 차별성을 보유한다.

제3절 디지털 정부 성과평가 이론 및 글로벌 평가지표

성공적인 디지털플랫폼정부 수립 및 운영을 위해서는 상세 목표 및 추진과제를 달성할 수 있도록 참여 이해관계자를 대상으로 한 업무 프로세스 전반에 대한 성과 평가가 필수적이다. 하지만, 국내에서 디지털플랫폼정부 평가 수행을 위한 체계가 미흡한 상황이다. 현재 정부업무평가는 평가유형 및 평가부문에 따라 국무조정실, 행정안전부, 과학기술정보통신부 등 다양한 주관부처를 중심으로 운영되며, 그 중 디지털플랫폼정부 평가와 유관한 평가로는 행정안전부 주관의 '전자정부 성과관리 수준진단 평가' 등이 존재한다. 그러나, 관련 부처를 대상으로 한 성과평가체계를 재정비할 필요가 있다.

하지만, 이론적 차원에서도 공공행정 및 정부운영과 관련된 디지털 전환(Digital Transformation)에 대한 기대가 높음에도 불구하고, 주요 이해 관계자가 무엇을, 어떻게 측정하여야 하는지에 대한 통일된 접근은 부재한 상황이다(Frach et al., 2017). 이에 본 연구는 디지털 전환과 정부운영과 관련된 기존 연구는 전자정부의 디지털 전환 효과 식별 및 분석, 그리고 국제평가 및 순위 논의를 중심으로 이루어져 있음을 먼저 지적하고자 한다.

기존 정부의 디지털 전환의 성과 관련 분석 분야는 대부분 전자정부(e-government)

의 결과물 자체에 대한 분석에 초점을 맞추고 있다는 한계를 보유한다(Jovanovska, 2016; Erzhenin, 2018; Twizeyimana & Andersson, 2019). 기존 정부 성과 관련 프레임워크는 공공 행정 디지털화의 다양한 측면으로 구성되나, 대체로 그 핵심은 인프라와 같은 자원 및 전자정부의 특징 등에 대한 것이며, 그 중에서 일부만이 전자정부가 시민들에게 제공하는 서비스의 결과와 영향력에 대한 것이라는 점에서(Frach et al., 2017) 해당 성과측정과 관련된 한계를 지적할 수 있다. 또한 전자정부의 핵심 수혜자는 시민들임에도 불구하고, 전자정부가 대중이 원하는 공공 서비스를 제공하는지(Špaček et al., 2020) 여부와 장애인들과 같은 특정 시민 그룹을 중심으로 한 영향력에 대한 고려(Wolniak et al., 2019)가 포함된 시민 중심적 접근법이 부족하다. 이와 더불어, 기존 연구의 다른 한계는 기존 연구들의 대상이 특정 도시를 중심으로 한 맥락에서 논의라는 데에 있다(Shrivastava & Singh, 2019; Vila et al., 2018).

이를 통하여, 기존 전자정부의 디지털 전환의 영향력에 대한 논의를 개선하기 위해서는 다양한 이해관계자 측면에서 논의가 필요하며, 중앙정부 및 대도시 중심의 지방자치 차원의 성과 측정뿐만 아니라, 지방정부 차원의 성과 측정에 대한 논의 또한 필수적으로 고려되어야 한다는 점을 도출할 수 있다.

또 다른 디지털 정부 성과측정 관련 논의는 UN, OECD 등 국제기구의 디지털 정부 성과평과 관련 국제 등급 및 순위(Chung, 2019; Dias, 2019; Orlova et al. 2019; Giannone & Santaniello, 2018; Russo, 2019)에 대한 데이터의 분석과 관련이 있다. 주요 국제기구의 디지털 정부 성과평가 관련 지표는 공공행정에서 디지털화와 같이 디지털 기술을 구현하는 이전 단계에 대한 논의를 중심으로 이루어진다(Frach et al., 2017). 예컨대, UN의 전자정부 발전지수(UN E-Government Development Index)는 정부 디지털화 결과 측정 요소보다는 ICT 인프라 구축 관련 논의를 중심으로 이루어지고 있다(Alkhatri et al., 2017). 또한, 디지털화 측정에 있어서 제공 서비스의 품질보다 가용성(availability) 자체에 집중한다는 한계가 있다. 더불어, 기존 연구가 아직도 전자정부(e-government)라는 문구를 활용한다는 점에서도 알 수 있듯이 전자정부와 디지털플랫폼정부에 대한 역할의 차이를 고려한 성과측정 논의 또한 필요하다는 것을 알 수 있다.

그에 비하여 OECD의 디지털정부지수(Digital Government Index: DGI)는 정부가 디지털 기술과 데이터를 내부 프로세스 및 정부운영 방식에 반영하고, 공공서비스를 구성 및 제공하는 데에 반영함으로써 전자정부의 디지털 정부로의 변환에 대하여 고려하고 있다. OECD는 디지털 정부는 전자정부의 발전된 형태이며, 공공 분야로 하여금 효율성 중심의 운영 방식으로부터 디지털 기술 활용을 통하여 더욱 개방적이고, 협동적이며, 혁신적인 정부 구축을 모색한다고 말한다(OECD, 2019). OECD가 제시한 디지털정부지수는 ① 디지털 우선 정부(digital by design), ② 데이터 기반 정부(data-driven public sector), ③ 플랫폼으로서의 정부(government as a platform), ④ 열린 정부(open by default), ⑤ 국민 주도형 정부(user-driven), ⑥ 선제적 정부(proactiveness) 등 총 6개의 항목을 중심으로 디지털 정부의 성과를 평가한다(OECD, 2019).

물론, OECD의 DGI는 이전 전자정부 논의 및 UN의 평가지표 대비 정부의 디지털 플랫폼정부를 측정하기에 적합해 보일 수 있다. 하지만, 해당 지표 또한 6개의 평가 영역에 대한 디지털 인프라, 즉 '체계'가 구축되어 있는지, 그리고 관련된 서비스를 제공하는지 등 바이너리(binary) 차원의 측정방식을 활용한다는 한계가 있다. 다시 말하여, 디지털 플랫폼의 핵심 요소인 데이터 활용 여부, 정부 부처 간 장벽 제거 여부, 정보 공개 여부 등은 정부의 노력 사항을 평가한다고는 하지만, 그 핵심은 디지털 정부 운영을 위한 디지털 인프라 구축 여부를 평가한다는 단편적인 평가에 그친다. 또한, 디지털 정부에서 정부 외에 다양한 이해관계자의 참여가 높은 중요성을 보유함에도 불구하고, 디지털 정부 중심적인 노력만이 성과평가 대상으로 제시되어 있다. 다시 말해, 어떤 이해관계자들의 참여가 필요하며, 그들의 참여를 어떠한 방식으로 유도 및 제안하고, 정책결정과정에서 다양한 이해관계자들의 참여가 어떠한 결과를 도출할 수 있는지 등에 대한 양질의 논의는 부재하다는 한계를 지적할 수 있다.

〈표 6-5〉 OECD Digital Government Index - 6 Dimensions

성과 측정 항목	핵심 내용
디지털 우선 정부 (Digital by design)	정부가 공공서비스를 만들고 혁신하는 과정에서 처음부터 디지털 기술을 반영하여 설계하고, 필요시 법제도, 행정절차, 대국민 소통 방식 등을 근본적으로 바꿔 나가는 노력을 평가
데이터 기반 정부 (Data-driven public sector)	정책의 기획, 집행, 평가 등 전반에 걸친 데이터 활용으로 새로운 가치를 창출한 성과와 함께 데이터를 공유하고 활용하는 과정에서 신뢰성과 안전성을 보장하기 위한 노력을 측정

플랫폼 정부 (Government as a platform)	정부가 부처 간 장벽을 허물고 수요자 중심으로 통합·연계된 서비스를 쉽게 개발하기 위하여 관련 표준, 지침, 도구, 데이터, 소프트웨어 등을 명확하고 투명하게 제공하는 수준을 평가
열린 정부 (Open by default)	정부가 가진 데이터, 정보, 시스템, 프로세스 등을 공개하여 공익에 기여하고 지식 기반 행정을 실현하려는 노력 평가
국민 주도형 정부 (User-Driven)	정부가 정책, 행정절차, 공공서비스를 만들고 고쳐가는 과정에서 국민의 주도적 참여를 보장할 수 있는 체계를 갖추고 있는지 평가
선제적 정부 (Proactiveness)	국민의 수요를 사전에 예측하고 신속하게 서비스를 제공하는 능력 측정

이에 따라 기존 정부성과지표 논의 및 글로벌 전자·디지털 정부 지표들은 전자정부에 입각한 성과 평가, 다양한 이해관계자의 참여 관련 논의 부재·부족, 디지털 인프라 구축 차원의 논의, 그리고 바이너리 차원의 성과평가 등의 한계를 보유하므로, 디지털플랫폼정부의 성과평가로써 그대로 활용하기에는 어렵다는 평가를 할 수 있다.

제4절 디지털플랫폼정부 핵심 추진과제 기반 평가지표체계 제안

지금까지 본 연구는 대한민국 정부가 추진하고자 하는 디지털플랫폼정부의 개념을 알아보고, 이를 위한 성과평가 지표 구축을 위한 논의 기반으로써 기존 전자·디지털 정부의 성과평가 이론 및 지표를 살펴보았다. 그러나, 디지털플랫폼정부의 핵심 논의 방향성인 디지털 민주주의 지향, 국민 맞춤형 서비스 제공, 행정 효율화, 정부의 데이터와 민간 서비스의 결합 등의 성과를 평가하기에는 기존 논의 및 지표는 한계가 존재하였다. 특히, 우리나라 디지털플랫폼정부의 핵심을 구성하는 개방성, 쌍방향성, 대응성 등에 대한 가치 및 추진 방향성에 대한 논의가 기존 논의의 틀에서는 포함되기 어렵다는 문제점이 있다.

그렇다면, 디지털플랫폼정부 성과평가를 위해서는 어떠한 성과평가체계 하에서 어떤 평가요소들이 고려되어야 하는가? 이에 대한 개괄적인 답을 제시하기 위하여, 본

연구는 디지털 정부에 대한 성과평가지수인 OECD의 DGI 체계의 틀을 기본으로, 정부의 디지털플랫폼정부의 목표 달성에 필요한 카테고리와 핵심 요소들을 추가 및 수정 반영한 한국만의 평가지표체계 수립을 제안하고자 한다. 이를 위해서 크게 디지털플랫폼정부 관련 추진과제 평가를 위한 논의뿐만 아니라, 추진과제에 포함되지 않았지만 디지털플랫폼정부의 기본원칙과 비전 확립을 위하여 추가적으로 고려되어야 할 요소들에 대한 논의 또한 진행할 것이다.

1 OECD DGI 평가지표 기반 추진과제 평가 방안

OECD DGI는 '플랫폼' 정부에 대한 평가 요소가 인프라 구축 및 바이너리적 차원의 평가가 진행되고 있다는 한계가 있지만, 그럼에도 불구하고 정부의 디지털플랫폼정부 성과평가를 위한 기본 체계로 활용하기에 적합하다고 볼 수 있다. 그 이유는 해당 지표는 디지털 정부의 성숙도와 이행수준을 평가할 수 있는 국제적 비교, 분석 데이터를 제공함으로써 영향력을 미치고 있기 때문이다. 이에 따라, 본 연구는 OECD의 DGI 평가 요소들에 대한 분석을 통해 디지털플랫폼정부의 기본원칙, 비전, 추진과제 등을 평가하기에 적합한 부분과 보완되어야 할 부분을 평가할 것이다.

다음 〈표 6-6〉에 제시한 OECD DGI 평가질문의 주요 내용에 기반하여 보면, 해당 성과지표들은 디지털 플랫폼 인프라 구축 및 서비스 운영에 대한 평가를 위한 항목들을 포함하고 있다는 것을 알 수 있다. 평가질문들은 플랫폼 구축을 위한 '정부의 전략/성과관리체계,' '중앙정부 담당/관리부처 보유 여부,' '플랫폼 구축/운영,' '공공행정서비스 제공,' '민간 및 공공 분야 파급효과' 등이 평가질문에 포함되었다. 구체적으로, 해당 질문들은 플랫폼 구축을 위한 정부의 조직적 기반 구축[2], ICT 프로젝트 전략 수립 및 관리/운영[3], 민간 대상 공공행정서비스 및 디지털권리정보 등 디지털 서비스

---

[2] (1) ICT Strategy, (3) Governance, (4) ICT Project Management, (8) HR Strategy to Develop ICT-skills in Government 등 4개 영역 29문항을 포함

[3] (5) ICT Business Cases, (9) ICT Procurement 등 2개 영역 20문항을 포함

제공4), ICT 프로젝트 기반 민관분야 파급효과 추정5) 등으로 구성되었다.

〈표 6-6〉 OECD DGI 평가질문 주요 내용

평가 영역	상세 내용	성과평가 내용
(1) ICT Strategy(6문항)	국가전략 보유 여부, 관련 정부 주체, 자금조달처, 성과관리 체계 보유 여부 등	디지털 정부 전략/ 성과관리체계
(2) Digital Rights and Obligations(11문항)	공공 분야에 대한 일회적 개인/사업 관련 정보 공유 필요성 인지 여부, 디지털 커뮤니케이션 권리 보유/부여 여부 등	디지털권리정보전달
(3) Governmence(7문항)	중앙정부 내 IT 활용을 위한 담당 부처 관련 정보 (이름, 보고처, 주요 업무, 업무 범위 등)	디지털 플랫폼 중앙정부 담당/관리 부처 수립
(4) ICT Project Management(14문항)	중앙정부 내 ICT 프로젝트 관리 관련 표준화된 모델 보유 여부, 필수 활용 여부, 거버넌스 구조 및 자금 관련 정보, 주요 참여/성과관리 부처 정보 등	디지털 플랫폼 중앙정부 담당/ 관리부처 수립
(5) ICT Business Cases- Methods for measuring the value proposition (5문항)	중앙정부 내 ICT 프로젝트 관련 가치 제안(value proposition) 평가	디지털 플랫폼 구축/운영
(6) Financial Benefits for the Central Government(7문항)	ICT가 공공 부문 생산성 및 효율성 향상 여부와 관련된 경제/예산 차원의 이득 및 관련 이득 확보 정부당국 정보 등	공공 분야 파급효과 추정
(7) Financial Benefits Outside the Public Sector(4문항)	ICT 프로젝트 기반 민간 분야의 경제적 이익 측정 여부	민간분야 파급효과 추정
(8) HR Strategy to Develop ICT-skills in Government (2문항)	ICT 관련 보유 공무원 인적자원 지원 전략 보유 여부	인적자원 개발/관리
(9) ICT Procurement(15문항)	ICT 관련 상품/서비스 구매 관련 전략 보유 여부, 정부의 중요도 부여 영역 등	디지털 플랫폼 구축/운영
(10) Online Service Delivery and Transaction Costs (16문항)	공공서비스 관련 리스트, 온라인 활용의 필수 여부, 민간 및 기업 대상 온라인 서비스 개수, 비용, 효용성 등	공공행정서비스 제공
(11) Using National Online Portals(16문항)	시민들 대상 정부 활용 웹사이트 관련 주요 특징 및 정부 서비스 등	공공행정서비스 제공

---

4) (2) Digital Rights and Obligations, (10) Online Service Delivery and Transaction Costs, (11) Using National Online Portals 등 3개 영역 43문항을 포함

5) (6) Financial Benefits for the Central Government, (7) Financial Benefits Outside the Public Sector 등 2개 영역 11문항을 포함

해당 성과평가 체계는 디지털플랫폼정부의 추진과제들 중의 일부 영역을 평가할 수 있을 것으로 보인다. 예컨대, OECD DGI의 성과평가 중 '조직적 기반 구축'과 관련된 내용은 '정부 운영체계 재설계' 중 '공무원 데이터 활용 방안 제시,' '행정시스템 구축'과 '행정제도 디지털화' 등 디지털플랫폼 구축을 위한 정부 조직 구조 상의 시스템 운영에 대한 성과 평가에 활용될 수 있을 것으로 보인다. 기타 성과평가 분야들은 다소 목적성과 상세 내용에 있어 차이점은 존재하나, 일부 영역에 있어서는 활용 가능성이 존재한다. 예를 들어, 'ICT 프로젝트 전략 수립 및 관리/운영'은 추진과제의 '디지털 플랫폼 구축' 카테고리 내 '데이터 운영체계 구축'에 대한 내용을 일부 포함한다. 또한, DGI 평가용 '디지털 서비스 제공' 부분 중 디지털 권리 정보 및 온라인 공공행정서비스 운영 관련된 부분이 디지털플랫폼의 개인정보보호 관련 정보/서비스 제공 및 디지털/원스탑 서비스 제공 부분과의 연계성을 보유한다. 마지막으로, DGI의 '민관분야 파급효과' 부문은 디지털플랫폼정부의 추진과제에서는 포함되지 않았다. 하지만, 민관협력을 기반으로 어떠한 파급효과를 창출하는지에 대한 효과측정은 디지털플랫폼정부의 성과 개선을 위해 측정이 필요한 변수이므로, 성과평가체계에 포함해야 할 요소라고 평가할 수 있다.

결론적으로, OECD DGI 평가체계는 디지털플랫폼정부의 일부 목적 및 추진과제 등을 평가할 수 있는 요소들을 포함하므로, 해당 평가체계의 성과평가 내용을 디지털플랫폼정부의 성과평가체계의 기반으로 활용 가능할 것으로 보인다. 다만, 정부가 추진하고자 하는 추진과제들 중 '정부 운영체계 재설계' 중 '범부처 디지털 트윈 전략 운영,' '지방행정시스템 구축,' '지자체별 협의체 구성,' '디지털 서비스 제공' 카테고리 중 '디지털 소외 해결,' '복지/선제적 서비스 제공,' 그리고 '민관 참여 확대' 분야 중 '국민 참여 확대,' '민관협업 체계/플랫폼 운영' 등 다수의 추진과제에 대한 평가가 어렵다는 한계가 존재한다.

2 디지털플랫폼정부 성과측정을 위한 추진과제 한계 보완 추가 구성요소

OECD의 디지털 정부 성과평가체계 기반으로 추진과제만을 평가한다면, 성공적인 디지털플랫폼정부 구축에는 필수적이나, 추진과제에 포함되지 못한 중요 요소들에 대한 고려가 되지 못할 수 있다는 문제점 또한 존재한다. 이에 따라, 저자는 디지털플랫폼정부가 추진하고 있는 핵심 추진과제에 포함된 내용을 바탕으로, 기존 디지털정부 관련 성과지표[6]에 대한 추가·수정·보완·개선 방향성을 제시해 볼 것이다.

디지털플랫폼정부의 추진과제는 4개의 비전, 16개의 상세 비전 하에 총 121개가 제시되었다. 디지털플래폼정부의 개념을 통하여 추진 방향성을 도출해 보았으나, 과연 해당 개념 및 방향성에 맞는 디지털플랫폼정부 운영 및 추진을 위해 연계성이 높은 추진과제가 나타났는지에 대한 검증은 필수적이다. 이에 따라, 구체적인 추진과제별 주관부처와 추진과제 관련 분류화 작업을 통하여 정부의 조직구조 차원에서 어떠한 부처가 중점적으로 업무를 추진하고, 또한 기타 다양한 이해관계자들이 함께 고려되었는지에 대하여 알아보고, 디지털플랫폼정부 수립을 위한 평가지표체계 구축을 위한 제안을 제시하고자 한다.

디지털플랫폼정부 추진과제의 주관부처 및 업무 분류에 따르면, 주관/관계부처 및 추진업무가 특정 부처에 집중되어 있다는 것을 알 수 있다. 다음 〈표 6-7〉에서 볼 수 있듯이 디지털플랫폼정부 추진과제의 주관부서는 행정안전부(행안부) 주관 업무가 71개로, 전체 업무 중 약 30.5%를 차지하였으며, 과학기술부(과기부) 주관 업무는 59개로, 전체 업무 중 25.3%를 차지하며, 두 개의 부처 관련 업무가 전체 중 55.8%를 차지한다. 이를 통하여, 현재 제시된 디지털플랫폼정부 추진과제는 일부 부처의 업무에 집중되어 있다는 것을 도출할 수 있다. 기타 주관/관계부처는 전 부처가 18개(7.7%), 개인정보보호위원회(개인정보위) 16개(6.9%), 보건복지부(복지부) 7개(3.0%), 교육부 5개(2.1%)의 상대적으로 낮은 수준의 업무 비중을 차지하며, 기타 부처들은 1% 이하의 낮은 추진과제 비중을 차지한다.

---

[6] 여기에서 저자는 디지털 정부에 대한 글로벌 차원의 평가를 수행하고 있는 OECD DGI 평가지표를 기본으로 하되, 추가·보완적인 논의를 적용하여, 대한민국 디지털플랫폼정부를 평가하기 위한 성과지표 구축을 모색한다

<표 6-7> 디지털플랫폼정부 추진과제 주관부처 분석

주관/관계부처	추진과제 개수	비중
전 부처	18	7.7%
행안부	71	30.5%
과기부	59	25.3%
개인정보위	16	6.9%
기재부	11	4.7%
복지부	7	3.0%
교육부	5	2.1%
국토부	4	1.7%
산업부	4	1.7%
중기부	3	1.3%
국정원	3	1.3%
방통위	3	1.3%
인사처	3	1.3%
고용부	2	0.9%
법무부	2	0.9%
권익위	2	0.9%
금융위	2	0.9%
식약처	2	0.9%
관세청	2	0.9%
국세청	2	0.9%
소방청	2	0.9%
조달청	2	0.9%
국방부	1	0.4%
문체부	1	0.4%
외교부	1	0.4%
감사원	1	0.4%
국무조정실	1	0.4%
산림청	1	0.4%
동반성장위	1	0.4%
법원행정처	1	0.4%
총 합계	233	100.0%

이와 같은 행안부와 과기부에 집중된 추진과제는 결국, 디지털플랫폼정부의 최종 목적이 일부 부처를 중심으로 한 중앙집중적인 플랫폼정부 구축의 방향성을 보여준다는 비판을 제시할 수 있다. 즉, 플랫폼 구축이 최종 목표가 아니라는 점에서 정부는 과연 디지털플랫폼을 구축함에 있어서 정부가 무슨 역할을 할 것인지, 과연 그것이 '조력자'인지, 아니면 '정보 및 플랫폼 제공자'인지 등에 대한 고민이 필요하다. 나아가, 이와 같이 정부의 역할에 대한 고민은 결국 새롭게 구축되는 디지털플랫폼정부에서 정부의 주도권의 범위에 대한 정의를 함으로써, 공공서비스를 제공하는 범위 내에서 어떤 이해관계자에게 어떠한 역할을 제공할 것인지에 대한 방향성 제시라는 논의까지

이어질 수 있어야 한다. 구체적으로, 중앙정부와 지방정부 등 서로 다른 층위의 정부 간의 수행하여야 할 역할 및 확보하여야 할 역량뿐만 아니라 디지털 플랫폼에 대한 이해도 및 확보 중인 관련 역량과 재원 등이 상이하다. 그러므로, 구체적인 주체와 업무 방향성에 대한 성과평가 변수들을 제시함으로써 적절한 운영 체계를 구축하여야 한다.

나아가, 디지털플랫폼정부에서 상당히 중요한 특징인 민관협력에 대한 범위와 역할을 어떻게 구축되고 운영되어야 할지에 대한 구체적인 성과평가를 포함함으로써 민관협력에 구체적인 방향성을 제시할 수 있어야 한다. 다시 말해, 민관협력간 각 이해관계자의 역할과 협력 범위가 디지털 플랫폼 운영뿐만 아니라, 정책결정과정에서 어떠한 영향을 미칠 수 있을지에 대하여 가이드라인을 제시해야 할 필요가 있다. 이에 따라, 국민참여 및 민간과의 협력에 있어서 대상, 범위, 방법뿐만 아니라, 참여 확대를 위한 인센티브 방안 및 민관협력을 통해 발생할 수 있는 리스크에 대한 대응 방안 체계 구축에 대한 고민도 포함되어야 한다.

3 디지털플랫폼정부 성과평가 가안 제시

디지털플랫폼정부의 성공적인 구축을 위해서는 해당 목표, 비전, 원칙 등을 추진할 수 있는 재단된(tailored) 형태의 지표가 제시되어야 한다. 이를 위해서는 전략 구축, 조직 구조 수립, 운영 방안 제시, 결과 관리 등에 대한 고민이 필요하다. 이에 따라, OECD의 성과평가 내용의 주요 분류 및 추진과제 분류에 기반하여 ① 정부 전략 수립, ② 운영 및 성과관리 체계 수립, ③ 정부 운영체계 재설계, ④ 디지털 플랫폼 인프라 구축/운영, ⑤ 디지털 서비스 제공, ⑥ 민관 참여 확대, ⑦ 운영/성과관리 등의 핵심 운영 요소들을 핵심 성과체계 분류로 활용하기를 제안한다. 각 그룹별 평가항목은 목적, 대상, 필요 수행 과제 등의 평가사항이 추가되어야 한다.

또한, 기존 역량평가에는 포함되지 않은 다양한 이해관계자에 대한 고려도 이루어져야 한다. 본 연구에서 고려하는 이해관계자는 크게 정부(업무추진/주관부처, 기타 관계부처, 지방정부) 및 민간(민간기업, 국민)을 모두 포함한다. 디지털플랫폼정부는 정부가 일방적으로 정보를 제공하는 것이 아닌, 민관 협력을 통한 플랫폼 운영을 모색함에 따라 다양한 이해관계자가 협력할 수 있는 체계를 수립 및 운영하는 것이 중요하다. 그러므로, 주요 이해관계자별 각 성과측정 주요 단계에서 상이한 성과측정변수가 제시되어야 한다.

디지털플랫폼정부가 확립하고자 하는 디지털 정부의 체계 수립을 위해 주요 이해관계자별 성과관리 구성요소를 설계하면 〈표 6-8〉과 같다. 추진 및 주관 부처의 경우에는 전체적인 전략 및 시스템을 수립하기 위한 이해관계자별 역할을 제시하고, 운영체계를 확립하는 역할을 수행하여야 한다. 이에 반하여 기타 관계부처는 실제로 구체적인 업무 추진 방향을 수립하고, 성과측정을 위한 변수들을 도출한 후, 지방정부와 민간과의 협력을 위한 상세 계획을 구성 및 공유해야 한다. 기타 지방정부와 민간 부문은 부여된 상세한 실행 계획에 대응하는 구체적인 인력과 역량을 구축하고, 정부의 정책결정과정에 협력 및 개선하고자 하는 부분에 대한 의견을 적극적으로 개진할 수 있는 방법을 고민해야 한다.

또한 효과적인 성과평가 수행을 위해서는 각 이해관계자 및 핵심 부문별 상세 지표 구축이 필수적이다. 특히, 추진/주관부처의 경우에는 유관 관계부처와 지방정부 등에 대한 구체적인 성과평가 지표를 공유하고, 평가를 수행하고, 평가 결과에 대한 피드백과 개선 방안 관련 가이드라인을 제시하여야 지속적인 성장이 가능할 것이다. 그러므로, 정부와 유관부서뿐만 아니라, 지방정부의 플랫폼 중심의 데이터 확보 및 공유를 위한 역량에 대한 현황 평가는 물론이고, 효율적인 디지털플랫폼정부 운영 및 개선을 위해서 이해관계자들 간 협력을 기반으로 한 성과평가 지표 개발이 필요하다. 본 연구는 해당 지표 개발 논의의 기반이 될 수 있는 예시 지표들을 〈표 6-9〉에 첨부하였다.

〈표 6-8〉 디지털플랫폼정부 핵심 부문별 성과평가 요소 가안 예시

	업무추진/ 주관부처	기타 관계부처	지방정부	민간 기업	국민
정부 전략 수립	• 단기 및 중장기 추진 전략 수립 • 주요 이해관계자별 핵심 달성목표 설정	• 상세 전략별 목표 수립, 업무별 담당자 선정	• 상세전략별 목표 수립, 담당자 선정		

운영 및 성과관리 체계 수립	• 전반적인 운영/성과평가 관련 체계구축	• 구체적 성과측정 방법 수립	• 중앙부처와의 협력을 위한 역량 평가 및 성과측정 방법 수립	• 기술 및 업무 영역 간 협력 가능 영역 및 방안 확립 • 민관협력 담당 부서 설립 및 커뮤니케이션 채널 구축	• 참여 가능 영역 및 역할에 대한 인지
정부 운영체계 재설계	• 정부 간 칸막이 제거를 위한 데이터 통합 운영 체계 수립 • 부처/지방정부 간 역량 평가 및 협력 방안 제시 • 디지털 공공서비스 운영방안 및 관련 이해관계자 선정	• 전담 부서 설립 • 기타 부처와의 데이터 통합 운영 방안 구축 • 지방정부 및 민간과의 협력을 위한 커뮤니케이션 및 협업 체계 구축	• 전담 부서/ 담당자 상세 수행 필요 업무 제시 • 민간과의 협력을 위한 전담 인력 배치		
디지털 플랫폼 인프라 구축/운영	• 플랫폼 구축을 위한 핵심 디지털 인프라 확보 • 인적/시스템적 필요 역량 제시 및 강화 가이드라인 확립	• 각 이해관계자별 정부통합서비스 운영 관련 데이터 공유 필요 영역에 대한 정보/가이드라인 공유 및 데이터 통합 관리	• 디지털 플랫폼 필요 데이터 공유 방안 수립 • 상세 디지털 인프라 구축	• 기술력을 활용한 디지털 플랫폼 인프라 구축	
디지털 서비스 제공	• 상세 서비스별 (원스탑, 복지, 선제적) 주관 이해관계자 및 세부 내용/타임라인 제시	• 관계부처 등과의 논의에 기반한 상세 디지털 서비스 구체화 • 부처 관련 디지털 서비스 제공을 위한 상세 계획 수립	• 디지털 플랫폼 제공 서비스 공동 운영 • 지방정부 차원의 개선 가능 서비스 제안	• 정부와의 협력을 통한 디지털 서비스 제공 방안 수립 및 서비스 제공	• 디지털 플랫폼 제공 디지털 서비스 활용 및 피드백 제공
민관 참여 확대	• 정책결정과정 및 플랫폼정부 운영 범위 내 민간 참여 가능 영역 및 주요 수행 역할 제시	• 관계부처 및 민간과의 협력 가능 및 필요 영역 도출 • 민관협력 관련 전담 부서 설립 및 협력 방안 관련 가이드라인 제시	• 민간과의 협력을 위한 온라인 홍보 및 채널 구축/운영	• 정부와의 협력 채널 운영을 통한 협력 방안 확립	• 적극적 참여를 통한 정책결정과정 관련 제안
운영/성과관리	• 주요 시점별 운영 현황/성과 평가 및 피드백 제공	• 부처/지방정부 성과평가를 위한 상세 평가내용 제시 및 평가 수행/결과 관리	• 상세 성과평가 실시 및 관련 내용 공유		

〈표 6-9〉 디지털플랫폼정부 핵심 부문별 성과평가 지표 가안 예시

	업무추진/주관부처	기타 관계부처	지방정부	민간 기업	국민
정부 전략 수립	• 주요 이해관계자별 디지털플랫폼정부 핵심 목표 수립 및 공유 여부	• 각 부처별 달성 목표 상세 목표 및 계획 보유 여부 • 주요 담당자 보유	• 지방정부 차원의 상세 참여 계획 및 가이드라인 보유	• 민관협력 담당부서 설립 및 커뮤니케이션 채널 운영 여부	
운영 및 성과관리 체계 수립	• 성과평가 관련 체계/ 상세 평가요소 수립 및 공유 여부	• 부처/지방정부의 데이터 통합용 시스템 구축/디지털 서비스 제공과 관련된 상세 성과지표 수립/공유	• 역량 및 성과평가를 위한 지표수립 및 운영	• 민관협력 담당부서 설립 및 커뮤니케이션 채널 운영 여부	
정부 운영체계 재설계	• 부처/지방정부별 제공 공공데이터/ 서비스 및 데이터 시스템 관련 업무 역량 현황 파악 여부 • 정부 간 칸막이 제거를 위한 데이터 통합 운영체계 구축	• 전담부처 설립/운영 여부 • 다양한 이해관계자 간 업무공조를 위한 커뮤니케이션/업무 시스템 운영 여부	• 전담 부서/담당자 보유 • 상세 수행 필요 업무 가이드라인 제공 여부 • 정부 부처/민간과의 협력을 위한 시스템 수립 및 운영 여부		
디지털 플랫폼 인프라 구축/운영	• 상세 데이터 통합 시스템 구축 계획/ 기술 보유 여부 • 각 이해관계자별 필요 역량 및 인프라 구축 방안 가이드라인 제공 여부	• 플랫폼 구축을 위한 클라우드 시스템 등 데이터 통합 인프라 구축 • 분기별 각 이해관계자별 인프라 구축 계획 및 가이드라인 제공	• 통합된 플랫폼 인프라 기반 서비스 제공을 위한 상세 활용 방안 보유 • 플랫폼 구축을 위한 인프라 수립 관련 재원 확충	• 기술력 공유 관련 계획 보유 여부	
디지털 서비스 제공	• 주요 이해관계자별 제공 필요 서비스 목록 및 제공 계획 공유 여부 • 원스탑/복지/선제적 서비스 구축을 위한 민관협력체계 운영 • 원스탑 서비스 제공 포탈 운영 여부/행정 비용 절감 수준 • 데이터/AI 활용 복지/선제적 서비스 제공에 따른 행정 비용 절감 수준	• 정부통합서비스 제공을 위한 데이터 구체화 및 공유 방안/계획 보유 • 디지털 사각지대 필수 제공 필요 서비스 구체화 및 계획 수립/제공 • 데이터/AI 활용 선제적 대응/제공 가능 서비스 구체화 및 필요 시스템 구축 • 상세 이해관계자별 서비스 구축을 위한 역할 제시 • 제공 시스템 관련 만족도 평가	• 지방정부 차원의 제공 가능 디지털 서비스 제안 프로세스 운영 • 데이터 활용 기반 디지털 서비스 제공을 위한 전문 인력 보유 여부 • 디지털 서비스 관련 이용자 만족도	• 정책결정과정 및 공급 서비스 개선을 위한 디지털 서비스 공동 개발 및 제공 비율	• 민간의 디지털플랫폼정부 서비스 활용도

민관 참여 확대	• 부처/지방정부/민간 간의 협력 가능 영역에 대한 정보 제공/홍보 여부 • 각 이해관계자별 협력/제안 가능 분야 관련 인지도 • 민관협력 커뮤니케이션 채널 운영 여부	• 민관 협력을 위한 협력 체계 구축 및 운영 • 민간으로부터의 의견 수렴 가능 영역 및 방안 홍보 • 민간의견 기반 정책 개선	• 민간과의 협력을 위한 온라인 홍보 여부 • 민간의 정책결정 과정에 대한 참여도	• 정부와의 협력 채널 운영/참여도	• 민간의 정부 정책결정과정 참여도
운영/ 성과관리	• 분기별 성과평가 수행 및 지표 업데이트 여부 • 정성/정량평가 여부 • 각 이해관계자별 디지털 플랫폼 운영 관련 만족도	• 평가지표 적절성 • 데이터통합운영 비율 • 민간의 의견 수렴비율/만족도 평가	• 평가지표 적절성 • 데이터통합운영 비율 • 민간의 의견 수렴 비율/만족도 평가		

제5절 결론

정부가 추진하고자 하는 디지털플랫폼정부는 기존 전자정부와 달리 정부의 플랫폼을 중심으로 민관 협력을 통하여 새로운 형태의 공공 서비스를 제공한다는 특징이 있다. 김창경 디지털플랫폼정부위원회 부위원장에 따르면, 정부24는 포털이고, 디지털플랫폼정부는 구글·아마존과 같은 플랫폼 개념이며 국민이 정부 사이트에서 정보만 검색하는 게 아니라, 자신도 몰랐던 (맞춤형·선제적) 서비스를 추천받을 수 있다. 하지만, 실질적으로 효과적이고, 효율적인 디지털플랫폼정부 운영을 위해서는 과연 정부가 추진하고자 하는 바가 무엇인지, 해당 방향성이 기존 논의와 무엇이 다른지, 그리고 성과평가를 위해 어떠한 변수들이 고려되어야 하는지 등에 대한 논의가 필요하다.

기존 플랫폼 정부 논의와 같이 디지털플랫폼정부는 개방형 플랫폼 제공자로서, 정부가 시민 활동을 선도하는 것이 아닌 조정자 또는 조력자의 역할을 수행하며(O'Reilly, 2010), 다양한 이해관계자의 협력을 구축하고, 궁극적으로 시민들의 공익을 확장하는 데에 역량을 극대화시키는 역할을 수행한다(Pope, 2019). 또한, 디지털 플랫폼 구축 자체가 목표가 아니라는 점에서 공통점을 보유한다. 하지만, 디지털플랫폼정부의 상세추진과제 분류를 통하여 본 연구는 '정부 운영체계 재설계'에 상대적으로 중요성을 부여한다는 점과 '민관 참여 확대'의 측면에서도 선제적 디지털 서비스 및 복지 서비스를 제공하고자 한다는 점에서 구체적인 목표에서 차이점을 보유한다.

이와 더불어, 본 연구는 기존 글로벌 전자정부 및 플랫폼정부의 성과평가를 기반으로 평가하기에는 어려움이 존재한다는 것을 지적한다. 구체적으로, 기존 정부성과지표 논의 및 지표들의 경우에는 전자정부에 입각한 성과 평가, 다양한 이해관계자의 참여 관련 논의 부재·부족, 디지털 인프라 구축 차원의 논의, 그리고 유/무 여부 차원의 성과평가 등의 한계를 보유하므로, 디지털플랫폼정부의 성과평가로써 바로 활용하기에는 어렵다는 평가를 할 수 있다. 이에 따라, 저자는 OECD의 디지털정부성과평가 내용의 주요 분류 및 추진과제 분류에 기반하여 ① 정부 전략 수립, ② 운영 및 성과관리 체계 수립, ③ 정부 운영체계 재설계, ④ 디지털플랫폼 인프라 구축/운영, ⑤ 디지털 서비스 제공, ⑥ 민관 참여 확대, ⑦ 운영/성과관리 등의 핵심 운영 요소들을 핵심 성과체계 분류로 활용하기를 제안한다. 또한, '정부 운영체계 재설계'와 '민관 참여 확대'를 구체화하기 위하여 기존 역량평가에는 포함되지 않은 다양한 이해관계자에 대한 역할을 제시할 것 또한 제안한다. 본 연구에서 고려하는 이해관계자는 크게 정부(업무추진/주관부처, 기타 관계부처, 지방정부) 및 민간(민간기업, 국민)을 모두 포함한다. 디지털플랫폼정부는 정부가 일방적으로 정보를 제공하는 것이 아닌, 민관 협력을 통한 플랫폼 운영을 모색함에 따라 다양한 이해관계자가 협력할 수 있는 체계를 수립 및 운영하는 것이 중요하다. 그러므로, 저자는 주요 이해관계자별 각 성과측정 주요 단계에서 상이한 성과측정변수가 제시되어야 한다고 주장하며, 디지털플랫폼정부 핵심 부문별 성과평가 요소 및 지표에 대한 가안을 제시하여 보았다.

하지만, 해당 예시는 일부 지표들의 성과 측정의 어려움과 정부 운영 효율화를 위한 의지에 대한 성과지표 부재라는 한계를 보유한다. 본 연구는 기존 글로벌 성과지표의 바이너리 측정의 한계를 보완하기 위하여 일부 정성적 변수인 '민간의 정부정책결정 과정의 참여도' 등을 포함한다. 다만, 이와 같은 정성적 변수의 측정을 시도하는 것을 긍정적일 수 있으나 계량적 측정 방법에 대한 논의는 향후 진행되어야 할 것이다. 마지막으로, 디지털플랫폼정부 구축에 필수적인 정부의 의지 확보 및 대통령의 권한 위임 등을 통한 운영효율화 등에 대한 변수들도 향후 추가되어야 할 것이다.

<참고문헌>

[국내 문헌]

김구(2022). 디지털 정부의 측정모형에 관한 실증적 연구: OECD의 모형을 중심으로. 「한국공공관리학보」, 36(2), 103-129.

남현동·남태우(2020). 한국 플랫폼 정부의 방향성 모색: 공공기관 연구보고서에 대한 토픽 모델링과 네트워크 분석. 「Journal of Digital Convergence」, 18(2).

명승환·허철준·황성수(2011). 스마트사회의 정부: 플랫폼형 정부 모델을 중심으로. 「한국행정학회 동계학술발표논문집」, 2011, 1.

방민석(2013). '정부 3.0'에 대한 개념적 탐색과 법정책적 과제. 「한국지역정보화학회지」, 16(3), 137-160.

서형준(2021). 플랫폼 정부의 온라인 시민참여: '인천은소통 e 가득'코로나 19 관련 청원 토픽모델링을 중심으로. 「도시연구」, (20), 39-78.

서형준·주윤창(2020). 플랫폼 정부 관점에서 조명한 국내 COVID-19 대응 정보화 사례: ICT 와 데이터 활용을 중심으로. 「한국행정논집」, 32(4), 759-796.

성욱준(2022). 데이터 시대의 지방정부: 디지털 혁신, 데이터 기반 행정, 그리고 디지털 플랫폼. 「한국지역정보화학회 학술발표대회 논문집」, 137-151.

송효진·황성수(2014). 정부 3.0 추진에 따른 공공데이터 개방과 지방정부의 방향성 모색: 공공데이터법에 관한 이해와 개방 사례를 중심으로. 「한국지역정보화학회지」, 17(2), 1-28.

신선영서창교(2020). 플랫폼 정부 연구의 탐색적 분석. 「정보시스템연구」, 29(1), 159-179.

오강탁(2015). 초연결 융합사회의 신전자정부 패러다임: 디지털 정부의 추진전략과 과제. 「한국지역정보화학회 학술발표대회 논문집」, 33-56.

오강탁(2003). 통합적 전자정부 발전모형에 따른 한국 전자정부의 수준진단과 향후 발전방향. 「한국정책학회보」, 12(1), 325-350.

오강탁(2001). 전자정부 평가방법론 및 지표 개발에 관한 시론적 연구. 「정책분석평가학회보」, 11(2), 119-143.

오강탁·이연우(2005). 참여정부 전자정부 수준과 향후 추진 전략. 「한국정책학회 하계학술발표논문집」, 2005, 29-48.

이원복(2022). 빅데이터 시대의 효율적 플랫폼 정부 방안. 「월간 KIET 산업경제」, 283, 76-87.

이지형·박형준·남태우(2020). 네트워크 거버넌스의 진화? 플랫폼 정부 모델과 전략 분석: '광화문 1 번가'를 중심으로. 「한국행정연구」, 29(2), 61-96.

주효진 · 최희용 · 최윤희(2022). 디지털플랫폼정부와 정부혁신: 정부 역할 및 기능 재정립을 중심으로. 「지방정부연구」, 26(3), 307-327.

하윤상 · 이삼열(2019). 플랫폼 거버넌스: 거버넌스 운영에 있어 플랫폼 모형의 적용에 대한 연구 혁신학교정책을 중심으로. 「한국정책학회 하계학술발표논문집」, 2019(1), 1-18.

한세억(2022). 인공지능기반 플랫폼정부: 성공조건과 한계. 「한국지방정부학회 학술대회자료집」, 579-602.

황종성(2010). 공공정보의 개방에 따른 플랫폼형 정부로의 변화 모색. 「IT&Society」, 21, 20-22.

황성수 · 김성근 · 윤정현(2023). 디지털경제 시대의 플랫폼비즈니스와 정부규제에 관한 리뷰: 디지털플랫폼 속성과 정부규제 유형을 중심으로. 「정보화정책」, 30(1), 3-22.

황성수 · 박선주(2022). 디지털 경제 확산에 따른 정부의 역할 재정립: 플랫폼산업과 Governing the Commons의 가능성. 「한국행정논집」, 34(2), 175-198.

황성수 · 신용호(2019). Mobility 신산업 동향 및 쟁점, 그리고 정부의 역할: O2O, 승차공유, 택배, 물류 분야의 전망 및 규제연구를 중심으로. 「정보화정책」, 2019(6), 1-1.

[국외 문헌]

Alkhatri, N. S., Zaki, N., Mohammed, E., & Shallal, M. (2016, November). The use of data mining techniques to predict the ranking of e-government services. In *2016 12th International Conference on Innovations in Information Technology (IIT)* (pp. 1-6). IEEE.

Andersson Schwarz, J. (2017). Platform logic: An interdisciplinary approach to the platform-based economy. *Policy & Internet*, 9(4), 374-394.

Ansell, C., & Gash, A. (2018). Collaborative platforms as a governance strategy. *Journal of Public Administration Research and Theory*, 28(1), 16-32.

Al-Ani, A. (2017). Government as a platform: services, participation and policies. In *Digital transformation in journalism and news media: Media management, media convergence and globalization* (pp. 179-196). Cham: Springer International Publishing.

Bartlett, D. (2018). Government as a platform. *Opening Government*, 37.

Chung, C. S. (2017). From electronic government to platform government. *Journal of Platform Technology*, 5(3), 3-10.

Chung, C. S. (2019). Analysis on the 2018 UN E-government survey. *Journal of Advanced Research in Dynamical and Control Systems*, 11(7), 1242-1252.

Dias, G. P. (2019, October). Policy matters? An analysis of outliers in the UN e-Government index. In *Proceedings of the European Conference on e-Government, ECEG* (pp. 10-18).

Dobrolyubova, E. (2021). Measuring outcomes of digital transformation in public administration: Literature review and possible steps forward. *NISPAcee Journal of Public Administration and Policy*, 14(1), 61-86.

Erzhenin, R. (2018). Russian e-government: Review of scientific publications and research. *Public administration issues*, (3), 205-228.

Frach, L., Fehrmann, T., & Pfannes, P. (2017). Measuring digital government: How to assess and compare digitalisation in public sector organisations. *Digital government: Leveraging innovation to improve public sector performance and outcomes for citizens*, 25-38.

Gil-Garcia, J. R., Henman, P., & Maravilla, M. A. A. (2019, September). Towards "Government as a Platform"? Preliminary Lessons from Australia, the United Kingdom and the United States. In *Proceedings of Ongoing Research, Practitioners, Posters, Workshops, and Projects of the International Conference EGOV-CeDEM-ePart 2019* (pp. 173-184).

Giannone, D., & Santaniello, M. (2019). Governance by indicators: the case of the Digital Agenda for Europe. Information, *Communication & Society*, 22(13), 1889-1902.

Gorwa, R. (2019). What is platform governance?. *Information, communication & society*, 22(6), 854-871.

Janssen, M., & Estevez, E. (2013). Lean government and platform-based governance—Doing more with less. *Government Information Quarterly*, 30, S1-S8.

Jovanovska, M. B. (2016). Demarcation of the field of e-government assessment. *Transylvanian Review of Administrative Sciences*, 12(48), 19-36.

Kettl, D. F. (2008). *The next government of the United States: Why our institutions fail us and how to fix them*. WW Norton & Company.

Margetts, H., & Dunleavy, P. (2013). The second wave of digital-era governance: a quasi-paradigm for government on the Web. *Philosophical Transactions of the Royal Society A: Mathematical, Physical and Engineering Sciences*, 371(1987), 20120382.

O'Reilly, T. (2011). Government as a Platform. *Innovations: technology, governance, globalization*, 6(1), 13-40.

Orlova, N., Mokhova, I., Diegtiar, O., & Khomutenko, O. (2019). Methodology of the electronic government evaluation of the european union countries based on taksonometric method. In *Proceedings of the 33rd International Business Information Management Association Conference, IBIMA 2019: Education Excellence and Innovation Management through Vision 2020* (pp. 505-517).

Russo, V. (2020). Digital Economy and Society Index (DESI). European guidelines and empirical applications on the territory. *Qualitative and quantitative models in socio-economic systems and social work*, 427-442.

Seo, H. (2021). Government as a Platform Revitalization Strategy Derived from Webtoon Platform Success Factors. *Journal of Digital Convergence*, 19(10), 1–13.

Seo, H., & Myeong, S. (2020). The priority of factors of building government as a platform with analytic hierarchy process analysis. *Sustainability*, 12(14), 5615.

Shrivastava, V. P., & Singh, J. (2019). Review of Performance Indicators of Smart Cities in India: Ease of Living Index: A Case of Jabalpur Smart City. *International Journal of Scientific and Technology Research*, 8(10), 2590–2600.

Špaček, D., Csótó, M., & Urs, N. (2020). Questioning the real citizen-centricity of e-government development: Digitalization of G2C services in selected CEE countries. *NISPAcee Journal of Public Administration and Policy*, 13(1), 213–243.

Thompson, M. (2015). Government as a platform, or a platform for government? Which are we getting?. *ComputerWeekly. com*.

Twizeyimana, J. D., & Andersson, A. (2019). The public value of E-Government – A literature review. *Government information quarterly*, 36(2), 167–178.

Vila, R. A., Estevez, E., & Fillottrani, P. R. (2018, April). The design and use of dashboards for driving decision-making in the public sector. In *Proceedings of the 11th International Conference on Theory and Practice of Electronic Governance* (pp. 382–388).

Wolniak, R., Skotnicka-Zasadzień, B., & Zasadzień, M. (2019). Problems of the functioning of e-administration in the Silesian region of Poland from the perspective of a person with disabilities. *Transylvanian Review of Administrative Sciences*, 15(57), 137–155.

[보고서]

디지털플랫폼정부위원회(2023). 『디지털플랫폼정부 실현계획』. 디지털플랫폼정부위원회. https://www.president.go.kr/download/6438b5588d262

오영민·이광희·오윤섭·이삼열(2017.10). 『우리나라 정부성과평가제도에 대한 메타평가 연구』. 한국조세재정연구원. https://www.evaluation.go.kr/web/board/boardView.do?menu_id=67&bbs_idx=125&rownum=5&currentPageNo=1&tplt_id=86&org_se=&extends1=&searchCd=&searchWord=

행정안전부(2020.10.16). 『대한민국, 제1회 OECD 디지털정부평가 종합 1위』 https://eiec.kdi.re.kr/policy/callDownload.do?num=205984&filenum=1&dtime=20201016185055

OECD(2019). 『Public Governance Policy Papers No.03 - Digital Government Index: 2019 results』. OECD. https://www.oecd.org/gov/digital-government-index-4de9f5bb-en.htm

UN Department of Economic and Social Affairs(2022). 『UN E-Government Survey 2022』. UN. https://publicadministration.un.org/egovkb/en-us/Reports/UN-E-Government-Survey-2022

[보도자료]

"[단독] 윤석열 인수위, 디지털플랫폼TF·정부 및 공공혁신TF도 가동," 매일경제, 2022.03.15, https://www.mk.co.kr/news/politics/10251956

"윤석열표 디지털 플랫폼 정부, 전자정부와 무엇이 다를까," 이코노미스트, 2022.04.01, https://economist.co.kr/article/view/ecn202204010011

"[국정과제] 모든 데이터 연결되는 '디지털플랫폼 정부'," 연합뉴스, 2022.05.03, https://www.yna.co.kr/view/AKR20220503107300530

"대통령 직속 디지털플랫폼정부위원회 출범," 전자신문, 2022.09.02, https://www.etnews.com/20220902000154

""디지털플랫폼정부, 전 세계 미래정부 모델… 선제적 투자"," KTV국민방송, 2023.04.14, https://www.ktv.go.kr/content/view?content_id=674588

"[진단] '디지털플랫폼정부' 구현 내년부터 본격화," IT Daily, 2023.09.27, http://www.itdaily.kr/news/articleView.html?idxno=217054

Tim, O'Reilly(2009, Aug. 10), Gov 2.0: The Promise Of Innovation, Forbes, https://www.forbes.com/2009/08/10/government-internet-software-technology-breakthroughs-oreilly.html?sh=2b4e3f503b7b

Richard, Pope(2019, July. 23), A working definition of Government as a Platform, Medium, https://medium.com/digitalhks/a-working-definition-of-government-as-a-platform-

제3편
디지털플랫폼정부 구현 전략

디지털플랫폼정부의 미래
The Future of Digital Platform Government

제7장

서비스 중심 디지털 플랫폼의 설계 방안*

최준영 · 황한찬

제1절 서론

최근 이론과 실무 차원 모두에서 '디지털 플랫폼으로서의 정부'에 대한 관심이 크게 높아지고 있다. 여러 연구자들은 디지털플랫폼이 공공-민간의 여러 행위자 사이에 협력과 상호작용을 촉진하고(Ansell & Gash, 2018; Ansell & Miura, 2019), 시민들의 참여를 도우며(황한찬·엄석진, 2021), 서비스 혁신을 가능하게 한다(Bonina & Eaton, 2020; Bonina et al., 2021)는 점을 강조한다. 또한 윤석열 정부는 '디지털플랫폼정부'를 주요 국정과제로 삼은 동시에 디지털플랫폼정부위원회를 출범시켰다. 그로 인하여 성공적인 디지털플랫폼정부의 수행을 위한 디지털 플랫폼 설계에 관한 관심이 어느 때보다

---

* 이 장의 내용은 한국지역정보화학회지 제26권 제4호에 게재된 내용을 수정하여 보완한 것이며, 서울기술연구원 이사-주거 중심의 생애주기 통합서비스 플랫폼 구축 방안(2022-AH-010)의 지원을 받아 수행하였다.

높은 상황이다.

그러나 공공 부문에서 디지털 플랫폼을 운영하기 위하여 디지털 플랫폼을 어떻게 설계할 것인지에 대한 논의는 기술적인 부분에 초점을 맞추거나 설계자의 관점에서 하향식으로 이루어지는 경향이 있다. 먼저 기술적인 맥락에서 플랫폼의 기술적 요소에 설계 초점을 맞추는 연구들은 플랫폼 아키텍처와 기능 등을 체계적으로 다룬다(김수웅, 2021; 윤동식 외, 2022; 임선화 외, 2022), 다음으로 플랫폼의 사회기술적인 특성을 고려하는 다른 연구(이경은 외, 2022)는 기술적 측면과 함께 조직과 제도의 측면을 적절히 고려하기는 하지만 주로 플랫폼 설계자의 관점에 집중하여 접근하는 경향이 있다. 이 장은 이와 달리 플랫폼 설계자의 관점(하향식 접근)과 서비스 개발자와 이용자의 시각(상향식 접근)을 통합적으로 고려하여 플랫폼을 설계하는 데 관심을 가진다. 많은 경우에 설계자 중심의 플랫폼 설계가 이루어지고 그로 인해 서비스 개발자와 이용자의 시각이 충분히 고려되지 않는 경우가 많다. 이에 두 가지 시각을 통합적으로 고려하는 방안이 고려될 필요가 있다.

이러한 통합적 시각을 고려하는 서비스 중심 디지털 플랫폼 설계를 위해서는 서비스가 어떻게 만들어지는지와 함께 서비스가 만들어지고 제공되는 디지털 플랫폼을 같이 논의할 필요가 있다. 먼저, 서비스의 구상과 개발은 공공서비스 제공 과정에서 핵심적인 단계임에도 불구하고(Osborne, 2018) 구체적으로 어떤 서비스를 어떻게 구상하고 개발할 것인지는 행정학 연구에서 많이 다루어지지 않았다. 서비스 전달이나 평가에 관한 연구와 비교하여 서비스 개발에 관한 연구가 많이 부족하며 그동안 행정학에서 연구들은 서비스 구상과 개발을 중요하게 여기면서도 이를 행정 관리자들과 실무자들에게 맡겨두는 경향이 있다. 다음으로, 디지털 플랫폼은 다양한 공공서비스가 공공데이터를 결합하여 제작되고 제공되는 장소로서 기능할 수 있다. 공공 부문에서 최근의 디지털 플랫폼 연구들은 디지털 플랫폼에서 여러 행위자의 참여 속에서 서비스 혁신이 이루어지고 새로운 서비스가 개발될 가능성에 주목한다(이경은 외, 2022; Bonina & Eaton, 2020; Bonina et al., 2021). 그러나 디지털플랫폼 설계는 보통 서비스 구성과 제작에서 출발하지 않기 때문에 서비스 개발에서 출발하여 디지털 플랫폼에서 서비스가 제공되는 과정에서 생기는 문제를 충분히 고려하기 어렵다. 그러한 점에서 디지털 플랫폼과 제공되는 공공서비스를 어떻게 연계하여 설계할 것인지는 중요하다.

이러한 통합적 접근을 할 때 디지털 플랫폼은 서비스 이용자의 다양한 수요를 고려한 통합형 서비스를 가능하게 할 수 있다.

이 장은 수요자의 관점에서 출발한 서비스 중심 디지털 플랫폼의 설계를 위하여 '이사'라는 사건을 통하여 연속적으로 발생하는 이사-주거 관련 서비스 수요를 고려한 서비스 개발에서 출발한다. 이를 위하여 민간 서비스 개발에서 활용되는 페르소나 기법을 활용하였다. 이어서 이렇게 개발한 이사-주거 통합서비스를 디지털 플랫폼에서 제공할 때 발생하는 문제를 식별하고 이렇게 역으로 도출된 결과에 기반하여 디지털 플랫폼 설계의 전략과 방안을 제시한다.

제2절 공공 부문에서 디지털 플랫폼의 활용 및 설계 방안

1 공공 부문에서 디지털 플랫폼의 활용

디지털 플랫폼이라는 용어가 실무와 학계에서 많이 활용되고 있지만 그 용어의 개념과 성격에 대해서는 여전히 많은 혼란이 존재한다(De Reuver, Sørensen, & Basole, 2018). 일부 연구자들은 디지털 플랫폼을 소프트웨어 및 하드웨어의 기술적 요소와 관련된 것으로서 순수하게 기술적인 인공물(artifacts)로 정의한다(Tiwana, Konsynsky, & Bush, 2010; Boudreau, 2012). 이와 달리 다른 연구자들은 디지털 플랫폼을 이러한 기술적인 요소와 함께 조직 루틴과 과정, 표준 등으로 구성된 사회기술적 앙상블(sociotechnical assemblage)로 본다(De Reuver et al., 2018; Tilson, Sørensen, & Lyytinen, 2012). 그러한 의미에서 De Reuver 외(2018)는 연구자들이 디지털 플랫폼을 연구할 때 이것이 기술적 개념인지 사회기술적 개념인지 명확히 해야 한다고 주장한다. 특히 공공 부문에서 디지털 플랫폼으로서 공공데이터를 공개하는 여러 플랫폼이 정부기관 간 데이터와 정보의 공유로 이어지지 않았다는 여러 연구들(왕재선·문정욱, 2013; 윤상오, 2006)은 공공 부문에서 디지털 플랫폼의 설계와 운영에서 조직 과정과 운영에 대한 더 많은 이해가 필요함을 시사한다. 이에 우리는 여기에서 디지털 플랫폼을 사회기술적 개념으로 보고 접근한다.

공공 부문에서 이미 중앙정부 및 지방자치단체의 여러 수준에서 다양한 형태의 디지털 플랫폼이 활용되고 있다. 이러한 점에서 공공 부문에서 어떤 디지털 플랫폼이 있는지 살펴보는 것은 의미가 있으며, 기존 연구들은 대체로 플랫폼의 목적과 관련하여 플랫폼의 유형을 구분한다. 구체적으로 일부 연구들은 디지털 플랫폼을 거래 플랫폼과 혁신 플랫폼으로 구분한다(Bonina & Eaton, 2020; Bonina et al., 2021). 이러한 연구들은 여러 이해관계자들이 플랫폼에 모여서 상품이나 재화를 거래하는지(즉, 거래 플랫폼) 아니면 새로운 서비스의 혁신을 추구하는지(즉, 혁신 플랫폼)에 따라 두 유형으로 구분한다. 공공 부문에서 디지털 플랫폼은 공공 부문에서 디지털 플랫폼의 설계 목표와 핵심 기능을 고려할 때 '쿠팡'이나 '네이버쇼핑'과 같이 상품이나 재화의 거래를 중개하는 플랫폼보다는 공공데이터나 정보를 제공하고 그래서 정책이나 서비스의 혁신을 모색하는 혁신 플랫폼의 형태를 가진다.

혁신 플랫폼으로서 디지털 플랫폼을 접근할 때, 디지털 플랫폼에서 데이터와 정보를 어떻게 공급하는지와 관련한 공급 측면과 이러한 데이터와 정보를 통하여 어떤 혁신을 하는지와 관련한 수요 측면 중 어떤 것을 강조하는지에 따라 디지털 플랫폼의 작동 양상이 달라질 수 있다. 먼저 공급 중심의 디지털 플랫폼은 공공 부문이 가진 데이터와 정보를 체계적으로 관리하면서 공급하는 것에 초점을 맞추는 플랫폼이다. 예를 들어, 행정안전부의 '공공데이터포털'과 '지방재정통합공개시스템(지방재정365)', 서울시의 '서울 열린데이터광장'은 데이터 또는 정보의 체계적인 공개에 초점이 맞추어진 플랫폼이다. 다음으로 수요 중심의 디지털 플랫폼은 공공 문제의 해결을 위해 공공-민간의 다양한 행위자들의 협력적 활동을 도울 수 있도록 데이터와 정보의 수요 측면에 초점을 맞추는 플랫폼이다. 예를 들어, 대통령실에서 운영하는 '국민제안'이나 서울시의 '상상대로 서울'과 같은 플랫폼은 데이터와 정보의 수요 측면에 있는 공공·민간기관과 시민이 공공정책이나 서비스 혁신을 위하여 아이디어를 공유하고 논의할 수 있는 공간으로서 역할을 한다. 이 장은 수요 중심의 접근을 취하지만 공급 측면도 통합적으로 고려하는 접근을 취한다. 이는 디지털 플랫폼이 공공서비스 혁신으로 이어지기 위해서는 공급되는 데이터와 정보의 질의 공급 측면과 서비스 개발과 관련된 수요 측면이 종합적으로 고려될 때, 공공-민간의 서비스 개발자에 의하여 데이터 간의 결합과 이를 통한 창의적이고 혁신적인 서비스의 개발을 가능하게 만들 수 있기 때문이다(Bonina & Eaton, 2020).

그런데 디지털 플랫폼에서의 공공서비스 혁신과 관련하여 혁신을 가능하게 하는 다양한 서비스 개발이 중요하지만 이와 함께 얼마나 많은 이용자에 의한 서비스 활용이 이루어지는지도 중요하다. 이는 많은 이용자가 이용함으로써 발생하는 네트워크 효과(network effect) 또는 네트워크 외부성(network externalities) 때문이다(De Reuver et al., 2018). 네트워크 효과는 어떤 기술의 유용성이 얼마나 많은 이용자가 그러한 기술을 활용하는지에 따라 증가함을 의미한다(Katz & Shapiro, 1985; Shapiro & Varian, 1999). 그러한 점에서 더 많은 이용자가 플랫폼과 그러한 플랫폼에서 제공하는 서비스를 이용하는 데 익숙하고 이에 접근하기 쉬울 때, 그리고 더 많은 이용자가 익숙해질 때 플랫폼의 가치는 더 크게 증가한다.

그래서 플랫폼의 설계자나 데이터 공급자와 같은 공급 측면에만 초점을 맞추는 것을 넘어서서 서비스 개발자와 이용자의 시각에서 출발하여 접근하는 서비스 중심 디지털 플랫폼 설계가 중요할 수 있음에도 불구하고, 이에 대한 논의가 부족하다. 특히 디지털 플랫폼에서 서비스 개발자가 어떻게 서비스를 개발할 수 있는지에 대하여 충분히 다루어지지 않았다. 그래서 이 장은 수요 측면의 서비스 개발자와 이용자의 시각에서 출발하여 서비스 중심 디지털 플랫폼 설계를 하는 방향과 전략을 강구한다.

2 공공 부문에서 디지털 플랫폼의 설계 방안

기존 연구들은 민간 부문에서 디지털 플랫폼 설계 시 핵심 중에 하나로 여러 이해관계자에 대한 개방성(openness)을 제시한다(김주희·김도현, 2021; 김주희, 2022). 구체적으로, 이러한 연구들은 민간 부문에서 디지털 플랫폼을 구성하는 핵심 이해관계자들을 플랫폼 소유자, 데이터 기여자(contributors), 개발자(developers), 수요자로 구분한다(Bonina et al., 2021; Tiwana, 2015; 김주희·김도현, 2021). 이때 플랫폼 소유자는 플랫폼의 소유권을 가진 행위자이고, 데이터 기여자는 데이터를 제공하는 행위자, 개발자는 서비스를 고안하고 개발하는 행위자, 수요자는 서비스를 이용하는 행위자이다. 이때 데이터 플랫폼으로서 디지털 플랫폼의 공급 측면은 데이터를 공급하는 데이터 공급자와 관련되고, 수요 측면은 데이터를 활용하는 서비스 개발자 및 서비스 이용자와 관련된다. '공공데이터포털'을 예로 들면, 행정안전부가 플랫폼의 소유권을 가지는 플랫폼 소유자이고, 공공데이터를 제공하는 여러 공공기관이 데이터 기여자이다. 그리고 '공공데이터포털'은 서비스가 제공되는 플랫폼의 역할을 하지 않기 때문에 개발자라는 행위자는 두드러지지 않으며 데이터를 이용하는 공공·민간기관 및 시민은 수요자에 해당한다. 개발자도 참여하는 데이터플랫폼에서는 플랫폼 소유자와 서비스 및 앱의 개발자는 구분되며, 더 많은 서비스와 앱의 개발자가 참여하고 그래서 혁신적인 서비스와 앱을 개발할 수 있을 때 플랫폼의 성과가 좋아질 것으로 기대된다.

이를 고려하면, 디지털 플랫폼 설계 시 공급 측면과 수요 측면을 모두 고려하는 것이 중요하다(Bonina & Eaton, 2020). Bonina & Eaton(2020)은 디지털 플랫폼 설계와 배양을 위해서는 플랫폼의 공급 측면과 수요 측면 모두를 고려하기 위하여 필요한 도구, 맥락적 요인을 다음의 [그림 7-1]과 같이 정리하였다. 먼저 공급 측면에서는 플랫폼의 핵심에 있는 모듈(module)과 규칙, 도구를 어떻게 설정할 것인지가 중요하다. 모듈과 같은 아키텍처 특징은 플랫폼에서 데이터를 제공하는 방식에 직접적인 영향을 미칠 수 있기 때문에 중요하다(Ansell & Miura, 2020; Bonina & Eaton, 2020). 다음으로 수요 측면에서는 서비스 개발자들이 데이터 세트에 대한 모듈에 접근하고 법, 규제, 계약(라이센스 등)에 대한 플랫폼 규칙에 따라 서비스와 앱을 개발한다. 공공 부문에서의 디지털 플랫폼에서 서비스 개발자들은 제공되는 공공데이터를 결합하여 서비스를 개발할 수 있지만, 이러한 서비스 개발은 제도, 조직과정과 규칙에 의해 영향을 받고 제한된다.

그런데 공공 부문에서 디지털 플랫폼은 민간 부문의 플랫폼과 달리 서비스 개발자의 범위가 제한되는 점에서 개방성 측면에서 제약이 존재한다. 민간 부문의 플랫폼에서 여러 민간 서비스 개발자는 다양하고 창의적인 서비스 개발을 통하여 더 많은 이용자를 끌어들이려고 노력한다. 또한 민간 부문의 플랫폼에서 서비스 개발자는 더 많은 이용자를 끌어들이기 위해 이용자 편의성과 이용 가치를 높이기 위하여 노력한다. 예를 들어, 민간 부문에서 서비스 개발 단계에서 서비스의 원형(prototype)을 개발하고

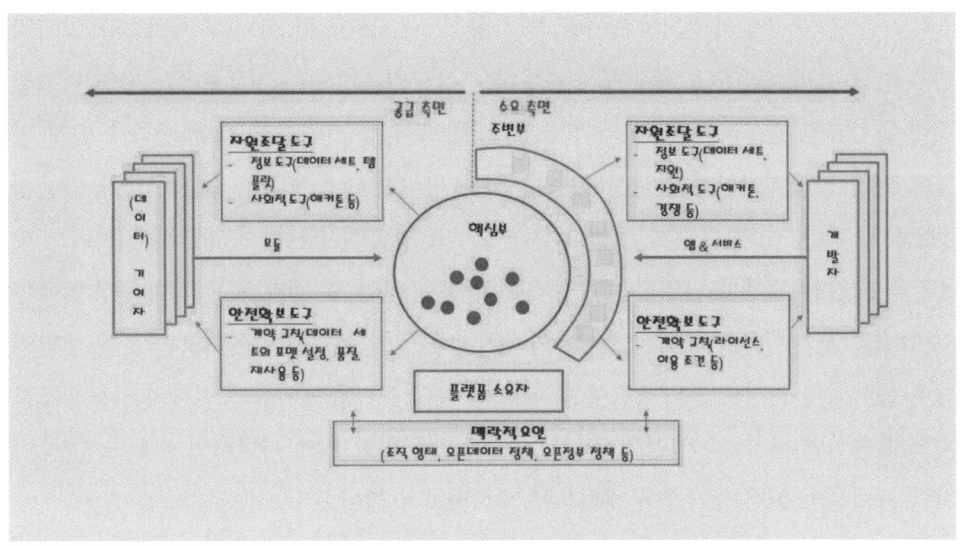

[그림 7-1] Bonina & Eaton(2020)의 디지털 플랫폼 설계 모델

이를 통하여 서비스 이용자의 관점에서 서비스를 재현하는 것을 서비스 프로토타이핑(service prototyping)이라고 부른다(김광명·고영준·정희준, 2013). 재화와 달리 서비스는 손에 잡히지 않는 무형적인 특징을 가지고 이용자의 반응에 크게 영향을 받는 특징을 가지기 때문에 서비스 이용자의 반응이 중요할 수 있다(Gronroos, 2007; Osborne & Strokosch, 2013). 그래서 이와 같은 서비스 프로토타이핑은 서비스 이용자의 반응을 예측하고 그래서 더욱 이용자 친화적인 서비스 개발을 도울 수 있다. 그러나 공공 부문에서 디지털 플랫폼은 공공서비스의 개발자에 대한 개방성을 확보하기 쉽지 않으며 그로 인하여 서비스 개발에 있어 이용자 친화적이고 이용 가치를 높이기 위한 노력을 확보하기 쉽지 않다. 결국 이로 인하여 공공 부문에서 디지털 플랫폼은 서비스 개발, 더 나아가서는 서비스 혁신에서 제한된 성과가 나타날 수 있다.

또한 공공 부문 디지털 플랫폼은 민간 부문 플랫폼보다 더 많은 법제도와 같은 공공 부문의 제약사항에 직면한다. 공공 부문 디지털 플랫폼은 공공기관별 법제도와 같은 공식적 구조 이외에 공공기관 간 협력·경쟁·갈등 관계와 같은 비공식적 구조의 영향을 받는다. 그러한 점에서 공공 부문 디지털 플랫폼에서 서비스 개발 시 고안 및 개발 단계에서 예상하기 어려운 공식적·비공식적 제약이 발생할 수 있다.

이러한 점을 종합하면, 정부 주도의 하향식(top-down)이 아니라 서비스 개발자와 이용자 등 서비스의 수요 측면에서 출발하는 상향식(bottom-up)으로 접근하여 디지털 플랫폼 설계를 검토하는 것은 의미가 있다. 하향식 접근에 따를 때 플랫폼을 먼저 만들고 어떤 공공데이터가 공급될 수 있는지를 정리한 다음에 서비스를 어떻게 만들지 검토하게 된다. 이와 다르게 상향식 접근에 따를 때, 먼저 서비스 개발자가 서비스 이용자의 다양한 요구를 반영하는 통합적 서비스를 고안 및 개발하고 그 다음에 이러한 서비스를 개발하기에 적합한 모듈과 아키텍처 특징이 무엇인지 살펴보는 것을 통하여 플랫폼을 역의 순서로 올라가면서 설계할 수 있다. 이 장은 이를 고려하여 예시적으로 수요자 중심의 이사-주거 통합서비스 개발을 시도하고 이에 기반하여 수요자 주도 디지털 플랫폼의 설계 방안을 구체적으로 제시하고자 한다.

제3절 수요자 중심의 이사-주거 통합서비스 개발

1 수요자 중심의 서비스 개발 방법론

수요자 또는 서비스 이용자의 관점에서 서비스를 개발하는 것은 서비스 이용 효과를 높일 수 있다. 그래서 서비스 개발 단계에서 여러 방법이 활용된다. 예를 들어, 페르소나 기법, 이용자 면접, 가상의 시나리오 등이 이에 해당한다. 최근에는 VR, AR, 디지털 트윈 기술의 발전으로 가상세계에서 시나리오를 적용하여 이용자의 관점에서 서비스 유용성을 높이기 위한 다양한 시도들이 이어지고 있다. 예를 들어, Bae & Leem(2014)은 3D VR 기반 테스트베드를 활용하여 가상의 서비스 공간에서 새롭게 만들어질 서비스를 미리 적용하는 것을 테스트할 수 있음을 보여준다. VR, 메타버스, 디지털 트윈 기술의 발전으로 가상세계에서 고안되고 개발된 서비스를 제공하고 그 과정에서 서비스의 문제점을 파악하여 개선할 수 있는 가능성이 두드러지고 있다.

여기에서는 예시로 이사-주거 통합서비스 개발을 모색하며 수요자 중심의 서비스 설계를 위하여 페르소나 기법을 활용한다. 페르소나 기반 시나리오 기법(persona-based scenario method)은 어떤 제품 또는 서비스를 이용할 대표적인 가상의 이용자를 페르소나로 설정하여 이용자의 입장에서 서비스 개발을 고안하는 방법이다(길혜지 외, 2022; 송규민, 2009; Wiegers, 2003). 그러한 점에서 페르소나 기법은 서비스 개발자가 개발자의 입장이 아닌 서비스 이용자의 시각에서 서비스에 필요한 것이 무엇인지 고민하는 점에서 이용자 편의성을 높이고 서비스 완성도를 제고할 수 있다.

2 이사-주거 통합서비스 개발

시민의 관점에서 주거지를 이전하는 의미에서 이사는 개인 생애에서 발생하는 사건인 동시에 그러한 사건으로 파생되는 다양한 주거/돌봄/교육 서비스 수요를 발생시킨다. 예를 들어, 어떤 사람이 서울시의 주택을 구매하여 이사를 계획할 때, 주거와 관련된 자금계획 수립(주택금융 서비스)부터 시작해서 각종 공과금 및 요금의 정산(전기/도시가스/상하수도 서비스)과 소유권 이전 및 전입신고, 이어서 등기 및 세금 납부에 이르는 다양한 형태의 서비스에 대한 수요를 한 번에 가지게 된다. 더 나아가서는 그와 같은 이사라는 사건은 세대 차원에서 이루어지기 때문에 세대구성에 따라서는 돌봄 서비스(노인/영유아), 교육 서비스(초·중·고등학생)에 대한 서비스 수요를 발생시킨다. 이러한 점에서 이사라는 개인 생애 사건은 복합적인 서비스 수요를 발생시키기 때문에 통합서비스로 개발될 필요성이 크다.

시민의 관점에서 이사라는 사건을 중심으로 시간 순서별로 발생하는 서비스 수요를 분석하였다([그림 7-2] 참조). 한국에서 거주하는 일반 시민이 이사를 준비하고 진행하면서 경험하는 시간의 흐름에 따른 공공서비스 수요의 묶음을 객관적으로 파악하기 위하여 법제처 홈페이지인 '찾기 쉬운 생활법령정보'(https://www.easylaw.go.kr/ CSP/CnpClsMain.laf?csmSeq=666&ccfNo=1&cciNo=1&cnpClsNo=1)의 '집 구하기 및 주변조사'를 참조하였으며, 정리한 결과는 다음과 같다. 먼저 '1단계 자금계획 수립'은 이사를 준비하는 시민이 계약금을 제외한 잔금 마련과 관련된다. '2단계 각종 요금 정산하기'는 이사일자가 정해진 후 현 거주지에서 사용한 각종 공과금을 어떻게 정산할 것인지와 관련된다. '3단계 전입신고하기'는 이사 완료 후 새로운 거주지 관할기관에 주소지 변경 사실을 알리는 것이다. '4단계 등기 및 세금 납부하기'는 주택 매매인 경우에 한하여 부동산 취득 등기와 지방세 납부와 관련된다. '5단계 자녀 전학수속하기'는 이사 완료 후 자녀의 전학을 위한 수속절차를 가리킨다.

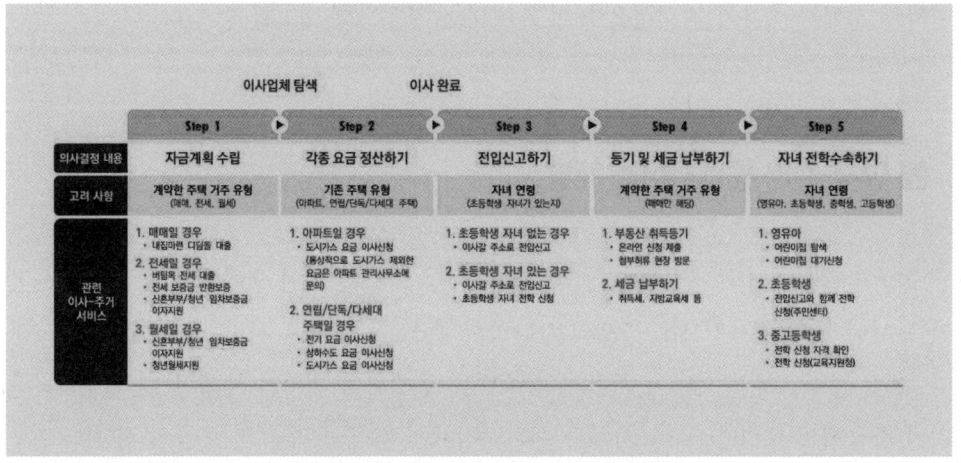

[그림 7-2] 이사-주거 서비스 수요의 흐름

이어서 서비스 이용자의 입장에서 서비스를 개발하기 위하여 서울시에 전입하는 전형적인 시민 중 4인 가족 및 신혼부부가 경험하는 시나리오를 구성해 서비스 제공과정의 경험을 제시하였다. 특히 2001년 서울시 인구구조 기준으로 3인 이상 가구 총 1,500,628가구 중에서 1,093,980가구(72.9%)가 미혼자녀로 구성됨을 고려해볼 때 필자들이 작성한 다음의 두 시나리오는 자녀를 가진 가구에 대한 전형성을 가진다고 할 수 있다.

첫 번째 시나리오는 초등학생 및 중학생 자녀로 구성된 4인 가족이다. 부부와 초등학생 및 중학생 자녀로 구성된 4인 가족의 세대주인 A는 경기도에서 서울로 주택을 구입하여 전입한다. 이때 부부의 합산소득은 7,082만원이고 자녀 2명 초등학생 1명 중학생 1명이며 경기도에 있는 연립주택에 전세로 거주하였으며 대출잔액이 1억 4722만 원, 자산은 7억 9,982만 원이고 입주주택의 매매가격은 12억 6천만 원을 상

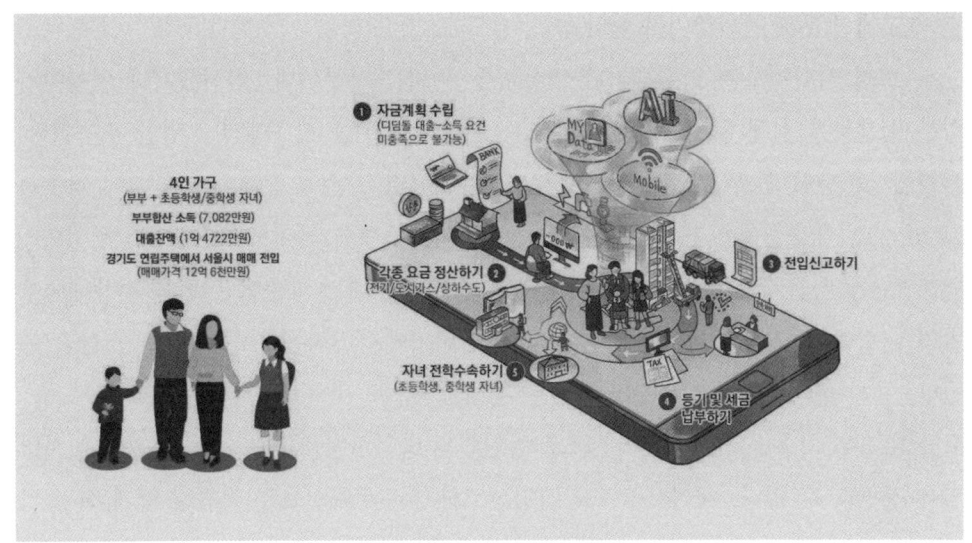

[그림 7-3] 첫 번째 시나리오

정한다[1]. 이 경우 1단계 자금계획 수립에서 A는 소득 및 자산 기준을 초과하기 때문에 내집마련 디딤돌 대출을 받기 어려우며 현재 자산을 모두 잔금 마련에 활용한다고 하더라도 약 4억 6000만 원을 다른 공공 민간 대출 상품을 통해 마련하여야 한다. 2단계 각종 요금 정산하기에서 A는 각종 요금을 정산할 수 있음 특히 전기요금과 상하수도 요금은 온라인으로 바로 정산할 수 있고 도시가스 요금의 경우 최소 1일 전에 온라인으로 검침인원 방문신청을 하는 것을 통해 이사 당일에 정산할 수 있다. 3단계 전입신고하기는 온라인으로 어렵지 않게 신청 가능하다. 4단계 등기 및 세금 납부하기는 온라인 신청을 할 수 있으나 첨부서류 등의 처리를 위하여 불가피하게 등기소 현장 방문이 필요하며 매도인 관련 서류들 매도인 인감, 증명서 위임장 등 때문에 법무사 등 중개인에 위임할 것인지를 고민할 것이다. 5단계 자녀 전학하기는 초등학생과 중학생 자녀들을 전학 수속할 수 있다. 다만 초등학생 자녀의 경우 전입신고 시 온라인으로 전학 배정 신청을 할 수 있으나 중학생 자녀의 경우 직접 교육지원청 또는 전학

---

[1] 이러한 4인 가족의 소득은 국가통계포털(KOSIS)에서 공개한 2022년 3,4분기 가계동향조사에서 도시에 거주하는 미혼자녀를 가진 세대의 평균소득으로 하였고, 가계 대출과 자산은 가구원수 4인 이상 세대의 2022년 평균 대출액과 자산액으로 함.

갈 학교에 방문해 처리하여야 한다.

두 번째 시나리오는 임신했거나 영유아를 둔 신혼부부이다. 임신했거나 영유아가 있는 신혼부부의 세대주인 B는 전세 또는 반전세로 서울 시내에서 전입한 경우이다. 부부합산소득이 6,400만 원이고 자녀는 영유아 1명 기존에 전세로 서울시에 거주하고 있었고, 대출잔액은 1억 5,000만 원이며, 입주주택의 전세보증금은 5억 원이다[2]. 먼저 1단계 자금계획 수립에서 B는 소득 기준을 초과하기 때문에 버팀목 전세대출을 받기 어렵다. 다음으로 2단계 각종 요금 정산하기에서 B씨는 각종 요금을 정산할 수 있다. 특히 전기요금과 상하수도 요금은 온라인상으로 바로 정산할 수 있고 도시가스 요금의 경우 최소 1일 전에 온라인으로 검침인원 방문신청을 하는 것을 통하여 이사당일에 정산할 수 있다. 이어서 3단계 전입신고하기는 온라인으로 어렵지 않게 신청 가능하다. 4단계 등기 및 세금 납부하기는 전세이므로 해당사항 없다. 마지막으로 5단계 자녀 전학하기는 B가 입주하는 집 인근의 어린이집을 탐색하고 해당 어린이집에 대기신청할 수 있다.

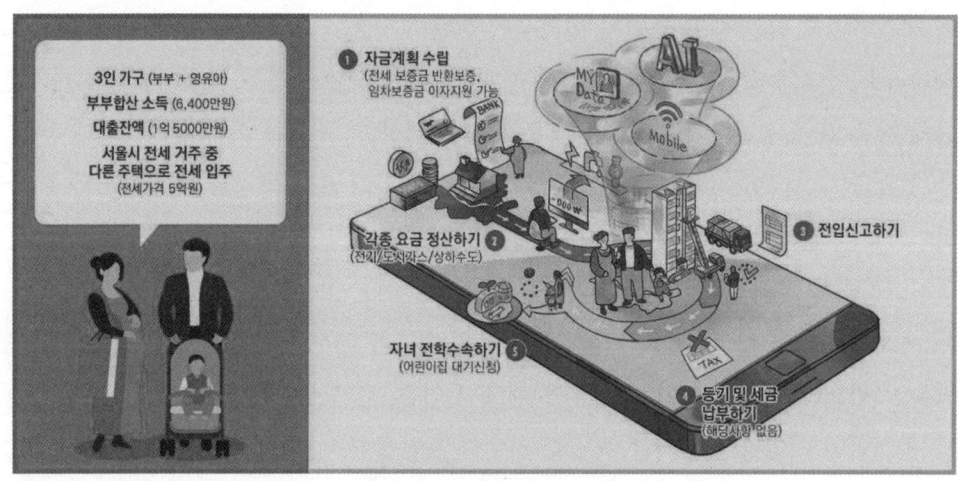

[그림 7-4] 두 번째 시나리오

---

2) 신혼부부의 부부합산소득, 대출잔액은 통계청의 '2021 신혼부부 통계'(https://www.sedaily.com/ NewsView/ 26EVGX4EC5)에 기반함.

❸ 서비스 기능구성 및 요소기술 도출

시나리오를 바탕으로 이사-주거 의사결정의 각 단계별 서비스 수요를 도출한 후에 그와 관련된 서비스 기능과 기술 요소를 식별하였다. 즉, 서비스 개발자의 관점에서 각 단계별 필요한 이사-주거 서비스를 제공하기 위하여 요구되는 기능과 기술 요소를 도출하였다(〈표 7-1〉 참조). 핵심적인 기술 요소를 정리해보면, 다음과 같다. 첫째, 〈표 7-1〉에서 확인할 수 있듯이 2단계를 제외하면 모든 단계에서 한 번의 통합인증으로 추가 인증 없이 진행할 수 있는 통합인증이 중요하다. 둘째, 단순서식 자동화를 넘어서서 맞춤형 교차정보 확인 및 탐지, 추천, 시뮬레이션을 하기 위한 인공지능 기술 요소가 필수적이다. 셋째, 비대면 방식으로 맞춤·통합 서비스 제공을 위해서는 마이데이터(MyData)가 중요하다. 넷째, 개별 서비스를 단계적으로 구축 및 통합할 수 있고 최신의 클라우드 환경에 적합한 마이크로서비스 아키텍쳐(Micro Service Architecture: MSA) 기술요소가 요청된다[3]. 이를 통하여 여기에서는 서비스 중심 디지털플랫폼 설계를 위하여 필수적인 기술요소를 식별했으며, 이어서는 디지털 플랫폼 설계를 구체적으로 어떻게 하는 것이 좋을지에 대하여 다룬다.

---

[3] 마이크로 서비스 아키텍쳐(Micro Service Architecture: MSA)는 일반적으로 애플리케이션을 하나의 거대한 서비스 형태로 개발하는 모놀리식 아키텍쳐(Monolithic Architecture) 구조가 가지는 한계점을 극복하기 위한 기술이다. MSA는 독립적인 여러 서비스를 조합하여 애플리케이션을 구현하는 방식으로 디지털 플랫폼 서비스의 추가나 확장 등에 효율적이다.

<표 7-1> 이사-주거 통합서비스를 위한 서비스 기능 구성

이사-주거 의사결정		서비스 수요	서비스 기능	기술요소
1단계: 자금계획 수립	추천	(민간) 조건에 부합하는 대출 프로그램 추천 (민간) 전세 보증 보험 상품 추천 (공공) 이자 지원 프로그램 추천	전자식으로 저장된 신청자의 금융 및 부동산 관련 서류들에 근거하여 신청 가능할 것으로 예상되는 상품들의 추천	통합인증[4], 공공 및 금융마이데이터[5], 인공지능[6]
	서식	(공공) 정책금융 서비스 신청서 작성 시 복잡하게 된 서식 자동화	전자식으로 저장된 신청자의 금융 및 부동산 관련 서류들에 근거하여 자동으로 입력 저장	통합인증, 공공 및 금융마이데이터, 인공지능
	시뮬레이션	(공공 및 민간) 융자 및 이자지원 프로그램 신청 방법 안내	상황에 따른 다른 종류의 융자 및 이자지원 프로그램을 가상으로 신청하는 방법 시뮬레이션	인공지능
2단계: 각종 요금 정산	시뮬레이션	(공공) 계량기 검침 등 익숙하지 않은 행동의 수행 방법 안내	상황에 따라 다른 종류의 요금 계량기 검침 방법 시뮬레이션	인공지능
3단계: 전입신고	서식 자동화	(공공) 간소화된 입력 서비스	전자식으로 저장된 부동산거래 계약서에 근거하여 자동으로 입력 저장	통합인증, 공공 및 금융마이데이터, 인공지능
4단계: 등기 및 세금납부	서식 자동화	(공공) 복잡하고 어려운 부동산 취득 등기 온라인 신청의 서식 자동화	전자식으로 저장된 부동산 관련 서류들에 근거하여 자동으로 입력 저장	통합인증, 공공 및 금융마이데이터, 인공지능
	시뮬레이션	(공공) 국민주택채권매입금액, 지방세 등 부동산 취득 시 부가적으로 발생하는 비용 예측	전자식으로 저장된 신청자의 부동산 관련 서류들에 근거하여 비용 예측 시뮬레이션 서비스 제공	인공지능

---

4) 사용자 통합인증체계는 다양한 인증수단을 통하여 1회의 사용자 신원확인으로 다수의 서비스에 대한 로그인을 허용하는 개념으로 디지털 플랫폼의 서비스 통합에 중요 기술이다. 다기관이 공동으로 인증결과를 통합인증방식으로 활용하기 위해서는 정보통신망법상 본인확인기관이 제공하는 주민등록번호 연계정보(Connecting Information, 이하 'CI')를 활용 시 본인의 고유 식별자로 활용이 가능하다.

5) 마이데이터(MyData)는 정보주체가 개인정보 전송요구권을 행사하여 자신의 정보를 적극적으로 관리·통제하며 이를 신용, 자산, 건강관리 등에 주도적으로 활용할 수 있는 종합적 체계를 의미한다. 디지털플랫폼정부에서는 공공기관 및 금융기관이 보유한 마이데이터를 활용한 다양한 서비스들이 개발되고 있다.

6) 인공지능(Artificial Intelligence: AI)은 디지털 플랫폼 서비스를 분석하고 의사결정을 지원 및 자동화하며, 이를 수행하기 위하여 머신러닝(Machine Learning)을 포함한 향상된 분석과 논리 기반의 기술을 의미한다. AI는 목적이 되는 디지털 플랫폼 서비스 추진주체인 수요자의 준비도·성숙도에 따라 적용 기술 범위 및 수준이 상이하다.

5단계: 자녀 전학 수속	추천	(공공) 전학 갈 어린이집 추천 (공공) 전학 갈 중고등학교 추천	어린이집의 경우 인근 어린이집 목록 및 예상 대기시간 등을 제시하는 방식으로 어린이집 추천하고, 중고등학교의 경우 저장된 부동산 주소에 근거해 인근 학교 잔여정원 확인후 추천	통합인증, 공공 마이데이터, 인공지능
	시뮬레이션	(공공) 복잡한 전학 절차를 쉽게 이해할 수 있는 방법 안내	전학 갈 자녀 유형에 따라 실제 경험할 가능성이 큰 전학 절차를 저장된 신청자 정보에 기반하여 시뮬레이션으로 안내	인공지능

제4절 서비스 중심 디지털 플랫폼의 설계 방안

이 절에서는 서비스 중심 디지털 플랫폼의 설계를 위하여 플랫폼 요소기술 등 개념 설계 방안을 도출하고, 이사-주거 서비스를 예시로 서비스 구성 가이드라인을 도출해 봄으로써 한계 및 시사점을 제시하고자 한다.

1 서비스 중심 디지털 플랫폼 개념 설계

서비스 중심의 디지털 플랫폼은 앞서 정의한 기술요소를 바탕으로 서비스 중심 디지털플랫폼의 개념을 설계하였다([그림 7-5] 참조). 서비스 중심 디지털 플랫폼의 기술요소는 수요자가 접속 시 서비스 제공을 위하여 개인정보를 연계 및 수집하고 분석할 수 있는 구조로 설계하였다. 이를 위한 구성요소로는 채널기술, 개인데이터 수집 및 분석, 데이터 연계시스템의 세 가지로 구성되는 것으로 정의하였다. '채널기술'은 스마트폰 또는 PC 등을 통해 접속하여 인증 동의를 하게 되는 접점 창구이다. '개인데이터 수집 분석'은 이사-주거 등과 같은 통합서비스를 이용하기 위하여 필요한 본인 정보인 마이데이터를 요청하고 수집 저장 분석하여 활용하는 기술이다. '데이터 연계시스템'은 각 공공기관 등에서 보유한 개인 데이터를 송수신하기 위한 연계하기 위하여 본인확인 및 개인 데이터를 송수신하기 위한 인증시스템, 분야별 마이데이터 중계시스템, 민원 서비스 제공기관 시스템으로 구성되는 기술이다. 이를 바탕으로 개념 설계한 서비스 중심 플랫폼은 마이데이터를 기반으로 서비스의 통합 안내 및 추천, 서비스 자격 확인, 서비스 신청결과 확인 등 전주기 비대면 서비스가 가능하도록 지원하며, 수집 및 축적된 개인데이터를 분석하여 지능형 서비스를 제공한다.

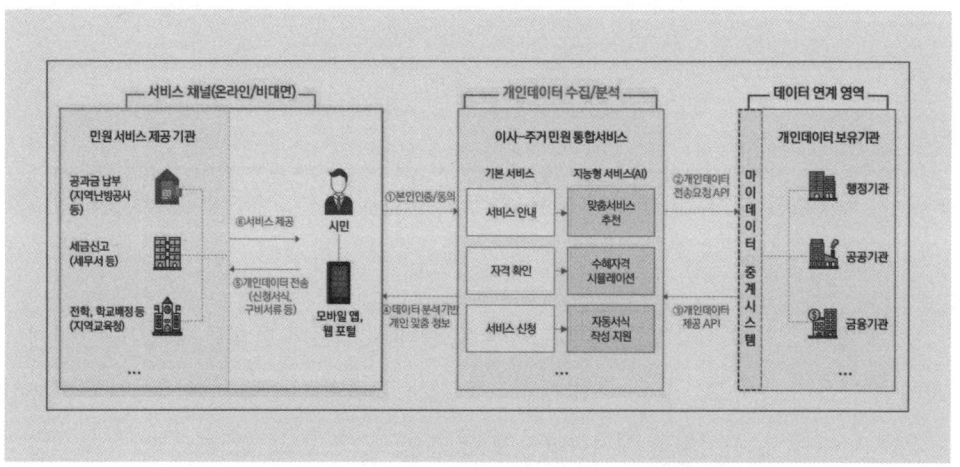

[그림 7-5] 서비스 중심 디지털 플랫폼 개념: 이사-주거 통합서비스 사례

그렇다면 이러한 디지털 플랫폼 개념 설계 하에서 서비스가 어떻게 제공될 수 있는지를 예시적으로 살펴보면 다음과 같다. 이사-주거 통합서비스를 예시로 규칙(Rule) 기반 자동화(Automation)', '마이데이터 연계(API)', '인공지능 자연어 처리' 기술을 활용한 서식 자동화, 맞춤 서비스 추천, 자격 확인 시뮬레이션 등 3가지 유형의 서비스 기능 설계안을 도출하였다([그림 7-6] 참조). 첫째, '서식자동화'는 부동산 취득세 신고서 등 개인이 직접 찾아서 작성하기 번거로운 정보를 공공 마이데이터, 서식 기준 정보를 바탕으로 패턴화하여 자동으로 작성하는 서비스 기능이다. 둘째, '맞춤 서비스 추천'은 개인 기본정보(연령, 거주지, 가구원 등), 서비스 신청/수혜 이력, 유사 사례 등을 분석하여 신청 및 이용 가능한 서비스를 선제적으로 추천 및 알려주는 서비스 기능이다. 마지막으로 '시뮬레이션'은 본인이 원하는 서비스에 대한 소득 및 재산 등 자격

기준의 해당 여부를 공공, 금융 마이데이터, 서비스 기준 정보 등 분석하여 자동으로 모의 계산해 주는 기능이다.

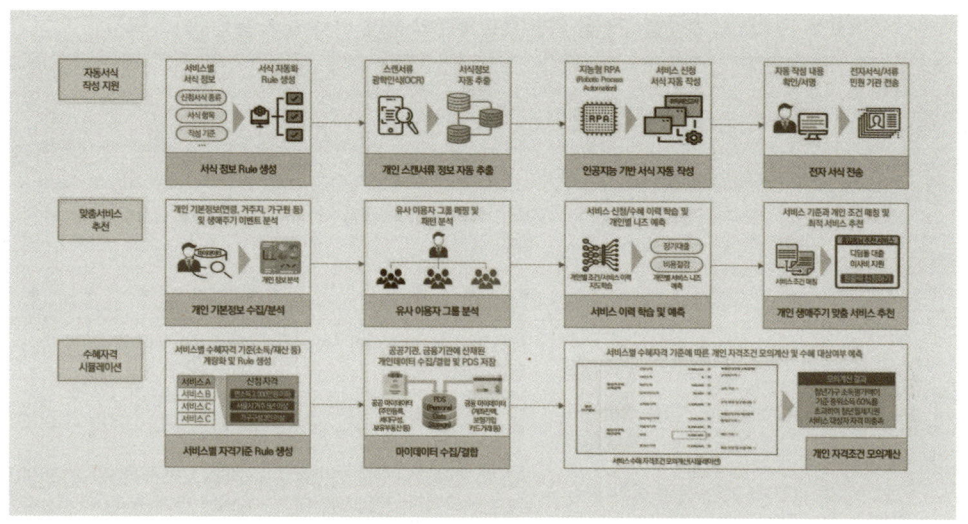

[그림 7-6] 자동화, 추천, 시뮬레이션별 서비스 흐름도

2 서비스 중심 디지털 플랫폼에서 서비스 구성의 가이드라인

1) 서비스 목표 수준의 정의

지방자치단체에서 다양한 서비스 수요를 반영하여 서비스 중심의 디지털 플랫폼을 구축하고 그러한 플랫폼에서 서비스를 완결성 있게 제공하기 위해서는 단계적 추진범위를 수립하는 것이 필요하다. 단계적 추진범위 수립 시에는 자기정보 보유기관에 대한 정보 전송요구권에 대응하여 마이데이터구축 의무 시행시기와 연계하여 단계적 서비스 구축 및 서비스 통합 범위를 선정하여야 한다.

단계적 추진 시에는 개념검증(Proof of Concept: PoC)을 거쳐 기초자치단체 단위, 광역자치단체 단위의 단계적 시범사업추진을 고려하여 서비스 구성을 위한 목표수준을 정의하였다. 시범사업 추진단계에서는 제도개선 사항들을 해소하기 위하여 신기술에 대한 시험·검증과정에서 규제사항을 적용하지 않는 규제 샌드박스를 활용한 사업으로 추진도 함께 제시하였다.

〈표 7-2〉 디지털 플랫폼 구현을 위한 목표 수준의 정의: 이사-주거 통합서비스 예시

구분		1단계 개념 검증 (PoC: Proof of Concept)					2단계 시범 서비스 (기초자치단체 대상 서비스)					3단계 서비스 확대 (광역자치단체 서비스 시행)				
		자금계획	요금정산	전입신고	세금납부	전학수속	자금계획	요금정산	전입신고	세금납부	전학수속	자금계획	요금정산	전입신고	세금납부	전학수속
목표수준		●					●	●	●			●	●	●		●
	기술구현목표	• (채널) 하이브리드 앱(모바일, 웹 겸용) 개발 • (플랫폼) 공공/금융 마이데이터 수집/분석 및 서비스/상품 안내기능 개발 • (연계) 기존 운영 중인 공공 마이데이터, 금융 마이데이터 중계시스템 연계					• (채널) 통합 인증(마이 데이터 인증 연동) 개발 • (플랫폼) 간단한 개인 데이터를 기반으로 한 서비스 신청 기능 개발 • (연계) 전송요구권에 기반한 개별 공공기관, 금융기관 마이데이터 연계 확대 및 서비스 제공기관 민원시스템 연계					• (채널) 구비서류 스캔 및 마이데이터 결합기능 개발 • (플랫폼) 복잡한 서식을 기반으로 한 서비스 신청기능 개발 • (연계) 서비스 제공기관 민원시스템 연계 확대 및 제출서류(전자문서) 진본성/위변조 확인 기능 개발(타임스탬프 등)				
	서비스대상	• PoC 참여 기초자치단체(1~2개 기관) 선정 및 주민 검증단 운영(서비스 베타 테스트)					• 시범 서비스 기초자치단체(3~5개 기관) 공모					• 광역자치단체 확대 • 기초자치단체 특화 서비스 시범 탑재				

2) 아키텍쳐 구성 가이드라인

이사-주거 통합서비스를 사례로 다음과 같은 디지털 플랫폼의 요소별 아키텍쳐 구성 가이드라인을 구성하였다. 우선 접점 단계에서 사용자는 마이데이터 기반 이사-주거 통합서비스 이용을 위하여 모바일, PC 등으로 접속하여 본인인증 및 전송요구권에 따라 제공된 개인데이터 열람, 다운로드한다. '앱 및 포털'은 통합 서비스 제공을 위한 온라인 통합 창구로 서비스 안내, 수혜자격 확인, 서비스 신청, 결과 확인 등 시민 접점 서비스 제공한다. '개인데이터 수집 시스템'은 시민이 동의 및 전송 요구한 개인데이터를 데이터 보유기관에 요청하고, 제공받은 개인데이터를 수집·분석한다. 다음으로 내부의 개인데이터 연계, 활용단계에서 '공공 마이데이터 유통시스템'은 공공

기관이 보유한 이사-주거 관련 개인데이터를 중계하는 시스템으로 개인이 전송을 요구한 개인데이터에 대해 제공한다. '개인데이터 보유기관 시스템'은 각종 행정정보, 증빙자료, 금융정보 등의 원천 데이터를 보유한 기관으로 개인이 전송요구한 데이터를 개인데이터 수집 시스템과 직접연계 또는 공공 마이데이터 유통시스템을 경유하여 API(Aplication Programming Interface) 형태로 제공한다. 마지막으로 '서비스 제공기관 시스템'은 이사업체 포털, 한국전력공사·한국가스공사 등 공과금 납부 시스템, 행정안전부 주민등록시스템(전입신고), 교육부 NEIS(학교배정, 전학 등) 등 이사/주거 관련 서비스를 제공하는 각 서비스 제공기관의 정보시스템이다. 이를 바탕으로 이사-주거 통합서비스에 대한 서비스 프로세스는 시민 개인 데이터전송 요구권에 기반, 이사/주거에 필요한 행정/금융정보를 보유기관에 요청/수집하여 비대면 이사/주거 서비스 맞춤 추천 및 신청에 활용한다([그림 7-7] 참조).

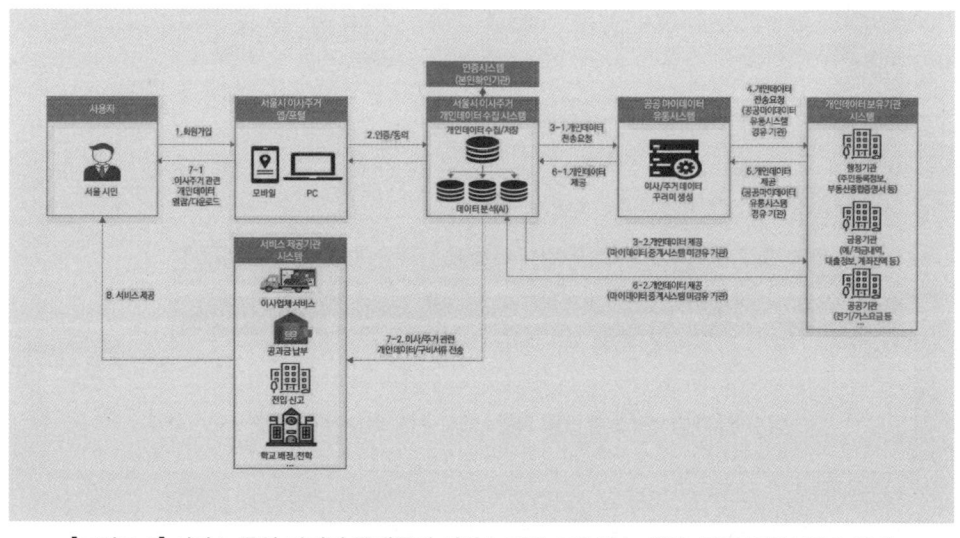

[그림 7-7] 서비스 중심 디지털 플랫폼의 서비스 제공 프로세스: 이사-주거 통합서비스 사례

3) 개별 서비스의 통합

디지털 플랫폼에서 개별 서비스는 빅데이터 분석을 위한 디지털 플랫폼에서 제공하

는 기술요소의 기반 속에서 통합하여 구성할 수 있도록 설계될 수 있다. 이사주거 통합서비스의 사례에서는 빅데이터 기반의 인공지능서비스 기반을 공통서비스로 이사-주거와 같은 독립적인 개별서비스를 위한 마이크로서비스 아키텍쳐(MSA)를 구성하였다. 이와 같은 구성을 통하여 향후에는 '일자리 통합서비스', '복지통합서비스' 등 각각의 생애주기 서비스 모듈을 개발, 탑재하여 MSA로 구성된 개별 서비스가 확장되고 통합될 수 있도록 구상하였다.

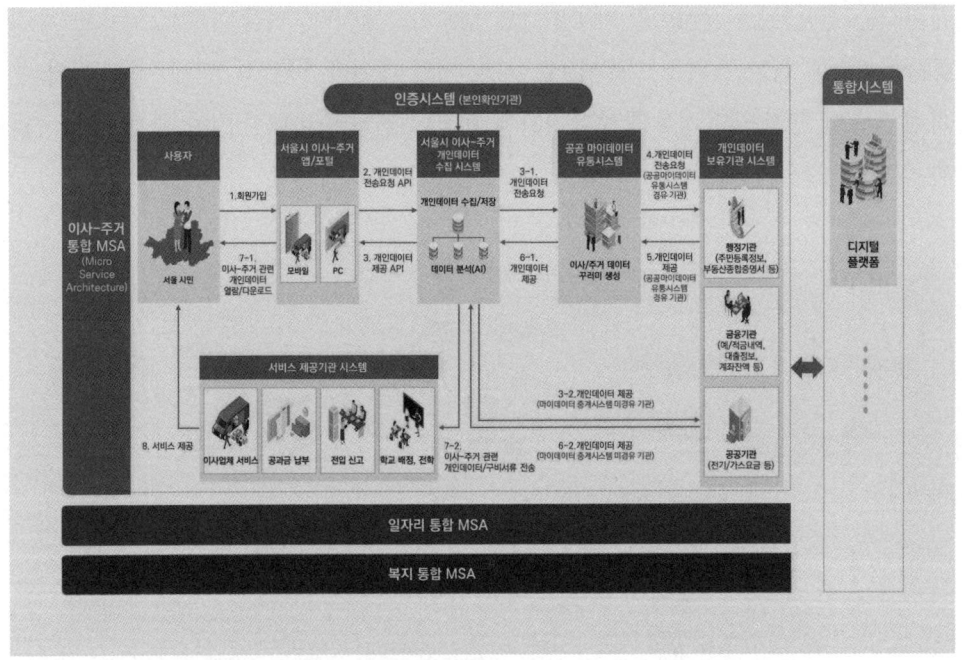

[그림 7-8] 개별서비스 통합을 위한 MSA 구성: 이사-주거 통합 MSA 사례

3 한계점 및 해결 방안

1) 자동화된 맞춤형 서비스

자동화된 맞춤형 서비스의 한계는 첫 번째로 공공 마이데이터와 연계되지 않은 공

공기관의 개인데이터 연계이다. 이에 대한 해결 방안으로는 단기적으로는 본인이 직접 스캔등록, 중장기로는 플랫폼과 개별 보유기관간 API를 연계하는 것으로 플랫폼을 통하여 각 보유기관으로 개인데이터 전송을 요청하고 해당 기관에서는 API 형태로 플랫폼에 개인데이터 제공하는 방식을 생각해 볼 수 있다. 금융 마이데이터의 통합인증은 공동인증서를 제외한 전자서명인증사업자 인증 결과를 통합적으로 활용할 수 있도록 중계시스템을 운영하고 있어 디지털플랫폼과 통합인증 중계시스템을 연계할 수 있다. 공공 마이데이터 사전 이용기관 신청·승인 시 플랫폼의 본인 인증방식에 대한 검토 후 별도 인증결과 연계 없이 활용할 수 있다. 장기적으로는 서비스에 필요한 각종 개인데이터를 보유한 모든 기관이 공공 마이데이터와 연계될 수 있다. 두 번째 한계는 개인 고유식별자 일관성 확보 문제이다. 해결 방안으로는 디지털 플랫폼은 주민등록번호 수집을 위한 법적 근거가 부재하므로 본인 인증 시 생성·수집 가능한 CI를 플랫폼의 기본적인 고유식별자로 활용하는 것을 생각해 볼 수 있다. 또 다른 방안으로는 공공 마이데이터 전송요청 시에만 임시로 개인에게 주민등록번호를 입력받아 데이터 요청 후 삭제하는 형태로 관리하는 방법을 생각해 볼 수 있다.

2) 수혜자격 확인

수혜자격 확인의 한계로는 첫째, 소득 등 자산확인을 위하여 금융 마이데이터 개별 연계 시에 사전 허가를 받아야 하는 점이 있다. 이에 대한 해결 방안으로 금융 마이데이터를 수집·활용하기 위하여 사전에 금융감독원으로 받는 본인신용정보관리업 허가를 '금융분야 마이데이터 서비스 가이드라인(2021.12)'의 허가 예외 요건을 활용하여 해결하는 것을 생각해 볼 수 있다. 이때 "신용정보주체 보호 및 건전한 신용질서를 저해할 우려가 없는 경우로서 다른 법령에 따라 허용된 경우"라고 정의된 부분에 상응하는 법적 근거를 마련하고 검토하는 것이 필수적이다. 두 번째 한계는 대출 이자감면 등의 수혜자격 확인을 위한 소득·재산 데이터를 수집하는 것과 관련된 문제다. 이 경우 세부 서비스별 복잡한 소득·재산 자료를 모두 연계하기 위해서는 시간·비용적인 부담이 크므로, 서비스별 소득·재산 판정기준을 국민연금공단 기준월소득액, 보건복지부 소득인정액 등과 같이 단순화하는 방안의 검토가 요청된다. 세 번째 한계로는 본

서비스 인증과 각 분야별 마이데이터 인증의 통합 문제를 들 수 있다. 이는 사설인증기관(전자서명인증사업자: 통신사, 네이버, 카카오 등)이 제공하는 간편 인증수단을 활용하여 다른 서비스와 각 분야별 마이데이터를 통합인증하는 방식으로 해결할 수 있다.

제5절 토론: 서비스 중심의 디지털 플랫폼 설계의 가능성

이 장은 플랫폼의 소유자나 데이터 공급자의 공급 측면에서의 하향식 접근이 아닌 서비스 개발자와 이용자의 수요 측면에서 상향식 접근을 통하여 공공 부문에서 효과적인 서비스 개발을 가능하게 만드는 디지털 플랫폼의 구현 전략을 다루었다. 그동안 디지털 플랫폼의 설계는 서비스 개발자와 이용자의 관점보다는 주로 공급 측면에서 이루어졌기 때문에 디지털 플랫폼이 먼저 개발되고 그 이후에 서비스 개발 시 많은 비용과 기술적 충돌 등의 난맥상을 경험할 위험에 놓이기 쉬웠다. 이와 달리 수요 측면에서 서비스 중심의 디지털 플랫폼을 모색하는 것은 디지털 플랫폼에서 제공되는 공공데이터와 정보를 활용한 혁신적인 서비스 개발을 가능하게 할 수 있을 것으로 기대된다. 구체적으로 여기에서는 이사-주거 중심의 통합서비스 사례에서 출발하여 서비스 중심 디지털 플랫폼 설계방안을 검토하면서 다음과 같은 중요한 함의를 발견하였다.

먼저, 서비스 이용자의 서비스 수요를 고려하는 서비스 개발을 모색하면서 공공 부문 디지털 플랫폼이 이용자 편의성을 높일 수 있는 기술요소를 발견하였다. 구체적으로 살펴보면, 첫째, 서비스 이용자가 경험하는 이사라는 사건은 서비스 이용자의 가족 구성원을 포함한 세대 단위에서 동시에 영향 미치는 사건이라는 점에서 세대 단위 통합인증의 필요성을 식별하였다. 즉, 서비스 통합 시 이용편의성 증진을 위한 통합인증의 중요성이 증가하고 있다. 세대나 가구의 생애주기 통합서비스의 편의성 강화방안으로는 세대(가구)내의 미성년 자녀, 노령의 가족 정보를 위임받아 서비스를 신청할 수 있도록 하는 세대통합 인증 체계 도입이 논의되어야 한다. 둘째, 개인의 특정 시기별, 과업별 생애주기와 관계된 서비스의 연계 확대가 필요하며 이를 위한 세대단위 정보시스템 관리의 필요성을 식별하였다. 이를 위해서는 출산·보육, 청년 자립, 건강한 노후 생활을 위한 정부 지원 서비스 유지 및 연계와 자녀의 전학 수속 등 연계할 수 있도록 교육청 학교 기초정보연계가 필수적이다.

다음으로 서비스 중심의 디지털 플랫폼에서 공공서비스 혁신이 발생할 수 있도록 서비스 개발자의 범위를 확대하고 민간 플랫폼과의 연계를 확대하는 민관거버넌스 체계를 구축할 필요가 있다. 기존의 여러 연구들은 디지털 플랫폼 설계 시 서비스 개발자를 포함한 여러 이해관계자에 대한 개방성을 강조한다(김주희·김도현, 2021; 김주희, 2022). 그러한 점에서 첫째로 공공과 민간을 아우르는 다양한 서비스 개발자가 이러한 서비스 중심 디지털 플랫폼에서 서비스 개발에 참여할 수 있도록 해야 한다. 이를 통하여 더 많은 서비스 개발자가 참여하고 경쟁하고 그래서 혁신적인 서비스의 개발로 이어질 수 있도록 해야 한다. 둘째로 민간 서비스 개발자의 참여와 이를 통한 서비스 개발을 위해 서비스에 필요한 기반이 되는 데이터와 서비스를 구축하고 민간에 API 등의 형태로 제공함으로써 민간 서비스 개발자들도 API를 활용해 공공데이터를 얻어 다양한 서비스를 창출할 수 있도록 도울 필요가 있다.

이상의 내용을 통하여 서비스 중심의 디지털 플랫폼 설계방안이 혁신 플랫폼으로서 다양한 서비스 개발과 혁신으로 이어질 수 있는 가능성을 살펴봤으며, 동시에 이와 같은 상향식의 서비스 중심 디지털 플랫폼 설계의 유용성을 살펴봤다. 이를 위하여 이번에는 이러한 서비스 중심 디지털 플랫폼 설계를 모색하는 지방자치단체를 위한 정책적 시사점을 다음과 같이 정리하였다.

첫째, 지방자치단체가 자체적으로 마이데이터를 이용한 자율적인 통합서비스 구축이 가능하도록 마이데이터의 포괄적 활용을 위한 권한위임 등을 담은 활용기관 지위 확보가 필요하다. 현재 서울시가 개인의 동의에 근거하여 마이데이터 수집 활용을 위한 공공 마이데이터 이용기관의 지위를 획득하기 위해서는 「본인 행정정보에 관한 고시」 제5조 이용기관의 역할에 규정된 역할을 따르고 이용기관 승인을 받도록 되어 있다. 이용기관은 승인된 범위에 대한 제한된 서비스 개발만이 가능하므로 서울시와 같은 광역 지방자치단체에서 자율적으로 마이데이터 기반 통합서비스 개발이 가능하도록 마이데이터의 포괄적 활용 등 권한과 지위부여에 대한 제도개선이 선행되어야 한다.

둘째, 완결성 있는 생애주기 통합서비스 구축을 위한 디지털플랫폼정부 유형의 규제 샌드박스 제도 신설을 검토할 필요가 있다. 현행 규제 샌드박스는 신기술 도입과 관련된 ICT융합, 산업융합, 혁신금융 등 6대 샌드박스로 운영중이나 규제 샌드박스에 디지털 플랫폼 정부 전자정부에 특화된 유형을 도입하고, 주거 이사 통합서비스 플랫폼 구축 시에 샌드박스를 적용할 필요가 있다. 규제 샌드박스에 필요한 디지털플랫폼정부 유형은 기존 절차에서 따라오지 못하여 발생하는 규제 공백을 메우기 위해 소득재산 판정기준과 같이 서비스별로 상이하고 복잡한 산출기준의 계량화 및 일관된 기준 적용에 활용될 「비대면자격판정 기준」과 업무 규정 등에 규정된 방식 외 플랫폼을 통하여 비대면 신청 제출한 개인정보 증빙서류 등의 유효성을 인정하는 비대면전산 제출자료의 유효성 인정 등에 대한 특례가 포함될 필요가 있다.

셋째, 공공과 민간플랫폼과의 협업을 통한 시민에게 편의성을 제공하는 생애주기 통합서비스 플랫폼으로 발전할 필요가 있다. 이것은 수요자인 시민과 공급자인 정부가 만나는 공간으로 편리한 사용자 환경을 제공하여 언제라도 들어와서 이용할 수 있는 환경 조성이 필요하다. 전자정부가 시민들에게 전자적 행정서비스를 제공했다면 디지털 플랫폼 기반 서비스는 네이버와 카카오처럼 시민이 편하게 접근해서 항상 이용할 수 있는 플랫폼이어야 한다. 코로나19 시기에 지원금 알림이나 백신접종 등의 정보를 카카오 플랫폼 기반의 '국민비서 구삐'가 제공한 것이 민간 플랫폼과 연계한 대표적인 사례다. 그런 점에서 지방자치단체는 기반이 되는 서비스를 구축하여 API형태로 제공하고 네이버나 카카오 같은 민간 플랫폼에서 API를 통해서 생애주기 통합서비스를 제공하는 것이 민간 협업을 통하여 진보된 서비스를 제시하는 대안이 된다. 이사 주거 통합민원서비스의 경우에는 네이버 카카오뿐만 아니라 직방이나 다방같이 부동산에 정보기술을 접목한 프롭테크(Proptech) 기업의 민간 플랫폼과 연계 및 협업의 대상이 된다.

제6절 결론

이 장은 플랫폼 아키텍처 구성을 정부 주도의 하향식으로 설계하는 것을 넘어서 어떻게 수요자 시각에서 출발하여 서비스 중심 디지털 플랫폼을 설계할 것인지 고민하였다. 그래서 여기에서는 서울시 및 자치구에서 생애주기 맞춤형 통합서비스 제공을 위하여 시민이 실제 경험하는 통합서비스를 세대 단위로 설계 및 구축하여 디지털 플랫폼 기반을 통하여 완결적 서비스로 제공할 수 있는 구축 방안을 제안하였다. 이 장은 서로 다른 개인의 생애주기를 가진 여러 개인들로 구성될 수 있는 세대를 서비스 제공의 기본 단위로 할 때 수요자의 입장에서 개선된 통합서비스를 제공받을 수 있는 가능성을 탐색하였다. 이를 통하여 기술적 요소에만 집중하거나(예를 들어, 김수웅, 2021; 윤동식 외, 2022; 임선화 외, 2022), 플랫폼 설계자의 시각에서 하향식으로 접근하는 것(이경은 외, 2022)을 넘어서 서비스 개발자와 이용자의 관점에서 역의 순서로 디지털 플랫폼을 설계하는 방안을 검토하였다. 더 나아가서는 이를 통하여 서비스 중심의 디지털 플랫폼이 갖출 필요가 있는 기술요소와 이에 기반한 서비스 가이드라인을 도출하였다. 그래서 공공·민간의 다양한 서비스 개발자가 디지털 플랫폼에서 창의적인 서비스를 개발하고 공공서비스 혁신으로 이어질 수 있는 가능성을 검토하였다.

그러나 이 장은 결코 완전하지는 않으며 다음과 같은 한계를 식별하였다. 첫째, 개인정보를 연결하고 통합해서 새로운 서비스 제공, 알림, 모니터링, 방대한 개인정보를 수집, 통폐합하는데 따른 제도적 장치를 마련하는 것이 결코 쉽지 않다는 점이다. 서비스 중심의 디지털 플랫폼이 다양한 민간 서비스 개발자를 포함시키고자 할 때 개인정보 유출이나 침해와 같은 문제를 발생시키지 않을 수 있는 제도적 장치는 필수적이다. 둘째, 이사-주거 통합서비스라는 하나의 서비스 사례에 기반한 점이다. 서비스 중심의 디지털 플랫폼이 다양한 서비스 개발로 이어질 수 있기 위해서는 여러 다른 종류의 서비스에서 출발해서 기술요소를 촘촘히 살펴볼 필요가 있다.

이와 같은 한계에도 불구하고 이 장은 서비스 개발자와 이용자의 관점에서 출발하여 공공 부문 디지털 플랫폼 설계에 대한 구체적인 방안을 제안하는 데 의미가 있다. 개인정보 보호 문제를 다루거나 또는 다른 종류의 서비스에서 출발할 때 어떤 다른 기술요소가 중요할 수 있는지 살펴보는 여러 후속연구들이 나오길 기대한다.

<참고문헌>

길혜지 · 심현기 · 윤홍주 · 이호준 · 오혜근 · 나민주(2022). 데이터 기반 지방교육행정 시나리오 탐색: 페르소나 기법을 중심으로. 「교육행정학연구」, 40(2), 85-111.

김광명 · 고영준 · 정회준(2013). 서비스디자인 프로토타이핑 가이드라인 개발. 「Archives of Design Research」, 26(4), 123-152.

김수웅(2021). 스마트팜 통합 플랫폼 설계 및 구현. 「한국통신학회논문지」, 46(12), 2403-2410.

김주희 · 김도현(2021). 디지털 플랫폼과 보완자의 효익에 관한 연구 동향 분석. 「벤처창업연구」, 16(3), 159-175.

김주희(2022). 플랫폼 기업의 사회적 기업으로서의 정체성이 플랫폼 설계와 사회적 가치 창출에 미치는 영향에 관한 연구: 째깍악어 사례를 중심으로. 「차세대융합기술학회논문지」, 6(10), 1960-1970.

송규민(2009). 페르소나 기반 시나리오 (Persona-based Scenario) 기법을 활용한 공공공간 길 찾기 계획에 관한 연구. 「한국도시설계학회지 도시설계」, 10(1), 21-34.

왕재선 · 문정욱(2013). 공공기관 간 정보공유에 대한 태도: 중앙부처 공무원의 인식을 중심으로. 「한국지역정보화학회지」, 16(1), 1-34.

윤동식 · 방은진 · 채철승 · 심별희 · 강정훈(2022). 디지털 연합트윈 서비스 플랫폼 가시화 및 저작도구 설계. 「한국통신학회 학술대회논문집」, 741-742.

윤상오(2006). 정부부처간 정보공동활용 장애요인 분석. 「정보화정책저널」, 13(4), 149-166.

이경은 · 박재희 · 유란희(2022). 지방자치단체 플랫폼 정부(platform government)의 효과적인 운영방안 연구. 원주: 한국지방행정연구원.

임선화, 김수철, 한규원, 김정균, 홍상기, & 이강복(2022). 디지털 트윈 기반 다차원 융복합정보 플랫폼 설계. 「한국통신학회 학술대회논문집」, 147-148.

황한찬 · 엄석진(2021). 전자청원과 온라인 이슈 공중 관계의 형성: 청와대 국민청원에서 심신미약 이슈를 중심으로. 「한국사회와 행정연구」, 32(3), 1-28.

Ansell, C., & Gash, A. (2018). Collaborative platforms as a governance strategy. *Journal of Public Administration Research and Theory*, 28(1), 16-32.

Ansell, C., & Miura, S. (2020). Can the power of platforms be harnessed for governance?. *Public Administration*, 98(1), 261-276.

Bonina, C., & Eaton, B. (2020). Cultivating open government data platform ecosystems through governance: Lessons from Buenos Aires, Mexico City and Montevideo. *Government Information Quarterly*, 37(3), 101479.

Bonina, C., Koskinen, K., Eaton, B., & Gawer, A. (2021). Digital platforms for development: Foundations and research agenda. *Information Systems Journal*, 31(6), 869–902.

Boudreau, K. J. (2012). Let a thousand flowers bloom? An early look at large numbers of software app developers and patterns of innovation. *Organization Science*, 23(5), 1409–1427.

De Reuver, M., Sørensen, C., & Basole, R. C. (2018). The digital platform: a research agenda. Journal of Information Technology, 33(2), 124–135.

Katz, M. L., & Shapiro, C. (1985). Network externalities, competition, and compatibility. *American Economic Review*, 75(3), 424–440.

Kim, S., Andersen, K. N., & Lee, J. (2022). Platform government in the era of smart technology. *Public Administration Review*, 82(2), 362–368.

Gronroos, C. (2007). *Service management and marketing: Customer management in service competition*. Chichester: Wiley.

Lupia, A., & Sin, G. (2003). Which public goods are endangered?: How evolving communication technologies affect the logic of collective action. *Public Choice*, 117(3–4), 315–331.

Margetts, H., John, P., Hale, S., & Yasseri, T. (2016). *Political turbulence: How social media shape collective action*. Princeton University Press.

Osborne, S. P. (2018). From public service-dominant logic to public service logic: are public service organizations capable of co-production and value co-creation?. *Public Management Review*, 20(2), 225–231.

Osborne, S. P., & Strokosch, K. (2013). It takes Two to Tango? Understanding the Co-production of Public Services by Integrating the Services Management and Public Administration Perspectives. British Journal of Management, 24, S31–S47.

Shapiro, C., & Varian, H. R. (1999). Information rules: A strategic guide to the network economy. Boston: Harvard Business Press.

Tilson, D., Sorensen, C., & Lyytinen, K. (2012, January). Change and control paradoxes in mobile infrastructure innovation: the Android and iOS mobile operating systems cases. In 2012 45th Hawaii international conference on system sciences (pp. 1324–1333). IEEE.

Tiwana, A. (2015). Evolutionary competition in platform ecosystems. Information Systems Research, 26(2), 266–281.

Tiwana, A., Konsynski, B., & Bush, A. A. (2010). Platform evolution: Coevolution of platform architecture, governance, and environmental dynamics(research commentary). Information Systems Research, 21(4), 675–687.

제8장

디지털플랫폼정부로 전환을 위한 거버넌스의 과제

이민상

제1절 전자정부에서 디지털플랫폼정부로 전환

　ICT, 디지털 기술을 공공 부문에 도입하고 활용하려는 시도는 1990년대 이후 전 세계적으로 지속적으로 관찰되는 현상이다. UN에서는 2001년부터 전자정부, 공공 부문 디지털화 등에 대한 사례를 공유하고 각 정부의 변화를 촉진할 목적으로 UN E-Government Survey Report를 발행하고 있다. 한국은 이 보고서에서 지속적으로 언급되는 국가로서 2022년으로 22년째 관련 조사를 지속하고 있으며, 12번째 보고서를 발간하였다. 한국은 전 세계, 주요 선진 국가들에 비하여 결코 짧지 않은 공공 부문 디지털화, 전자정부 추진 역사를 가지고 있다. 문헌에 따라서는 1960년대 후반 경제기획원 통계국에 IBM 1401 컴퓨터를 설치하여 인구통계업무를 수행한 것을 전자정부의 태동으로 보기도 한다. 1993년 미국 클린턴 정부에서 electronic government라는 용어와 개념을 사용하기 시작하였고, 이후 한국에서는 1996년에 정보화촉진기본계획이 확정되면서 기존의 행정정보화에서 전자정부로 전환이 공식적으로 이루어졌다는 견해도 있다. 2001년 3월에는 「전자정부 구현을 위한 행정업무 등의 전자화 촉진에 관한 법률」(전자정부법)이 제정되면서 공공 부문 디지털화의 법적 근거를 확보하였다.

전자정부는 정보 및 통신 기술(ICT)을 활용하여 공공서비스를 제공하고 정부 운영의 효율성과 효과성을 향상시키는 것을 목표로 한다. 전자정부로의 전환은 정부와 공공정책뿐만 아니라 다양한 사회적, 경제적 변화를 야기하였다. 정부와 정책 측면에서 전자정부로 인한 긍정적인 변화는 시민들에게 더 빠르고, 편리하며, 접근하기 쉬운 공공서비스를 제공할 수 있게 되었다는 점, 정부 운영의 비용을 절감하고, 업무 처리의 효율성이 향상되었다는 점 등이 있다.

전자정부로의 전환으로 인하여 한국 행정과 정책의 품질이 전반적으로 향상되었다는 점은 부정할 수 없다. 하지만 정부의 기존 문제가 이로 인하여 완전히 해결된 것은 아니었으며, 전자정부로의 전환으로 인하여 새로운 문제들도 제기되었다.

첫째, 사용자 경험과 접근성의 문제이다. 디지털 정부의 공공서비스는 아날로그 정부에 비하여 시민들이 접근하기 용의하고, 이용하기 편리한 것이 사실이다. 하지만 전자정부에서 제공되는 공공서비스는 사용자 경험과 접근성을 중심으로 이를 개선하기 위해서 디자인되기보다는 당시 공공조직의 구조와 서비스 제공 절차를 온라인 상에 복제하였다. 이는 전자정부로 전환 이후에도 이는 집을 이사하는 사람, 아이가 태어난 가족, 회사를 시작하려는 사람 등이 관련된 업무를 많은 정부 기관과 별도로 처리하여야 한다는 것을 의미한다.

둘째, 시스템 통합과 상호 운용성의 문제이다. 다양한 정부 부처와 기관이 각기 다른 시스템과 기술을 사용하면서, 이들 시스템 간의 통합과 데이터의 상호 운용이 어려워졌다. 전자정부는 각 정부 부문의 특징을 반영하여 설계될 필요가 있었다. 전자정부 사업이 개별 조직 단위로 진행되었으며, 이로 인하여 부문별로 효율적인 시스템이 구성되었다. 이로 인하여 정부 전체적으로는 정보의 중복 저장, 업무 프로세스의 비효율성, 정보 공유의 어려움 등이 발생하게 되었다.

셋째, 기술 변화에 대한 적응 문제이다. 기술은 빠르게 발전하고 있으며, 정부 시스템도 이러한 변화에 지속적으로 적응하여야 한다. 복잡해지는 정부의 역할과 업무에 대응하기 위해서 기술의 수용이 필요하지만 한편으로 민간 기업과 비교하여 정부에 향상된 서비스와 문제 해결 역량을 요구하는 시민의 기대를 충족할 필요도 있다. 그러나 기존 시스템(legacy system), 이에 맞춰 구성된 구성된 법제도, 업무 프로세스, 조직 문화 등으로 인하여 기존 시스템의 업그레이드, 새로운 기술의 도입, 이를 활용한 서비스 개선과 업무 효율화에 많은 시간과 비용을 할애하게 한다.

그 외에도 사이버 보안 및 개인 정보 보호, 디지털 격차 등이 전자정부로의 전환 이후 해결하여야 할 문제로 제기된다. 전자정부에서 대량으로 수집, 보관, 관리하는 디지털 정보들이 유출되었을 때 개인과 기업 등 사회 구성원들에게 미치는 악영향은 아날로그 정부와 비교하기 어렵다. 개인의 특성, 취향, 상황 등을 파악할 수 있을 만큼의 데이터가 수집, 보관되고 있으며 이를 오남용 할 가능성도 존재한다.

기존 전자정부의 한계를 극복하고 더욱 혁신적이고 효과적으로 공공서비스를 제공하고 공공문제에 대처하기 위해서 많은 국가들에서 전환을 모색하고 있다. GaaP(Govermant as a Platform, 플랫폼으로서 정부), 디지털플랫폼정부는 이러한 모색의 일환으로 볼 수 있다. 디지털플랫폼정부는 하드웨어, 소프트웨어 중심의 접근 보다는 데이터 중심의 접근 방식을 취한다. 데이터 공유, 개방형 표준(open standard), API(Application Programming Interface, 응용 프로그래밍 인터페이스), 모듈화(Modularity) 등 협력 기술을 활용하여 다양한 정부 기관과 외부 개발자 커뮤니티 간의 협력을 촉진하고자 한다. 이를 통해 정부 서비스의 제공과 공공 문제 대응이 더욱 민첩해지고, 시민의 요구에 더 빠르게 반응 할 수 있게 되기를 기대한다.

제2절 디지털플랫폼정부와 관련된 개념들

1 한국 정부에서 제시하는 디지털플랫폼정부

이 부분에서는 한국에서 정책으로 논의되는 디지털플랫폼정부의 개념과 정의, 주요 요소와 기존 연구에서 논의되는 플랫폼으로서 정부(Government as a Platform: GaaP),

관련된 개념으로서 정부를 위한 플랫폼(Platform for Government)에 대해서 논의한다.

디지털플랫폼정부는 윤석열 정부의 주요 국정과제 중 하나로 모든 데이터가 연결되는 디지털 플랫폼 위에서 국민, 기업, 정부가 함께 사회 문제를 해결하고, 새로운 가치를 창출하는 정부로 정의된다. 윤석열 대통령은 2023년 4월 14일 디지털플랫폼정부 실현계획 보고회에서 "디지털플랫폼정부는 지난 30년 간 추진하여 온 전자정부를 조금 업그레이드 한 것이 아니라 차원이 완전히 다른 것"이라며 "AI(인공지능)를 기반으로 각 부처와 여러 기관에 흩어져 있는 정보를 원 플랫폼에 통합하여 국민과 정부 관계자들이 활용할 수 있도록 하겠다"고 밝혔다. 디지털플랫폼정부로의 전환이 필요한 이유, 목표에 대해서는 "이제 기술 기반이 워낙 발전하였기 때문에 전자정부로는 사회 변화나 국민 기대에 맞는 역할을 하기가 매우 어렵게 됐다", "디지털플랫폼정부를 통하여 국민이 원하는 정보를 맞춤형으로, 선제적으로 제공하는 것을 목표로 하고 있다"고 밝히고 있다(조선일보, 2023.4.14.; 경향신문, 2023.4.14.; 서울경제, 2023.4.14.; 디지털플랫폼정부위원회 보도자료, 2023.4.14.).

디지털플랫폼정부위원회는 디지털플랫폼정부 실현을 위한 주요 정책 등에 관한 사항을 심의·조정하기 위하여 설치한 대통령 소속 위원회이다. 위원회에서는 디지털플랫폼정부를 "인공지능을 비롯한 디지털 기술의 발전을 기반으로 데이터가 하나의 플랫폼에서 공유되고, 이전과 다른 서비스가 가능해지는 정부서비스 패러다임의 전환이며, 이를 발판으로 한 신산업 생태계의 조성까지를 아우르는 국가적 혁신 전략"으로 정의하고 있다.

디지털플랫폼정부 실현계획(2023.4.14.)에서는 디지털플랫폼정부를 모든 데이터가 융합되는 디지털 플랫폼 위에서 국민, 기업, 정부가 함께 사회문제를 해결하고, 새로운 가치를 창출하는 정부로 정의하고 있다.

이를 정리해보면 디지털플랫폼정부로 전환이 필요한 이유는 첫째, 정부 부처 간, 정부와 민간 사이 데이터 칸막이가 존재하고 이로 인하여 데이터 공유가 어려워, 인공지능 시대 데이터의 융합을 통한 혁신과 가치 창출에 한계가 있기 때문이다. 둘째, 민간의 편리하고 혁신적인 디지털 서비스에 익숙해진 국민은 정부·공공 서비스에 대해서도 민간 수준의 편리성 요구한다. 하지만 정부의 디지털화 노력에도 불구, 오프라인 중심의 제도·절차에 따라 국민은 아직도 서류 제출을 위하여 여러 기관을 찾아다니는 불편이 존재한다. 셋째, 복합위기 시대에 정부 주도의 문제해결 방식이 한계에 직면하였으며, 민관의 역량을 결집한 총력 대응이 요구된다. 넷째, 인공지능·데이터 역량이 핵심 경쟁력인 데이터 경제 시대, 공공 IT 투자와 데이터 개방으로 산업 성장과 창업을 지원하는 정부의 적극적 역할이 요구된다.

디지털플랫폼정부 추진 기본원칙으로는 "국민중심", "하나의 정부", "인공지능·데이터 기반", "민관 협력"을 제시한다. 국민중심 원칙은 통합적, 선제적, 맞춤형 공공서비스 제공, 개인정보를 보호하고 안전하고 신뢰할 수 있는 이용환경 보장, 모든 국민이 언제 어디서나 편리하게 이용할 수 있는 디지털 서비스 제공으로 구성된다. 하나의 정부 원칙은 하나의 정부 원칙은 부처 간 칸막이 철폐와 데이터 연결, 행정 프로세스, 조직 문화, 인사 제도의 디지털 중심 재설계를 포함한다. 인공지능, 데이터 기반 원칙은 공공데이터를 사람과 인공지능 모두 읽을 수 있는(machine readable) 방식으로 전면 개방, 인공지능·데이터 기반으로 정책결정을 과학화를 포함한다. 민관 협력 원칙에는 혁신생태계 조성, 국제사회의 모범이 되는 디지털플랫폼정부 구축을 제시한다.

이를 정리하자면 한국 정부는 디지털플랫폼정부를 "디지털 기술 및 데이터가 공유되는 플랫폼 상에서 참여와 협업을 통해서 개선된 공공 서비스를 제공하는 정부 운영 방식"으로 정의하고 있다. 이를 위한 주요 추진 과제로는 공공 및 민간 간 데이터 공유와 활용, 인공지능 등 신기술 도입과 활용, 선제적, 맞춤형으로 공공 서비스 개선, 행정 프로세스 재설계 및 혁신 등을 제시한다.

2 플랫폼 정부에 관한 기존 연구

기존 연구에서는 디지털플랫폼정부보다는 플랫폼 정부(플랫폼으로서 정부, GaaP)를 중심으로 논의가 전개되고 있다.

O'Reilly(2011)는 GaaP(플랫폼 정부)라는 개념을 통해서 정부의 역할과 공공서비스 제공 방식에 대한 새로운 패러다임을 제시하였다. 이 연구에서는 플랫폼 정부를 정부가 단순히 서비스를 제공하는 역할을 넘어서서, 민간 부문, 개발자, 그리고 시민

들이 혁신적인 서비스와 애플리케이션을 개발할 수 있도록 지원하는 플랫폼의 역할을 수행하는 것으로 정의한다. 플랫폼 정부를 바자회(bazaar)에 비유하며 대성당 모델(cathedral model), Donald Kettl이 제시한 자판기 모델(vending machine model)과 다른 특성을 갖는다고 본다. 대성당 모델은 정부는 모든 서비스를 내부적으로 개발하고 관리하는 전통적인 방식이다. 자판기 모델에서는 사용 가능한 서비스의 전체 메뉴는 미리 결정되어 있고, 소수의 업체가 이를 제공한다. 반면에 바자회 모델에서는 정부는 시장(bazaar)과 같은 플랫폼을 제공하여 외부 개발자, 기업, 그리고 시민들이 참여하여 다양한 공공서비스와 솔루션을 개발할 수 있도록 한다. 플랫폼 정부로 전환을 위해서는 개방과 공유(개방과 상호 운용을 위한 표준 제시, 공공데이터 개방), 플랫폼 설계 원칙(변화를 허용하는 단순함, 참여를 전제로 한 설계), 플랫폼 운영 정책(창의적 아이디어를 수용하기 위한 정책, 실험을 촉진하기 위한 정책) 등이 필요하다고 제시한다.

Brown 외(2017)는 플랫폼 정부를 협력 기술을 활용하여 도시, 지역, 국가 및 국제 수준에서 더 참여적인 정부를 가능하게 하고 이를 통하여 집단적인 문제를 더 잘 해결하기 위한 방식이라고 설명한다. 플랫폼은 참여자들의 활동 기반으로서 둘 이상의 고객 또는 참가자 그룹 간의 직접 상호 작용을 가능하는 공간이다. 플랫폼 정부에서 정부는 서비스의 핵심 제공자가 아닌 후원자, 동원자, 감독자 및 최후의 구제 제공자와 같은 역할을 하게 된다. 플랫폼 정부로 전환을 위해서는 플랫폼에 대한 공통적인 이해, 플랫폼 운영을 위한 정책(인센티브, 책임성, 투명성 등), 분야별 맥락 요인에 대한 고려 등이 요구된다.

Pope(2019)는 플랫폼 정부를 공유 API 및 참여자, 개방형 표준 및 표준 데이터 집합, 그 위에 구축된 서비스와 시스템을 안전하게 유지하고 책임감 있게 관리하기 위한 거버넌스 프로세스(governance processes) 등을 포함하는 전체 생태계를 가리키는 것으로 사용한다. 이 연구에서는 플랫폼 정부로 전환을 위해서 플랫폼 설계 원칙(사용자 중심, 공통 요구사항 식별, 셀프 서비스 가능), 데이터 공유와 개방형 표준, 투자와 자원 확보, 유지 및 확산 전략, 안전과 신뢰 보장, 책임성과 투명성 보장, 거버넌스 등에 대한 고려가 필요하다고 제시한다.

Eaves 외(2019)는 그동안 전자정부가 자동화, 디지털화에 그칠 뿐 정부의 구조나 프로세스를 본질적으로 변경하는 데는 거의 성과가 없다고 지적한다. 플랫폼 정부로의 전환은 정부의 중복되고 분리된 구조에서 벗어나 공유 가능하고 상호 운용 가능한 인프라와 데이터를 제공하여 정부, 시민 단체, 기업이 더 안전하고 효율적이며 책임감 있게 시민에게 더 나은 서비스를 제공할 수 있는 기반을 구축하려는 변화이다. 플랫폼 정부 모델의 핵심 요구 사항은 정부가 다른 정부 부문, 시민 사회 및 민간 부문이 공공 문제를 해결하는 데 활용할 수 있는 일련의 표준 데이터베이스 및 공유 애플리케이션에 액세스를 제공하는 것이다. 플랫폼 제공자로서 정부는 서비스를 개발하고 제공하는 대신 플랫폼 내 필수 인프라를 구축하고 플랫폼 참여를 높이는 핵심 애플리케이션을 생성한다. 이를 통해서 외부 개발자들을 자극하여 플랫폼을 더 발전시키도록 하며, 이들이 개발한 서비스 및 애플리케이션이 원활하게 작동하는 것을 보장하여야 한다. 플랫폼 정부로의 전환은 단순히 디지털 기술 도입이 아닌 정부의 작동 방식, 서비스 제공 방식, 시민 및 기업과 상호 작용하는 방식을 본질적으로 변경하는 과정이다.

Seo & Myeong(2020)은 플랫폼을 제공자와 사용자를 연결하는 유형의 유형 또는 무형의 기반으로 정의한다. 플랫폼 정부는 이해관계자들이 정부에 의해서 제공된 디지털 플랫폼에서 공공 부문의 데이터에 접근하고 이를 다양한 목적으로 활용하는 것을 의미한다.

기존 연구들은 플랫폼 정부를 전자정부의 연장선에서 파악하기보다는 기존의 전자정부의 한계를 극복하는 정부 패러다임으로 전환으로 파악한다. 기존의 전자정부는 오프라인 정부의 구조, 프로세스, 소통 및 협업 방식 등을 복제한 것에 불과하였고, 이로 인하여 디지털 기술의 잠재력을 모두 활용하지 못하였다. 플랫폼 정부에서는 협력과 참여 기술로서 디지털 기술을 온전히 활용하는 것을 전제로 한다. 이를 위해서 플랫폼 정부에게는 기존의 서비스 제공자 역할보다는 플랫폼 구축, 그 안의 기술 및 데이터 기반 제공, 플랫폼 내 규칙 설정 및 관리, 이해관계자 참여를 촉진 및 후원하고 서비스 결과에 대해 책임을 지는 역할 등이 요구된다. 정부가 플랫폼 관리자 및 참여 촉진자, 결과에 대한 책임자로서 역할을 충실히 수행하게 된다면 플랫폼 참여자들 간 상호 작용에 의해서 더 나은 서비스와 공공 문제 대응 방안이 제공되어 결과적으로 정부의 역량이 향상될 것을 기대할 수 있다.

❸ 디지털플랫폼정부, 플랫폼으로서 정부, 정부를 위한 플랫폼

정부의 역할 중 하나는 사회에 플랫폼을 제공하는 것이다. 때문에 플랫폼은 공공 부문에서 새로운 개념이 아니다(Eaves et al., 2019). 예를 들어 정부는 고속도로 건설 등 교통 네트워크를 구축하고 도로 사용 등에 대한 규칙과 정책을 제시함으로서 플랫폼 제공자로서 역할을 수행한다. 하지만 이 네트워크를 사용하는 공장, 농장, 기업 등을 직접 운영하지는 않는다. 인터넷망을 보급하고, 통신 위성을 발사하는 것도 정부가 플랫폼 제공자로서 역할을 하는 것으로 이해할 수 있다(O'Reilly, 2011). 그럼에도 불구하고 플랫폼 정부(GaaP)에 관한 논의와 시도는 Web2.0의 등장, 성공적인 민간 기업의 플랫폼 활용 사례에 의해서 촉발되었다. 이는 그 동안 물리적 사회 기반 시설 등 한정된 사례에서만 적용이 가능했던 플랫폼 방식의 정부 활동이 인터넷을 활용하여 공공 부문 전반으로 확산될 수 있을 것이라는 기대가 반영된 것이다. 즉, O'Reilly(2011) 이후 플랫폼으로서 정부에 관한 논의는 "인터넷과 디지털 기술로 가능해진"이라는 조건을 전제로 한다.

한국 정부가 제시한 디지털플랫폼정부는 이러한 면에서 이전부터 논의되어 온 플랫폼으로서 정부의 개념에 포함된다. 그럼에도 한국 정부가 플랫폼 정부에 디지털을 결합하여 강조한 이유는 다음과 같이 생각해 볼 수 있다. 우선 디지털 세상에서 정부의 역할 전환을 강조하기 위함이다. 현대 사회는 디지털 기술의 발달로 인하여 정보와 서비스의 교환 방식이 급격히 변화하고 있다. 정부는 이러한 환경 변화에 따라 정부의 역할 수행에 디지털 기술을 활용한다. 다만 디지털플랫폼정부에서는 오프라인 방식을 온라인 방식으로 수행하기보다는 디지털을 협업 기술로서 활용하여 이전과 다른 방식으로 정부의 역할을 수행하는 것이다.

다음으로 특정 기술의 행정과 정책 도입을 강조하기 위함이다. 디지털플랫폼정부 실현계획에서 제시하는 디지털플랫폼정부 기본원칙에서는 인공지능 활용, 기계 판독(machine readable) 등이 제시되어 있다. 세부적인 계획에서도 인공지능, 클라우드, 자동화, SaaS, 디지털 트윈 등 기술 요소 등이 반복적으로 제시되고 있다. Seo & Myeong(2020)에서는 이해 관계자들로부터의 다양한 요구에 대응하기 위해 GaaP는 IoT, AI, 클라우드 및 빅데이터를 포함한 진보된 디지털 기술을 활용하는 것이 필수적이라고 평가한다. 다만 같은 연구에서 전문가를 대상으로 한 조사를 통해서 플랫폼 정부 추진을 위한 우선순위를 조사한 결과는 Value(투명성, 혁신성, 민주성), Outcomes(서비스 개선, 정책 대안 도출, 사업 모델 개발), Infrastructure(GaaP의 기술적 구성요소), Structure(생태계, 모듈성, 개방성) 순으로 제시되었다. 이는 GaaP가 디지털 기술과 민간 비즈니스 모델에서 비롯되었지만 정부에서 활용될 때는 공공성과 공공가치 측면에 첫 번째로 고려되어야 함을 의미한다. Brown 외(2017)는 공공 부문 개혁에 있어서 "기술 도입이 각 조직들을 근본적으로 변화시킬 것"이라는 일반적인 가정이 최근 실증적 증거들에 의해서 반박되고 있다고 제시한다.

한국 정부가 제시한 디지털플랫폼정부와 기존 연구에서 논의되어 온 플랫폼 정부 사이에는 정부 역할에도 차이가 나타난다. 두 접근 방식 모두 정부의 역할이 서비스 제공자에서 플랫폼 제공자로 변화하는 것을 강조한다. 하지만 한국 정부에서 제시하는 디지털 플랫폼에서 정부는 플랫폼 제공자이자 핵심 제공자 및 주요 협업 대상으로 위치하고 있다. 반면에 기존 연구에서는 정부가 주요 행위자 보다는 플랫폼 관리자, 촉진자, 후원자, 조율자로서 역할을 강조한다(Cordella & Paletti, 2019).

정부 플랫폼에서 정부의 행위자로서 역할에 대해서 기존 연구들에서는 다음과 같이 평가한다. O'Reilly(2011)에 따르면 플랫폼 제공자가 개발자와 경쟁하는 것을 바람직하지 않다. 다만 플랫폼의 가치와 활용 방식을 구체적으로 제시하기 위해서 플랫폼 제공자의 초기에 이를 적극적으로 활용하는 사례를 제공할 필요는 있다. 이에 반하여 Seo & Myeong(2021)은 플랫폼에서 정부 역할이 너무 커지는 것은 플랫폼 독점으로 이어질 수 있으며 이는 결정의 합법성과 수용을 얻기 위해 플랫폼을 악용하는 결과로 이어질 수 있다고 지적한다. Brown 외(2017)는 영국 플랫폼 정부 추진 사례를 분석하여 정부가 플랫폼 내 행위자로서 역할에 치우쳐 참여 활성화에 소홀히 하게 되면 플랫폼으로 정부(Government as a Platform)는 정부를 위한 플랫폼(Platform for Government)에 그칠 수 있다고 지적한다.

플랫폼으로서 정부는 정부가 제공하는 플랫폼에서 외부 개발자, 기업, 그리고 시민들이 새로운 애플리케이션과 서비스를 개발할 수 있도록 하는 것을 목표로 한다. 이를 위해서 개방적이고 상호 운용 가능한 플랫폼을 통해 건강한 디지털 생태계를 구축하고 유지하고자 한다. 반면에 정부를 위한 플랫폼은 정부 내부의 효율성과 운영의 개선을 목표로 정부 기관과 부서 간의 협업을 강화하고, 내부 프로세스를 디지털화하여 효율성을 향상시키는 데 중점을 둔다. 이를 위해서 정부 기관 및 시스템을 통합하고 표준화하며 안정성을 확보하고자 한다. 현재 정부를 혁신한다는 차원에서 이 두 방식은 각각 의의가 있다. 하지만 사회적인 역량 동원 및 활용 이를 통한 민간 역량 향상, 정부의 서비스와 문제 해결 능력 개선 차원에서 정부를 위한 플랫폼은 플랫폼으로서 정부의 열화(劣化, degradation)로 볼 수 있다.

제3절 디지털플랫폼정부로의 전환을 위한 과제

플랫폼은 디지털 기술로만 구성되지 않는다. 플랫폼 정부로의 전환은 모든 수준의 정부를 재설계를 필요로 한다. 이는 단순히 기존 서비스를 개선하고 디지털화하는 것 이상으로 정부가 어떻게 작동하고, 서비스를 제공하며, 시민 및 민간 부문과 상호 작용하는 방식을 본질적으로 변경하는 것이다(Eaves et al. 2019). 이 부분에서는 기존 연구들에서 제시한 플랫폼 정부로 전환 시 장애 요인을 제시한다. 이후 이를 바탕으로 한국의 디지털플랫폼정부위원회의 과제를 제시하고자 한다.

O'Reilly(2011)는 성공적으로 플랫폼을 운영한 기업들의 사례를 기반으로 플랫폼 정부 추진 시 고려할 사항을 7가지 제시하였다. 그중 플랫폼 정부로 전환 과정에서 큰 도전 사항으로 참여를 위한 설계와 실험을 통한 정책 디자인을 제시하였다. 플랫폼 정부는 기업, 시민 등 이해관계자의 참여를 촉진할 수 있는 방식으로 디자인 되어야 한다. 이를 위해서는 플랫폼 정부 디자인 과정에서 투명성, 참여, 협력이라는 원칙이 고려되어야 한다. 투명성을 보장함으로써 정부에 대한 감시를 넘어 참여자가 예상하지 못한 문제, 데이터 활용 방안 등을 발견할 수 있게 한다. 참여는 이전에는 시민 등의 의견을 청취하는데 그쳤다면 플랫폼 정부에서는 행정 및 정책에 대한 실질적 관여를 의미한다. 이는 정부와 참여자 간의 실제 협력으로 발전한다.

그동안 정부 프로그램은 오직 하나의 옳은 대답만 있는 것처럼 설계되어 왔으며, 프로젝트 팀이 개발한 명세서가 옳은 것이라는 가정 하에 시행된다. 하지만 플랫폼 정부에서 정책 프로그램은 완성된 모습이 정해진 방식이 아니라 지속적인 실험을 통해서 만들어진다. 정부 프로세스에서 이를 수용할 수 있어야 하며 실패 후 전진을 받아들이도록 문화의 변화도 요구된다.

Brown 외(2017)는 플랫폼 평가 프레임워크(Platform Assessment Framework: PAF)를 제안하였다. 이 프레임워크에서는 평가 요소로서 플랫폼 제공자 및 참여자들 간의 공통 인식, 플랫폼 유지, 활성화·진화를 위한 설계 전략 등을 제시하였다. 플랫폼 참여자의 행동은 플랫폼에 대한 이해 정도에 영향을 받는다. 플랫폼을 유지하기 위해서는 인센티브 구조, 플랫폼에 대한 책임성, 신뢰 확보 방안, 플랫폼에 참여하지 않는 사람들에 대한 고려, 플랫폼을 시행하고자 하는 부문의 맥락에 대한 이해가 전제된 설계가 요구된다. 이 연구에서는 영국 사례에 대한 검토를 통해서 기존 시스템(legacy system)의 존재가 플랫폼 정부로의 전환을 방해할 수 있다는 점도 제시하였다.

Eaves 외(2019)는 플랫폼 정부로의 전환 과정에서 고려사항으로 데이터 활용과 개인의 권리 보호, 데이터 활용을 위한 권한 조정, 효율성과 표준화 균형을 제시하였다. 플랫폼 정부에서는 더 많은 데이터가 공유되고 결합되어 활용되는 데, 이는 시민들의 데이터에 대한 가시성과 이해 가능성을 제한하게 된다. 플랫폼 정부에서 시민의 데이터를 민간 활용하게 되면서 정부는 데이터 관리에 있어 일정한 권한을 포기하게 된다. 이로 인하여 플랫폼 참여자에게 데이터 권한이 과도하게 부여 될 수 있고, 이는 데이터 독점과 개인정보 위험으로 이어질 수 있다. 데이터 및 기술의 표준화는 공통 기반을 제공하는데 유리하지만 각 분야의 플랫폼에서 다양한 서비스가 등장하는 것을 방해할 수 도 있다.

Cordella & Paletti(2019)는 플랫폼 정부에서 공공서비스를 이전과 다른 방식으로 제공하는데 각 서비스가 추구하는 공공가치 간의 상충하는 상황이 발생할 수 있다고 지적한다. 플랫폼 정부에서는 하나의 플랫폼이 운영되는 것이 아니라 각 분야별로 다양한 플랫폼이 운영된다. 이 과정에서 한 분야에서 개발된 서비스가 다른 분야의 공공가치를 훼손할 수 있다. 이 연구에서는 이탈리아의 사례를 제시하였는 데, 교통 서비스 이용과 CIE(전자신분증) 간 연결을 하여 이동을 실시간으로 파악하는 서비스로 인하여 전체 인구 중 일부, 이민자, 해외 체류자 등은 대중교통 수단 이용에 제약을 받게 되었다. 공공가치 간 상충하는 문제에 대응하기 위해서 각 플랫폼을 조율(orchestration) 할 수 있는 제도, 조직 혹은 시스템이 요구된다.

Jamieson 외(2020)는 영국의 플랫폼 정부 전환 사례를 분석하여 이 과정에서 플랫폼 참여자로서 시민에 관한 논의가 누락되었으며, 여전히 시민은 서비스 대상으로만 인식되고 있다고 비판한다. 이는 해당 조직의 관행 및 문화에서 기인하므로 플랫폼 정부와 관련된 법제도에 시민의 역할 확대와 참여 촉진에 관한 사항을 규정하는 것은 별다른 효과가 없을 것으로 본다. 대신 정부 플랫폼의 정부(Government of Government Platforms: GGPs)를 구성하고 이를 통하여 실질적으로 이 문제를 해결할 수 있다고 주장한다.

Seo & Myeong(2020)은 플랫폼 정부를 추진하는데 공공가치 문제를 고려하여야 하며, 데이터가 GaaP를 운영하는데 필수적인 자원이라고 제시한다. 또한 이해관계자들의 자발적인 참여 부족은 플랫폼 전략의 실패로 이어지므로 이를 촉진할 수 있는 생태계 조성이 필요하다고 제안한다. 다른 연구인 Seo & Myeong(2021)에서는 정부와 참여자 간 불균형으로 인한 플랫폼 독점과 악용, 디지털 격차로 인한 일부 시민의 배제, 빅브라더 문제 등을 제시하였다.

Kuhn 외(2022)는 독일 사례를 토대로 플랫폼 정부 방식을 적용하는데 5가지 장벽을 제시한다. 첫 번째는 플랫폼 정부로의 전환이 무엇을 의미하는지 정의하기 어렵다. 두 번째는 앞 선 이유로 인하여 이러한 전환이 무엇을 의미하는지, 어떤 행동 변화를 요구하는지 등에 대해서 이해관계자에게 설명하기 어렵다. 세 번째는 어떤 분야, 활동에 플랫폼 방식을 적용해야 하는지 결정하기 어렵다. 네 번째는 플랫폼 방식의 적용을 적용하기 위해서 현재 관행과 대립하여야 한다. 마지막으로 플랫폼으로 전환하기 위한 자원이 부족하다는 점을 제시하였다.

Marshall 외(2016)는 민간 기업의 사례를 통해서 플랫폼 실패의 이유를 제시한다. 첫 번째는 개방성을 최적화하는데 실패한 경우이다. 플랫폼이 너무 폐쇄적이면 잠재적으로 바람직한 참가자가 차단되면 네트워크 효과가 정체된다. 반면에 너무 개방적이면 품질이 낮은 기여나 일부 참가자의 잘못된 행동으로 인하여 다른 참가자가 이탈하는 등 부작용이 발생한다. 두 번째는 개발자의 참여를 유도하지 못한 경우이다. 성공적인 플랫폼은 개발자에게 혁신을 위한 자원, 디자인 및 성능에 대한 피드백, 참여에 대한 보상을 제공한다. 세 번째는 플랫폼에서 발생하는 가치를 공유하지 않은 경우이다. 플랫폼 제공자, 일부 참여자가 플랫폼에서 발생하는 가치를 독점하는 경우에 그 플랫폼은 지속가능하지 않다. 네 번째, 중요한 플랫폼 참여자 선택의 실패이다. 플랫폼이 구성되는 분야에 따라서 생산자가 더 중요한 경우, 소비지가 더 중요한 경우, 또는 균형을 유지하여야 하는 경우에 전략이 달라질 수 있다. 다섯 번째, 참여자의 유입을 수익보다 우선하지 못한 경우이다. 플랫폼의 가치는 참여자의 규모에 의존한다. 따라서 플랫폼의 수익을 위해서 수수료를 부과하는 것은 잘못된 선택일 수 있다. 마지막으로 플랫폼을 활용할 수 있는 기회를 파악하지 못하는 경우이다. 이는 전통적인 기업에 자주 발생하는 문제로서 제품을 판매하는 것 이외에 생태계를 구축할 수 있다는 상상력을 발휘하지 못한 것이다. 이제까지 논의된 플랫폼 정부로의 전환 시 장애요인들을 정리하면 다음 〈표 8-1〉과 같다.

〈표 8-1〉 플랫폼 정부로의 전환 시 장애요인들

	주요 장애 요인	출처
플랫폼 설계	참여를 위한 설계	O'Reilly(2011)
	인센티브 구조	Brown et al.(2017)
	플랫폼에 대한 책임성, 신뢰 확보 방안	Brown et al.(2017)
	미참여자 고려	Brown et al.(2017)
	맥락에 대한 이해	Brown et al.(2017)
	효율성과 표준화 균형	Eaves et al.(2019)
	플랫폼 적용 분야 선정 어려움	Kuhn et al.(2022)
	개방성 최적화 실패	Marshall et al.(2016)
	개발자의 참여를 유도하지 못함	Marshall et al.(2016)
	중요한 플랫폼 참여자 선택의 실패	Marshall et al.(2016)
프로세스 변화	실험을 통한 정책 디자인	O'Reilly(2011)
	관행 및 문화	Jamieson et al.(2020)
	정부의 플랫폼 독점	Seo & Myeong(2021)
	플랫폼의 가치를 공유하지 않음	Marshall et al.(2016)
	기회를 파악하지 못함	Marshall et al.(2016)
공통 인식	플랫폼 제공자 및 참여자들의 공통 인식	Brown et al.(2017)
	플랫폼 정의의 어려움	Kuhn et al.(2022)

공통 인식	이해관계자와 개념 공유 어려움	Kuhn et al.(2022)
데이터	플랫폼 참여자의 데이터 독점	Eaves et al.(2019)
	GaaP 운영을 위한 데이터	Seo & Myeong(2020)
안전 및 보호	데이터에 대한 가시성과 이해 가능성	Eaves et al.(2019)
	디지털 격차로 인한 일부 시민의 배제	Seo & Myeong(2021)
	빅브라더	Seo & Myeong(2021)
공공 가치	서비스가 추구하는 공공 가치 간 상충	Cordella & Paletti(2019)
	공공 가치 문제	Seo & Myeong(2020)
자원	플랫폼으로 전환하기 위한 자원 부족	Kuhn et al.(2022)
	수익 우선	Marshall et al.(2016)

제4절 디지털플랫폼정부위원회

디지털플랫폼정부위원회는 윤석열 정부의 핵심 국정과제 중 하나인 디지털플랫폼정부의 구현을 지향하기 위하여 설립된 대통령 직속의 자문기구이다. 이전에 언급된 플랫폼 정부 전환의 장애 요인에 대응하는 것은 이 위원회의 중요한 과제로 예상된다. 이 검토에서는 디지털플랫폼정부위원회의 조직 구조, 설립 목적, 핵심 역할, 그리고 지금까지 주요 활동을 중점적으로 살펴볼 것이다. 이를 바탕으로 앞서 언급한 장애 요인에 효과적으로 대응하기 위한 방안을 제안하고자 한다.

1 디지털플랫폼정부위원회의 목적과 조직

디지털플랫폼정부위원회는 인공지능 등의 기술을 활용하여 다양한 데이터를 통합, 연계 및 분석하는 디지털 플랫폼을 기반으로 국민, 기업 및 정부가 함께 사회문제를 해결하고 새로운 가치를 창출하는 정부를 구현(디지털플랫폼정부위원회의 설치 및 운영에 관한 규정 제1조, 이하 디지털플랫폼정부위원회 설치 규정)하기 위해서 설치되었다.

위원회는 대통령이 지명하는 위원장 1명과 3명 이내의 부위원장을 포함하여 30명 이내의 위원으로 구성된다. 위원은 디지털플랫폼정부 구현을 위한 전문지식과 경험이 풍부한 사람으로서 대통령이 위촉하는 사람과 기획재정부 장관, 과학기술정보통신부 장관, 행정안전부 장관, 개인정보보호위원회 위원장이다(동 규정 제3조).

위원회는 위원회의 업무를 전문적으로 수행하기 위하여 필요한 경우 분야별 분과위원회와 자문단을 둘 수 있다(동 규정 제8조). 이에 따라서 현재 디지털플랫폼정부위원회는 AI·데이터 분과위원회, 일하는 방식 혁신 분과위원회, 산업생태계 분과위원회, 인프라 분과위원회, 서비스 분과위원회, 정보보호 분과위원회를 두고 있다. 또한 디지털플랫폼정부 구현에 관한 사항을 전문적으로 검토하기 위하여 관계 전문가로 구성된 자문단을 설치·운영하고 있다.

〈표 8-2〉 디지털플랫폼정부 분과위원회

디지털플랫폼정부위원회					
AI·데이터 분과위원회	일하는방식혁신 분과위원회	산업생태계 분과위원회	인프라 분과위원회	서비스 분과위원회	정보보호 분과위원회

현재 위원회는 위원장 포함 위촉 위원 19명, 당연직 위원 4명으로 구성된다. 위촉 위원은 산업계 11명, 대학 6명, 법조계 1명, 시민단체 1명으로 구성된다. 당연직 위원은 기획재정부 장관, 과학기술정보통신부 장관, 행정안전부 장관, 개인정보보호위원회 위원장으로 구성된다. 위원장은 고진으로 한국메타버스산업협회 회장이다.

위원회는 동 규정 제9조에 근거하여 위원회의 업무 및 운영을 지원하기 위하여 위원회에 디지털플랫폼정부추진단을 두고 있다. 추진단은 관계 부처에서 파견된 공무원으로 구성되며 단장은 파견 또는 겸임된 공무원 또는 임직원이나 디지털플랫폼 분야에 관한 학식과 경험이 풍부한 민간전문가 중에서 위원장이 지명하거나 위촉한다.

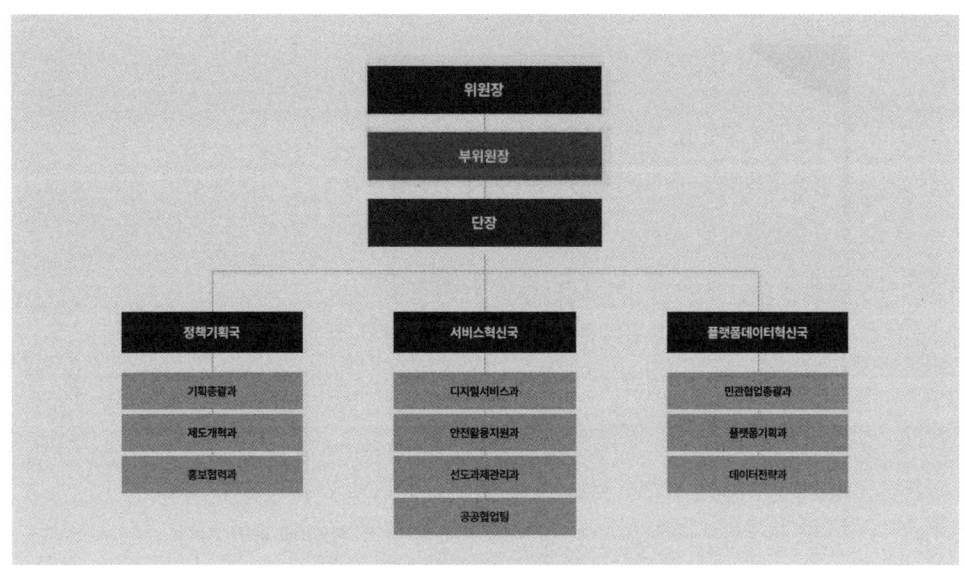

[그림 8-1] 디지털플랫폼정부위원회 구성도

2 디지털플랫폼위원회의 주요 임무

디지털플랫폼정부위원회는 디지털플랫폼정부의 구현을 위하여 다방면에서 활동을 전개하고 있다. 정책 및 전략 수립 부문에서는 디지털플랫폼정부의 기본 방향을 설정하고 국가전략을 수립하는 역할을 담당한다. 또한, 중앙행정기관, 지방자치단체 및 공공기관의 정책과 사업을 조정하고, 추진상황을 점검한다. 협업 및 파트너십 부문에서는 민간 및 정부 간의 협력을 촉진하고, 국제협력 및 해외진출을 지원한다. 서비스 및 인프라 개발 부문에서는 핵심 인프라를 구축하고, 공공서비스의 제공을 혁신하며, 데이터의 개방 및 활용을 지원한다. 인력 및 역량 개발 부문에서는 공무원 및 국민의 디지털 역량을 강화하고, 관련 교육 및 연구를 지원한다. 보안 및 개인정보 보호 부문에서는 개인정보의 안전한 활용과 보호를 위한 지원을 제공한다. 마지막으로, 접근성 및 포용성 강화 부문에서는 차별 없는 서비스 제공 환경을 조성하고, 디지털플랫폼정부 구현에 따른 문제를 예방 및 해결하며, 국민 공감대 형성 및 활용 확산을 지원한다.

디지털플랫폼정부위원회 설치 규정 제2조 ②에서는 위원회가 각 호의 사항을 심의,

조정한다고 제시한다.

1. 디지털플랫폼정부 구현을 위한 기본 방향
2. 디지털플랫폼정부 구현을 위한 국가전략의 수립·변경 및 시행에 관한 사항
3. 디지털플랫폼정부 구현을 위한 중앙행정기관, 지방자치단체 및 공공기관의 주요 정책과 사업의 조정·평가 및 지원에 관한 사항
4. 디지털플랫폼정부 구현을 위한 정책 등의 추진상황 점검에 관한 사항
5. 디지털플랫폼정부 구현과 디지털 혁신 산업 기반 조성을 위한 민간·정부 간 협업과 민간 참여 활성화에 관한 사항
6. 디지털플랫폼정부 구현을 위한 핵심 인프라 구축 및 운영에 관한 사항
7. 디지털플랫폼정부 구현을 위한 정부의 일하는 방식 혁신에 관한 사항
8. 인공지능과 데이터를 활용한 과학적 정책의사결정 지원 등 디지털 국정 관리·운영에 관한 사항
9. 디지털플랫폼정부 구현을 위한 혁신적인 공공서비스 제공에 관한 사항
10. 디지털플랫폼정부 구현을 위한 데이터의 개방·연계·활용과 기술적 처리에 관한 사항
11. 디지털플랫폼정부 구현을 위한 규제혁신, 법령의 제정·개정과 제도의 개선에 관한 사항
12. 디지털플랫폼정부 구현을 위한 예산 등의 확보에 관한 사항
13. 공무원 및 국민의 디지털 역량 강화에 관한 사항
14. 디지털플랫폼정부의 안전한 개인정보 활용 등 안전성·신뢰성 확보에 관한 사항
15. 디지털플랫폼정부의 구현을 위한 교육·연구·조사 및 모니터링에 관한 사항
16. 차별 없는 디지털플랫폼정부 서비스 제공을 위한 환경의 조성에 관한 사항
17. 디지털플랫폼정부 구현에 따라 발생하는 문제의 예방 및 해결에 관한 사항
18. 디지털플랫폼정부 구현에 관한 국민 공감대 형성과 활용 확산에 관한 사항
19. 디지털플랫폼정부 구현을 위한 국제협력 및 해외진출에 관한 사항
20. 그 밖에 디지털플랫폼정부 구현에 관한 사항으로서 대통령이 위원회에 자문할 필요가 있다고 인정하거나 위원회의 위원장이 필요하다고 인정하는 사항

3 디지털플랫폼정부위원회 주요 임무와 활동 비교

디지털플랫폼정부위원회 설치 규정 제2조 ②의 각 심의, 조정 사항을 중심으로 2022년 9월부터 2023년 11월까지 보도자료로 제시된 주요 활동 사항 49건을 배치하였다.

〈표 8-3〉 디지털플랫폼정부위원회의 주요 활동 사항들

심의·조정 사항	주요 활동(2022.9-2023.11)
1. 디지털플랫폼정부 구현을 위한 기본 방향	• 대통령 직속 디지털플랫폼정부위원회 출범 • 디지털플랫폼정부 로드맵 수립 본격 착수
2. 디지털플랫폼정부 구현을 위한 국가전략의 수립·변경 및 시행에 관한 사항	• 디지털플랫폼정부 실현계획 보고회 개최
3. 디지털플랫폼정부 구현을 위한 중앙행정기관, 지방자치단체 및 공공기관의 주요 정책과 사업의 조정·평가 및 지원에 관한 사항	• 디지털플랫폼정부위원회-부산광역시 업무 협약 • DPG 지역 확산을 위한 세종시와 DPG 협력 모델 발굴 • 강원특별자치도, DPG 지역 확산을 위한 협력 • 대전광역시와 업무협약(MOU) 체결 • 디지털플랫폼정부위원회·법원행정처 협력
4. 디지털플랫폼정부 구현을 위한 정책 등의 추진상황 점검에 관한 사항	• 간편인허가서비스의 추진현황 발표 • 디지털플랫폼정부 기반 마련과 체감 성과 창출 점검 • 국민드림 프로젝트 31개 과제 점검 • 국민체감 성과창출 점검
5. 디지털플랫폼정부 구현과 디지털 혁신 산업 기반 조성을 위한 민간·정부 간 협업과 민간 참여 활성화에 관한 사항	• KTX 승차권, 토스·신한플레이·KB스타뱅킹 구입 가능 • SRT 승차권 예매, 자동차 검사 예약민간앱 • 2023년 디지털서비스 24종, 선정된 민간기업 개방 • 23년도 국민체감 선도과제 공모
6. 디지털플랫폼정부 구현을 위한 핵심 인프라 구축 및 운영에 관한 사항	• DPG허브 설계 착수 • 중앙부처 범정부 서비스 통합창구 구현 설명회 개최
7. 디지털플랫폼정부 구현을 위한 정부의 일하는 방식 혁신에 관한 사항	• 구비서류 제로화를 위한 현장 TF 회의 개최
8. 인공지능과 데이터를 활용한 과학적 정책의사결정 지원 등 디지털 국정 관리·운영에 관한 사항	• 중소·벤처기업, 공공기관·지자체 대상 초거대 인공지능 활용지원 • 초거대 공공 AI TF 1차 회의 개최
9. 디지털플랫폼정부 구현을 위한 혁신적인 공공서비스 제공에 관한 사항	• 디지털플랫폼정부 사용자 환경/경험(UI/UX) 혁신 착수회의 개최
10. 디지털플랫폼정부 구현을 위한 데이터의 개방·연계·활용과 기술적 처리에 관한 사항	• 클라우드 네이티브 중심 공공 부문 정보자원 클라우드 전환계획 • 데이터맵 기반 데이터 공유 인프라 구축 계획 • 행정·공공기관 공공데이터제공책임관 회의 개최

11. 디지털플랫폼정부 구현을 위한 규제혁신, 법령의 제정·개정과 제도의 개선에 관한 사항	• 데이터 칸막이 해소 위한 법제정비 본격 추진	
12. 디지털플랫폼정부 구현을 위한 예산 등의 확보에 관한 사항		
13. 공무원 및 국민의 디지털 역량 강화에 관한 사항	• 디지털플랫폼정부 교육 강화를 위한 추진 현황 및 계획	
14. 디지털플랫폼정부의 안전한 개인정보 활용 등 안전성·신뢰성 확보에 관한 사항	• 사이버 공격 대응체계 확인	
15. 디지털플랫폼정부의 구현을 위한 교육·연구·조사 및 모니터링에 관한 사항	• 디지털플랫폼정부위원회, 국내 주요 학회와 협력 약속 • 국민이 체감하는 정책마련 위해 정책·연구 전문기관들과 협력	
16. 차별 없는 디지털플랫폼정부 서비스 제공을 위한 환경의 조성에 관한 사항	• 디지털 공공서비스 국민평가제 첫 시행	
17. 디지털플랫폼정부 구현에 따라 발생하는 문제의 예방 및 해결에 관한 사항	• 디지털플랫폼정부위·개인정보위, AI와 데이터 프라이버시 국제 컨퍼런스 개최	
18. 디지털플랫폼정부 구현에 관한 국민 공감대 형성과 활용 확산에 관한 사항	• 위원회 출범 1주년 기자 간담회 • 정보화 사업구조 혁신방안 마련을 위한 심층토론회 • 모바일 신분증 관련 끝장토론 개최 • 제6회 전자정부의 날 기념식 개최 • 과기정통부, 23년도 디지털플랫폼정부 국민체감 선도프로젝트 사업 설명회 개최 • 기자단 오찬 간담회 개최	
19. 디지털플랫폼정부 구현을 위한 국제협력 및 해외진출에 관한 사항	• 벨기에 브뤼셀, 제57차 ICA 컨퍼런스 참석 • UAE 샤르자와 AI 모범 사례 공유 및 기업 협력 촉진 위한 MOU 체결 • 국제정부소통포럼(IGCF) 참석 • 한국, 인도 공공 디지털 전환 분야 협력 방안 논의 • 독일 연방내무부(BMI) 요한 샤로프 차관과 면담 • UAE 샤르자 사우드 왕자(디지털청장) 등과 면담 • IMF 총재, UAE 미래박물관서 디지털 대전환 환담 • UAE 정부 디지털전환 고위위원회와 MOU 체결 • 싱가포르 정보통신부(MCI) 조세핀 테오 장관과 면담 • UAE 개발·미래부 장관과 면담	
20. 그 밖에 디지털플랫폼정부 구현에 관한 사항으로서 대통령이 위원회에 자문할 필요가 있다고 인정하거나 위원회의 위원장이 필요하다고 인정하는 사항		

　　설치 이후 2023년 11월 까지 디지털플랫폼정부위원회의 주요 활동은 "디지털플랫폼정부 구현을 위한 국제협력 및 해외진출에 관한 사항"이 10건으로 가장 많으며, 다음으로는 "디지털플랫폼정부 구현에 관한 국민 공감대 형성과 활용 확산에 관한 사

항"이 6건으로 나타난다.

활동이 적은 부문은 각 1건 혹은 0건으로 "디지털플랫폼정부 구현을 위한 국가전략의 수립·변경 및 시행에 관한 사항", "디지털플랫폼정부 구현을 위한 정부의 일하는 방식 혁신에 관한 사항", "디지털플랫폼정부 구현을 위한 혁신적인 공공서비스 제공에 관한 사항", "디지털플랫폼정부 구현을 위한 규제혁신, 법령의 제정·개정과 제도의 개선에 관한 사항", "디지털플랫폼정부 구현을 위한 예산 등의 확보에 관한 사항", "공무원 및 국민의 디지털 역량 강화에 관한 사항", "디지털플랫폼정부의 안전한 개인정보 활용 등 안전성·신뢰성 확보에 관한 사항", "차별 없는 디지털플랫폼정부 서비스 제공을 위한 환경의 조성에 관한 사항", "디지털플랫폼정부 구현에 따라 발생하는 문제의 예방 및 해결에 관한 사항"에 해당한다.

제5절 소결: 디지털플랫폼정부위원회의 과제

디지털플랫폼위원회는 설치 이후 국제 협력과 국민 공감대 확산, 공공 분야와 협력 추진 등을 중심으로 활동을 전개하고 있다. 여기에서의 내용은 공개된 보도자료만을 기반으로 하였기 때문에 공개되지 않은 활동을 포함하지 않은 한계가 있다. 이러한 한계가 있지만 플랫폼 정부에 대한 기존 연구들이 제시한 장애 요인을 극복하기 위해서 향후 위원회가 플랫폼 정부 추진 거버넌스로서 수행할 필요가 있는 과제를 제시하면 다음과 같다.

첫째, 디지털플랫폼정부 구현을 위한 국가전략의 수립·변경 및 시행에 관한 사항으로서 플랫폼 설계에 관한 전략을 제시할 필요가 있다. 플랫폼 정부 하에서 플랫폼은 분야별로 구성된다. 각 분야별 맥락과 다르기 때문에 일관되게 적용할 수 있는 플랫폼 설계 전략 및 원칙을 제시하는 것은 어렵다. 다만, 플랫폼을 설계할 때 참여를 전제로 할 것, 인센티브 구조를 마련할 것, 플랫폼의 책임성과 신뢰를 확보할 방안을 제시할 것, 플랫폼 미참여자에 대한 대책을 마련할 것 등 공통적으로 적용할 수 있는 원칙을 제시할 필요가 있다. 또한 이러한 기본 원칙을 적용하기 위한 전략과 사례들을 발굴하여 제시하고 각 분야의 플랫폼 제공자가 이를 참고할 수 있게 할 필요가 있다.

둘째, 디지털플랫폼정부 구현을 위한 정부의 일하는 방식 혁신에 관한 사항에 관련한 활동을 확대할 필요가 있다. 기존 연구들에서는 플랫폼 정부로의 전환은 공공조직의 전반적인 변화를 전제로 성공할 수 있음을 제시하고 있다. 또한 기존 업무 방식, 관련 문화와 관행 등은 전환의 주요 장애 요인이다. 한국 공공 부문은 실험과 실패의 경험을 활용하는데 취약하다. 기존에 긍정적인 취지로 도입된 제도가 디지털플랫폼정부로의 전환에 방해가 될 수도 있다. 정책실명제 등은 투명성과 책임성을 확보하려는 긍정적 취지에서 도입되었지만 정책 실험과 실패의 부담을 가중할 수 있다. 이와 같은 제도적 장애 요인을 위원회 차원에서 발굴하고 조정할 필요가 있다. 또한 기존의 업무 방식을 고수하면서 플랫폼을 활용할 기회를 발견하지 못할 수 있으며, 플랫폼에서 발생하는 가치를 공유하지 못하고 착취적으로 활용할 수 있다. 위원회는 플랫폼 정부로 전환 과도기에 기존 제도 및 프로세스로 인하여 발생하는 부작용에 대해서 대응할 수 있는 대안을 마련해야 한다.

셋째, 위원회는 플랫폼 참여자들의 공통 인식을 확산에 노력할 필요가 있다. 플랫폼 정부의 1차 참여자는 공직자이다. 플랫폼 정부로 전환되었을 때 공직자들이 우선 기존의 업무, 소통, 협업 방식이 어떻게 변경되는지 이해하는 것이 필요하다. 다음으로 플랫폼에서 공급자 역할을 할 수 있는 기업들과 역량 있는 개인들이 플랫폼 정부에서 정부 정책과 서비스 제공 방식의 변화에 대해서 이해할 필요가 있다. 이를 위해서 교육을 제공하는 것도 필요하지만 직접 변화된 방식을 체험하고 활용할 수 있는 기회를 제공하는 것이 필요하다.

넷째, 데이터 공유를 위한 적극적으로 관련 법제도 및 관행을 개선하고 플랫폼 참여자의 데이터 독점을 방지하기 위한 대책을 마련하여야 한다. 데이터 공유를 법으로 정하는 것은 원칙을 제시하는데 불과하다. 어떤 데이터를 어느 정도로 공유하여야 하는지를 모두 법에 정할 수 없으며 이를 위해서는 기관 간, 기관과 개인 간 협의 과정이 뒤따르게 된다. 협의는 조직 내 규정, 관행 등에 영향을 받게 된다. 공공데이터 제공 및 이용활성화에 관한 법률에도 불구하고 공공조직의 데이터 공유가 기형적인 형태로 이루어지거나 실질적으로 변화가 없었다는 점은 구체적인 접근이 필요하다는 것을 반증한다. O'Reilly(2011)는 플랫폼에 참여하는 기업이 공공 지출 등을 통해서 형성된 데이터에 대해서도 독점권을 행사하려고 할 것이고 이는 잠재적 플랫폼 참여자에게 장벽으로 작동할 것이라고 우려하였다. 플랫폼 참여자의 이윤 추구를 위해서 공공데이터에 대해서 권리를 허용할 것인지에 대한 논의가 필요하다.

다섯째, 디지털플랫폼정부의 안전한 개인정보 활용 등 안전성·신뢰성 확보를 위한 실질적인 대책 마련이 필요하다. 인공지능을 활용하여 공공 서비스 개선을 위해서는 각 시민의 개인정보가 필요하다. 인공지능에 투입된 개인정보는 어떤 방식으로 활용될지 파악하기 어렵고, 이 과정에서 어떤 보호 조치를 취해야 할지에 대해서 아직까지 확실한 대책이 없는 상황이다. 몇 년 전 이루다 챗봇의 데이터에 몇몇 개인정보가 포함되었고 이것이 사용자에 의해서 유출된 사건이 있었다. 이로 인하여 서비스가 한동안 중지되었고 이 기업은 이 서비스를 재개하기 위해서 1년이 넘는 시간 동안 대책을 강구하여야 했다. 공공서비스 개선을 위한 인공지능을 활용하는 시도를 환영하지만 예상치 못한 사건으로 인하여 공공 부문 전체의 신뢰도가 저해될 수 있다는 점도 고려하여야 한다.

여섯째, 개별 플랫폼에서 제공하는 서비스가 각각의 공공가치를 훼손하는 상황을 염두에 두고 이를 조정할 수 있는 방안을 마련하여야 한다. 기존의 정부 서비스는 중앙집중식으로 제공되었기 때문에 다양성과 대응성은 부족하였지만 서비스 간 조정은 용의하였다. 반면에 플랫폼 정부에서는 참여자들이 제공된 모듈을 결합하여 다양한 서비스를 개발하게 될 것이다. 만약 신원확인 모듈, 주소 모듈, 의료 기록 관련 모듈 등을 결합하여 "우리 마을 정신질환자 거주 확인 서비스"가 제공된다면 몇몇 시민에게 몇몇 시민에게는 안전을 확보하는데 도움이 될 수 있지만, 다른 시민들에게는 개인의 프라이버시와 차별에 대한 우려를 가져올 수 있다.

마지막으로 플랫폼 정부로 지속적인 전환과 플랫폼 유지를 위한 자원 확보 방안을 마련하여야 한다. 윤석열 대통령이 언급하였듯이 디지털플랫폼정부로의 전환은 현 대통령 임기 내에 끝나지 않을 수 있다. 지방자치단체의 경우에 단체장의 임기에 따라서 정책 추진 동력, 지원 등이 변동이 심하게 나타날 수 있다. 한국에서 전자정부가 성공적으로 정착한 것은 정부를 불문하고 이에 대한 필요성에 공감하고 지속적으로 지원을 하였기 때문이다.

이 장을 나가면서 추가하고자 한다. 최근 이 글을 쓰면서 디지털플랫폼정부위원회 홈페이지를 자주 방문하게 되었다. 이 홈페이지에는 국민 아이디어라는 항목이 있는데 디지털플랫폼정부 구현을 위해서 국민들의 창의적인 아이디어와 자유로운 생각을 듣고 있다고 밝히고 있다. 오늘(2023년 11월 3일)을 기준으로 이 페이지에 남아있는 글은 없다. 하지만 얼마 전 방문하였을 때는 다음과 같은 글이 게시되어 있었다.

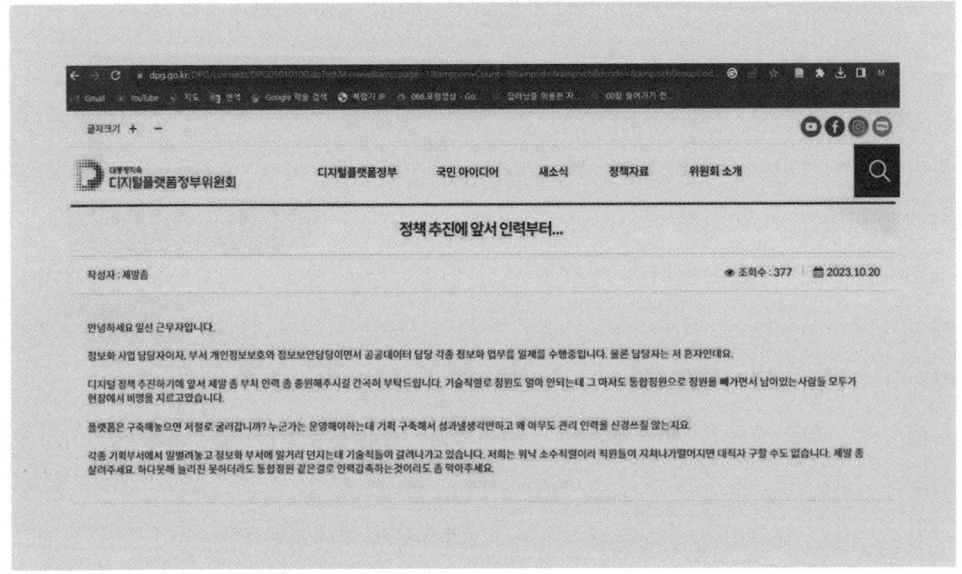

이 글을 위원회 기능과 무관한 내용, 비방, 홍보 등 상업적인 글로 판단하여 삭제한 것은 아니길 바란다. 디지털플랫폼정부로의 전환은 공공 부분의 전반적인 변화를 필요로 한다. 이를 위해서는 기획과 전략과 더불어 현장 실무자의 목소리에도 귀를 기울여야 할 것이다.

<참고문헌>

Brown, A., Fishenden, J., Thompson, M., & Venters, W. (2017). Appraising the impact and role of platform models and Government as a Platform (GaaP) in UK Government public service reform: Towards a Platform Assessment Framework (PAF). Government Information Quarterly, 34(2), 167-182.

Cordella, A., & Paletti, A. (2019). Government as a platform, orchestration, and public value creation: The Italian case. Government Information Quarterly, 36(4), 101409.

Eaves, D., Pope, R., & McGuire, B. (2019). Government as a platform: how policy makers should think about the foundations of digital public infrastructure. Kennedy School Review, 19, 126-131.

Gil-Garcia, J. R., Henman, P., & Maravilla, M. A. A. (2019). Towards "Government as a Platform"? Preliminary Lessons from Australia, the United Kingdom and the United States. In Proceedings of Ongoing Research, Practitioners, Posters, Workshops, and Projects of the International Conference EGOV-CeDEM-ePart 2019 (pp. 173-184).

Jamieson, D., Wilson, R., & Martin, M. (2020, September). Is the GaaP wider than we think? Applying a sociotechnical lens to Government-as-a-Platform. In Proceedings of the 13th international conference on theory and practice of electronic governance (pp. 514-517).

Kim, S., Andersen, K. N., & Lee, J. (2022). Platform government in the era of smart technology. Public Administration Review, 82(2), 362-368.

Kuhn, P., Buchinger, M., Balta, D., & Matthes, F. (2022). Barriers of applying Government as a Platform in Practice: Evidence from Germany.

Marshall W. Van Alstyne, Geoffrey G. Parker, & Sangeet Paul Choudary. (2016). 6 Reasons Platforms Fail. Harvard Business Review.

O'Reilly, T. (2011). Government as a Platform. Innovations: technology, governance, globalization, 6(1), 13-40.

Pope, R. (2019). Playbook: government as a platform. Ash Center for Democratic Governance and Innovation, Harvard Kennedy School, Cambridge, Massachusetts.

Seo, H., & Myeong, S. (2020). The priority of factors of building government as a platform with analytic hierarchy process analysis. Sustainability, 12(14), 5615.

Seo, H., & Myeong, S. (2021). Determinant factors for adoption of government as a platform in South Korea: Mediating effects on the perception of intelligent information technology. Sustainability, 13(18), 10464.

Trabucchi, D. (2020). Let's get a two-sided platform started: Tactics to solve the chicken and egg paradox. Journal of Business Ecosystems (JBE), 1(1), 63-77.

경향신문. (2023.4.14.). 윤 대통령 "전자정부와 차원이 완전히 다른 디지털플랫폼정부 실현". https://m.khan.co.kr/politics/president/article/202304141704001#c2b

디지털플랫폼정부위원회 보도자료. (2023.4.14.). 국민은 편리하게, 정부는 똑똑하게 '디지털플랫폼정부' 추진 본격 시동. https://dpg.go.kr/DPG/contents/DPG02020000.do?schM=view&id=20230515100123486624&schBcid=press

서울경제. (2023.4.14.). 尹 "디지털플랫폼정부, 전자정부와 차원이 달라…각 산업에 전후방효과". https://www.sedaily.com/NewsView/29OASWHN5B

조선일보, (2023.4.14.). 尹 "디지털플랫폼정부, 전자정부와 차원 달라… 맞춤형 정보 제공". https://www.chosun.com/politics/politics_general/2023/04/14/HPVBA2DQRJC6HPRVFHTSVWLHDQ/

제4편
디지털플랫폼정부의 미래

The Future of Digital Platform Government

디지털플랫폼정부의 미래
The Future of Digital Platform Government

제9장
디지털플랫폼정부의 미래

최한별 · 조영민

제1절 연구의 배경

　빠르게 발전하고 있는 인공지능 기술과 끊임없이 축적되는 데이터 홍수의 시대에, 전 세계 정부는 디지털 패러다임에 단순히 적응하는 것뿐만 아니라 이를 혁신적으로 선도하여야 한다는 도전과제에 직면하고 있다. 이에 부응하여 한국 정부도 디지털플랫폼정부의 구현을 핵심 정책 과제로 선정하여 추진하고 있다. 정부는 2022년 9월 대통령직속 디지털플랫폼정부위원회를 출범시켜, 디지털플랫폼정부 실현을 위한 주요 정책 등에 관한 사항을 심의·조정하도록 하고 있다. 정부는 디지털플랫폼정부를 모든 데이터가 연결되는 디지털 플랫폼 위에서 국민, 기업, 정부가 함께 사회문제를 해결하고 새로운 가치를 창출하는 정부로 정의하고 있는 데, 이는 정부가 독점적인 공급자로서 일방적으로 서비스를 제공하는 현재의 방식에서 벗어나, 민간과 협업하고 혁신의 동반자가 되는 국정운영의 새로운 모델로 추진된다는 점에서 의미가 있다. 디지털플랫폼정부 정책의 핵심은 다양한 정부 부서와 공공기관 사이에 역사적으로 존재하던 데이터 사일로(silo)를 연결하는 것이다. 이를 통하여, 시민들에게 다면적인 가치를 창출하는 통합된 혁신 및 데이터 융합의 새로운 시대를 약속한다.

그러나 모든 변혁적인 시작과 마찬가지로 이 정책의 성공과 관련해서는 낙관적인 견해와 회의적인 견해가 나뉜다. 일부는 정부 디지털 플랫폼을 관료적 과정의 효율화와 공공서비스 제공 향상을 위한 혁신적인 발걸음으로 높게 평가하지만, 다른 일부는 이것이 이전의 '전자정부' 및 '정부3.0' 이니셔티브의 단순한 재포장이라고 본다.

이에 이 장은 2023년 10월 기준으로 디지털플랫폼정부 추진의 중간평가와 향후 전망에 관한 의견을 학계 전문가에게 서면 자문 형식으로 모아 보았다. 디지털플랫폼정부의 성공과 실패 여부, 정책의 지속가능성 여부, 성공을 위한 요인, 추진 방식, 구현 연도 예측 등에 관한 의견을 구하면서, 현재까지 디지털플랫폼정부 추진 현황을 돌아보고, 발전 방향을 모색하여 보았다. 응답 참여자는 한국행정학회 정부의미래연구회 회원으로써 디지털플랫폼정부 정책연구를 수행하는 학계 전문가(대학 교수와 연구기관 연구원 등 관련 정책의 박사학위소지자) 10명이다.

제2절 디지털플랫폼정부의 성공과 실패

> 선생님께서는 윤석열 정부의 디지털플랫폼정부 구현 정책이 대통령 임기 중에 구현되어 정책이 성공할 수 있다고 생각하십니까? 성공과 실패에 대한 의견을 기술해 주시고 그렇게 생각하시는 근거에 대해 작성하여 주시기 바랍니다.

1 디지털플랫폼정부 성공의 정의

디지털플랫폼정부 정책의 성공을 전망하기에 앞서 디지털플랫폼정부의 성공이 무엇을 의미하는지 먼저 정의하였다. 전문가들의 디지털플랫폼정부의 성공에 대한 정의에는 다면적이며, 제공되는 관점에는 다양한 이해관계자의 이해관계와 정책 실행의 복잡성이 반영되어 있다. 종합하면 대체로 다음과 같은 요소를 포함한다. 첫째, 기업과 시민에게 실질적인 혜택을 제공하는 정량화 가능한 성과 달성이다. 둘째, 이해관계자, 특히 직접적인 수혜자와 시스템 내 참여자의 만족도이다. 셋째, 다양한 정부 수준(중앙-지방-공공기관)과 일반 시민과 이해관계자의 참여와 협업을 촉진하는 시스템의 구축이다. 넷째, 디지털 우선 접근 방식으로 프로세스를 재설계하고 통합하는 것이다. 다섯째, 디지털플랫폼정부위원회에서 제안한 목표와 실행 과제의 달성이다.

한편, 민간 디지털 플랫폼에 대한 경험에 따라 형성된 시민의 기대와 현재 추진 중인 정부의 디지털 플랫폼의 역량 사이에 잠재적인 격차가 있을 수 있다는 우려도 있다. 디지털플랫폼정부가 성공적으로 평가받기 위해서는 측정 가능한 지표와 같은 유형적 측면과 시민의 만족도 및 이해관계자 참여와 같은 무형적 측면을 모두 아우르는

〈표 9-1〉 디지털플랫폼정부 성공의 정의에 관한 의견

구분	내용
정량화 가능한 지표	• 디지털플랫폼정부의 성공은 측정 가능하고 비교 가능하며 추적 가능한 지표를 통해 이에 대한 목표 수준을 달성하는 것으로 표시되어야 함. • 사람과 기업이 실제로 느낄 수 있는 가시적인 변화가 강조되어야 함.
이해관계자 만족도	• 시민, 기업, 및 공공 부문 종사자의 만족도를 통해 성공 여부를 판단할 수 있음. • 특히, 궁극적으로는 시민의 효용이 향상되면 성공으로 간주함.
다층(Multi-tiered) 및 역할 기반(Role-based) 평가	• 각 계층(위원회, 중앙정부, 지방정부)과 이해관계자(일반시민, 기업)에 따라 성공 기준이 다름. • 디지털플랫폼정부위원회의 성공 여부는 예산 권한과 부처 예산에 대한 통제력에 달려 있음. • 개별 기관은 업무 효율성 개선과 같은 성과를 입증하여야 함. • 지방정부는 역량 격차에 직면하여 있어 디지털 혁신에 더욱 어려움을 겪고 있음. • 정부 디지털 플랫폼에 대한 대중의 기대는 민간 부문 플랫폼에 대한 경험에 영향을 받음.
시스템 재설계	• 디지털을 기반으로 전체 행정 시스템을 근본적으로 재설계하는 관점에서 바라보아야 함.
제시된 목표 달성	• 디지털플랫폼정부위원회에서 제안한 세부 실행 과제를 완전히 실현하는 것으로 표시됨.
참여와 협업	• 성공은 모든 수준의 참여를 활성화하고 이해관계자 간의 협업을 촉진하는 것으로 정의됨. • 이에 따라 정부는 직접 주도하기보다는 조정자, 규칙 제정자, 플랫폼 관리자와 같은 역할로 전환하여야 함.

총체적이어야 한다는 것이 전문가들의 견해이다. 이때, 다양한 이해관계자의 다양한 요구와 역량을 고려하여 수혜자 중심의 실행과 평가가 이루어져야 한다는 의견이다.

한편, 전문가들은 디지털플랫폼정부는 단순히 기술 도입으로만 끝나면 실패이며, 단순히 과거의 체계에 기반하여 추진하면서 미래의 잠재력만 강조하는 방향도 실패로 평가할 수 있다고 보았다. 또한, 디지털플랫폼의 범위를 너무 광범위하게 설정하거나 실질적인 단계 없이 너무 야심찬 목표를 설정하면 정해진 기간 내에 성공을 달성하는 데 어려움을 겪을 수 있다고 제언한다.

이를 종합하면, 디지털플랫폼정부의 성공과 실패는 기술 구현에만 달려 있지 않다고 이야기할 수 있다. 그보다는 이해관계자의 만족, 진정한 혁신, 지속적인 개선, 기획 초기에 설정한 목표의 달성 여부로 확인할 수 있다. 또한 명확한 커뮤니케이션의 중요성, 기대치가 결과와 일치하도록 보장하는 것, 처음부터 다시 시작하기보다는 과거의 노력을 바탕으로 바라보아야 할 필요성을 강조한다.

2 디지털플랫폼정부 정책의 윤석열 정부 임기 중 성공 가능성

윤석열 정부의 디지털플랫폼정부 정책의 임기 중 성공 여부에 대한 평가는 엇갈리는 가운데, 전문가들은 대체로 도전과제와 잠재적 기회를 모두 인정하는 조심스러운 낙관론이 반영된 견해를 보였다.

대체로 정책의 의지와 잠재력은 인정하지만 현실적인 어려움에 대한 우려가 크다. 이러한 의견에 영향을 미치는 주요 요인으로는 그간 한국 정부가 보여준 전자정부 성공, 디지털 전환의 내재적 과제, 광범위한 정치 환경 등이 있다. 긍정적인 견해는 대체로 한국 전자정부 추진의 성공과 한국 디지털 플랫폼 제공업체의 강점이 성공에 관한 잠재적인 원동력으로 작용할 것으로 본다.

그러나, 과제의 범위가 크기 때문에 단일 임기 내에 달성하기에 어려울 우려가 크며, 그에 비해서는 제약이 크다. 디지털플랫폼정부 정책의 성공을 위해서는 피상적인 기술 통합이 아니라 현 정부와 정책의 뿌리 깊은 변화가 필요하다. 즉, 공공 주도에서 민간 주도로 거버넌스 패러다임의 전환이 필요하다. 그에 비하여 관료주의의 변화 실행 능력과 거버넌스 구조의 잠재적 한계에 대한 우려는 여전하다. 또한, 총선 이후 여당과 야당 간의 역학 관계가 정책의 시행 속도와 효율성에 큰 영향을 미칠 것이다.

그럼에도 불구하고, 이 정책의 잠재력을 높게 평가하면서 제시된 과제의 실행만큼은 어느 정도 이룰 것이라며 낙관론적 견해를 보이는 의견도 상당하다. 각 계층과 이해관계자별로 성공에 관한 다양한 척도가 있으니 이 정책을 완전한 성공도 실패도 아닌 지속적인 노력으로 보아야 한다는 시각도 있다.

제3절 디지털 플랫폼 정책의 지속가능성 여부

> 선생님께서는 윤석열 정부의 디지털플랫폼정부 구현 정책이 다음 정부에서도 지속적으로 추진될 것이라고 생각하십니까?

1 정권 변화에 따른 정책의 연속성

한 정부에서 시작된 정책은 새 정부가 들어서면 일반적으로 변경되는 경우가 많다. 여당이 새 정부를 이어갈 경우에 정책의 본질은 그대로 유지되어도, 명칭은 다른 이름으로 바뀔 수 있다. 한국의 전자정부 정책, 정보화 정책은 다양한 기술적 초점을 반영하여 정책 명칭에 상당한 변화를 보였지만, 정부혁신을 위하여 디지털 기술을 활용하려는 근본적인 추진력은 일관되게 유지되고 있다. 일반적으로 정책이 사회적 합의를 얻었거나 가시적인 성과를 거둔 경우, 또는 문제가 너무 복잡하여 한 임기 내에 해결하기 어려운 경우, 정책의 연속성이 유지될 가능성이 높다. 한국의 전자정부 역사를 분석하여 보면 김대중 정부부터 노무현 정부까지 전자정부 정책의 연속성이 이어진 시기도 있었지만, 같은 당의 정부라도 내부 정치적 갈등으로 인하여 전임 정부의 정책을 이어가지 못한 사례도 있다. 전문가의 견해를 구체적으로 살펴보면 다음과 같다.

첫째, 정부를 이어가며 정책의 연속성이 나타나는 경우가 드물고, 발생하더라도 핵심 원칙은 그대로 유지한 채 새로운 이름으로 포장되는 경우가 많다. 차기 정부가 전임 정부의 정책을 중단하는 경우가 많다는 인식과는 달리, 많은 정책은 특히 정치적 목적이 없는 경우 연속성을 유지한다. 한국의 디지털 정책 영역을 살펴보면 이와 같은 흐름을 알 수 있는데, 전자정부 과제에서 '정부3.0', '창조경제', '디지털플랫폼정부'에 이르기까지 슬로건은 바뀌었지만 디지털 기술의 발전을 정부 개선에 활용한다는 근본적인 목표는 변함없이 유지되고 있다. IoT, 클라우드, 빅데이터, AI와 같은 디지털 기술의 급속한 발전과 변화는 정부마다 수사가 달라지더라도 정부의 디지털 여정에서 중추적인 역할을 한다.

둘째, 정책의 연속성이라는 개념은 복잡하다. 한편으로는 사회적 공감대가 형성된 정책이나 임기 중 가시적인 성과를 거둔 정책은 다음 정부에서도 지속될 가능성이 높다. 한국의 저출산 문제와 같이 오랜 기간 지속되어 온 문제도 마찬가지이다. 반면, 일부 정책은 성공 여부와 관계없이 특정 정부의 업적이라는 인식으로 인하여 중단되는 경우도 있다. 데이비드 캐머런 총리가 시작한 영국 정부의 디지털 플랫폼(gov.uk)의 지속은 주목할 만한 예외이다.

셋째, 한국의 정보화 정책을 자세히 살펴보면 연속성과 변화의 시기가 공존하고 있음을 알 수 있다. 김영삼 정부부터 노무현 정부까지는 비교적 일관된 정책을 펼쳤지만 이명박 정부와 박근혜 정부로 넘어가면서 변화가 있었다. 역대 정부가 같은 당 소속이었더라도 내부 정치적 갈등으로 인하여 정책이 반드시 계승되지는 않았다. 이는 정당 자체보다는 개별 지도자나 계파에 권력이 집중되는 경우가 많은 한국 정당 정치의 복잡한 역학 관계를 잘 보여준다.

정리하면 한국의 전자정부 영역에서 일관된 추진과 발전은 김대중 정부부터 노무현 정부에 이르기까지만 뚜렷하게 나타났다. 이후 정부에서는 종종 변경이 있었지만, 디지털 혁신정책과 같이 행정 및 관리 효율성과 관련된 과제는 지속적으로 추진되어 정치적 부담이 적은 정책은 지속될 가능성이 더 높았다.

❷ 디지털플랫폼정부 정책의 연속성에 관한 동기 혹은 장벽

후속 정부에서 디지털 플랫폼 정부 정책을 지속할 것인가, 혹은 중단할 것인가와 관련해서는 다양한 정치적, 경제적, 사회적, 기술적 요인이 영향을 미칠 수 있다. 지역화 혹은 분권화 이슈가 강조되면, 통합된 디지털 플랫폼의 핵심 가치와 충돌할 수 있다. 디지털이 빠르게 발전함에 따라 정책을 자주 업데이트하여야 한다는 압박도 있다. 하지만 디지털 정책은 가치중립적인 경향이 있어 정부 전반에서 유지하기가 더 쉽다. 또한 관료주의와 행정 전문성은 디지털 전략의 연속성을 보장할 수 있다.

그러나 정권 교체, 특히 정치적 이념의 변화나 데이터 유출과 같은 부정적인 사건이 발생하면 정책의 지속성이 저해될 수 있다. 새 정부가 들어서도 디지털 전환의 추세 자체가 바뀌지는 않겠지만, 정책을 재편 가능성은 충분히 있다. 다음은 디지털플랫폼정부 정책의 연속성의 동기나 장벽에 관한 전문가의 의견을 종합한 것이다.

첫째, 정치적 요인이 가장 중요한데, 전문가들은 이에 대하여 대체로 정책의 연속성에 장벽이 될 것으로 보고 있다. 정부의 정치적 이념이 유지되느냐 변화하느냐가 가장 중요할 것이다. 정권 교체와 같은 정치적 이념의 변화는 특히 민간 기업과 관련된 프로젝트에서 중단을 초래할 수 있다. 전임 정부와 차별되는 뚜렷한 정체성을 확립하려는 동기는 기존 기술을 정책에 통합하는 방식에 영향을 미칠 수 있다. 오바마케어와 같은 미국 의료 정책의 사례에서 볼 수 있듯이, 후속 정부 간의 정치적 차이는 정책의 중단으로 이어질 수도 있다. 한국에서도 새 정부가 들어서면 전임 정부와 차별화하기 위하여 정책의 이름을 바꾸는 경향이 두드러진다. 이는 핵심 정책의 변화를 의미하지는 않지만 정치적 리브랜딩을 의미할 수 있다. 한편, 지역주의와 분권화와 관련된 요인도 중요한 데, 정부가 지역 수준의 문제에 집중하면 디지털 플랫폼의 중앙 집중식 특성과 충돌할 수 있으며, 이로 인해 통합된 접근 방식을 유지하기가 어려울 수 있다.

둘째, 경제 및 사회적 요인은 대체로 정책의 연속성에 긍정적으로 작용할 것이다. 먼저, 증거 기반 접근 방식과 AI 관련성에 따라 정부는 비록 대외적인 명칭이 달라지더라도 디지털플랫폼정부 정책을 지속하여야 한다는 압박을 받게 될 것이다. 또한, 대중의 인식도 정책의 연속성에 긍정적으로 작용할 가능성이 크다. 시민들이 디지털 플랫폼 서비스의 이점, 특히 공공 서비스 개선에 대한 이점을 인식하는 것은 동기를 부여하는 요인이 될 수 있다. 그러나 개인 데이터 유출과 같은 사건은 여론을 부정적으로 변화시켜 장벽을 만들 수 있다.

셋째, 디지털 정책의 가치중립성도 정책의 연속성에 긍정적으로 작용할 가능성이 크다. 이데올로기 중심의 정책과 달리 디지털 정책은 일반적으로 가치중립적으로 본다. 따라서 새로운 대외 명칭을 붙이거나 정책의 초점이 조금 바뀌더라도 정책을 지속할 수 있는 가능성이 높다.

넷째, 관료적 특징은 정책의 지속성과 중단에 모두 영향을 미칠 수 있다. 먼저, 한국과 같은 국가에서는 관료의 영향력이 크기 때문에 디지털 정책과 관련된 전문적 정책은 명칭은 다르더라도 그대로 이어지는 경향이 크다. 그러나, 관료는 조직의 관할권 및 성과에 영향을 크게 받게 된다. 디지털플랫폼정부위원회와 같은 임시 또는 한시적 조직은 임기가 끝나면 성과가 승계되지 않아 업무가 중단될 가능성이 있다.

3 디지털플랫폼정부 정책의 차기 정부에서의 지속성 전망

이상의 내용을 종합할 때, 윤석열 정부의 디지털플랫폼정부 정책이 차기 정부에서도 지속될지 여부는 다양한 요인에 영향을 받으며, 전문가들의 견해 역시 갈린다. 다만, 용어나 브랜드는 바뀔 수 있지만 디지털플랫폼정부 정책이 내세우고 있는 가치가 이어진다는 데는 대부분 동의하고 있다. 즉, 투명성, 개방성, 공유, 협업이라는 핵심 가치는 역대 정부에 걸쳐 일관되게 유지되고 있으며, '디지털플랫폼정부'라는 구체적인 용어는 유지되지 않을 수 있지만, 그 뒤에 숨어 있는 기본 원칙과 목표는 다른 이름이나 프레임워크에 따라 달라지더라도 계속 유지될 가능성이 높다는 데 상당한 공감대가 형성되어 있다. 관련하여 전문가들의 견해를 정리하면 다음과 같다.

첫째, 용어와 핵심 가치 측면이다. '디지털플랫폼정부'라는 구체적인 용어는 바뀔 수 있지만 투명성, 개방성, 협업과 같은 정부3.0의 핵심 공공가치는 박근혜, 문재인, 윤석열 정부에 걸쳐 일관되게 유지되어 왔다.

둘째, 개념의 모호함 측면이다. 디지털 플랫폼 정부의 개념은 다소 모호하며, 특히 O2O 기반 경제 플랫폼과 병치할 경우 오해를 불러일으킬 수 있다. 이 정부 모델은 정부가 생산자와 소비자 사이의 중재자 역할을 하며 데이터와 AI를 기반으로 상호 작용을 촉진하는 데 중점을 둔다. 주요 과제는 기술이 아니라 정부의 역할과 운영을 정의하는 데 있다.

셋째, 진화하는 전자정부 측면이다 일각에서는 현재 추진 중인 디지털플랫폼정부를 새로운 플랫폼 정부라기보다는 기존 전자정부 시스템을 업그레이드하는 것으로 보고 있다. 향후 논의에서 이 두 가지가 통합되어 플랫폼 개념을 통합한 진화된 전자정부 모델로 발전할 수 있다.

넷째, 성공과 통합 측면이다. 디지털 플랫폼이 여러 정부 기관을 통합하는 데 성공하고 공공서비스를 크게 향상시킨다면 영국과 같은 성공 모델과 유사하게 지속될 가능성이 높다.

다섯째, 정치적 상징성 측면이다. 정책의 지속 여부는 현 정부가 이 정책에 얼마나 정치적 상징성을 부여하는지에 따라 영향을 받을 수 있다. 과거 박근혜 정부의 '정부 3.0'은 브랜드화에 따른 정치적 논란도 있었다. 디지털플랫폼정부가 윤석열 정권의 특징처럼 정치적으로 낙인찍히지 않는다면, 다음 정부에서도 그 원칙을 더 쉽게 채택할 수 있을 것이다.

여섯째, 정당의 역학관계 측면이다. 이 정책의 미래는 다음에 정권을 잡는 정당에 따라 달라질 수 있다. 다른 정당이 집권할 경우 디지털플랫폼정부의 용어와 실현 계획에 큰 변화가 있을 수 있다.

일곱째, 계속되는 용어 변화 측면이다. 데이터 플랫폼으로 개념화된 디지털플랫폼정부는 이전 정부의 공공데이터 포털에 뿌리를 두고 있다. 윤석열 정부에서 구체적인 변화를 도입할 수는 있지만, 이를테면 '데이터 플랫폼'과 같은 다른 이름으로 그 본질은 지속될 가능성이 높다.

정리하면, 윤석열 정부의 디지털 플랫폼 정부 정책의 브랜드와 구체적인 용어는 변화할 수 있지만, 그 기본 원칙과 목표는 다음 정부에서도 다른 틀이나 명칭으로 계속될 것으로 예상된다. 이러한 연속성은 정책의 성공 여부, 정치적 역학관계, 정의와 목표의 명확성 등 다양한 요인에 의해 영향을 받을 것이다.

> [제4절] **디지털플랫폼정부의 성공을 위한 요인**

> 선생님께서는 윤석열 정부의 디지털플랫폼정부 구현 정책이 성공하기 위해서는 어떤 요인이 가장 중요하다고 생각하십니까?

1 디지털플랫폼정부 정책의 성공 요인

디지털플랫폼정부 정책의 성공에 영향을 미치는 요인은 다른 유형의 정책의 성공 요인 일반론과 유사하지만, 기술, 데이터, 이해관계자와의 협업 및 역할의 재구성에 중점을 둔다는 점에서 차별화된다. 디지털 환경의 복잡성과 빠른 진화는 디지털플랫폼정부 정책이 끊임없는 변화 속에서도 관련성과 효과를 유지할 수 있도록 다른 정책과는 차별화되는 고유한 접근 방식을 필요로 한다. 전문가들이 꼽은 디지털플랫폼정부 정책 성공을 위한 핵심 요소는 다음과 같다.

첫째, 데이터 공유 및 연결이다. 혁신의 핵심. 공유와 연결이 없으면 디지털 플랫폼의 본질을 잃게 된다. 정부는 다양한 주체 간에 자연스러운 데이터 공유와 협업을 촉진하여야 한다. 데이터의 양 뿐만 아니라, 품질, 표준화 및 유용성이 가장 중요하다. 데이터가 디지털 정책의 중심이 되면서 데이터 관리, 공유, 표준화가 중요해졌다.

둘째, 이해관계자와의 협업이다. 개념상 디지털 플랫폼 정책은 더 많은 이해관계자의 참여와 직접 참여가 필요하다. 정부가 기존에는 단독 행위자로 머물렀다면, 디지털플랫폼정부에서는 촉진자 또는 조정자가 되어 민관 파트너십에 더 중점을 두는 방향으로 변화하고 있는 점이 중요하다. 단순한 경청을 넘어 정책 개선 및 개발에 이해관계자를 직접 참여시켜야 한다. 정부는 조정자이자 규칙 관리자로서 기업과 시민에게 주도적인 역할을 맡겨야 한다. 다양한 정부 기관이 관리하는 개방형 플랫폼을 통하여 정책 결정에 영향을 미치는 이해관계자의 제안도 허용하여야 한다.

셋째, 기술, 정책, 제도, 인지적 요소의 조화이다. 디지털 정책은 단순히 기술만이 아니라 정책, 제도, 사고방식의 변화와 맞물려 있다. 대통령의 리더십과 거버넌스와 같은 제도적 요소와 기술과 시민 관련 요소가 조화로워야 한다. 디지털 정책은 기술, 정책 연계, 실행, 실제 정책 전환에 대한 높은 이해도를 요구한다. 디지털 정책의 속도와 역동성은 기존 정책과 다르며, 기술 변화에 빠르게 적응해야 한다는 과제를 안고 있으며, 민간에 비해 느린 관료주의적 경로를 따라가면 성공하기 어렵다.

마지막으로, 대중의 지지를 얻는 즉각적인 성공에만 초점을 두지 말고, 장기적인 성공을 위해 부서 간 협력과 이해가 필요하다.

2 디지털플랫폼정부의 성공을 위한 조치

디지털플랫폼정부 정책의 성공은 강력한 리더십, 강력한 규제 프레임워크, 부서 간 협력, 적극적이고 참여적인 이해관계자 커뮤니티가 뒷받침되어야 한다. 전문가들이 강조하는 사항을 정리하면 다음과 같다.

첫째, 데이터 활용과 관련한 부분이다. 부서 간 데이터 공유를 의무화하고 데이터를 비공개할 때 불이익을 주는 프레임워크를 개발하여야 한다. 데이터 공유 프로세스를 간소화하는 데이터 관리 시스템에 투자하여야 한다. 데이터 형식과 구조의 표준화를 촉진하여 상호 운용성을 높여야 한다. 공공 부문 직원을 대상으로 데이터 공유 및 협업의 중요성에 대하여 교육하는 정기적인 교육 세션을 마련도 필요하다.

둘째, 협력 문화를 조성하기 위해 부서 간 협업 프로젝트를 추진한다. 이해관계자가 의견과 우려를 표명할 수 있도록 정기적인 타운홀 미팅과 공개 포럼을 개최한다. 시민들이 직접 참여하고, 피드백을 주고, 이니셔티브의 진행 상황을 추적할 수 있는 디지털 포털을 개발한다. 기업과 개인이 어떻게 기여하고 혜택을 받을 수 있는지 이해할 수 있도록 명확한 지침을 제공한다.

셋째, 리더십과 관련한 측면이다. 디지털 혁신 목표에 초점을 맞춘 아젠다를 설정한다. 디지털 혁신과 관련한 책임자에게 변화를 주도하는 데 필요한 자원과 권한을 부여한다. 중앙 집중식 디지털 TF를 구성하여 노력의 일관성을 보장하고 중복을 최소화한다.

넷째, 법률 및 제도적 측면이다. 데이터 공유와 디지털 협력을 방해하는 기존 제도를 개혁한다. 여러 정부 기관 간의 사일로(silo)를 허무는 통합 디지털 플랫폼을 구축하는 데 투자한다. 플랫폼에 공유 데이터를 보호하기 위한 강력한 사이버 보안 조치가 있는지 확인한다. 정책의 효과를 지속적으로 검토 및 평가하고 실질적인 문제와 피드백을 바탕으로 수정할 수 있도록 개방적인 자세를 취한다.

3 디지털플랫폼정부의 성공을 방해하는 장애물

전문가들은 디지털플랫폼정부 정책의 성공을 방해하는 여러 장애물에 대해서도 의견을 주었으며, 극복 방안에 대한 의견도 제시하였다. 정리하면 다음과 같다.

첫째, 부서주의와 관료주의이다. 부서별 사일로(silo), 변화에 대한 거부감, 결과보다는 수단에 집중하는 태도는 협업을 방해할 수 있다. 이를 완화하기 위하여 성과와 혜택을 공유하는 문화를 조성하고, 대통령실과 같은 최고위층에서 국가 목표의 중요성을 강조하여 통일된 방향성을 확보하는 것이 중요하다고 지적한다.

둘째, 파일럿 선정과 환류 측면이다. 디지털플랫폼정부 정책의 시범 적용을 위한 적절한 대상 선정의 어려움이 있으며, 이에 따라 일선 구현의 어려움도 있다. 서비스 사용자의 피드백도 부족하다. 데이터 기반 의사 결정을 사용한 시범 적용 지역의 식별과 디지털 포털과 같은 메커니즘을 도입하여 사용자 피드백을 수집하여야 한다.

셋째, 디지털 역량 측면이다. 민간 부문에 비하여 정부의 상대적인 디지털 전문성이 낮고, 정부 기관마다 격차가 존재한다. 그렇기 때문에 오히려 기술적으로 전문성이 있는 기관과의 파트너십이 중요하다.

넷째, 지나치게 큰 목표는 오히려 장애물이 될 수 있다. 모든 부문에 걸쳐 디지털 플랫폼을 한꺼번에 구현하면 실패와 자원 낭비가 발생할 수 있다. 이에 디지털 혁신에 가장 적합한 분야에 초점을 맞춘 단계적 접근 방식을 채택할 필요가 있다. 디지털플랫폼정부위원회는 타당성 조사를 실시하여 부문의 우선순위를 정하여야 한다.

다섯째, 정치적 차이로 인한 문제이다. 역대 정부 간의 정치적 차이로 인하여 정책 연속성이 영향을 받을 수 있다. 이에 관해서는 앞서 정치적 연속성 측면에서 살펴본 것처럼 정치적으로 중립적이고 장기적인 국가 이익에 초점을 맞춘 정책의 개발이 필요하다. 장기적인 혁신 정책에 관해서는 비록 그 네이밍이 변할지라도 초당파적으로 이어질 수 있음을 이미 이야기하였다.

여섯째, 디지털플랫폼정부위원회 구성 및 영향력 측면이다. 어느 부처가 가장 영향력이 있는지에 따라 위원회의 방향이 바뀔 수 있어 정책 안정성에 영향을 미칠 수 있다. 이에 따라 위원회의 균형 잡힌 대표성을 보장하고 특정 부처의 독주를 줄여야 한다. 각 위원회에 대한 명확한 권한과 책임을 설정하여 내부 정치와 관계없이 안정성을 보장한다.

제5절 디지털플랫폼정부의 추진 방식

> 선생님께서는 윤석열 정부의 디지털플랫폼정부 구현 정책이 의도한 바와 같이 정부 주도에서 민간 주도로 변화된 방식의 추진이 가능하다고 생각하십니까?

1 디지털플랫폼정부 구현에서 이해관계자의 중요성

시민, 기업 및 기타 이해관계자의 역할은 디지털플랫폼정부를 형성하고 성공적으로 구현하는 데 중추적인 역할을 한다. 정부는 방향을 제시하지만, 미래지향적이고 포용적이며 효과적인 정책을 수립하기 위해서는 이러한 주체의 통찰력, 혁신, 피드백이 필수적이다. 협업, 지속적인 피드백, 견제와 균형은 디지털플랫폼정부가 모든 관련 당사자의 요구와 기대에 부응할 수 있도록 보장한다. 다만, 그 정도에 관해서는 의견이 갈린다. 정리하면 다음과 같다.

첫째, 선택적으로 수용하여야 한다는 견해이다. 이해관계자의 의견은 매우 중요하지만, 잠재적으로 오해의 소지가 있거나 정보가 부족한 견해에서 건설적인 의견을 구별하는 것이 중요하다. 방향과 의제를 비정부 행위자 위주로만 결정해서는 안된다는 것이다.

관련하여, 민간 기업의 참여는 귀중한 인사이트를 제공하고 협업을 촉진할 수 있지만, 기업에 의한 부당한 영향력 행사나 '정부 포획'을 방지하는 것이 필수적이라는 견해도 있다. 정책은 공공의 이익을 보장할 수 있도록 균형을 이루어야 한다는 것이다.

둘째, 포괄적으로 포용해야 한다는 견해이다. 디지털 정부의 핵심인 플랫폼은 공급자와 사용자 간의 상호 작용에 크게 의존한다. 따라서 이해관계자의 참여는 기본이다. 정부의 기획기능이 더 혁신적으로 변하고 있는 민간 부문의 인사이트를 받아들이는 데 방해가 되어서는 안된다. 다양한 업계와의 적극적인 협업을 통해서만 총체적인 접근이 가능하다. 또한 국내외 기관의 피드백은 정책을 개선하고 효과적인 디지털 정부 플랫폼을 구축하는 데 매우 중요하다. 디지털 플랫폼 정부의 성공 여부는 다양한 주체의 적극적인 참여에 달려 있으며, 정부 주도의 절차보다는 이들의 의견에 기반한 정책을 강조하여야 한다.

특히, 디지털 정책의 방향은 과거 전자정부의 성공과 같이 정부 주도의 성공 사례에 영향을 받을 수 있다. 그러나 기술 및 정책 환경의 변화로 인하여 민간 주도의 접근 방식으로의 전환이 필요하다.

한편, '민간 주도'가 무엇을 수반하는지를 명시할 필요가 있다는 의견도 있다. 플랫폼 운영자, 공공데이터를 사용하는 서비스 제공자, 데이터 기여자 중 누구를 의미하느냐에 따라 관점이 달라질 수 있다는 것이다. 공공데이터를 사용하여 제공되는 특정 서비스가 진정한 의미의 공공 서비스인지 아니면 새로운 형태의 민간 서비스인지 판단하는 것이 중요하다. 서비스의 성격과 그 광범위한 의미에 따라 공공서비스인지 민간 서비스인지를 판단하여야 한다.

2 민간 주도로의 전환 가능성에 대한 전망

디지털플랫폼정부는 정의상 민간 주도로 전환이 필요하다. 이에 관하여 전문가들은 대체로 현재 부족한 부분을 장기적으로 보완하기 위한 제언을 하고 있다. 정리하면 다음과 같다.

먼저, 회의적인 관점이다. '디지털플랫폼정부'라는 용어가 본질적으로 정부를 강조한다는 점을 감안할 때, 주로 민간 부문이 주도할 것으로 기대하는 것은 모순이 있다. 기존의 구현은 주로 정부 주도로 이루어지고 있다. 이 관점에서 볼 때, 현재의 디지털플랫폼정부 전략은 주로 정부 주도에서 민간 주도로의 전환을 추구하지 않는 것으로 보인다. 그 대신 정부의 리더십을 강조하는 동시에 기업과 시민이 정책 개발 및 실행에 참여하도록 하고 있다. 진정한 변화를 위해서는 정부 운영과 민간 부문과의 관계에 대한 좀 더 심층적인 혁신이 필요하다.

둘째, 균형 잡힌 참여를 강조하는 관점이다. 정부는 큰 틀의 정책 방향과 개혁, 법안을 마련하고 예산을 배분하여야 하지만, 1970~80년대 이후 성숙해진 민간 부문은 이제 세부적인 정책 실행을 주도하고 추진할 수 있는 역량을 갖추고 있기에 전환이 가능하다는 것이다.

셋째, 디지털 격차 측면에서 바라보는 관점이다. 민간 부문 주도권으로의 중요한 전환은 공공 부문과 민간 부문 간의 디지털 전문성 격차에서 비롯된다. 여러 부처 또는 조직은 디지털 발전에 적응하는데 있어 불균등한 역량을 가지고 있다. 디지털 환경이 끊임없이 진화함에 따라 일부 부처는 이니셔티브를 주도하는 대신 민간 부문의 전문 지식에 지나치게 의존할 수 있다. 이러한 변화의 근본적인 동기에 대한 철저한 검토가 필요하며, 정부와 민간 부문 모두에 대한 최적의 역할에 대해 고민하여야 한다는 것이다.

넷째, 민간 참여 영역에 따라 참여 확대를 전망하는 관점이다. 행정 시스템을 개인 클라우드 서비스로 전환하고, 오픈 데이터 및 API 서비스를 통해 공공서비스 접근성을 확대하며, 민관 협업 서비스를 육성하는 등의 영역에서 민간 부문의 참여가 확대될 것으로 예상한다는 관점이다.

마지막으로, 역할에 대한 고민이 필요하다는 관점이다. 서비스 제공에는 민간 부문의 참여가 도움이 될 수 있지만, 정부혁신에는 철저하고 장기적인 논의가 필요하다. 상업적 서비스를 위하여 단순히 정부 데이터를 민간 부문에 제공하는 현재의 추세는 보다 더 진화하여야 한다. 정책 플랫폼 구축과 같은 몇 가지 핵심 정부 기능은 민간의 참여 여부와 관계없이 시급한 관심과 개선이 필요하다.

정리하면 디지털플랫폼정부 구현 정책에서 정부 주도 방식에서 민간 부문 주도 방식으로 전환하는 것은 다방면의 도전 과제이다. 민간 부문의 전문성과 참여가 특정 측면을 가속화할 수 있지만, 기본 원칙, 역할 및 책임을 명확히 정의하고 토론할 필요가 있다. 정부와 민간 부문은 서로의 강점과 한계를 이해하면서 협력하여 이러한 변화가 모든 이해관계자에게 총체적이고 유익한 방향으로 이루어질 수 있도록 노력하여야 한다.

3 디지털플랫폼정부의 전환 과정에서의 잠재적 도전 혹은 장벽

디지털플랫폼정부로의 전환 과정에서 나타나는 잠재적인 도전과제 혹은 장벽을 정리하면 다음과 같다.

첫째, 지방정부 역할 상실에 대한 우려이다. 지방 정부가 자신의 역할이 축소되거나 없어진다고 인식하면 수용성이 떨어지거나 저항이 있을 수 있다.

둘째, 관료적 장애물이다. 과도한 규제, 필수적인 법률의 부재, 관료적 기관의 경직된 사고는 비효율성을 초래할 수 있으며, 민간 부문은 정부의 지원을 받더라도 잠재적으로 자원을 낭비할 수 있다.

셋째, 권력 역학 및 역할 명확성 측면이다. 디지털플랫폼정부로의 전환은 정책결정 과정의 일부를 공유하거나 민간 부문으로 넘기는 것을 의미한다. 극단적으로는 정부가 디지털 영역에서 완전히 손을 떼고 비공정경쟁 제한 등 소비자 복지 관점에서만 규제하는 것이다. 이렇게 될 때, 정부가 역할을 유지하되 민간 부문과의 통제, 협업, 조율의 균형을 어떻게 맞출 것인가가 중요해진다. 디지털 영역은 정부 혁신, 산업 혁신, 사회 변화 사이의 경계를 모호하게 만들어 역할을 정의하기 어렵게 만든다.

넷째, 기술 및 시장 도전 과제이다. 공공행정시스템을 프라이빗 클라우드로 전환하는 데는 적합한 정보 시스템 선택, 규모 결정, 과금 시스템 구축, 비용 효율성 보장, 플랫폼 과점 방지 등 여러 가지 과제가 있다.

다섯째, 레거시에 대한 저항 측면이다. 제도적 관성과 공무원들의 잠재적 실직 또는 역할 축소에 대한 우려는 변화를 가로막는 장벽으로 작용할 수 있다.

여섯째, 신뢰 부족 측면이다. 민간 부문은 자신의 피드백이 진정성 있게 고려될 것이라는 확신이 필요하다. 명확한 가치 제안이 없거나 정부의 견해에 반하는 우려를 표명하는 것이 위험하다고 인식되는 경우, 민간 부문은 참여를 주저할 수 있다.

일곱째, 기득권 측면이다. 원활한 전환을 위해서는 정부 관계자들이 기존의 방법론과 기득권을 내려놓아야 한다. 이러한 변화는 사고방식의 급진적인 변화를 요구하기 때문에 내부 저항에 직면할 수 있다.

여덟째, 경제 및 사회적 영향 측면이다. 사회적으로 중요한 분야보다 목소리가 큰 부문이나 영향력 있는 민간 단체를 우선시할 위험이 있다. '타다'와 같은 사례에서 볼 수 있듯이 이해관계자 간 갈등이 확대되어 사회적 비용이 발생할 수 있다.

디지털플랫폼정부로의 전환은 사회적, 경제적으로 중대한 영향이 미칠 것이다. 이를 위해서는 조율된 접근 방식이 필요하다. 결론적으로, 정부 주도에서 민간 부문 주도의 디지털 플랫폼으로의 전환은 예상되거나 예상치 못한 다양한 과제를 제기한다. 여기에는 기술 및 관료적 장벽부터 신뢰, 권력 역학, 사회적 영향에 대한 더 깊은 문제까지 다양하다. 성공적인 전환을 위해서는 명확한 역할을 정의하고, 이해관계자 간에 신뢰를 구축하며, 이러한 과제를 고려한 미래 지향적이고 적응력 있는 전략을 채택하는 것이 필수적이다.

4 이해관계자들을 효과적으로 참여시키기 위한 전략

디지털플랫폼정부의 성공을 위해서는 다양한 관계자들을 효과적으로 참여시키는 전략이 필요하다. 이를 정리하면 다음과 같다.

첫째, 다양한 참여 플랫폼이다. 이해관계자 참여를 위하여 비공식 채널과 공식 채널을 결합할 필요가 있다. 타운홀 미팅, 워크숍, 원탁회의와 같은 전통적인 포럼을 활용하면서 동시에 웨비나, 소셜 미디어, 온라인 설문조사와 같은 디지털 플랫폼과 결합하여야 한다. 이해관계자가 쉽게 의견을 제출할 수 있는 채널을 만들어야 하며, 이해관계자가 자신의 의견을 소중히 여기고 자신의 의견으로 인하여 부정적인 영향을 받지 않을 것임을 보장하여야 한다. 필요한 경우 익명성을 보장할 필요가 있다.

둘째, 참여 인센티브의 제공이다. 인센티브 구조가 이해관계자의 이익과 디지털 플랫폼 정부의 중요한 목표에 부합하는지 확인하여야 한다. 여기에는 금전적 보상, 표창, 세금 감면 또는 기타 실질적인 혜택의 형태가 될 수 있다. 비즈니스는 수익성을 염두에 두고 운영된다는 점을 인식한다. 이해관계자의 이익 동기에 부합하는 새로운 비즈니스 모델 또는 전략을 제시하여 이해관계자의 적극적인 참여를 보장한다.

셋째, 지속적 참여의 제도화이다. 단순한 의견 공유부터 특정 분야 또는 기능에 대한 의사 결정 권한까지 다양한 수준의 참여를 제공하여야 한다. 정기적인 대화가 유지될 수 있는 제도적 장치나 협의체를 통해 지속성을 장려하여야 한다. 한편, 클라우드 소싱을 활용하여 시민 참여를 강조하고 문제 발견 및 해결책을 수립할 수 있도록 한다. 관련하여, 공공서비스 제공에 있어 정부와 민간 부문의 역할을 명확히 구분할 필요도 있다. 단기적 및 장기적 이득을 모두 강조하면서 참여의 이점을 명확히 설명하여야 한다. 참여로 인하여 발생할 수 있는 잠재적 위험과 책임에 대한 보호를 제공하여야 한다.

넷째, 규제 완화와 혁신이다. 민간 부문의 적극적인 참여를 방해할 수 있는 불필요한 규제를 파악하고 제거하여야 한다. 정부의 디지털 목표에 부합하는 혁신적인 솔루션에 대하여 보조금, 보조금 또는 세금 감면 혜택을 제공하여 혁신을 촉진하여야 한다. 일반적인 규제 제약 없이 새로운 디지털 솔루션을 시도하고 테스트할 수 있는 실험적인 공간(규제 샌드박스)을 허용하여야 한다. 파일럿 테스트를 통하여 새로운 솔루션의 효과와 잠재적인 사회적 비용을 평가할 필요가 있다.

다섯째, 보안 및 개인정보 보호 문제의 해결이다. 민간 시스템과 자원이 더 많이 사용됨에 따라 보안 문제가 더욱 대두할 수 있다. 민간 부문 전문가와 협력하여 강력한 보안 프로토콜을 개발이 필요하다.

여섯째, 적극적인 갈등 관리이다. 특정 집단에 대한 명확한 혜택이 눈에 보이는 분쟁으로 이어질 수 있는 경우 잠재적 갈등이 발생할 수 있다. 정부가 이러한 갈등을 중재하는 데 적극적인 역할을 수행하여 모든 관련 당사자의 이해관계를 균형 있게 조정하여야 한다.

요약하면, 이해관계자를 효과적으로 참여시키려면 우려 사항을 해결하고, 명확한 혜택을 제공하며, 열린 소통을 촉진하는 다각적인 접근 방식이 필요하다. 신뢰를 구축하고, 투명성을 보장하며, 협업을 촉진하는 것은 성공적인 이해관계자 참여 전략의 초석이 된다.

제6절 디지털플랫폼정부의 구현 연도

> 선생님께서는 현재 윤석열 정부에서 추진하고 있는 디지털플랫폼정부 구현 정책이 우리나라에서 몇 년 도에 구현될 수 있을 것으로 예측하십니까? 구체적인 구현 연도에 대한 예측과 그 이유를 기술하여 주시기 바랍니다.

1 정책이 완전히 실현될 수 있는 현실적인 시기

이상의 사항을 종합하여, 디지털플랫폼정부의 구현 시기를 정리하였다. 다양한 응답을 통하여 국내 디지털플랫폼정부 정책의 완전한 실현에 대한 다양한 의견이 존재함을 알 수 있었다. 이러한 의견들을 종합하면 다음과 같이 요약할 수 있다.

첫째, 단기 낙관론(1~2년)이다. 한국의 앞선 기술 인프라와 디지털 플랫폼의 중요성에 대한 이해관계자들의 전반적인 공감대를 고려할 때 1~2년 안에 기본 인프라를 구축할 수 있다는 의견이다. 한국이 이미 디지털 거버넌스 분야에서 높은 역량을 보여줬다는 것이 기본 전제이다.

둘째, 중기 예측이다. 5년 정도로 보는 예측은 정부가 민간 부문의 기술을 적극적으로 통합하고 공공 부문과 민간 부문 간의 협력을 촉진하고 있다는 생각에서 나온 것이다. 이러한 협력은 구현을 앞당길 것으로 예상됩니다.

한편, 일부 전문가들은 이보다 조금 더 길게 보고, 중앙 정부가 5~10년 안에 정책을 실현할 수 있을 것으로 보고 있다. 그러나 지방정부는 다양한 문제로 인하여 더 오래 지연될 수 있다고 본다.

셋째, 장기적으로 보는 관점이다. 10년 이상으로 보는 관점은 프로젝트의 전체 범위, 기관 내 문화적 변화, 광범위한 사회 및 비즈니스 참여의 필요성을 고려할 때, 전체 실현에는 10년 이상이 걸릴 수 있다고 보수적으로 추정한다. 비기술적인 문제, 특히 정치 및 사회적 문제로 인해 오래 걸린다는 응답도 있다.

넷째, 조건부로 보는 관점이다. 특정 과제, 특히 행정 명령이 수반되거나 국제적 추세에 부합하는 과제는 더 빠르게 진행될 수 있다. 특히 AI와 같은 첨단 기술과 관련하여 기업과의 협력이 필요한 과제는 관료적 문제로 인하여 지연될 수 있다. 향후 선거 결과와 그에 따른 정치 환경이 일정도 큰 영향을 미칠 수 있다. 이렇게 볼 때, 디지털플랫폼 정부의 본질과 목적에 대한 논의가 더욱 명확해져야 한다. 2024년 이후 명확한 합의에 도달하면 2025년 이후에는 정책이 좀 더 가시적으로 실현될 수 있다는 관점도 있다.

결론적으로 예측의 편차는 있지만, 더욱 보수적인 추정에 따르면 실질적인 진전을 이루기까지 5~10년이 걸릴 것으로 예상되며, 완전한 실현은 10년 이상 걸릴 수도 있다고 본다. 이행의 성공과 속도는 기술적, 비기술적 과제를 해결하고 민관 협력을 촉진하며 끊임없이 변화하는 한국의 정치 환경을 헤쳐 나가는 데 크게 좌우될 것이다.

❷ 정책이 본격적으로 시행되기 전에 달성하여야 할 기술적 이정표

전문가들은 디지털플랫폼정부 정책을 완전히 실현하기 위하여 몇 가지 기술적 이정표를 제시하였다.

첫째, 고급 AI 기능이다. 생성형 AI와 관련하여, 비즈니스 데이터를 빠르고 효과적으로 처리하여 실행 가능한 인사이트를 도출할 수 있는 AI가 중요하다. AI와 빅데이터 기술을 활용하여 모든 분야에서 예측 및 사전 예방적 서비스를 구현도 필요하다.

둘째, 데이터 통합 및 공유에 관한 사항이다. 관련하여, 민간-공공 간 기술 이전이 중요하다. 민간 상용 기술을 공공 부문에 통합하여야 한다. 데이터 호환성도 필요하다. 서로 다른 플랫폼과 부처 간에 데이터를 통합하고 공유할 때 기술적 호환성을 보장한다. 오픈 데이터 플랫폼도 필요하다. 데이터 패브릭, 데이터 레이크 하우스, ESB, API 등의 기술을 구현하여 개별 데이터 소유권을 침해하지 않고 다양한 소스의 데이터를 사용할 수 있는 플랫폼을 구축할 필요가 있다.

셋째, 통합 서비스 포털 측면이다. 서비스를 위한 단일 포털이 필요하다. 사용자가 다양한 정부 서비스를 이용할 수 있는 통합 플랫폼이 제공되어야 한다. 지금보다 고급 기능을 수행하는 데이터 포털도 필요하다. 다양한 정부 데이터 소스에 쉽고 효율적으로 액세스할 수 있는 최첨단 포털도 필요하다. 미들웨어 솔루션을 개발하여 다양한 플랫폼과 데이터베이스 간의 연결의 간소화도 필요하다.

넷째, 개인 정보 보호 측면이다. 제시된 방안들이 데이터, 특히 개인 정보를 안전하게 처리할 수 있는지 확인하여야 한다. 여기에는 가명 처리된 보고서 또는 데이터의 유용성을 유지하면서 데이터를 익명화하는 기타 방법이 포함될 수 있다.

마지막으로, 이러한 사항을 살펴볼 때, 기술에만 중점을 두어서는 안된다. 미래 정부를 위한 가치와 목표를 발전시킬 필요가 있다. 기술적 이정표는 관료적, 행정적 혁신을 보완하는 역할을 하는 것이며, 본질적으로는 관료적 혁신이 먼저 바탕이 되어야 한다. 본질적으로 더 개선하거나 개발해야 할 특정 기술이 있지만, 디지털플랫폼정부 정책의 성공적인 실현은 기술의 문제가 아니다. 기술, 행정 혁신, 국민 참여와 서비스에 중점을 둔 철학이 조화롭게 통합되어야 한다.

❸ 다른 분야보다 디지털플랫폼정부의 접근 방식을 더 빨리 채택할 것으로 예상되는 특정 분야

논의를 종합할 때, 디지털플랫폼정부를 활용하는 여러 분야별로 채택의 속도는 다를 것으로 예상한다. 여러 분야 중에서 특히 이러한 접근을 더욱 빨리 채택할 것으로 예상되는 분야를 정리하면 다음과 같다.

첫째, 민원행정 부문이다. 대부분의 전문가들은 민원행정 부문에서 디지털플랫폼정부 접근 방식이 빠르게 채택될 것으로 예상한다. 민원행정은 디지털 플랫폼을 통하여 프로세스가 간소화되고 효율성이 향상되는 이점을 누릴 수 있다. 국민신문고는 고충

이 있는 시민과 지방 및 중앙 정부를 연결하는 플랫폼 역할을 할 수 있다. 민간 부문에서는 이미 이 분야에서 디지털 플랫폼을 적극적으로 활용하고 있어 전환이 비교적 순조롭게 이루어지고 있다.

둘째, 금융 부문이다. 금융 부문은 이미 첨단 디지털 솔루션을 도입하는 방향으로 나아가고 있다. 카카오뱅크와 케이뱅크와 같은 신규 진입자들이 핀테크를 활용하면서 금융 기관들은 치열한 경쟁을 벌이고 있다. 이러한 기관들은 디지털 플랫폼 접근 방식을 채택함으로써 이러한 변화의 선두에 서고 있다. 특히 세금, 보조금, 금융 등의 분야에서 금융 부문의 디지털화는 정부와 국민 모두에게 혜택을 줄 수 있다.

셋째, 헬스케어 부문이다. 몇몇 전문가들은 의료 분야에서 정확하고 효율적인 행정 프로세스가 필요하다는 점을 지적했다. 의료 서비스의 긴급성과 중요성을 고려할 때, 디지털 플랫폼 정부 접근 방식을 채택하면 주목할 만한 이점을 얻을 수 있다.

넷째, 교육 부문이다. 공교육의 수요와 공급 사이에 불일치가 존재하며, 이는 비효율로 이어지고 있다. 디지털 플랫폼 접근 방식은 시민과 기업이 협력하여 솔루션을 설계함으로써 좀 더 맞춤화된 교육 경험을 제공할 수 있다.

요약하면, 다양한 부문이 디지털플랫폼정부 접근법의 혜택을 받을 수 있지만, 예상되는 채택률 측면에서 민원 및 금융 부문이 더 빠를 것으로 보인다. 의료 및 교육 부문도 빠를 것으로 보이지만 성공적인 전환을 위해 해결하여야 할 고유한 과제가 일부 남아 있다.

제7절 그밖의 이슈

1 디지털 통합

정부는 디지털 플랫폼이 모든 시민에게 혜택을 주며 취약 계층이 뒤처지지 않도록 어떻게 보장할 필요가 있다. 소외 계층이나 기술에 익숙하지 않은 사람들의 참여를 유도하기 위한 전략을 마련해야 하는지에 대한 의견도 일부 정리하였다.

　첫째, 다중 액세스 포인트이다. 현장 방문, PC, 모바일 기기, 키오스크, 사설 및 공용 플랫폼 등 사용자가 서비스에 액세스할 수 있는 다양한 방법을 제공하여야 한다. 사용자가 선호하는 방법을 선택할 수 있도록 하여 기술 숙련도에 관계없이 누구나 자신에게 편한 방식으로 서비스를 이용할 수 있도록 하여야 한다.

　둘째, 일선 현장 공무원의 역량 강화이다. 최종 사용자(시민)뿐만 아니라 정부의 일선 공무원을 위한 디지털 플랫폼을 설계하여야 한다. 최종 서비스 제공자인 일선 공무원은 기술에 익숙하지 않은 사람들을 위하여 맞춤형 서비스를 제공하고 안내할 수 있는 역량을 갖춰야 한다.

　셋째, 디지털 리터러시 강화이다. 동기적 접근, 물리적 접근, 기술 접근, 사용 접근 등 다양한 차원에서 사용자의 디지털 리터러시를 향상시키는 데 중점을 둬야 한다. 모든 사람이 디지털 플랫폼을 사용하는 데 필요한 기술을 갖출 수 있도록 디지털 포용과 형평성을 위한 체계적인 시스템이 필수적이다.

　넷째, 정책 및 제도적 보호 장치이다. 개인의 역량 강화와 더불어 정책과 제도화를 통하여 사용자의 권리를 보호하는 것도 중요하다. 확립된 원칙, 가이드라인, 법적 프레임워크를 통하여 디지털 격차, 데이터 프라이버시 문제, AI 알고리즘 투명성, 사이버 괴롭힘, 가짜 뉴스 등과 같은 문제를 해결하여야 한다. 효율성뿐만 아니라 모든 사람에게 동일한 품질의 서비스를 보편적으로 제공하는 데 중점을 두어야 한다.

　다섯째, 소외된 집단을 위한 맞춤형 참여이다. 고령자, 장애인, 전자 기기에 대한 접근이 제한된 사람 등 소외될 가능성이 가장 높은 그룹을 인식하고 이해하여야 한다. 이러한 그룹을 대상으로 디지털 플랫폼의 중요성을 설명하고 이러한 서비스를 효과적으로 사용하는 방법을 안내하는 교육 프로그램이 필요하다.

　결론적으로 디지털 플랫폼은 다양한 이점을 제공하지만, 정부는 포용성을 우선시하여 어떤 집단도 소외되지 않도록 하여야 한다. 다양한 접근 포인트, 현장 공무원의 참여, 향상된 디지털 리터러시, 정책적 보호 장치, 소외 계층에 대한 전문적 집중을 통해 정부는 디지털 서비스가 모든 사람에게 동등한 혜택을 제공할 수 있도록 할 수 있다.

2 데이터 프라이버시

디지털플랫폼정부 시대에는 데이터 공유와 상호 연결성이 필연적으로 증가하면서 데이터 프라이버시 및 보안에 대한 우려가 커지고 있다. 정부는 데이터의 효용을 극대화하는 것과 개인의 프라이버시를 보호하는 것 사이에서 균형을 찾아야 한다. 다음은 전문가 의견을 바탕으로 이에 관한 전략을 정리하였다.

첫째, 법/제도적 측면이다. 규제 접근 방식의 전환이 필요하다. 데이터 사용을 방해할 수 있는 사전 예방적 보호 접근 방식에서 데이터에 대한 개인의 통제권을 강화하는 접근 방식으로 전환하여야 한다. 가명 정보 사용과 규제의 초점을 규범적 접근 방식에서 원칙 기반 접근 방식으로 변경하는 것을 고려할 수 있다. 국제적 표준과 조화도 필요하다. 유럽의 GDPR과 같은 글로벌 표준이 등장함에 따라 충돌을 피하고 국제 협력을 촉진하기 위하여 국내법을 국제 표준과 일치시켜야 한다.

둘째, 인프라 및 관리 측면이다. 기존 스토리지 방식에서 클라우드 플랫폼으로 마이그레이션하여 개인 데이터를 중앙 집중화하고 안전하게 보호하여야 한다. 이러한 중앙 집중화는 더 나은 데이터 관리와 보안에 도움이 된다. 사전 예방적 보안과 사후 대응적 보안도 필요하다. 데이터를 보호하기 위한 사전 예방적 조치도 중요하지만, 데이터 오용 후 가해자에게 책임을 묻는 데에도 중점을 두어야 한다. 이러한 사후 책임을 통해 잠재적인 오용을 억제할 수 있다.

셋째, 데이터 시대의 복잡성 해결 측면이다. 데이터 시대에는 양면성이 존재한다. 한편으로는 데이터가 지능형 정보 시스템을 주도하지만, 다른 한편으로는 개인정보 침해, 가짜 뉴스, 확증 편향과 같은 위험을 초래하기도 한다. 정부는 이러한 복잡성을 이해하고 그에 맞는 전략을 수립하여야 한다.

넷째, 투명성과 신뢰 측면이다. 데이터와 알고리즘에 대한 명확성이 필요하다. AI 시스템은 데이터와 알고리즘에 의존하기 때문에 투명성을 확보하는 것이 매우 중요하다. 시스템 수준에서 체크리스트를 구현하거나 규정을 통하여 투명성을 제도화하는 것이 효과적일 수 있다. 이해관계자 참여도 중요하다. 의사결정 과정에 이해관계자를 참여시키면 문제 해결과 신뢰 구축에 도움이 될 수 있다. 자율 규제와 공식 규제의 고려이다. 규제와 관련하여 국가마다 접근 방식이 다르다. 유럽은 AI 법규 강화에 집중하는 반면, 한국은 자율 규제에 더 중점을 두고 있다. 각국의 고유한 요구와 글로벌 표준에 따라 자율 규제와 공식적인 의무의 균형을 맞추는 것이 필수적이다.

결론적으로, 정부가 디지털 플랫폼 모델을 수용함에 따라 데이터 프라이버시와 보안의 중요성이 상당히 크며, 이에 대한 고려도 중요하다.

3 알고리즘의 투명성

AI와 머신러닝 모델이 다양한 공공 서비스의 중심이 되면서, 정부는 특히 민간 기관에서 이러한 알고리즘을 사용할 때 책임성과 투명성을 보장해야 하는 과제에 직면하여 있다. 다음은 전문가 의견을 바탕으로 한 관련 전략을 요약하였다.

첫째, 사회적 합의의 중요성이다. 기업의 자율규제 수준과 방법에 대한 사회적 합의를 도출하기 위해서는 지속적인 논의가 필요하다. 이는 민간이 주도적으로 표준을 설정하되, 대중의 기대와 요구에 부합하도록 하여야 한다는 것을 의미한다.

둘째, 인간에 의한 결정을 여전히 중요하다. AI는 데이터를 기반으로 가치 있는 인사이트, 분류 또는 제안을 제공할 수 있지만, 중요한 의사 결정에서 AI가 최종 결정권을 갖는 것은 아직까지는 부적절할 수 있다. 공공 서비스의 중요한 영역에서는 항상 사람의 판단, 특히 정책 집행자의 판단이 최종 결정권자가 되어야 한다.

셋째, 알고리즘과 데이터 투명성 측면이다. 알고리즘 투명성 확보는 데이터 투명성 확보와 함께 이루어져야 한다. 투명한 데이터는 알고리즘 결정을 더 이해하기 쉽고 정당하게 만들 수 있다.

넷째, 영업 비밀 보호와 공적 책임의 문제이다. 알고리즘은 기업의 경쟁 우위의 핵심이며 종종 영업 비밀로 취급되는 데, 이러한 보호는 대중의 투명성에 대한 권리와 충돌한다. 알고리즘의 독점적 특성을 고려할 때, 한 가지 접근 방식은 사건 발생 후 책임을 강조하는 것이다. 알고리즘의 결정으로 인한 결과에 대하여 강력한 처벌(및 보상) 시스템을 도입할 수 있다. 또한, 되돌릴 수 없는 영역에서의 AI 사용을 제한하여야 한다. AI와 머신러닝은 결정이 돌이킬 수 없는 결과를 초래할 수 있는 영역에서 신중하게 사용하여야 한다. 예를 들어, AI는 기차표 보상을 결정하는 데는 적합할 수 있지만 응급 의료 결정을 안내하는 데는 적합하지 않을 수 있다. 위험 부담이 큰 서비스에 대한 공공-민간 데이터 공유는 문제가 될 수 있다.

다섯째, 복잡한 모델과 해석 가능성 측면이다. AI 모델이 복잡해짐에 따라 그 결정을 해석하는 것도 어려워지고 있다. 복잡한 모델의 기능을 활용하는 것과 그 결정이 해석 가능하고 책임감 있게 유지되도록 하는 것 사이에서 균형을 잡는 것이 중요하다.

결론적으로, 정부는 AI와 머신러닝 모델, 특히 민간 기업이 개발한 모델을 활용할 때 신중하게 접근하여야 한다. 이러한 기술은 엄청난 잠재적 이점을 제공하지만 책임성, 투명성, 인간의 판단이 가장 중요하다. 영업 비밀과 공적 책임의 균형을 맞추고, 인간의 의사 결정을 강조하며, 사후 책임 메커니즘에 초점을 맞추면 정부가 AI의 힘을 책임감 있게 활용하는 데 도움이 될 수 있다.

4 참고할 수 있는 외국이나 다른 기업의 사례

한편, 전문가들은 디지털플랫폼정부의 성공을 위해 참조할 만한 외국사례로 영국과 싱가포르를 많이 꼽았다.

먼저, 싱가포르는 1980년대부터 국가전산화정책(National Computerisation Programme)으로 시작하여 스마트시티, 스마트 네이션(smart nation) 정책으로 유명하다. 2018년 발표된 Digital Government Blueprint는 한국 정부와 마찬가지로 데이터 플랫폼 구축을 통한 통합적 정책 구현을 비롯하여, 서비스를 제공받는 시민(국민)이 streamline된 서비스를 체감할 수 있도록 하고 있다.

둘째, 영국은 범정부 디지털정부 추진 거버넌스로 총리실 산하의 GDS(Government Digital Service)를 두고 있으며, 이를 중심으로 대국민 서비스를 단일 게이트웨이(Gov.uk)로 통합하고 인증, 지불 등 범정부 공통 플랫폼으로 제공하고 있는 사례가 있어 참고할 만 하다.

한편, 기술적으로나 경영 측면에서는 구글, 애플과 같은 플랫폼 기업의 성공사례가 존재하지만 플랫폼 컨셉이 정부와 공공 부문에서도 동일하게 작용한다고 보기는 어렵다는 의견이 있다.

제8절 결론 및 과제

　이상의 전문가의 전망을 종합하면 다음과 같다. 먼저, 디지털플랫폼정부 정책의 방향성에 대한 긍정적인 평가이다. 통합된 디지털 플랫폼의 활용은 정부 부처와 공공기관 내 데이터 사일로를 허물기 위한 정책으로 긍정적 평가를 받고 있다. 이러한 통합이 잠재적으로 시민을 위한 가치 창출을 강화할 수 있는 길을 열어줄 것이라는 것이다.

　둘째, 과거 이니셔티브와의 비교와 관련한 내용이다. 디지털플랫폼정부 정책은 고유한 장점을 가지고 있지만, 일부 전문가들은 '전자정부' 및 '정부3.0'과 같은 이전 개념과의 차별성에 대하여 우려를 제기하기도 한다. 이 정책이 과거의 시도를 답습하는 데 그치지 않고 이를 발전시키고 초월할 수 있도록 하는 것이 과제이다.

　셋째, 관할권 간 조정과 관련한 사항이다 디지털플랫폼정부가 그 잠재력을 최대한 발휘하기 위해서는 여러 정부 부처 간의 원활한 조정이 중요하다. 개별 플랫폼의 단편적인 운영은 이니셔티브의 효과를 희석시킬 수 있다.

　넷째, 거버넌스 및 리더십의 중요성이다 행정부 수장의 강력한 리더십과 진정한 개혁 의지는 디지털플랫폼정부 이니셔티브의 성공적인 실행을 위한 핵심 요소이다. 편향되지 않고 비정치적인 접근 방식은 이 이니셔티브의 지속성과 성공을 보장하는 데 필수적이다.

　다섯째, 지속적인 발전과 공공 신뢰에 관한 문제이다. 기술과 사회적 요구는 끊임없이 진화하고 있습니다. 정부의 디지털 플랫폼은 관련성과 효율성을 유지하기 위하여 지속적으로 적응하고 혁신하여야 한다. 또한, 데이터 보안, 투명성 또는 이니셔티브의 실행에 문제가 생기면 대중의 신뢰가 약화될 수 있습니다. 이러한 신뢰를 유지하기 위한 방안이 필요하다.

　향후 과제는 다음과 같다. 알고리즘의 투명성과 책임성과 관련한 논의가 필요하다. AI와 머신러닝은 의사결정 프로세스를 간소화할 수 있는 엄청난 잠재력을 가지고 있지만, 특히 공공서비스에 적용될 경우 부작용이 우려되는 바, 알고리즘의 투명성이 필요하다. 기술 발전과 윤리적이고 투명한 거버넌스 사이에 균형을 맞춰야 한다.

둘째, 데이터 프라이버시 및 보안 문제이다. 방대한 디지털화 시대에 시민 데이터의 보안과 개인정보 보호는 여전히 가장 중요하다. 정부는 시민의 개인정보에 대한 통제권을 강조하면서 엄격한 데이터 보호 조치를 보장하여야 한다.

셋째, 법/제도의 정비이다. 디지털 거버넌스가 확장됨에 따라 시민의 권리와 데이터 프라이버시를 보장하는 동시에 디지털 상호 작용의 미묘한 차이를 다루는 진화하는 법적 프레임워크의 필요성이 커지고 있다. 유럽의 GDPR과 같은 규정이 국제 표준을 정립하고 있는 상황에서 한국은 디지털 정책이 글로벌 규범에 부합하도록 하여 국내 요구와 국제 표준의 균형을 맞춰야 하는 과제도 있다.

제10장

디지털플랫폼정부의 성공을 위한 정책 제안

김동욱 · 성욱준

제1절 디지털플랫폼정부의 맥락성

1 디지털 기술의 발전과 디지털 혁신

빅데이터, 클라우드 컴퓨팅, 사물인터넷, 모바일, 유무선융합네트워크, 인공지능 등 2010년대 이후로 정보통신기술의 발전이 빠르게 변화하여 왔다. 정보통신기술이 일반범용기술(General Purpose Technology)의 특성은 사회전반에 걸친 영향력에 주목하게 만들었다(B. Jovanovic, 2005).[1] 이러한 정보통신기술의 발전은 블록체인, 메타버스, 핀테크, AR/VR, 3D print 등 다양한 응용기술들과 접목되면서 디지털 시대로의

---

1) A general purpose technology or GPT is a term coined to describe a new method of producing and inventing that is important enough to have a protracted aggregate impact. Electricity and information technology (IT) probably are the two most important GPTs so far.(B.Jovanovic, 2005)

전환을 촉진하고 있다.[2]

 이러한 정보통신기술의 발전이 정부 영역에 미치는 영향에 대한 연구가 전자정부 혹은 디지털 정부 분야이다. 그 과정에서 정책도구로서 디지털 기술이 가진 가치중립성은 디지털 기술이 정부 혁신의 도구로서 사용하기에 적합하도록 한다. 복지나 노동정책 등의 경우 정부의 이념적 방향에 따라 정책의 기본적 방향이 달라질 수 있는 것과는 달리 디지털 정책의 경우 상대적으로 가치중립적인 성격이 강하다. 따라서 디지털 정부는 디지털 기술을 이용하여 정부 내부의 의사결정이나 일하는 방식을 개선하고 정부 외부로는 공공서비스의 생산, 전달 방식과 국민들에 요구에 대한 대응성을 높이고 참여를 촉진하는 일련의 변화, 즉 정부혁신을 최종적인 목표로 삼는다(정충식, 2018). 그 과정에서 디지털 기술은 정부혁신의 중요한 도구가 될 수 있다.

2 우리나라에서 정부별 디지털 정책 공약

 디지털 기술의 빠른 발전과 정부혁신 도구로서의 유용성은 새로운 정부가 들어설 때마다 디지털 기반의 정부혁신을 주요 정책 공약으로 채택하는 유인이 되었다. 김대중 정부의 전자정부 11대 과제 이후 , 노무현 정부의 전자정부 31대 과제, 박근혜 정부의 정부3.0과 창조경제, 문재인 정부의 4차산업혁명과 이번 정부의 디지털플랫폼정부까지 그 시대의 새로운 디지털 기술은 디지털 정부 혁신의 시도로 이어져왔다.[3]

 이러한 각 정부 시기의 디지털 정책 공약의 변화에는 디지털 기술의 변화가 포함되어 있다. 박근혜 정부에서는 IoT, 클라우드, 빅데이터와 같은 기술의 발전을 토대로 맞춤형 서비스와 디지털 기술을 통한 새로운 가치를 무형의 자산으로 만드는 창조경

---

2) 정보통신기술과 디지털 기술의 용어의 차이에 대해서는 명확한 개념 구분은 학술적으로 이루어지지 않고 있다. 정보통신기술이 아직까지는 좀 더 보편적인 용어이지만 현상적으로 최근에는 디지털 전환 등을 고려하여 더욱 광범위한 의미로 디지털 기술이라는 용어로 사용된다. 이 글에는 두 개의 용어를 통별히 구분하지 않고 범용적으로 사용한다.

3) 이명박 정부 시기의 경우 디지털 정책을 전면에 내세우지 않은 것은 예외적이지만, 당시에도 스마트워크, C4B 민원플랫폼 등과 같은 개별적인 디지털 기반 변화는 계속되었다.

제에 집중하였다. 문재인 정부에서는 온라인과 오프라인을 잇는 CPS(Cyber Physical System)를 중심으로 4차산업혁명에 초점을 맞추었다. 이번 정부에서는 데이터에서 시작한 AI기술 비롯한 블록체인, 메타버스 등 기술변화를 반영하고 있다.

이번 정부의 디지털플랫폼정부 정책은 정책환경의 변화로서 디지털 전환(Digital Transformation)에 대응하기 위한 전략적 시도라고 볼 수 있다. 이 과정에서 민간의 디지털 플랫폼 서비스 모델을 참조로 하여 공공 부문에 '디지털 전환'을 수행하고 공공서비스의 디지털 플랫폼으로서 역할을 제고하기 위하여 디지털플랫폼정부를 표방하게 된다.

제2절 윤석열 정부의 디지털플랫폼정부 정책

1 디지털플랫폼정부의 등장 배경

1) 디지털 플랫폼의 발전

디지털 플랫폼이란 개념은 다의적이며 다차원적이다. 현재 일반적으로 사용되는 디지털 플랫폼 개념은 정보시스템 기술과 플랫폼 개념이 결합되면서 널리 알려지게 된 개념이다. 디지털 플랫폼은 다수의 생산자와 수요자, 디지털 플랫폼, 가치교환 활동의 네 가지로 구성되며, 디지털 플랫폼은 다수의 생산자와 다수의 수요자가 만나 새로운 가치를 창출하는 디지털 기술로 구현된 재화와 서비스 거래의 장이자 상호작용을 뜻한다(이승훈, 2021).

2) 디지털 플랫폼으로서 정부

정부부문에서 디지털 플랫폼보다 '플랫폼으로서 정부(Government as a Platform)'라는 용어로 연구되어 왔다. 팀 오라일리(Tim O'Reily)는 '플랫폼을 통하여 정부의 기획능력 및 데이터 개방성을 높이고 시민의 참여와 협력을 통하여 정부의 정책을 함께 디자인하고 국가사회 문제를 해결하는 정부'로 정의하고 있다. 디지털플랫폼정부를 오랫동안 진행해오고 있는 영국의 경우, 리처드 포프가 '플랫폼으로서 정부'를 실현하기 위한 실천적 정의로서 "공유 API와 컴포넌트의 네트워크, 공개표준, 표준 데이터셋 등을 중심으로 정부의 업무를 재구성함으로써 공무원과 기업 등이 좀 더 안전하고 효율적으로 그리고 책임감을 갖고 근본적으로 더 나은 서비스를 제공하도록 하는 것"으로 정리하였다(Richard Pope, 2019).

모든 정부가 디지털플랫폼정부를 시도하는 것이 아니지만, 디지털 전환의 시기에 대응하는 공공 부문의 대응 노력은 국가마다 다양한 형태로 진행되어 왔다. 영국의 플랫폼으로서 정부 모델(Digital Government Service), 미국의 18F나 USDS(The United States Digital Service), 일본의 디지털청, 에스토니아 국가 디지털 아젠다를 진행하는 경제통신부 소속의 e-에스토니아 위원회, 싱가포르의 '스마트네이션 및 디지털정부국(SNDGO, Smart Nation and Digital Government Office)'과 실행기관으로 '정부기술청(GovTech, Government Technology Agency)' 등은 디지털 전환에 대응하려는 국가적 노력의 증거들이다. 한국은 2022년 윤석열 정부가 새롭게 들어서면서 스마트하고 공정하게 봉사하는 정부의 구현을 위하여 디지털플랫폼정부 공약을 발표하면서 정책적으로 논의되기 시작하였다.

2 디지털플랫폼정부 정책의 주요 내용

윤석열 대통령 후보가 2022년 1월 첫 번째 대선 공약으로서 디지털플랫폼정부 정책을 발표한 이후 3월 대통령인수위원회 TF와 6월 준비단을 거쳐 9월에 정식으로 대통령 직속 위원회로서 디지털플랫폼정부위원회가 출범하였다.

이번 정부는 디지털플랫폼정부를 '모든 데이터가 연결되는, 디지털 플랫폼 위에서 국민, 기업, 정부가 함께 사회문제를 해결하고, 새로운 가치를 창출하는 정부로 정의하고 있으며, 그 특징으로서 정부가 일방적으로 서비스를 제공하는 공급자에서, 민·

관이 협업하고, 기업들이 혁신의 동반자가 되는 새로운 모델[4]'로 정의하고 있다.

1) 디지털플랫폼정부위원회

현재 윤석열 정부의 디지털플랫폼정부 정책은 주요 추진체계는 디지털플랫폼정부위원회(2022.9)이다. 위원회는 '디지털플랫폼정부위원회의 설치 및 운영에 관한 규정(대통령령 제 32750호, 2022.7.1.시행)'에 따라 디지털플랫폼정부 실현을 위한 주요 정책의 수립, 심의, 조정의 기능을 맡고 있다. 초기 디지털플랫폼정부위원회의 구성은 AI · 데이터 분과위원회, 일하는 방식 혁신 분과위원회, 산업생태계 분과위원회 인프라 분과위원회, 서비스 분과위원회, 정보보호 분과위원회의 6개 분과 위원회, 디지털플랫폼정부 구현에 관한 사항을 전문적으로 검토하기 위하여 관계 전문가로 구성된 자문단으로 구성되어 있다. 그리고 위원회의 업무를 및 운영을 지원하기 위해 디지털플랫폼정부추진단이 설치되었다.

- 2022년 3월 제20대 대통령직인수위원회 내 디지털플랫폼정부TF 구성
- 2022년 5월 TF가 '디지털플랫폼정부 추진 방향'을 발표
- 2022년 6월 디지털플랫폼정부위원회 출범 준비단 구성
- 2022년 6월 디지털플랫폼정부위원회 설치 및 운영에 관한 규정
- 2022년 9월 디지털플랫폼정부위원회 발족
- 2023년 4월 디지털플랫폼정부 실현 계획
- 2023년 5월 이후 TF 체계로 전환(현재 17TF 운영 중)

2) 디지털플랫폼정부 정책의 주요 내용

디지털플랫폼정부위원회는 ① 국민중심, 하나의 정부, 인공지능 · 데이터 기반, 민

---

[4] 대통령직인수위원회(2022), 새로운 시대, 새로운 정부, 새로운 혁신을 위한 「디지털플랫폼정부」 추진방향 발표.

관협업의 4가지 원칙 아래 ② '인공지능 · 데이터로 만드는 세계 최고의 디지털플랫폼 정부'의 비전과 ③ 4개의 전략 과제와 16개의 중점 추진 과제를 수립하였다.

〈표 10-1〉 디지털플랫폼정부의 기본원칙과 비전 · 핵심추진과제

기본원칙	
	1. 국민중심 공공서비스는 국민이 원하는 방식으로 통합적, 선제적, 맞춤형으로 제공한다. 개인정보를 보호하고 안전하고 신뢰할 수 있는 이용환경을 보장한다. 모든 국민이 언제 어디서나 편리하게 디지털 서비스를 이용 할 수 있도록 보장한다.
	2. 하나의 정부 부처 간 칸막이를 없애고, 모든 데이터가 연결된 디지털 플랫폼으로 하나의 정부를 구현한다. 행정 프로세스를 디지털 중심으로 재설계하고, 조직문화 및 인사제도까지 혁신한다.
	3. 인공지능 · 데이터 기반 공공데이터는 사람과 인공지능 모두 읽을 수 있는(machine readable)방식으로 전면 개방한다. 정부는 인공지능 · 데이터 기반으로 정책결정을 과학화 한다.
	4. 민관협력 국민과 함께 혁신하고 민관이 함께 성장하는 혁신생태계를 조성한다. 디지털 모범국가로 국제 사회에 기여하는 디지털플랫폼정부를 만든다.

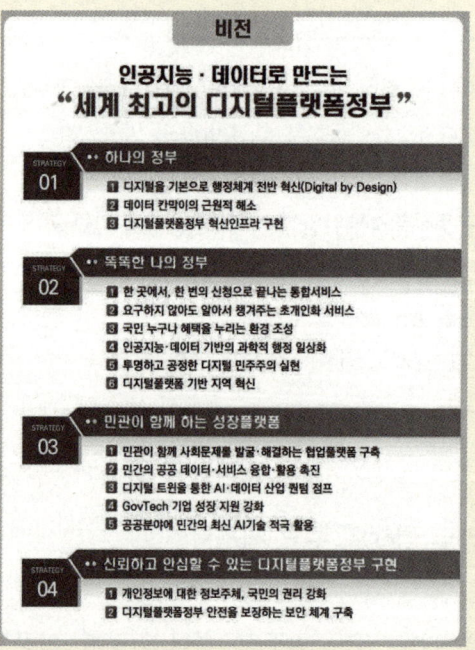

출처: https://www.dpg.go.kr/DPG/contents/DPG01400000.do

2022년 9월 디지털플랫폼정부위원회는 구체적인 디지털플랫폼정부 정책을 수립하기 위하여 공을 들였고, 2023년 4월 디지털플랫폼정부의 구체적인 실현 방안을 담은 '디지털플랫폼정부 실현 계획'을 발표하였다. 이 실현계획에는 4대 중점과제와 122개의 실현과제가 포함되었다. 또한 실현계획에서 제시한 과제들의 속도감 있는 추진을 위하여 위원회 운영방식을 테스크포스(Task Force) 중심으로 전환하였다. 종전 6개의 분과위 체계가 실현계획 마련을 위하여 기획, 과제 발굴 중심이었다면, TF 체제는 디플정의 주요 임무 17개를 임무중심으로 전환하여 운영하고 있다. 또한 디지털플랫폼정부 실현 계획의 추진을 반영하기 위하여 2024년 DPG 예산은 전년 대비 121% 늘어난 총 9,262억 원 규모로 편성되었다. 이는 DPG에 직접 사업 예산이 배정되는 형태는 아니지만 행안부, 과기정통부 등 20개 부처(청)가 요구한 사업을 검토하여 2024년 예산안을 편성되었다. DPG 2024년도 예산은 ① 하나의 정부, ② 똑똑한 나의 정부, ③ 민관이 함께 하는 성장플랫폼, ④ 신뢰하고 안심할 수 있는 DPG 구현 등 4대 분야에 중점 투자하고 있으며, 주요 내용은 〈표 10-2〉와 같다.

〈표 10-2〉 2024년 디지털플랫폼정부위원회 주요 사업

전략	내용	사업 예산
전략1. 하나의 정부	부처 간 장벽을 허물어(데이터 연계·공유) 국민을 위한 선제적·맞춤형서비스 제공(1,953억 원)	
	(클라우드 전환)	(행안부) 중앙행정기관 노후장비 통합(클라우드 전환 지원) (2024년) 758억 원
	(초거대 AI기반 서비스)	(과기정통부) 초거대 AI기반 서비스 개발 지원: (2024년, 신규) 110억 원
	(공공·민간 데이터 융합)	(과기정통부) 디지털플랫폼정부 혁신서비스 (테스트베드 운영, 데이터레이크 운영, 애자일 혁신서비스 개발): (2023년) 86억 원 → (2024년) 121억 원 (35억 원 증액)
	(모바일 주민등록증 발급)	(행안부) 모바일 신분증 플랫폼 구축 사업: (2023년) 50억 원 → (2024) 205억 원 (155억 원 증액)
전략2. 똑똑한 나의 정부	인공지능과 데이터를 활용하여 과학에 기반한 일 잘하는 정부 1,151억 원	
	(통합창구 구축)	(행안부) 행정서비스 통합플랫폼운영: (2023년) 86억 원 → (2024년) 163억 원 (77억 증액)
	(구비서류 제로화)	(행안부) 공공부문 마이데이터 시스템 구축: (2023년) 104억 원 → (2024년) 104억 원
		(행안부) 행정정보공동이용(정보유통 허브): (2024년, 신규) 17억 원

전략2. 똑똑한 나의 정부	(혜택 알리미)	(행안부) 마이AI서비스(혜택알리미): (2023년) 7억 → (2024년) 34억 원 (27억 원 증액)
		(행안부) 정부 디지털지갑서비스 구축: (2024년, 신규) 56억 원
	(AI가 챙겨주는 청년정책)	(국조실) 청년정책 온라인 종합플랫폼 구축: (2024년, 신규) 34억 원
전략3. 민관이 함께하는 성장 플랫폼	공공데이터와 민간의 혁신이 결합하여 사회문제 해결과 새로운 비즈니스 창출 (5,065억 원)	
	(원스톱 인허가 서비스 확인)	(산업부) 공장설립정보화 기반 구축(입지서비스 고도화): (2024년, 신규) 26억 원
		(국토부) 공장 인허가 시뮬레이션 서비스 개발: (2024년, 신규) 37억 원
		(행안부) 인허가 민원종합시스템 운영(BPR/ISP): (2024년, 신규) 5억 원
	(디지털 서비스 개방)	(행안부) 디지털서비스 개방(중계플랫폼 구축): (2023년) 49억 원 → (2024년) 88억 원 (39억 원 증액)
	(디지털 트윈 활용 사회문제 대응)	(과기정통부) 디지털 트윈 경쟁력 강화(디지털 트윈 시범구역): (2024년, 신규) 100억 원
	(SaaS 기업 육성)	(과기정통부) 디지털플랫폼정부 혁신생태계 조성: (2024년, 신규) 50억 원
		(행안부) 클라우드 서비스 활성화 및 기업 경쟁력 강화: (2023년) 484억 원 → (2024년) 492억 원 (8억 원 증액)
	(과학적 재난 · 재해 대응)	(행안부) 국가재난관리정보시스템 구축: (2024년, 신규) 115억 원
전략4. 신뢰하고 안심할 수 있는 DPG 구현	개방 · 융합 환경에 적합한 개인정보보호 및 새로운 보안 체계 마련(595억 원)	
	(마이데이터)	(개보위) 전 분야 마이데이터 인프라 조성: (2024년, 신규) 7억 원
		(개보위) 마이데이터 산업 간 연계체계 구축: (2023년) 24억 원 → (2024년) 59억 원 (35억 원 증액)
		(개보위) 마이데이터 지원플랫폼 구축 · 운영: (2023년) 7억 원 → (2024년) 75억 원 (68억 원 증액)
	(제로트러스트)	(과기정통부) 제로트러스트 신보안체계 실증확산: (2024년, 신규) 62억 원

3) 디지털플랫폼정부 정책의 의의와 한계

현재 디지털플랫폼정부는 122개의 실천과제 수립, 임무 중심의 TF운영, 예산 확보를 통한 사업의 구현을 통해 디지털 기반의 정부혁신이 초기보다는 구체적인 과제의 실현을 염두에 두고 진행하고 있다.

다만, 디지털플랫폼정부의 개념의 모호성이나 실현계획의 차별성, 민관 협업 거버넌스 모델의 성공적 실현 여부 등의 과제가 여전히 남아 있다고 볼 수 있다. 또한 디지털플랫폼정부 실현계획이 구체화되어 성과가 나오기까지 좀 더 많은 시간이 필요할 수 있으며, 이 과정에서 9,000억 원이 넘는 예산의 합리적 분배와 집행이 필요할 것이다. 또한 범정부 수준의 계획은 집행 단계에서 부처 등과의 협업을 통하여 더욱 지속적인 성과로 이어질 수 있다는 점에서 위원회와 부처 간 협업, 민관 협업, 중앙과 지방정부 간 등의 거버넌스 구조가 작동할 수 있도록 좀 더 유의하여야 할 것이다.

제3절 디지털플랫폼정부의 성공 요인들과 고려사항

1 디지털 기반 정부혁신의 일반적 성공 요인

일반적으로 디지털 기술 기반 정부 혁신 정책의 성공은 기술적 요인, 정책적 요인, 제도적 요인, 인식적 요인이 함께 작동하여야 한다.

1) 최고정책결정자의 관심과 지지

먼저, 디지털 혁신에 있어 최고의사결정자의 관심과 지지라는 리더십이 어느 분야보다 중요합니다. 디지털 혁신은 전통적인 정책 영역, 즉 복지, 경제, 노동 등의 영역에 비하여 수단적인 성격이 강하고 따라서 의식적으로 디지털 혁신을 도모하여야 하는 속성을 좀 더 강하게 지니고 있기 때문이다. 즉, 적극적인 도모 노력이 없다면 굳이 진행되지 않을 수도 있으며, 다른 전통적 영역의 문제가 발생할 시 정책 우선 순위에서 언제든 후순위로 밀릴 수도 있는 분야이다.

2) 디지털 혁신의 지속성과 제도화

디지털 기반 혁신의 정책 아이디어는 국가의 전략이나 조직 구조로 구체화되고, 법령이나 예산, 인력에 의하여 뒷받침될 때 비로소 실현이 구체화될 수 있다. 이러한 제도화의 노력에 의하여 디지털 혁신은 지속성의 측면에서도 중요한 요인이 된다. 즉, 디지털 혁신은 때로는 유행처럼 번져가지만, 빠른 기술주기처럼 정책도 짧게 지나갈 수 있습니다. 이 경우 제도화되지 못하고 장기적인 추동력을 잃어버릴 수 있다. 우리나라의 스마트워크 정책은 이를 잘 보여주고 있다. 미국이 텔레워크법에 의하여 지금도 현황 및 정책 변화가 관리되고 있는 것에 비하여 스마트워크 법제화에 실패한 우리나라의 경우 디지털 혁신으로서 정책지속성은 성공했다고 보기 어렵다. 현재 진행되고 있는 디지털플랫폼정부특별법이나 제도 정비 등은 이러한 시도의 일종으로 볼 수 있다.

3) 추진체계의 역량과 작동하는 거버넌스

우리나라에서 디지털 기반 정부혁신은 일종의 대통령 의제로서 상시적인 조직을 설치하기보다는 위원회와 같은 임시적인 추진체계를 통하여 진행되어 온 특징을 가지고 있다. 이것은 이번 정부에서는 디지털플랫폼정부위원회 체계로 나타나고 있다.

임시적 조직으로서 추진체계가 성공적으로 진행되기 위하여 두 가지의 요인이 충족되어야 한다. 첫 번째, 추진체계의 지위와 권한, 자원과 역량이다. 정부에서 조직의 위치와 지위는 그 중요성을 대변하게 된다. 임시적 조직인지, 제도화된 영속 조직인지에 따라 그 구성과 권한, 지원이 달라질 수 있습니다. 우리나라는 지금까지 디지털 혁신을 위한 추진체계로서 위원회와 같은 임시조직의 형태를 구성하여 왔다. 임시 조직의 경우 대통령실에 소속되는지, 대통령 직속, 총리실 소속, 부처 소속 등 어느 위치에 자리 잡느냐가 해당 추진체계의 지위를 상징적으로 대변하게 된다.. 그리고 이러한 지위에 걸맞는 권한의 부여(통솔권한과 범위 등)와 자원(인력의 양과 질, 예산, 평가와 인사권한 등)의 지원이 제공되느냐가 중요한 요인이 된다.

두 번째, 위원회의 권한과 자원과 같은 물리적 역량과 함께 해당 추진체계를 운영하는 리더의 운용 역량이 중요하다. 특히, 임시적 추진체계의 리더는 해당 분야에 대한 이해라는 전문성, 대통령을 비롯한 핵심 인사들을 커버할 수 있는 네트워크, 그리고 추진체계를 성공으로 이끌기 위하여 모든 것을 바칠 수 있는 열정 혹은 헌신이 필요하다.

세 번째, 추진체계가 형식적으로 존재하는 것이 아닌 디지털 정부혁신을 위하여 실제로 작동하기 위해서는 주요한 행위자들이 함께 참여하여 성과를 내는 '작동하는 거버넌스'를 구현할 수 있어야 한다. 작동하는 거버넌스가 되기 위해서는 참여하는 플레이어를 능동적이고 지속적으로 참여, 활동하게 하는 지속적 기제 혹은 유인이 마련하여야 한다. 이 과정에서 필요에 따라 추진 조직의 업적이 아닌 정부 전체의 성과가 될 수 있도록 각 행정기관과 공공기관을 적극 포용하고 함께 갈 수 있도록 하는 과정이 필요할 수 있다. 추진체계의 강력함은 중요한 요인이지만, 이와 함께 해당 추진 체계가 참여를 기반으로 한 플랫폼의 역할을 하는지, 아니면 추진체계 주도의 일방적인 거버넌스가 되고 있는지 검토하여야 한다.

4) 디지털 혁신 실현을 위한 개별 조직의 역량

위에서 주로 거버넌스나 추진체계와 같은 거시적인 수준의 문제들을 이야기하였지만, 실제 정책집행에서 우려되는 것은 조직의 디지털 역량이다. 최고지도자의 관심과 추진체계의 중요성이 디지털 혁신에서 두드러지는 중요한 분야라면, 나머지의 것들은 다른 정책 혁신과 비슷한 요인들을 요구하게 된다. 조직의 역량과 전문인력의 역량, 정책과 제도의 정비, 인식과 문화의 변화 등이 수반되어야 한다. 유의할 것은 비슷한 요인들이 요구되지만, 디지털 혁신 분야에서는 이러한 비슷한 요인을 충족하는 것이 다른 분야보다 더 어려울 수 있다는 점이다. 즉, 디지털 기반 혁신을 위해서는 디지털 기술에 대한 지식과 해당 정책분야에 대한 지식이 동시에 요구된다. 특히, 디지털 기술에 대한 이해뿐만 아니라 기술과 정책을 연계할 수 있는 기획능력, 이를 실제 정책 전환에서 집행, 관리하고 평가할 수 있는 역량이 요구된다. 이것이 부족할 경우, 기대하는 이상과 실제 가능한 현실의 격차로 인하여 혁신의 실망과 피로감으로 이어질 가능성이 높다.

5) 디지털 기반 정부혁신을 위한 과제

디지털 기반 정부 혁신의 성공을 위한 일반적인 요건들, 대통령의 관심과 지지, 추진체계의 리더십, 작동하는 거버넌스, 정부의 디지털 역량들은 지속적으로 관리되고 점검되어야 한다. 첫째, 대통령의 리더십은 지금보다 더욱 적극적으로 그리고 정기적으로 대통령이 디지털 혁신 분야를 주요 정책 의제로 관리하는 것이 필요하다. 둘째, 디플정으로 대표되는 추진체계의 자원과 역량, 위원장의 리더십을 위한 지속적인 노력이 필요하다. 셋째, 디지털 혁신의 추진이 추진체계의 일방적인 추진이 되지 않도록 부처, 청 등 행위자들이 적극적으로 참여, 상호 교류하며 상호 호혜적 원칙 하에 신뢰를 가지고 협업하도록 하는 운영이 반드시 필요하다. 넷째, 변화하는 디지털 기술의 환경 하에서 변화를 주도할 수 있는 조직과 구성원의 디지털 역량이 고양되어야 한다. 특히, 현재 민간 부문과의 상대적인 디지털 역량은 물론 정부 내 절대적인 디지털 역량도 낮고, 중앙과 지방, 정부와 공공기관 간 차이도 상당히 크다는 의견에 귀를 기울여야 한다. 디지털 기술에 대한 이해와 전문적 역량의 증진이 매우 시급하다. 문제는 해당 역량이 갑자기 충족되기는 쉽지 않다는 것에 있다. 역량의 내재화를 위한 체계적 추진이 반드시 필요하다. 마지막으로 임시 조직의 한계와 거버넌스의 운영, 조직의 역량 제고 등을 위하여 필요하다면 디지털혁신부(처, 청, 위원회)와 같은 조직의 재편도 적극적으로 검토할 필요가 있다.

❷ 디지털플랫폼정부 정책의 성공을 위한 고려 요인

위에서 주로 디지털 정부 혁신을 위한 일반적 성공 요인을 다루었다면, 여기서는 현재 진행되고 있는 디지털플랫폼정부의 구현을 위해 고려하여야 할 요인들을 디지털플랫폼정부 개념의 모호성과 실천적 개념의 필요성, 디지털플랫폼정부의 다층위적인 관리 필요성, 디지털플랫폼정부 혁신를 위한 조직 내 블랙박스 변화, 공공-민간의 협업과 의존의 경계, 디지털 심화기의 역기능 해소의 다섯 가지 측면으로 나누어 검토한다.

1) 디지털플랫폼정부 개념의 모호성과 실천적 개념의 필요성

우리나라에서 디지털 기술 기반 정부혁신의 구체적 정책들이 구현되는 과정에서 겪는 공통적인 문제 중 하나가 해당 디지털 정책 개념의 모호성이다. 박근혜 정부의 정부3.0 개념을 둘러싼 논쟁이나 문재인 정부의 4차산업혁명의 범위와 적절성 논의는 정책 개념의 혼선뿐만 아니라 디지털 기반 정부 혁신의 방향과 목표에 대한 혼선으로 이어졌다.[5]

이번 정부의 디지털플랫폼정부도 비슷한 상황을 겪고 있다. 디지털플랫폼정부의 학술적 개념은 기술 발전에 따른 정부의 혁신 수단이기도 하지만, 좀 더 근본적으로 정부의 역할을 플랫폼의 제공자로서 변화시키는 정부 모델의 변화를 의미하는 것이다. 이는 기술이 아닌 정부 모델의 문제에 밀접히 연관되어 있다. 또한 민간에서 이미 디지털 플랫폼을 경험한 일반 국민들이 생각하는 개념과 다른 모습에서 혼동을 느낄 수도 있다. 즉, 다른 정부와 달리 이번 정부는 배달 플랫폼이나 숙박, 택시 플랫폼 등에서 일반 국민들이 매우 친숙한 디지털 플랫폼의 개념을 사용하였다. 하지만 정부의 모습이 이러한 O2O를 기반으로 하는 경제 플랫폼과 비슷하게 작동하는 것인가 비교한다면 오히려 부정적인 의견 혹은 모호성을 가중시킬 수 있습니다. 이전에는 개념이 친숙하지 않은 것에서 오는 모호성이라면 지금은 익숙한 것과는 다른 방식으로 체감되는 모호성에 가깝다. 좀 더 현실적으로 디지털 플랫폼이 다수의 공급자와 수요자를 연결시키는 매개적 역할을 할 뿐 공급에 참여하지 않는 것에 비하여, 우리나라의 디지털플랫폼정부가 이러한 공공서비스의 공급과 전달에서 이러한 역할을 포기할 것인지에 대하여 명확한 구분이 없다. 이런 점에서 우리나라는 공공서비스의 전달에서 독점적 지위에서 경쟁을 통한 서비스 확산과 개선을 도모하는 것에 더욱 가까운 것으로 보인다.

그렇다면 디지털 플랫폼이 주는 학술적 개념이나 대중의 경험적 인식과 다를 수 있는 현재 정부의 디지털플랫폼정부의 개념 간 격차를 어떻게 이해해야 하는가? 이에

---

5) 박근혜 정부의 정부3.0의 경우 전자정부3.0과의 차별성을 강조하였으나 실제 내용에 있어서는 전자정부 3.0을 기반으로 하고 있다는 의견이 제기되었다. 또한 4차산업혁명의 경우 디지털 기술을 기반으로 한 제조업 혁신이 중심이 되는 4차산업혁명이 우리나라에 적합한 것인지, 이를 공공 부문에는 어떻게 전개될 수 있을지에 대한 논의가 전개되었다.

대하여 정부의 공약으로서 정책 개념과 디지털 혁신의 지속성은 다르게 접근할 필요가 있다. 정부 공약으로서 디지털 공약은 이전 정부와의 차별성을 강조하고 해당 정부의 정체성을 드러내는 것이 개념의 논리성과 학술적 의미를 부여하는 것 못지 않게 중요하게 된다. 이것은 종종 디지털 정책 개념에 대한 혼선 혹은 모호성으로 이어졌다. 이 과정에서 이전에 없던 새로운 용어를 만들거나 혹은 기존에 존재하는 용어를 변형하여 다른 의미로 활용하게 되는 형태로 나타나게 된다. 이에 반하여 디지털 혁신의 지속성은 용어와 관계없이 연속적으로 이루어진다. 월드와이드웹의 기술이 인터넷 시대를 열고, 스마트 빅뱅이 모바일 시대라는 새로운 장을 열었던 것처럼 최근의 정보기술은 데이터와 AI를 기반으로 디지털 기술의 확장으로 또 한 번의 큰 변혁을 맞이하고 있다. 위와 같은 공약으로서 정책의 외연 변화에도 불구하고 디지털 기술의 발전이 그 시대의 중요한 정부 혁신의 동인으로서 작동하지 않은 적은 드물었다고 볼 수 있다.

정부의 공약으로서 정책이 개념적 혼선을 줄 수 있는 부정적 가능성에도 불구하고 여전히 디지털 기반 정부혁신에 대한 새로운 용어를 사용하는 것은 실천적인 의미가 있다. 디지털 기술을 통하여 정부혁신을 도모하는 디지털 정부 정책에서 정부를 대표하는 국정과제로서 공약은 〈표 10-3〉과 같이 디지털 기반 혁신을 촉진하는 현실적인 동력이 되는 것이다.

〈표 10-3〉 디지털 정부혁신의 공약

디지털 기술(도구)	→	정부혁신(목적)
	새로운 정부의 공약 (촉진 요인, 환경의 조성)	

따라서 디지털 기술 기반 정부혁신의 학술적 개념과 정부 공약으로서 현상적 개념 사이의 차이를 인지하고 이를 해소하기 위한 방법을 모색하는 것이 필요하다. 이를 위하여 영국에서 시도한 바와 같이 우리나라의 정책목표와 지향점에 비추어 해당 정책에 대한 실천적 개념을 정의하는 것이 한 방법이 된다. 이런 측면에서 이번 정부의 디지털플랫폼정부 정책은 정부가 하나의 플랫폼으로서 수많은 생산자와 소비자의 매개 역할을 하는 개념이라기보다 데이터와 인공지능을 기반으로 하는 정부 부문의 디지털 전환의 방식으로 전개될 가능성이 높다. 그리고 이러한 지향점을 나타낸 것이 이번 정

부의 디지털플랫폼정부의 개념인'모든 데이터가 연결되는, 디지털 플랫폼 위에서 국민, 기업, 정부가 함께 사회문제를 해결하고, 새로운 가치를 창출하는 정부'라 할 수 있다. 다만, 이 경우 정책의 구체적 목표와 지향적, 세부 과제들이 더욱 촘촘하게 설계되고 실현, 평가될 필요가 있다. 이것은 디지털플랫폼정부의 기술적 문제라기보다는 목표와 지향점에 관한 구체적 고민과 연관될 것이다. 디지털 기술은 그에 대한 수단적인 도움, 즉 도구가 될 뿐이다.

2) 디지털플랫폼정부 정책의 다층위적 관리 필요성

현재 디지털플랫폼정부 정책이 디플정위원회를 중심으로 전개되고 있지만, 위원회의 성공이 정책의 성공을 의미하지는 않는다. 따라서 디지털플랫폼 정책의 구현 혹은 성공은 ① 디플정위원회의 사업과제의 성공적 수행, ② 중앙행정기관의 성공적 디지털 플랫폼 정책 구현, ③ 지방정부의 성공적인 디지털 플랫폼 정책 구현, ④ 국민들이 생각하는 디지털 플랫폼 행태의 실현과 같은 다양한 측면을 동시에 담고 있다. 첫째, 디플정 정책 성공을 디플정위원회의 실현전략의 성공적 수행으로 볼 경우, 2023년 4월 실현계획(4대 122개)의 과제로 성공적 수행 여부로 한정될 것이다. 디플정 과제의 성공을 위한 노력은 기재부 협의를 통한 예산권한 강화, TF체제 이행을 통한 실행력 강화, 부처 디플전 관련 예산의 위원회 통제권 강화 등의 집행력 강화 조치가 이어지고 있다. 다만, 디지털플랫폼정부위원회의 성공이 디지털플랫폼정부 정책의 성공과 동일화하기에는 한계가 있다는데 어려움이 있다. 둘째, 개별 기관 수준에서 디플정 정책의 성공은 범정부 수준의 디플정 정책 성공을 뒷받침할 수 있는 기관 수준의 성과를 거둘 수 있느냐에 달려 있다. 즉, 디플정의 데이터 기반 하에 조직 내 업무 효율성 및 대국민 서비스 향상, 민간 협업을 통한 사회문제 해결과 같은 디지털 전환을 부처 수준에서 협업을 통하여 혹은 자체적으로 어떻게 수행할 것인가의 문제이다. 이에 대해서는 디플정위원회의 성공보다 좀 더 어려운 과제가 될 것으로 보인다. 디플정위원회의 경우 디지털 전환과 밀접한 기관인 행안부와 과기정통이 중심이 되어 있지만, 전체 부처 수준에서 기관에 따라 기획, 집행 역량에 차이가 발생하고 있기 때문이다. 예를 들면, 디지털플랫폼정부 정책의 가장 근간이 되는 데이터 정책 역량은 부처마다 격차가 있다. 또한 디플정위원회의 과제만 보더라도 전 부처가 고르게 참여하기보다는 몇 개의 주요 기관을 중심으로 배정되어 있어, 현재로서는 시범모델의 성공 이후 확산을 고려하는 것으로 보인다. 셋째, 더 어려운 것은 지역정부 수준에서 디플정 정책의 구현이다. 중앙과 달리 광역 및 기초지차체 간 역량의 격차가 더 커지고, 지역정부의 자체적인 기획과 역량에 의한 디지털플랫폼정부로 전환이 더 어려워지고 이들 간의 격차 문제가 공공서비스에 품질에 대한 격차로 이어질 수도 있다는 점에서 고민이 깊을 수밖에 없다. 넷째, 궁극적으로 디지털플랫폼정부 정책의 성공을 판단하는 것은 국민이다. 이때 우리나라 국민의 디지털 경험과 높은 디지털 서비스 수준은 국민의 기대 수준과 현실 사이 격차를 지속적으로 느끼게 할 가능성이 높다. 예를 들면, 국민들은 배달/숙박 플랫폼 등 민간 부문에서 디지털 플랫폼을 통하여 쉽고 편하며 직관적인 사용에 익숙해 있다. 더구나 ChatGPT 등과 같은 인공지능과 같은 민간 분야와 유사한 기능이 정부에도 구현되는 모습을 기대할 것이지만 현재로서는 쉽지 않다.

따라서 디플정 정책의 성공 여부를 디플정위원회의 성과를 중심으로 설명하는 것을 넘어 다양한 수준에서 디플정 정책을 관리할 로드맵과 운영 방안을 모색하는 것이 필요하다. 위에서 언급한 바와 같이 네 가지 수준의 디지털 전환과 디지털 플랫폼으로서 기능이 구현되지 않는다면 해당 정책을 부분적인 성공으로 여길 수밖에 없다. 이러한 의미에서 범정부적 수준, 중앙행정기관 수준, 지역정부 수준에서 각각 다르게 진행되고 있는 변화를 어떤 방식으로 조정할 것인지 정책의 범위와 수행방식을 고민하는 것이 필요하다. 예를 들면, 디플정 정책의 단계는 디플정위원회의 성공과 확산이지, 각 수준에서 동시 다발적인 관리에 중점을 두는지, 아니면 양자를 동시에 수행하는 것인지 전략 방향과 수행방안의 구체화가 필요하다.

3) 디지털 기반 정부혁신의 본질과 한계

(1) 디지털 기반 정부혁신과 디지털플랫폼정부

디지털플랫폼정부를 어떻게 정의하던 그 본질은 디지털 기술의 발전을 정부 부문에 활용하여 대내적으로 생산성과 효과성을 높이고, 대외적으로 민주성과 대응성, 참여를 촉진하는 것이다. 그 과정에서 디지털 기술이 가진 새로운 도구로서의 특징이 기존의 방식으로 해결이 어려웠던 조직 문제 혹은 사회적 문제를 해결하는 도구가 될 수 있다는 기대가 특징으로서 존재한다.

(2) 디지털 기반 혁신의 대한 신화(Myth)와 실제

디지털 혁신의 성공에 대한 기대와 실질적 구현 사이에 미묘한 차이가 존재한다. 디지털 기술은 무엇인가 마법처럼 기존의 문제를 일거에 해소해 주고 그리는데로 이루어지게하는 마법연필같은 속성이라고 생각하는 경향이 있는 듯 한다. 디지털 기술은 촉발요소이며, 영향 변수이긴 하지만 결정변수는 행정내부에 있다. 〈표 10-4〉와 같이 디지털 정책 환경의 변화를 이해하고 받아들여 변화로 이끄는 조직의 역량, 문화, 행태가 결국은 이를 가능하게 할 것이다. 행정 조직 내부의 변화와 역량 없이는 결국 디지털 기술만으로는 실망을 낳을 수도, 왜곡을 낳을 수도 있다.

〈표 10-4〉 디지털 정책 환경: 조직내부의 변화

디지털 정책의 블랙박스		
디지털 기술 →	블랙박스(행정 조직의 내부)	→ 디지털 정부혁신
	블랙박스의 성격과 특성에 따라 산출물이 달라질 수 있음	

디지털 혁신에 대한 기대가 현실화되기 위해서는 조직에 새로운 디지털 기술을 이해하고 활용하여 변화로 이끌 수 있는 역량이 갖추어져야 한다. 이런 역량을 선제적으로 갖추고 디지털 기술 변화를 맞이하는 것은 어려우며, 해당 역량을 가능한 빠르게 갖추고 역량이 조직 내재화될 수 있도록 하는 것이 중요하다. 즉, 디지털 기술이 정부를 바꾼다기보다는 디지털 기술의 변화는 촉발 요인이 될 뿐이며 변화를 가능하게 하는 것은 조직의 역량이나 문화에 달려 있다고 볼 것이다.

(3) 디지털 혁신의 시간적 역동성(dynamism)

장기적 관점에서는 디지털 기술의 변화를 점진적으로 수용하여 디지털 기술 기반의 정부 변화가 일어나고 장기적으로는 결국 성공으로 갈 것이다. 이러한 관점에서 볼 때 디지털플랫폼정부의 성공은 성공할 것이냐보다는 그 시점과 방법에 달려 있다. 해당 기술의 적용되는 관점에서 얼마만큼 적절하게 기술을 수용하고 변화로 이끌 것인가, 어떠한 방식으로 해당 부분의 성과를 이룰 것인가 하는 과정론적 함의가 함께 포함될 필요가 있다. 이는 환원적으로 현재 새로운 디지털 기술을 이해하고, 이를 통하여 무엇을 할 수 있을 것인가에 대한 통찰이야말로 디지털 기술을 이용한 혁신의 성공에 가장 중요한 요소가 된다.

이런 의미에서 디지털플랫폼정부의 성공은 정부가 그 자신에게 물어야 한다. 의지가 있고 역량이 있고, 충분한 자원이 지원되고, 실제 변화로 이어지고 있는가?

4) 공공과 민간 협력 거버넌스의 의의와 한계

(1) 디지털 정책에서 정부의 역할

공공서비스 전달의 양대 기재로서 정부와 시장은 경쟁과 협업을 통해 그 역할을 수행하여 왔다. 따라서 디지털플랫폼정부의 구현에서 정부와 민간의 역할에는 해당 국가의 환경변화와 정책적/역사적 맥락에 따라 달라질 수 있다. 예를 들면, 미국의 경우 디지털 정책에서 정부 주도에 대하여 이야기하는 경우는 없다. 이는 미국의 경우 전통적으로 정부통신 부분의 발전은 민간의 발전을 중심으로 이루어지고 시장의 독점을 방지하는 수준에서 FCC와 같은 규제 기관들을 중심으로 진행되어 왔기 때문이다. 이에 반하여 우리나라는 정부의 주도 하에 디지털 정책이 주로 수행되어 왔다. 우리나라의 1980~90년대 TDX와 CDMA를 중심으로 한 통신서비스 산업의 발전은 정부의 주도적인 주도로 이루어진 진 성공사례이다. 이후에도 와이브로와 같은 이동형 통신기술과 통신네트워크의 발전 과정에서 정부는 주도자 혹은 강력한 조정자의 역할을 해왔다. 따라서 우리나라의 디지털 정책은 주로 정부의 주도로 시범적인 성공사례를 만들고, 이후에 민간 부분에 확산하는 것을 중심으로 진행되었다.

(2) 디지털 정책 거버넌스의 변화

우리나라의 민관 협력에서 정부와 시장의 관계가 정부 주도에서 민간주도로 바뀔 것인가는 우리나라의 기술환경 및 정책환경, 정부와 민간의 역할에 대한 등 정책환경의 맥락적 변화 있었는지 살펴보아야 할 것이다.

이번 디지털플랫폼정부 정책에서 거버넌스는 무게 중심이 정부에서 민간으로 변화하고 있다. 현재 민간주도에 대한 이야기가 현실화되는 가장 큰 이유는 정부와 민간 부문의 디지털 부문의 역량 격차이다. 첫째, 공공의 디지털 기술에 대한 이해와 전문성이 상대적으로 민간 부문에 비하여 많이 약해졌다. 둘째, 정보통신 분야가 점점 기본적인 기반 시스템 혹은 기능으로 인식되어가면서, 정보화 기능이 조직별로 자율성과 책임성이 강화되는 방향으로 진행되다 보니 새로운 디지털 기술(데이터 분석이나 인공지능 분야)에 대한 각 조직 간 대응과 역량이 차이가 심해졌다. 즉, 기술환경의 변화가 전 분야에서 전방위적으로 진행되고 있는데 모든 분야의 정책 담당자들이 해당 변화를 모두 따라가기는 힘들다. 예전에는 정보통신부 중심의 특정 부처를 중심으로 디지털 정책이 가능하였지만, 현재의 체계 상 각 정책 분야는 디지털 기술의 분야를 해당 부처 혹은 조직 내에서 자율성을 가지고 해결하여야 하는 데, 이에 대하여 각 조직 간 역량의 격차가 심하다. 따라서 분야에 따라서 정부 주도 혹은 강력한 조정자가 아닌, 민간 부분에 대해 일방적으로 의지하게 되는 상황도 일어나고 있다. 이는 지방정부로 가면 훨씬 심각한 수준으로 일어난다. 디지털 전환의 필요성은 강조되지만, 이를 자체적으로 해결할 수 있는 역량의 부재에서 일어나는 민간과의 협업, 그리고 민간의 대한 의존이 더욱 심해지고 있는 것이다.

이것은 현재 공공과 민간 협력에서 나타나고 있는 '민간협업과 민간의존 사이의 경계' 혹은 '디지털 기술 영역에서 정보비대칭의 문제와 사적 부문과 공적 부문의 경계'에 대한 문제에 밀접한 연관이 있다.

(3) 디지털 정책 거버넌스에서 정부 역할의 미래

디지털플랫폼정책 거버넌스와 관련해 고려하여야 할 사항은 공공서비스에서 정부 혹은 공공 부문의 역할에 대한 것이다. 1990년대의 신공공관리에서는 정부의 역할을 노 젓는 역할에서 방향을 지시하는 역할로 변화로 정의하였다. 공공서비스의 생산 혹은 전달 등의 효율적(혹은 효과적) 집행은 민간에 맡기고 정부는 정부와 공공 부문의 역할을 바꾸는 것이 강조되었다. 하지만 최근 민간 부문의 참여 논의에서 민간의 우선 사용 혹은 민간의 우선권을 주는 경우들이 잦아지고 있다. 공공데이터를 사용한 공공 앱에서 민간의 사용 우선권, 공공서비스플랫폼에서 공공 혹은 정부의 공급자로서 역할 제한에 대한 논의가 지속될 수 있다. 플랫폼에서 정부의 역할과 기능을 어디까지로 할 것인지에 대한 정리가 필요하다.

디지털 정책의 추진이 공공과 민간의 협업 혹은 민간 주도로 이동하고 있는 것은 현실이다. 다만, 이러한 민간 주도로의 변화가 정부가 의도한 것이 아닌 정부의 디지털 환경에 대한 대응의 어려움, 역량의 상대적 미비, 민간에 대한 과도한 의존에서 오는 것이 아닌가 고민이 필요하다. 그리고 좀 더 본질적으로 우리나라에서 정부와 민간 부분의 역할에 대한 바람직한 방향과 구현방법에 대한 고민이 함께 이루어져야 한다. 만약 정부가 의도하지 않지만 민간에 의존할 수밖에 없는 상황이라면 이러한 거버넌스 구조의 변화가 연착륙이 아닌 시행착오의 반복으로 이어질 수도 있다.

디지털 정책 거버넌스에서 역할 구조의 변화 가능성을 의도와 역량의 관점에서 더욱 구체적으로 살펴보자. 첫째, 민간 주도로의 변화가 정부가 의도한 것인가? 둘째, 의도하지 않은 것이라면 정부 주도의 의도가 남아 있음에도 불구하고 정부가 주도할 수 있는 역량의 문제로 인한 민간 주도로의 변화인가?

첫째, 민간주도의 변화가 정부가 의도한 것이라면 실제 정책 과정의 많은 부분을 민간에게 개방하여야 할 것이다. 이 과정은 두 개의 경로를 가진다. 먼저, 디지털 분야에서 정부의 개입을 배제하는 것이다. 이 경우 정부의 개입없이 민간을 중심으로 해당 분야의 중심이 옮겨갈 것이다. 그리고 이에 대한 정부의 역할은 시장 혹은 민간이 폭주하지 않도록 독점이나 소비자 후생의 관점에서 규제하는 것이다. 첫 번째 경로는 미국의 방식에 가깝다. 문제는 정부가 여전히 디지털 부문에 개입하면서 민간으로 주도권을 넘길 때이다. 권력관계의 문제에서 정부가 민간 부분에 통제가능한 협조나 조정이 아닌 종속적인 관계로 주도권을 넘길 수 있을 것인가?

혹자는 경제적 영역에서만 민간 주도로 하고 공공 부문의 내부 문제나 사회적 활용 등의 문제에 있어서는 정부의 역할을 중심으로 주도하는 분야의 분리와 역할 분리를 논의할 수도 있다. 문제는 디지털 분야에서 정부내부혁신, 산업 혁신, 사회적 혁신이 디지털 기술에 대한 이해와 역량을 각 분야에서 내재적으로 가지지 못할 경우 이러한 분리가 쉽지 않다는데 있다.

둘째, 민간 주도로 이행할 의도 혹은 의지를 가지는 경우, 이는 정책 방향의 큰 변화라 할 만하다. 지금까지 민간의 영향력이 점점 더 커졌지만, 공식적인 변화라고 보기는 힘들다. 이에 반하여 민간 주도로 변화의 선언은 민간의 역할 범위와 권한의 크기에 대한 공식적, 비공식적 제도화로 이어질 것이다.

문제는 민간주도로 이양할 의도가 없는 상황에서 공공 부문이 처한 민간에 대한 상대적 역량 격차를 해소하기 위한 일시적 목적으로 민간 주도로 전환을 선언하는 형식적 민간 주도에서 발생하는 문제이다. 이 경우 시장, 공공, 사회 전 분야의 디지털 전환 실패를 초래할 수 있다. 이상의 내용을 정리하면 〈표 10-5〉와 같다.

〈표 10-5〉 디지털 정책 거버넌스에서 역할 구조의 변화

역량/의도	민간 중심으로 변화 의도 ○	의도 ×
정부 역량 갖춤	• 산업 부문에 민간 주도 가능. • 공공/사회정책 정부 기능 양립 가능	• 정부가 디지털 정책 주도 • 민간영역에 대한 조정자
정부의 역량 미흡	• 산업부문 민간 주도 • 공공과 사회 분야 정책에서 민간의 영향력과 역기능 발생 가능성	• 디지털 정책의 실패 • 시장성장에 방해, • 형식적 민간주도의 폐해

이런 의미에서 우리나라의 디지털 정책 방향이 민간주도로 이행인지 먼저 고민할 필요가 있다. 우리나라의 경우 공공 부문이 조정자로서 역할을 가진 상황에서 민간 부문과의 협력을 보다 유기적으로 강화하고 민간 부분의 독자적인 영역에 대하여 자율권과 책임을 부여하는 방식으로 전개한다는 것이 좀 더 우리나라의 맥락을 고려하면서도 최근의 디지털 정책 환경의 변화를 현실적으로 고려한 방법이 될 수도 있다.

(4) 디지털 플랫폼을 위한 참여의 확대

디지털 플랫폼은 다양한 이해관계자가 효과적으로 참여하고 상호작용할 수 있는 공간이자 기회가 되는 것이 필요하다. 따라서 참여의 제도화와 실질적인 참여의 확대가 필요하다. 이해관계자들의 참여는 참여의 정도에 따라 단순 의견 개진, 일정 분야 혹은 기능에 대한 결정 권한의 부여, 예산권과 평가권 등 권한의 확대 등으로 나눌 수 있다. 또한 참여 과정 연속성 측면에서는 일회성 단순 참여와 비정기적인 참여, 제도

화된 참여를 통한 지속성 확보 등으로 나눌 수 있을 것이다. 최근 참여에 있어 강조되는 것이 사회문제의 해결 부문에서 시민의 참여를 강조하는 클라우드 소싱(crowd sourcing)이다. 이는 사회문제를 해결하기 위한 아이디어와 아젠다부터 해결 과정에 이르는 과정동안 시민의 참여와 협업을 강조하는 모델이다. 이 과정에서 특정 사회문제에 대하여 시민(사회)이 주도권을 가지고 해결할 수도 있는 문제의 발견 등 일부 영역에서만 참여할 수도 있다.

디지털플랫폼정부 정책에서 이해관계자들의 효과적인 참여(민관협업)는 주로 플랫폼에서 공공서비스 공급을 위한 민간 부문의 참여를 중심으로 진행되고 있다. 이는 공공서비스의 독점적 공급자로서 정부 기능의 배분과 더 나은 서비스 공급을 위한 협업거버넌스라고 볼 수 있다. 현재 정부는 정부 내부의 업무 개편을 위한 서비스와 시민들 위한 공공서비스와 같은 공공 부문에 민간 기업의 적극적 참여를 권하고 있다. 이러한 민간 기업의 참여 확대를 위해 가장 중요한 수단은 규제의 완화 혹은 혁신이 될 것이다. 민간 기업의 참여를 확대하기 위해 참여 과정에서 문제되는 규제들을 혁파할 수 있어야 한다. 현실적으로 민간이 공공 부문에 참여하기 위한 목적은 크게 두 가지이다. 하나는 기업의 이익이며, 또 하나는 정부부문에서 성공을 바탕으로 다른 공공 부문 혹은 국가, 민간 등 다른 분야로 확대하기 위함이다. 즉, 기업의 이익을 위한 단기적 혹은 중장기적 투자의 관점에서 참여하게 된다. 따라서 지속적인 참여를 위한 민간 기업의 인센티브 구조를 마련하는 것이 필요하다. 이것이 단기적 금전 이득이건 브랜드이건 장기적인 투자로부터의 이득이건 기업이 손해를 감수하면서 지속적으로 참여할 이유는 없다.

또 다른 측면은 공공서비스의 직접적 수혜자인 국민 혹은 시민에 관한 것이다. 디지털 플랫폼의 민간 영역인 디지털 플랫폼 경제에서 이용자들은 주도적이고 적극적인 변화의 주체이기보다는 변화로 인한 수동적인 수혜자에 가깝다. 배달서비스, 카카오택시, 숙박서비스 등은 다양한 공급자가 존재하는 시장에서 이를 디지털을 통하여 연결하는 플랫폼 기업에 의하여 매개되면서 소비자의 선택권과 후생이 향상되었다. 하지만 이용자가 수동적인 수혜자에 가까운 점은 초기 핀테크나 타다 서비스와 같은 디지털 혁신을 통한 이용자의 선택권과 경쟁에서 오는 후생의 증가 가능성이 이용자들의 입장과 관계없이 이해관계자들의 정치경제적 환경에 의하여 디지털 기반 시장혁신이 좌절되는 과정을 통하여 겪고 있다. 지금 진행되고 있는 디지털플랫폼정부에서 시민의 역할은 상징적 존재 혹은 고려하여야 하지만 실제 배제된 실체없는 추상적 레토릭에 가깝다. 이는 현재만의 문제가 아니라 정보정책에서 오랜 기간 동안 논의되어 온 풀리지 않는 과제이다. 이 문제에 대한 더욱 체계화된 접근이 필요하다.

5) 공공 부문의 역할과 디지털 역기능의 해소

디지털 기술의 발전은 정부혁신, 산업발전의 계기를 마련하지만 공공 부문에서 이와 함께 고려하여야 할 것이 디지털 기술의 역기능과 사회적 난제, 이용자들의 권리와 사회적 안전망의 제공에 관한 것이다. 특히, 디지털 기술과 서비스의 사용이 생활 영역에서 일상적으로 활용되는 디지털 심화기에 디지털 난제들은 순기능과 역기능이 명확하게 구분되지 않는 회색지대의 성격을 가지고 있다. 전통적인 디지털 난제인 디지털 격차(digital divide)와 포용(digital inclusion), 디지털 약자에 대한 보호와 사회적 안전망의 쟁점 외에 트롤리의 딜레마와 같은 AI 윤리, AI와 일자리 문제, 탈진실 시대와 가짜 뉴스, 개인정보와 프라이버시 역설, 빅데이터 분석의 신뢰성 등과 같이 새로운 위험이 가속되고 있다. 따라서 디지털 기술이 가지는 양면성을 이해하고 역기능에 대비하는 것이 필요하다.

공공서비스에서 디지털 포털이나 디지털 플랫폼의 구현만큼 중요한 것은 공공 부문의 다양한 접근성을 확보하는 것이다. 이는 현장방문, PC 인터넷, 모바일, 키오스크, 민간플랫폼, 공공플랫폼 등 사용자들이 원하는 다양한 방식으로 사용할 수 있도록 하는 것이다. 사용자들의 자신에게 좀 더 익숙하고 편안한 방식으로 선택권을 부여하는 것은 편리성만큼 중요한 부분이다. 사용자의 성향은 초기에 새로운 서비스를 선호하는 사람이 있는 반면, 새로운 방식에 낯설어하고 기존의 방식을 가능한 선호하는 사람이 있기 마련이다. 공공 부문이 민간 부분과 다른 것은 효율성 이외의 가치들을 중시하며 보편적 서비스로서 모든 사람에게 동일한 양질의 서비스를 제공하는데 있다. 이를 위해 사용자의 디지털 기기와 서비스에 대한 동기적 접근성, 물리적 접근성, 기술(skill) 접근성, 사용(usage) 접근성을 증대하고 디지털 포용(inclusiveness)과 형평(equity)을 위한 체계적인 시스템의 마련하는 것이 필요하다.

디지털 플랫폼 시대의 사용자의 권리 보호는 개인의 역량 증가 방안에 그쳐서는 안 된다. 특히 디지털 시대의 역기능과 관련하여 사용자들의 역량 증진을 개별적으로 해당 문제를 해소하는 것은 불가능에 가깝다. 개인역량의 증진과 함께 사용자의 권리 증진 방안(제도, 정책 마련)이 필요하다. AI윤리원칙이나 2023년 9월에 발표된 디지털 권리장전과 같은 원칙을 제정하는 방안에서부터 실제적인 실천방안과 제도화까지 다양한 층위의 노력이 필요하다. 디지털 격차나 데이터 프라이버시, 데이터 투명성, 인공지능 알고리즘 투명성, 기존의 디지털 중독, 사이버불링, 가짜뉴스, 프라이버시 역설 등의 역기능에 대해 모든 사용자가 역량 증진을 통해 관련 문제를 해소하는 것은 불가능하다. 따라서 제도화를 통한 사회적 안전망과 기본적 제도화는 민간 부문이 하기 어려운 공공 부문의 중요한 영역이다.

〈참고문헌〉

대통령직인수위원회(2022). 새로운 시대, 새로운 정부, 새로운 혁신을 위한 '디지털플랫폼정부' 추진 방향 발표
서형준·주운창(2020). 플랫폼 정부 관점에서 조명한 국내 COVID-19 대응 정보화 사례. ICT와 데이터 활용을 중심으로. 「한국행정논집」. 32(4): 759-796.
윤상진(2012). 『플랫폼이란 무엇인가?』. 서울: 한빛비즈.
이경은(2022). 지방자치단체 플랫폼 정부(platform government)의 효과적인 운영방안 연구
이승훈(2021). 플랫폼의 생각법 2.0
정충식(2018). 「전자정부론: 정보기술을 활용한 행정혁신론」. 서울: 서울경제경영.
최병삼(2010). 성장의 화두, 플랫폼. 「SERI 경영노트 제80호」. 서울: 삼성경제연구소.
NIA(2021) 일본의 디지털 사회 개혁을 위한 디지털청 설립과 시사점
NIA(2022). 새정부의 디지털플랫폼정부 구현을 위한 추진방향과 과제
NIA(2022). 주요국 디지털플랫폼 정부 추진현황 분석
NIA(2022). 일본 디지털청의 주요 정책과 미래. Hot issue report 2022-2
NIPA(2018). 미국(18F)과 영국(GDS) 정부의 디지털 도입방식 벤치마킹
국정과제 이행계획서, 2022.4

Jovanovic, B., & Rousseau, P. L. (2005). General purpose technologies. In Handbook of economic growth (Vol. 1, pp. 1181-1224). Elsevier.

HM Government, "Design and build government services," https://www.gov.uk/service-toolkit#gov-uk-ser- vices. Retrieved 30th April 2019.

Matthias Finger(2020.4), Government as a Platform (GaaP): A New Model for Public Service Delivery

Mike Bracken, "Argentina just made driving licences digital," Public Digital Blog, 12th February 2019.

OECD(2019), 'Digital Government Policy Framework Report

Richard Pope. 2019. A working definition of Government as a Platform https://medium.com/digitalhks/a-working-definition-of-government-as-a-platform-1fa6ff2f8e8d

Team Digitale, "Projects," https://teamdigitale.governo.it/en/projects.htm. Retrieved 30th April 2019.

Tim O'Reilly, "Government as a Platform," Innovations, 6, no. 1 (2011):13 – 40

Tim O'Reily, 2010

Zakrzewski, Cat (5 December 2018). "The government's tech unit is trying to reduce wait times for asylum seekers". The Washington Post.

Government Digital Service https://www.gov.uk/government/organisations/government-digital-service

https://gds.blog.gov.uk/2022/08/24/an-update-on-one-login-for-government/?utm_medium=referral&utm_source=gdshomepage&utm_campaign=njaugupdate

https://18f.gsa.gov/what-we-deliver/

https://www.usds.gov/

디지털플랫폼정부의 미래
찾아보기

The Future of Digital Platform Government

〈ㄱ〉

- 가치지향 · 156
- 개방형 플랫폼 · · · · · · · · · · · · · · · · · 168
- 경제성 · 41
- 관료들의 행태 · · · · · · · · · · · · · · · · · 157
- 관료제 · · · · · · · · · · · · · · · · · · 127, 147, 148
- 관료제 개혁 · · · · · · · · · · · · · · · · · · · 153
- 관료주의 · 144
- 국민체감 선도 프로젝트 · · · · · · · · · 24
- 규범성 · 44
- 규제 샌드박스 · · · · · · · · · · · · · · · · · · 222
- 김영삼 정부의 정보화 · · · · · · · · · · · · 61

〈ㄴ〉

- 노무현 정부의 정부혁신 · · · · · · · · · · 68

〈ㄷ〉

- 대통령의 리더십 · · · · · · · · · · · · · · · · 99
- 데이터 프라이버시 · · · · · · · · · · · · · 276
- 덴마크 · 110
- 등장배경 · 156
- 디지털 역기능 · · · · · · · · · · · · · · · · · 303
- 디지털 전환 · · · · · · · · · · · · · · · 145, 146
- 디지털 정부혁신 · · · · · · · · · · · · · 58, 60
- 디지털 정책 공약 · · · · · · · · · · · · · · · 282
- 디지털 정책 환경 · · · · · · · · · · · · · · · 297
- 디지털 통합 · · · · · · · · · · · · · · · · · · · 274
- 디지털 플랫폼 · · · · · · · · · · · · · · · · · 283
- 디지털 플랫폼 정책 · · · · · · · · · · · · 257
- 디지털 플랫폼 혁신생태계 · · · · · · · · 27
- 디지털 플랫폼의 활용 · · · · · · · · · · · 201
- 디지털 혁신 · · · · · · · · · 281, 290, 291, 294
- 디지털청 · 111
- 디지털플랫폼정부 국외 사례 특징 · · · · · 123
- 디지털플랫폼정부 성과평가 · · · · 186, 187, 189
- 디지털플랫폼정부 실현계획 · · · · · · 229
- 디지털플랫폼정부 정책 · 259, 260, 262, 284, 285
- 디지털플랫폼정부 추진 기본원칙 · · · · · 230
- 디지털플랫폼정부 추진과제 · · · · · · 176
- 디지털플랫폼정부 추진체계 · · · · · · · 29
- 디지털플랫폼정부위원회 · · · · 239, 240, 241, 285
- 디지털플랫폼정부위원회 조직도 · · · · · 29, 88
- 디지털플랫폼정부위원회의 과제 · · · · · 245
- 디지털플랫폼정부의 개념 · · · · · · · 228
- 디지털플랫폼정부의 개념적 규범성 · · · · · 33
- 디지털플랫폼정부의 기대효과 · · · · · · 30
- 디지털플랫폼정부의 기본원칙 · · 23, 24, 170
- 디지털플랫폼정부의 모습 · · · · · · · · · 22
- 디지털플랫폼정부의 목표 · · · · · · · · 169
- 디지털플랫폼정부의 미래 · · · · · · · · 253
- 디지털플랫폼정부의 비전 · · · 23, 45, 171
- 디지털플랫폼정부의 실증성 · · · · · · · 37
- 디지털플랫폼정부의 주요 진행 과제 · · · · 107
- 디지털플랫폼정부의 지향점 · · · · · · · 44
- 똑똑한 원팀 정부 · · · · · · · · · · · · · 45, 55

〈ㅁ〉

- 먼저 찾아가는 공공서비스 · · · · · · · · 25
- 문재인 정부의 4차산업혁명 · · · · · · · 80
- 미국 · 115
- 민관이 함께하는 성장 플랫폼 · · · · 49, 53
- 믿고 안심할 수 있는 플랫폼 정부 · · · · 47, 55

〈ㅂ〉

- 박근혜 정부의 정부3.0 · · · · · · · · · · · 77
- 보안성 · 42
- 부처이기주의 · · · · · · · · · · · · · · · · · 152
- 뷰카 · 19

〈ㅅ〉

- 사일로 효과 · · · · · · · · · · · · · · · · · · · 153
- 서비스 중심 디지털 플랫폼 · · 213, 214, 215
- 세계경제포럼(WEF) · · · · · · · · · · 142, 143
- 스마트 네이션 · · · · · · · · · · · · 117, 118, 123
- 신뢰성 · 42
- 신속성 · 38
- 싱가포르 · 117

〈ㅇ〉

- 알고리즘의 투명성 · · · · · · · · · · · · · 277
- 영국 · 113
- 오직 국민을 위한 정부 · · · · · · · · · 48, 55
- 운영원리 · 156
- 유용성 · 39

윤석열 정부의 디지털플랫폼정부 · · · · · · · · 86
이명박 정부의 국가정보화 · · · · · · · · · · · · · 72
이사-주거 통합서비스 · · · · · · 206, 207, 208, 212
일하는 방식 · 157

〈ㅈ〉
자동화된 맞춤형 서비스 · · · · · · · · · · · · · · 218
전자정부의 등장 · 58
접근성 · 40
정부3.0 · 18, 91
정부를 위한 플랫폼 · · · · · · · · · · · · · · · · · 233
조직질서 · 156

〈ㅋ〉
캐나다 · 120

〈ㅍ〉
편의성 · 40

플랫폼 · 129, 165
플랫폼 정부 · · · · · · · · · · · · 129, 131, 134, 141,
　　　　　　　　　　　　　165, 166, 230, 238
플랫폼 허브 · 95
플랫폼으로서의 정부 · · · · · · · 17, 18, 130, 233

〈ㅎ〉
할거주의 · 152

6대 샌드박스 · 222
GaaP · 134
GDS · · · · · · · · · · · · · · · · · 114, 115, 132, 278
GOV.UK · 114
GSA · 116
OECD · 178, 179
OECD DGI · · · · · · · · · · · · · 179, 181, 182, 183
SaaS · 154
TTS · 116

저자 소개

한국행정학회 정부의미래연구회 · 서울대 지능정보사회 정책연구센터

김동욱
오하이오주립대학교 행정학 박사
서울대학교 행정대학원 교수

남태우
뉴욕주립대학교 행정학 박사
성균관대학교 행정학과 교수

정충식
성균관대학교 행정학 박사
경성대학교 경찰행정학과 교수

성욱준
서울대학교 행정학 박사
서울과학기술대학교 IT정책대학원 교수

오강탁
한국외국어대학교 행정학 박사
전 한국지능정보사회진흥원 디지털정부본부장

은종환
서울대학교 행정학 박사
경상국립대학교 행정학과 교수

이민상
서울대학교 행정학 박사
서울대학교 지능정보사회정책연구센터 박사후연구원

이아라
서울대학교 행정학 석사
서울대학교 지능정보사회정책연구센터 연구원

정지혜
서울대학교 정치학 박사
서울대학교 지능정보사회정책연구센터 박사후연구원

조영민
서울대학교 행정학 석사
서울대학교 지능정보사회정책연구센터 연구원

최준영
한양대학교 도시공학 박사
서울연구원 미래공간연구본부장

최한별
서울대학교 행정학 박사
한국행정연구원 초청연구위원

황성수
피츠버그대학교 행정학 박사
영남대학교 행정학과 교수

황한찬
서울대학교 행정학 박사
과학기술정책연구원 부연구위원